B&E 金融学系列

国际金融(第4版)

侯高岚 编著

清华大学出版社
北京

内 容 简 介

本书共分上、中、下三篇。上篇为"国际金融基础",主要介绍国际金融学的两个基本概念:汇率与国际收支;中篇为"国际金融管理",以开放经济为背景,从国内经济视角介绍一国货币财政政策、汇率政策以及国际储备管理,从国际视角介绍国际货币体系;下篇为"国际金融实务",主要介绍外汇业务与风险防范、国际金融市场。各章具有一定的逻辑联系,非常方便学生的学习。

本书可用作本科生与研究生国际金融课程的教材,也适用于自学考试、专业工作人员以及研究人员自学和查阅使用。

本书封面贴有清华大学出版社防伪标签,无标签者不得销售。
版权所有,侵权必究。 举报:010-62782989,beiqinquan@tup.tsinghua.edu.cn。

图书在版编目(CIP)数据

国际金融 / 侯高岚编著. —4版. —北京:清华大学出版社,2017(2023.8重印)
(B&E 金融学系列)
ISBN 978-7-302-45724-4

Ⅰ.①国… Ⅱ.①侯… Ⅲ.①国际金融 Ⅳ.①F831

中国版本图书馆 CIP 数据核字(2016)第 288784 号

责任编辑:王　青
封面设计:刘晓霞
责任校对:宋玉莲
责任印制:丛怀宇

出版发行:清华大学出版社
　　　　网　　址:http://www.tup.com.cn,http://www.wqbook.com
　　　　地　　址:北京清华大学学研大厦 A 座　　　　邮　编:100084
　　　　社 总 机:010-83470000　　　　　　　　　　　邮　购:010-62786544
　　　　投稿与读者服务:010-62776969,c-service@tup.tsinghua.edu.cn
　　　　质量反馈:010-62772015,zhiliang@tup.tsinghua.edu.cn
印 装 者:涿州市般润文化传播有限公司
经　　销:全国新华书店
开　　本:185mm×260mm　　印张:21　　插页:1　　字数:487 千字
版　　次:2005 年 4 月第 1 版　　2017 年 1 月第 4 版　　印次:2023 年 8 月第 5 次印刷
定　　价:55.00 元

产品编号:072451-03

序

随着金融全球化的逐步深入,社会对国际金融知识的需求日渐增强。顺应这一历史潮流,国内近年出版了大量国际金融教科书,应当说,这些教科书对于普及国际金融知识,促进我国金融和经济的对外开放发挥了积极的作用。

但是,作为研究者,我也感觉到现有教科书均存在一些缺憾。这些缺憾大致是由以下三种情况造成的:第一种是过于偏重国际金融的理论和知识,而忽略了国际金融学作为金融学一个部分的基本属性,在内容安排上,表现为对于那些构成国际金融学基础并与国际金融学密切联系的经济学及金融学的基本理论和基本知识阐述不够。由于国际金融学实质上只是金融学跨越国界的延伸,存在此类遗憾,无疑降低了教材的通适性。第二种则是与中国国情存在一定程度的"隔膜"。我们注意到,近年国内出版的国际金融学教科书对国外同类教科书有着相当程度的"借用"。因此,很多教材或是充满了以数学公式表述的形式化的原理,或是充满了对国外情况的描述。显然,这种状况忽视了国际金融学作为一门应用经济学的基本属性。如果说上述两种情况的存在纯属"微瑕"的话,那么第三种缺憾便很难令人坐视了。我们看到,现在的少数教材未能及时、充分地反映国际金融领域近年来的新发展,未能及时、充分地吸收国际金融学近年来的新理论和新发现;若用此类教材教人,显然会发生误导。

正因如此,在翻阅了这部《国际金融》教科书之后,我觉得有向国际金融的学习者推荐的必要。

这部教材的首要特点在于结构完整,体系科学。全书分为上、中、下三篇。上篇为"国际金融基础",着重介绍了国际金融学的两个基本概念——汇率和国际收支,包括:外汇与汇率(第一章)、汇率决定理论(第二章)、国际收支与国际收支平衡表(第三章)、国际收支调节理论(第四章)。中篇为"国际金融管理",介绍了与国际金融管理相关的原理、政策和体制,包括:开放经济下的宏观调控(第五章)、汇率制度与外汇管制(第六章)、国际储备(第七章)、国际货币体系(第八章)。下篇为"国际金融实务",分三章有选择地、重点突出地介绍了相关国际金融实务,包括:外汇市场与业务(第九章)、外汇风险防范(第十章)、国际金融市场(第十一章)。各章具有一定的逻辑联系,便于读者学习和记忆。

我殷切希望,本书的出版,将有助于广大读者切实把握国际金融的基本知识并了解中国在国际金融体系中的地位和作用,有助于为中国培养更多合格的国际金融人才。

中国社会科学院金融研究所

第 4 版前言

很幸运在我波澜不惊的人生中与国际金融结缘，每年一个学期的授课、每隔3~4年进行教材修订，国际金融就像一位从不失约的老友，伴我度过许多充实愉快的时光。

不同于前两次教材改版，本次修订最大的变化是《国际收支手册》第五版更新到了第六版，国际货币基金组织2001年就开始启动对第五版《国际收支手册》的修订和调整工作，历经8年，于2009年发布了第六版手册，并将手册更名为《国际收支和国际投资头寸手册》（以下简称《手册》）。我国于2015年开始采用《手册》（第六版）的标准编制和发布国际收支平衡表。在教材修订中将国际金融领域的这一最新变化写进教材是必需的，但由于我在当前市场上的国际金融教材中还没有看到相关内容的最新资料，对这部分内容的更新只能通过查阅《手册》原文300多页的一手资料进行。由于近两年我国在国际收支领域出现新的变化，维持了30多年的"双顺差"格局首次被打破，持续增加的外汇储备也首次出现了下降趋势，因此有必要对我国国际收支的最新进展进行跟踪分析。此外，本次改版对全书资料性内容全部进行了更新，在多个章节增加了新的专栏，包括"从长期看我国国际收支结构的变迁""中国汇改10年的成就及对未来的展望"以及"发达国家与发展中国家的国际储备比较"等。考虑到新增内容使教材变得越来越厚，继第3版修订时删减"跨国公司财务管理"一章，本次修订再次忍痛割爱删掉"国际资本流动与金融危机"一章。

第4版修订同第2版和第3版的修订一样，都是由我本人独立承担的，在修订中注意保持了思路的一致性和教材内容的连贯性，使得本书所注重的专业性和通用性的结合在全书编写过程中得到了一致的坚持，既注重了针对金融学专业学生在知识内容的深度挖掘上做足，也做到了对非金融和经济学专业读者在阅读和学习本书过程中所需的相关知识背景进行必要的解释，解决了那些对国际金融知识感兴趣，但又苦于没有学过先修课程如货币银行学和宏观经济学的读者，学习国际金融知识所遇到的困难。

第4版仍保持原书的框架，全书分为"国际金融基础""国际金融管理"和"国际金融实务"上、中、下三篇，内容既相互联系又彼此独立。"国际金融基础篇"以齐头并进的方式介绍外汇和国际收支这两个国际金融领域最重要的概念,为学生进行后面的学习夯实基础。这不同于许多国际金融教材往往围绕外汇和汇率一条线画到底,然后再画另一条主线——国际收支的编写方式。这样的教材编写框架难免会让学生在学习某个国际金融基本概念的同时,始终存着对于不断涉及的另一个重要概念不知其义的困惑。这种编写逻辑看似内容连贯、结构齐整,但并非是从对国际金融知识尚一无所知或含糊不清的初学者角度出发,而是从一个对国际金融专业已非常熟稔的教学者视角展开,虽然有利于教得方便,却不利于学得明白。"国际金融管理篇"中第3版对偏理论性的"国际资本流动"进行了大幅改写,章名变为"国际资本流动与金融危机",但在第4版中又将此章整章删去了。在"国际金融实务篇"中,第2版删去了"国际金融组织"一章,新增"跨国公司财务管理"一章的内容,但第3版又整章删掉了新增内容。做出以上决定,是考虑到这两章内容在教学实践中往往在课堂上难以顾及,而且,删掉的两章涉及的内容只是相关知识的皮毛,更为详细的知识实际上可以单独再编写一部教材,一个章节是远远不足的,反复权衡之下,最终决定忍痛割爱,以使教材不致过厚,从而方便教学使用。

总体来看,本书以概念解析为主的"国际金融基础"开篇,以开放经济条件下相对宏观的国际金融管理作为中篇,最后以微观视角为主的国际金融实务作为下篇。外汇与国际收支两个基本概念齐头并进、不留疑点;政府与企业两个主体不偏不倚,依次细述;宏观和微观两个视角交替使用、观察清晰。力求专业性和通用性统一、理论与实务结合、知识性和趣味性共享,去繁就简、从容驾驭。全书通俗易懂、深入浅出,既具有学术性和研究性,又不失普及性和通俗性。

最后,我想借此机会衷心感谢多年来给我支持和鼓励的领导和同事,尤其是同事加好友彭红斌老师和董梅老师,他们在第1版中各自参与编写了一章内容,尽管这两章后来由于篇幅限制先后删掉了,但他们当年的参与对于初次承担教材编写任务的我而言是莫大的支持和鼓励。特别地,我想感谢北京理工大学的众多优秀学生们,是你们课堂上渴求知识的目光和课下认真的学习态度,以及对本教材的喜爱和自豪感,促使我在烦琐的教材编写和修订工作中倾注了大量心血。殷切期望她带着平易近人的气息尽善尽美地呈现在读者面前,使国际金融这样一门有点神秘、"不太好学"的课程变得"不算难学",而且"挺有意思"。尽管力求完美,但由于本人在国际金融领域的研究还很不足,疏漏和错误之处在所难免。希望读者提出宝贵意见和建议,将您对本书的建议和观点直接以 E-mail 的方式(hougaolan@bit.edu.cn)反馈给我。期望您的参与,将使本书更加完美!

侯高岚

2016 年 8 月 14 日

目 录

绪论 ······ 1

上篇　国际金融基础

第一章　外汇与汇率 ······ 8

第一节　外汇 ······ 8
第二节　汇率 ······ 13
第三节　汇率的经济分析 ······ 20
专栏　美国政府对外汇市场干预的实践 ······ 24
本章复习 ······ 30

第二章　汇率决定理论 ······ 32

第一节　购买力平价说 ······ 32
专栏　关于"一价定律"的真实性 ······ 34
第二节　利率平价说 ······ 37
第三节　国际收支说 ······ 41
第四节　资产市场说 ······ 43
专栏　国际资本流动及全球基金 ······ 53
本章复习 ······ 54

第三章　国际收支与国际收支平衡表 ······ 56

第一节　开放经济下的国民收入账户 ······ 56
第二节　国际收支与国际收支账户 ······ 58
专栏　世界经常账户余额为何不为零 ······ 67
第三节　国际收支平衡表的分析 ······ 67
专栏　美国"双赤字"的进一步解释 ······ 72
第四节　国际收支调节 ······ 72
第五节　我国的国际收支 ······ 81

专栏　从长期看我国国际收支结构的变迁 ………………………………… 93
　　本章复习 …………………………………………………………………… 96

第四章　国际收支调节理论 …………………………………………………… 98
　　第一节　弹性分析法 ……………………………………………………… 98
　　第二节　吸收分析法 ……………………………………………………… 103
　　第三节　货币分析法 ……………………………………………………… 106
　　本章复习 …………………………………………………………………… 112

中篇　国际金融管理

第五章　开放经济下的宏观调控 ……………………………………………… 114
　　第一节　开放经济下的政策目标 ………………………………………… 114
　　第二节　开放经济下的政策搭配 ………………………………………… 118
　　第三节　开放经济下的财政、货币政策效果 …………………………… 121
　　本章复习 …………………………………………………………………… 130

第六章　汇率制度与外汇管制 ………………………………………………… 131
　　第一节　汇率制度 ………………………………………………………… 131
　　第二节　外汇管制 ………………………………………………………… 142
　　第三节　货币自由兑换问题 ……………………………………………… 149
　　第四节　中国的外汇管理 ………………………………………………… 152
　　专栏　中国汇改 10 年的成就及对未来的展望 ………………………… 162
　　本章复习 …………………………………………………………………… 163

第七章　国际储备 ……………………………………………………………… 165
　　第一节　国际储备的概念、构成及作用 ………………………………… 165
　　专栏　发达国家与发展中国家的国际储备比较 ………………………… 172
　　第二节　国际储备管理 …………………………………………………… 174
　　第三节　我国的国际储备问题 …………………………………………… 181
　　专栏　次贷危机后我国外汇储备管理的现实选择 ……………………… 188
　　本章复习 …………………………………………………………………… 190

第八章　国际货币体系 ………………………………………………………… 191
　　第一节　国际货币体系概述 ……………………………………………… 191
　　第二节　国际金本位体系 ………………………………………………… 192
　　第三节　布雷顿森林体系 ………………………………………………… 198
　　第四节　牙买加体系 ……………………………………………………… 204

专栏　现行国际货币体系存在的问题及改革设想 ································ 208
　　第五节　国际协调的区域实践：欧洲货币一体化 ·································· 210
　　本章复习 ·· 219

下篇　国际金融实务

第九章　外汇市场与业务 ·· 222
　　第一节　外汇市场 ·· 222
　　第二节　即期外汇业务 ·· 229
　　第三节　远期外汇业务 ·· 234
　　第四节　掉期交易 ·· 243
　　第五节　外汇期货业务 ·· 247
　　第六节　外汇期权业务 ·· 256
　　本章复习 ·· 264

第十章　外汇风险防范 ·· 267
　　第一节　外汇风险概述 ·· 267
　　第二节　外汇风险的种类及区别 ·· 271
　　第三节　外汇风险防范 ·· 275
　　第四节　我国的外汇风险防范 ·· 288
　　本章复习 ·· 290

第十一章　国际金融市场 ·· 291
　　第一节　国际金融市场概述 ·· 291
　　第二节　国际资金市场 ·· 299
　　第三节　欧洲货币市场 ·· 304
　　第四节　亚洲货币市场 ·· 316
　　第五节　国际金融市场创新 ·· 319
　　本章复习 ·· 326

参考文献 ·· 327

绪 论

当前,我们说得最多的词汇莫过于"全球化"了。全球化是指全球范围内的一体化,在一些经济文献中,全球化被形容为地域的消失(the end of geography)。世界金融的全球一体化,使得资金的跨境流动和从一个市场转移到另一个市场变得十分容易。世界经济中,实物经济与虚拟经济正日益脱节,这一趋势使得国际金融成为一门独立的学科而迅速发展。

国际金融是研究国家和地区之间由于经济、政治、文化的交往和联系而产生的跨国界货币资金周转和运动的一门学科。可以说,在全球化背景下,国际金融已成为人们关注的领域之一。它既包括宏观层面的国际收支与国际储备等内容,也包括微观层面的外汇业务及跨国财务管理等内容;既包括国际层面的国际货币体系的演变,也包括国家层面的汇率制度选择及开放条件下的宏观调控等。通过这门课程的学习,我们可以更好地理解各种国际金融信息。日常生活中,我们经常从报纸、电视上看到每日外汇行情,学习这门课程,我们就能进一步了解汇价是如何决定的,其变化是什么原因造成的;欧元为什么要取代欧洲许多国家的货币,它是如何诞生的。学好这门课程,将有助于我们更好地参政议政,如我国外汇储备规模是否合理,具备什么条件才能取消外汇管制、允许人民币完全自由兑换等。更为现实地,学好这门课程,将有助于个人理财和公司理财。假如若干年后,我国实现了资本项目下人民币的自由兑换,个人和公司可投资的金融资产将不仅是本国银行存款、股票、债券和基金收益凭证,而且包括国际货币、股票、债券和基金等。国际金融可以为我们提供分析如何使资产组合达到保值增值的最佳效果的工具。

学好这门课程,我们首先要弄清楚的一个问题就是什么是金融。

一、什么是金融

金融是指货币流通和信用活动以及与之相关的经济活动的总称。金融的内容可以包括货币的发行和回笼,存款的吸收与支付,贷款的发放与收回,外汇的买卖,股票、债券的发行与流通转让,保险、信托和货币结算等。在不同国家的居民和企业之间发生经济活动(主要指贸易和金融),不可避免地要求国际间货币资金的周转和运动,这就是"国际金融"所要研究的内容。

要厘清金融乃至国际金融的发展过程,可以从时间顺序上简单概括一下:先有商品交换,继而产生货币以促进商品交换,然后进一步发展出货币的存储、流通、借贷等一系列信用活动,这些活动的总称即金融活动。当这些活动跨越国界,用不同的货币同时进行时,就产生了国际金融。更为详细地,让我们从货币类型的演化、信用和金融的产生及相关概念来入手进行探讨。

(一) 货币类型的演进

货币类型的演进是随着商品交换的发展而发展的。最初的商品交换是以物易物的形式,后来出现了货币。现在我们日常生活中所使用的货币大家都很熟悉,货币的形态有纸币和铸币(也就是硬币,俗称"钢镚儿"),制造这些纸币和铸币的生产成本也就是它们自身的价值。它们自身的价值远远小于它们所代表的价值。例如,面额100元的钞票,其造价可能只有几分钱。这种货币用经济学的术语来说,叫作"信用货币",目前世界上几乎所有国家都采用这一货币形态。但货币形态一开始并不是这样的,它是随着生产和交换的发展,随着人们对货币在经济中所起的作用而不断演化的。在古代作为货币的有牲畜、盐、茶叶、皮革、酒等实物。在历史博物馆里常看到用铜、铁、贝壳、银、金等作为货币。到现在有我们熟悉的纸币、辅币和存款账户的数字符号。从我们的观察可以得到下列结论。

(1) 最早作为货币的物品与该物品作为非货币的用途具有同等价值,在经济学上,我们称之为"实物货币"。

(2) 在人类历史上,许多商品都做过货币,但许多实物货币都有缺点:易腐烂、不能保值;不易分割、计量价值不方便;实物质地不一,不适宜作为价值尺度和储藏手段等。人们逐渐认识到,能充当理想的交换媒介的实物必须具备如下特征:普遍接受性;价值稳定;价值与质的可分性;轻便和易携带性。显然,金属一般具有这样的特性,这样,金属货币开始走入了人们的生活。

(3) 随着经济的发展和货币的自发演化,出现了"代用货币"。顾名思义,"代用货币"是实物货币的替代物,它通常作为可流通的金属货币的收据。这种纸制的代用货币之所以能在市面流通,被人们普遍接受,是因为它们有十足的金银等贵金属作保证,可以自由地用纸币向发行机构兑换成实物货币金银等。较之实物货币,其优点是:首先,印刷纸币的成本比铸造金属低得多;其次,避免了金属货币在流通中受到的磨损甚至有意的磨削,这是对金属铸币的节约;最后,由于纸币所代表的同样价值的金属货币在体积上、重量上小得多,这种代用货币避免了实物货币运送的成本与风险。

在人们的经济生活中,交易量越来越大,有限的金银使得货币供应难以适应不断扩大的商品生产和交换需要。尽管对代用货币进行过改良,由原来的全额准备方式变为部分准备方式,但仍满足不了商品生产和交换的需要,代用货币成为历史,纸币的发行彻底从制度上和名义上摆脱了黄金的束缚,而这才是发生于20世纪70年代的事情。1973年国际货币基金组织正式宣布"黄金非货币化",使得作为交换媒介的纸币从建立在它和黄金相联系的基础之上,转变为建立在人们信心的基础之上,这就是"信用货币"。

(4) 信用货币与代用货币的主要区别在于:它不再代表任何贵金属。信用货币的发行既不受黄金数量的制约,也不能兑换黄金。信用货币作为一般的交换媒介必须有两个条件:一是人们对该货币的信心;二是货币发行的立法保障。通常来说,只要一国政府或金融管理机构能将纸币发行量控制在适当的经济发展需要之内,就可以使公众对纸币保持信心。作为最高级的货币类型,信用货币从货币形态上分为如下几种:①辅币(硬币、铸币)。用于小额或零星交易,在我国是由中国人民银行下属的铸币厂专门铸造的。铸币权在世界各国几乎毫无例外地由政府独占。②现金或纸币。充当人们日常生活用品的购买手段。其发行权为政府或金融机构专有;发行机构多为各国中央银行、财政部或政府专门成立的货币管理机构。③银行存款。目前的银行制度产生了多种多样的存款,但作为货币执行一般媒介手段的主要是以银行活期存款的形式存在。在整个交易中,用银行存款作为支付手段占绝大部分。目前,在小额交易中也开始广泛使用这种货币,如职工工资支付等。这里我们应注意分清作为支付指示的支票本身与银行存款的区别。支票只是一种票据,起着存款人向银行发出支付指示的作用,本身并不是货币,而银行的活期存款才是真正的交易媒介和支付手段。④电子货币。随着计算机技术的广泛应用,产生了新的无形的货币形态——电子货币。电子货币通常是利用计算机或储值卡进行的金融活动,持有这种储值卡就像持有现金一样,每次消费支出可从卡内的存款金额中扣除。电子货币在给消费者带来方便之余,其安全性对其推广和普及形成了极大的限制。例如,如何防范电子货币被盗、如何对个人资信保密等,这使得电子货币的全面应用尚待时日。

(二) 信用与金融

商品经济的进一步发达,必然会产生信用。信用不仅是现代金融关系发展的一个必要过渡,而且是金融运行的实质内容。

信用关系产生于商品货币关系,但是,信用关系与商品通过货币作为媒介所进行的交换关系相比较,显然存在显著区别。在交换关系中,一手交钱一手交货,双方是对等的交换,当交换行为完成时,双方不存在任何经济上的权利与义务。在信用关系中,贷款人将货币支付给借款人,但贷款人当时并没有得到对等的价值,而是获得了要求借款人在一定日期偿还本金和利息的权利。当贷款人将货币支付给借款人时,并不像交换关系那样意味着两者关系的结束,而是两者关系的开始,只有当本息得到偿还后,两者关系才结束。利息是借款人向贷款人所支付的回报。这种借款、贷款的经济行为就是融资活动。"金融"一词由此而来,"金"是指货币资金,"融"是融通、信用的意思。围绕"金融"这一概念,我们来了解几个相关概念。

1. 金融工具和金融资产

信用的原始方式是用口头进行。甲借给乙一笔钱,只要口头上承认就行了,这种信用显然不适用于双方不熟悉、距离较远的情况。后来人们通过书面证明来确认双方的信用关系。这种书面证明就成为金融工具,它不仅是借贷双方债权和债务关系的证明,而且能够流通转让。

按金融工具的流动性(指不付代价或没有麻烦而被人们普遍接受的特性)可将金融工具分为两类:具有完全流动性的金融工具,指现代的信用货币,即纸币和银行活期存款,其转让不会发生任何麻烦;具有有限流动性的金融工具,这些金融工具也具有流通、转让等被人接受的特性,但附有一定条件,包括存款凭证、商业票据、股票和债券等。

容易与金融工具混淆的一个概念是金融资产。金融资产是指一切可以在有组织的金融市场上进行交易、具有现实价格和未来估价的金融工具的总称,包括银行存款、股票等。

有时我们也称之为金融工具,其最大特点是能够在市场交易中为其所有者提供即期或远期的货币收入流量。

从本质上看,金融工具与金融资产是相同的。但这两个概念强调的侧重点不同。金融工具强调其对信用关系的书面证明功能,金融资产则强调其可带来货币收入的财富特征。

2. 融资方式

融资方式包括直接融资和间接融资。

直接融资是指货币有余者和货币不足者之间直接发生的信用关系。双方可以直接协商或在公开市场上由贷者直接购入债券或股票,通常由作为中间人的经纪人或证券商来安排这类交易。中间人的作用仅是牵线、搭桥并收取佣金。如果你在证券交易所购买了某种股票,就在你和股票发行者(通常是某企业)之间产生了借贷关系。证券商是中间人,企业的融资方式是直接融资。

间接融资是指贷者与借者之间的货币借贷通过各种金融中介进行,如商业银行、储蓄银行、投资公司等。金融中介机构发行各式金融凭证给贷者,获得货币后,再以贷款或投资的形式购入借者所发行的债权凭证,来融通贷者与借者之间的资金余缺。其主要特征是:金融中介本身发行间接债务凭证,将贷者的货币引导向借者。如果你向银行存入一笔钱,银行并不是将你的存款封存起来,而是将它贷给需要资金的企业。那些从银行贷款的企业就间接地通过银行与存款人之间产生了借贷关系。从银行贷款的企业的融资方式是间接融资。

根据直接融资和间接融资的特点,可以将金融工具分为直接凭证和间接凭证。直接凭证是指非金融机构如工商企业或政府以及个人所发行的公债、国库券、债券、股票、抵押契约、借款合同和其他形式的借据。间接凭证是指金融机构所发行的钞票、存款、可转让存单、人寿保险单和其他各种形式的借据。

3. 利息

一个经济社会可被高度抽象为实体部门和货币金融部门。社会财富的增加从本质上说,是实体部门扩张和效益增进的结果,但是实体部门的扩张有赖于货币资金的注入,实体部门的效益则表现为所注入的货币资金的增值额度。

货币资金若不进入生产部门,而是存入银行,则在一定时期内注定要获得一定的利息,因而货币资金的使用,只有引进利息观念并发挥其作用,才能达到最经济、最有效的目标。一个企业即使不借入资本而完全靠自有资金进行生产经营活动,也要将利息作为机会成本进行效益核算。

4. 金融市场

金融市场是借者与贷者相互接触以及金融工具或债务凭证交易的场所,按不同依据可分为不同类型。

按融资方式划分为直接融资市场和间接融资市场。

按债务偿还期可分为货币市场和资本市场。货币市场是短期(1年内)金融工具交易的场所,包括国库券、商业票据、可转让存单、同业拆借款等。资本市场是长期(1年以上)金融工具交易的场所,包括公债、股票、债券等。

按资本市场的职能可分为一级市场和二级市场。一级市场又称为发行市场,是新发行的证券进行交易的市场;二级市场又称为流通市场,是已发行的证券进行买卖的交易市场。二级市场的交易量只代表现存证券的所有权转移,不代表社会资本存量的增加。

以上是与"金融"相关的一些重要概念。金融一旦跨越国界,将变得更为复杂,也更为有趣。由于各主权国家都有自己的货币,不论国际间的贸易活动还是投资活动,首先遇到的是不同国家的货币兑换问题。出口商出口商品到国外,外国商人向他支付外国货币,出口商需将外币变换成本币,才能计算盈亏;进口商要从国外购买商品,必须先将本币换成外币才能购买国外商品。中国人在海外投资,要先把人民币换成外汇资金,然后投在海外;外国人在中国投资要将外汇换成人民币,然后投在中国。国际金融虽然考虑的不外乎资金的融通和信用问题,但与多种货币一结合,就变成了一种永远具有挑战性的变化无穷的活动。

二、国际金融学的形成和发展

国际金融学成为一门独立学科是一个逐步发展的过程,是在国际贸易理论的基础上逐渐形成和发展起来的。早在1720年伊萨克·杰伊斯就首先提出了国际收支的一般均衡分析。1752年大卫·休谟论述了著名的"物价—现金流动机制"。"二战"期间,国际金融的书籍逐渐增多,但是一直是作为国际贸易学的一部分,处于从属地位。这与当时国际经济关系以商品贸易为主相适应,国际间的货币流动是作为商品流动的对应物而出现的。

"二战"以后,人为建立的布雷顿森林体系取代自发形成的金本位制,使得国际金融方面的问题开始具有某些独立的特点。20世纪七八十年代,由于生产和资本国际化的迅速发展,西方经济学从个别经济实体(如一国经济)的研究上升到两个及两个以上经济实体相互联系的研究,国际经济学(International Economics)应运而生,其主要内容分为两部分:一是国际贸易;二是国际金融。其中有关国际金融的内容是以研究布雷顿森林体系及其相关问题为主要线索的。70年代以后,世界经济进入了所谓无体系的时代,世界经济向全球化、一体化方向发展,国际资本流动频繁,规模巨大,金融活动不再直接从属于实物经济活动(贸易和投资)的需要。事实上,80年代初以来,不同金融市场间的套利活动就已经远比商品和劳务贸易更为有利可图,国际间的资本流动,尤其是金融性资本的流动规模迅速扩大,其存量远远高于贸易量增加的速度。1995年,世界贸易总额首次突破6万亿美元,而国际金融市场上一天的交易量就超过了1万亿美元,年交易量更是超过500万亿美元。因此,原有的国际经济学体系受到很大的挑战,欧美教育界开始出现了国际金融学(International Finance)方面的专门教材。进入90年代,以国际金融为独立研究对象的教材越来越多,同时,越来越多的大学专门开设了国际金融学方面的课程,这表明国际金融学已成为一门独立的学科。

当代的国际金融学是一门理论性和实务性均较强的学科。与开放宏观经济学不同,国际金融学研究的重点是开放经济中的货币金融问题;与货币银行学关注货币供求及国内价格问题不同,国际金融学则关注开放条件下一国内外均衡的实现,以及外汇供求与汇率问题。不同学者关于国际金融学的研究对象存在不同意见,但一般可将国际金融的内容概括为三个层次:微观层面研究汇率问题、金融市场运作等;宏观层面主要研究开放条件下的宏观经济问题,包括国际收支、外汇储备、外汇与汇率制度选择,内外平衡目标与政策组合;全球层面包括区域货币合作、国际货币体系相互依存关系中的政策协调、国际金融监管框架等。本书从初学者视角出发,遵循"先基础后综合""先理论,后实务"的学习规律,以及国际金融知识结构的逻辑顺序,将全书分为"基础篇""管理篇"与"实务篇"三个部分。

B&E 上 篇

国际金融基础

第一章 外汇与汇率

世界上绝大多数国家都有自己的货币,这些货币在本国可以自由流通,但是一旦跨越国界,它们便失去了自由流通的特性。由于各国所用货币不同,国际上又没有统一的世界货币,各国从事国际经济交往以及其他业务都要涉及本国货币与外国货币之间的兑换,由此产生"汇率"这一概念。汇率的变化受宏观、微观经济中许多因素的影响,也反过来影响国际收支中各个账户的变化和一国经济的运行。因此,对外汇和汇率的研究就成了国际金融研究的重要课题之一,掌握有关外汇和汇率的基本知识是研究整个国际金融问题的基础。

第一节 外 汇

外汇的产生是商品流通和商品经济发展的必然结果。早在中世纪,古罗马帝国统治横跨欧、亚、非三洲,商品在国际之间的流通就已开始。随着战争的扩大,商品交易规模也随之扩大,在地中海沿岸的一些国家或地区中形成了国际贸易集市。同时,随着跨国、跨地区商品交易的频繁发生,各种货币相遇,产生了各种货币交换的比价问题;另外,货币交易需求增加,携带金银货币不方便,于是各国商贾之间开始使用简单的商业汇票作为国际支付工具。商业汇票是现代国际支付的雏形。产业革命后,资本主义生产方式迅速发展,世界市场初步形成,国际贸易规模日益扩大,传统的金银货币作为支付手段已不能适应国际贸易的需要。由此,商业票据兑换以及为其服务的银行业也随之产生,一些信用凭证、信用工具逐步成为代用货币,在国际贸易中成为支付工具,外汇的概念、内容和实质也开始形成。

一、外汇的界定

外汇有动态和静态两种含义。

动态意义上的外汇,是指人们将一种货币兑换成另一种货币,清偿国际间债权债务关系的行为。外汇的英文是 foreign exchange,其本意是指"国外汇兑",即国际汇兑。按中文的解释,"汇"表示货币资金在异地间的转移,"兑"表示货币的交换。在国际间发生的这一业务活动,就称为"国际汇兑"。国际汇兑的实质,是以非现金方式进行的国际支付。这个意义上的外汇概念等同于国际结算,是人们通过特定的金融机构(外汇银行)将一种货币兑换成另一种货币,借助各种金融工具对国际间债权债务关系进行非现金结算的行为。国际汇兑的主要方式有电汇、信汇和票汇等,其基本作用就是以汇兑代替现金的运送,实现不同国家或不同货币制度的异地间的收付。

国际汇兑的产生,源于各国间商品交换的客观要求。由于一国货币不能在另一国流通,这意味着,一国货币在别国市场上对该国的商品和劳务没有直接的购买力,因此,本国货币要在别国市场上购买商品、劳务,就必须先换成外国货币,再用它进行支付。这样,由于国际商品、劳务交换的需要,就发生了货币资金的转移与货币的兑换。

静态含义强调外汇作为一种金融工具所具有的功能。这是指以外国货币表示的、可用于国际结算的各种支付手段和资产。静态外汇有广义和狭义两种。

1. 广义的静态外汇

广义的静态外汇是指一切用外币表示的资产。

国际货币基金组织(IMF)的解释是:"外汇是货币行政当局(中央银行、货币机构、外汇平准基金组织和财政部)以银行存款、财政部库存、长短期政府证券等形式所保有的在国际收支逆差时可以使用的债权,其中包括根据中央银行之间及政府间协议而发行的在市场上不流通的债券,而不论它是以债务国货币还是以债权国货币表示。"这一概念强调了官方持有,适用于一国的外汇储备,同IMF对外汇储备的定义相同。

我国2008年修订的《外汇管理条例》规定,外汇是指以外币表示的可以用作国际清偿的支付手段和资产,包括:①外币现钞,包括纸币、铸币;②外币支付凭证或者支付工具,包括票据、银行存款凭证、银行卡等;③外币有价证券,包括债券、股票等;④特别提款权;⑤其他外汇资产。

2. 狭义的静态外汇

我们通常所说的外汇是狭义的静态外汇。狭义的静态外汇是指以外币表示的、可直接用于国际结算的支付手段和工具。从这个意义上讲,只有存放在国外银行的外币存款以及索取这些存款的外币票据和外币凭证才是外汇,主要包括银行汇票、支票、本票和电汇凭证等。其中国外银行存款是狭义外汇的主体,因为银行汇票等外汇支付凭证需以外币存款为基础,而且外汇交易主要是运用国外银行的外币存款来进行的。

外汇必须具有以下三个特征:①外币性。外汇必须是以外币表示的资产、债权或支付手段。②可兑换性(covertibility)。持有者可自由地将其兑换成其他货币或以其表示的支付手段。可兑换性是外汇最基本的特征。外汇可兑换性的实质是各国商品和劳务能否自由交换的问题,因为一国货币如能兑换成他国货币,实际上就意味着其持有人通过这种兑换,能取得对该国商品和劳务的购买力。如果一国禁止外国人随意购买本国商品和劳务,该国货币的可兑换性就失去了基础。③可偿付性。能确保其持有人拥有对外币发行国商品和劳务的要求权,即外汇必须是在国外能得到偿付的债权。缺乏充分物质偿付保证的"价值符号"不是外汇,因此空头支票、遭拒付的汇票不能视为外汇。由外汇的特征可见,外汇的本质就是对外国商品和劳务的要求权,即外汇是以本国的商品和劳务换来的他国的商品和劳务。

二、外汇的作用

外汇是随着国际经济交往的发展而产生的;反过来,它又推动了国际经贸关系的进一步发展,在国际政治、文化、科技交往中起着重要的纽带作用。

(一) 充当国际结算的支付手段

在世界经济交往中,如果没有可兑换的外汇,那么每一笔交易都必须以充当"世界货币"的黄金来支付结算,而黄金在各国间的运送既要开支大量的运送费,又会耽误支付时间,给有关方面造成资金占压,同时要承担很大的风险。以外汇充当国际结算的支付手段则能解决这一难题。利用国际信用工具(汇票等),通过在有关银行账户上的转账或冲抵的方法来办理国际支付,这种国际间非现金的结算方式,既安全迅速又简单方便,还可节省费用,从而加速了资金周转,促进了国际经贸关系的发展。

(二) 实现国际间购买力的转移

当今世界各国实行的是纸币流通制度,各国货币不同,一国货币一般不能在别国流通,对于别国市场上的商品和劳务没有直接的购买力。而外汇作为国际支付手段被各国所普遍接受,它使不同国家间的货币购买力的转移得以实现,极大地促进了世界各国在经济、政治、科技、文化等领域的相互交流。

(三) 调剂国际间的资金余缺

由于世界经济发展不平衡,各国资金的余缺程度不同,客观上需要在世界范围内进行资金的调剂。不同国家的资金调剂不像一国范围内资金余缺部门那样可直接进行。外汇的可兑换性使各国余缺资金的调剂成为可能,从而推动了国际信贷和国际投资活动,使资金的供求在世界范围内得到调节,对于国际金融市场的繁荣以及世界经济的快速发展起到了巨大的推动作用。

(四) 充当国际储备资产

国际储备(international reserves)是指一国货币当局所持有的,能随时用来支付国际收支差额,干预外汇市场,维持本币汇率稳定的流动性资产。国际储备由货币性黄金、外汇储备、在 IMF 的头寸(又称普通提款权)以及特别提款权(IMF 于 1969 年 9 月创设的一种储备资产和记账单位,是与普通提款权相对的另一种使用资金的权利)构成。其中外汇储备是当今国际储备的主体,所占比重最高(1998 年外汇储备/国际储备总额＝91％)、使用频率最高。外汇储备的主要形式是国外银行存款与外国政府债券,能充当储备货币(reserve currency)的是那些可自由兑换、被各国普遍接受、价值相对稳定的货币。

三、外汇的种类

(一) 按自由兑换性强弱分

1. 自由外汇

自由外汇是指不需货币发行国批准,可以对任何国家自由支付,并自由兑换成其他国家货币的外汇。自由外汇可在国际外汇市场上自由买卖,在国际支付中得到偿付,在国际结算中被广泛使用。通常所说的外汇是指自由外汇,如美元、英镑、日元、欧元等。

2. 有限自由兑换外汇

有限自由兑换外汇是指未经货币发行国批准,不能自由兑换成其他货币或对第三国进行自由支付的外汇。这些货币在交易时受到一定的限制。IMF 规定,凡对国际性经常往来的付款和资金转移有一定限制的货币均属于有限自由兑换货币。世界上大多数国家的货币(包括人民币)属于此类。

3. 记账外汇

记账外汇也称双边外汇、协定外汇或清算外汇,是指在两国政府间签订的双边贸易或多边清算协定中所引起的债权债务,不是用现汇逐笔结算,而是通过在对方国家的银行设置专门账户进行相互冲销所使用的外汇。这种外汇不能兑换成自由外汇,也不能对第三国进行支付,只能在双方银行专门账户上使用。当存在经常性贸易往来的两国缺乏自由外汇时,可彼此采用记账外汇进行交易。一般在年度终了时,双方对进出口额及相关费用进行账面轧抵,结算差额。对差额的处理方式包括:①转入下一年度贸易项下平衡;②采用双方预先商定的自由外汇清偿;③以货物清偿。

(二)按其来源和用途分

1. 贸易外汇

贸易外汇是指因进出口贸易及其从属费用而收付的外汇。从属费用主要包括与商品进出口直接关联的运费、保险费等。

2. 非贸易外汇

非贸易外汇是指与进出口无关的外汇,主要是由于资产流动而产生的外汇,如捐赠、侨汇、旅游、海运、保险、银行、海关、邮电、工程承包、资本流动等收付的外汇。

(三)按外汇买卖的交割期分

1. 即期外汇

即期外汇又称现汇,是指在外汇买卖成交后两个营业日内办理交割的外汇。

2. 远期外汇

远期外汇又称期汇,是指交易双方事先签订买卖合约,规定外汇买卖的币种、数量、期限和汇率等,到约定日期才按合约规定的汇率进行交割的外汇。

(四)按外币形态分

1. 外币现钞

外币现钞是指外国钞票、铸币。现钞主要从国外携入,属于广义外汇。

2. 外币现汇

外币现汇的实体是在货币发行国本土银行的存款账户中的自由外汇,现汇是由境外携入或寄入的外汇票据,经本国银行托收后存入,为狭义外汇。

四、常见的自由兑换货币及符号

为了准确而简易地表示各国货币的名称,便于开展国际间的贸易、金融业务和计算机数据通信,1870年联合国经济委员会首先提出要制定一项国际贸易单证和信息交换使用的货币代码。

1973年国际标准化组织(International Organization for Standardization,ISO)第68届技术委员会在其他国际组织的通力合作下,制定了一项适用于贸易、商业和银行的货币和资金代码,即国际标准 ISO 4217 三字符货币代码。1978年2月联合国贸发会议和欧洲经济委员会将三字符货币代码作为国际通用的货币代码或货币名称缩写向全世界推荐。

ISO 4217 三字符货币代码的前两个字符代表该种货币所属的国家和地区,采用的是早已被国际社会承认和接受的 ISO 3166《国家名称代码》;在此基础上,再加上一个字符表示货币单位。这套符号没有采用传统的特殊字符,如 $、£、¥,因此避免了许多计算机输入输出装置缺少这些特殊字符所造成的麻烦。常见的自由兑换货币及符号见表1-1。12个欧盟国家的货币,包括奥地利先令(Austria Schilling)、比利时法郎(Belgium Franc)、芬兰马克(Finland Mark)、法国法郎(France Franc)、德国马克(Germany Deutsche Mark)、爱尔兰英镑(Ireland Pound)、意大利里拉(Italy Lira)、卢森堡法郎(Luxembourg Franc)、荷兰盾(Netherlands Guilder)、葡萄牙埃斯库多(Portugal Escudo)、西班牙比塞塔(Spain Peseta)、希腊德拉克马(Greece Drachma)2002年3月1日以后都已退出流通,代之以欧元。表1-1列出了常用货币及其符号,"*"表示已经退出流通的旧货币(由于在许多书籍中仍会出现这些货币符号,因此,本书仍然保留了这些货币符号,而不是简单地将它们删掉)。

表1-1 常见的自由兑换货币及符号

货币名称(中文)	货币名称(英文)	ISO国际标准三字符货币代码	习惯写法
美元	US Dollar	USD	$/US $
欧元	EURO	EUR	€
英镑	Pound Sterling	GBP	£
日元	YEN(Japanese Yen)	JPY	JP¥
德国马克*	Deutsche Mark	DEM	DM
芬兰马克*	Finn Mark	FIM	FMK
法国法郎*	French France	FRF	FFr
瑞士法郎	Swiss France	CHF	SF
比利时法郎*	Belgium France	BEF	BFr
挪威克朗	Norwegian Krouna	NOK	NKr
瑞典克朗	Swedish Krouna	SEK	SKr
丹麦克朗	Denmark Krouna	DKK	DKr
荷兰盾*	Dutch Guilder(Florin)	NLG	Fls
奥地利先令*	Austrian Schilling	ATS	ASch
意大利里拉*	Italian Lira	ITL	LIT
加拿大元	Canadian Dollar	CAD	Can $

续表

货币名称(中文)	货币名称(英文)	ISO 国际标准三字符货币代码	习惯写法
澳大利亚元	Australia Dollar	AUD	A$
韩国元	Korea Won	KRW	W
新加坡元	Singapore Dollar	SGD	S$
港币	Hong Kong Dollar	HKD	HK$
澳门元	Pataca	MOP	P/Pat
马来西亚林吉特	Malaysian Ringgit	MYR	M$
菲律宾比索	Philippine Peso	PHP	PeSo
泰国铢	Thai Baht	THB	B
特别提款权	Special Drawing Right	SDR	SDRs
人民币元	China Yen	CNY	RMB¥

第二节 汇 率

一、汇率的概念

外汇作为一种资产,可以和其他商品一样进行买卖。商品买卖中是用货币购买商品,而货币买卖是用货币购买货币。汇率(foreign exchange rate)是两国货币的相对比价,也就是用一国货币表示另一国货币的价格。外汇是实现两国之间商品交换和债务清偿的工具,是两种不同货币的买卖行为;汇率是买卖外汇的价格。因此可以说,外汇是对兑换行为的质的表述;汇率则是对兑换行为的量的度量。

在不同的环境下,汇率有不同的称谓。直观上看,汇率是一国货币折算成另一国货币的比率,因此汇率又可称为"兑换率";从外汇交易的角度来看,汇率是一种资产价格,即外汇价格。外汇作为一种特殊的商品,可以在外汇市场上买卖,这就是外汇交易,进行外汇交易的外汇必须有价格,即"汇价",它是以一国货币表示的另一国货币的价格。由于外汇市场上的供求经常变化,汇价也经常发生波动,因此,汇率又称为"外汇行市";在一些国家(如我国),本币兑外币的汇率通常在银行挂牌对外公布,这时,汇率又称为"外汇牌价"。

二、汇率的标价方法

汇率是两种货币折算的比率。折算两国货币时,首先要确定以哪一国货币作为标准,确定的标准不同,汇率的标价方法也就不同。

(一)直接标价法

直接标价法,又称应付标价法,是以一单位(1、100 或 10 000 个单位)的外币为标准,来计算应付多少本币。如中国银行人民币牌价 USD100＝CNY827.90,其标价方法是将外国货币视为一种普通商品,按本国普通商品的标价法进行标价,如 1 斤苹果＝2 元,1 件衣服＝100元,1单位外币＝若干单位本币。这种标价法的特点是：外国货币的数额固定不变(为一定单位)，其折合成本国货币的数额则随着本币与外币的相对价值变化而变动。

如果一定单位外国货币所折算的本币增多，则说明外国货币币值上升，外国货币汇率上涨；或者说本国货币币值下降，本国货币汇率下跌。反之，本币额越低，表明外币汇率下降(外币贬值)，本币汇率上升(本币升值)。可见，在直接标价法下，汇率的升降与本币对外价值的高低成反比。

目前，除英镑、欧元、美元外，世界上绝大多数国家的货币都采用直接标价法。我国国家外汇管理局公布的外汇牌价也采用直接标价法。

（二）间接标价法

间接标价法，又称应收标价法，是以一定单位的本国货币为标准，折算成一定数额的外国货币。例如，美国纽约外汇市场(本币为美元)USD1＝JPY107.3500。间接标价法的特点正好与直接标价法相反，即本币的数额固定不变，其折合成外币的数额随本币与外币相对价值的变化而变动。在间接标价法下，外币额越高，表示单位本币能兑换的外币越多，说明本币币值越高、外币币值越低；外币额越低，表明本币贬值、外币升值。

能够采用间接标价法的国家一般都要求该国曾经或者目前在国际经济政治舞台上占据统治地位，其货币曾经是或当前是世界上最主要的货币之一。欧元出现后，成为世界最主要的货币之一，其报价采用间接标价法。金本位制时期及"一战"前后，英国在国际经济及金融领域一直占据支配地位，伦敦一直是国际金融中心，英镑一直是最主要的国际货币，所以，除了对欧元采用直接标价法外，对其他国家货币一直采用间接标价法。"二战"后，由于美元逐渐在国际支付和国际储备中取得统治地位，使美国仅对欧元、英镑汇率采用直接标价法，对其他国家货币的标价均为间接标价法。

显然，两种标价法下汇率互为倒数。两者只表明汇率表示方法上的不同，并没有实质性的区别。两国货币之间的汇率对一个国家是直接标价法，对另一个国家则是间接标价法。如USD100＝CNY827.72，在美国看来是间接标价法，对中国则是直接标价法。

由于不同的标价法下，汇率上涨和汇率下跌的含义有所不同，因此必须说明是哪种货币汇率上涨或下跌。例如，美元/人民币汇率从USD100＝CNY827.72变为USD100＝CNY827.92，表示美元升值(或美元汇率上升)、人民币贬值(或人民币汇率下降)。

（三）美元标价法

"二战"后，特别是20世纪五六十年代以来，国际金融市场外汇交易量激增。为了便于在国际间进行外汇业务交易，在当今的国际金融市场上，汇率的表示方式已经逐渐标准化了。除英镑和欧元外，其他货币的报价都以美元为标准来表示各国货币的价格，也就是用其他货币给美元标价，这就是美元标价法。

美元标价法是指以一定单位的美元为标准来计算能兑换多少其他货币。在美元标价法下，美元的单位始终不变，美元与其他货币的比值是通过其他货币的量的变化来表现的。

上述三种标价方法的相同之处在于，各种标价方法下，数量固定不变的货币是标准货币或基础货币；数量不断变化的货币是标价货币或报价货币。直接标价法下，基础货币是外币,标价货币是本币;间接标价法下,基础货币是本币,标价货币是外币;美元标价法下,美元是基础货币,其他各国货币是标价货币。三种标价法的共同点是都以标价货币的数量表示标准货币或基础货币的价格。

三、汇率的种类

在实际业务中,外汇汇率可从不同角度,划分为不同种类。

(一) 按银行买卖外汇的角度分

1. 买入汇率(buying rate)

买入汇率也称外汇买入价,是指银行从客户处买入外汇时使用的汇率。

2. 卖出汇率(selling rate)

卖出汇率也称外汇卖出价,是指银行卖出外汇时使用的汇率。

外汇市场上,银行报价通常采用"双向报价",即同时报出买入价和卖出价。从数字的排列上看,总是前一数字小,后一数字大,因而在不同的标价方法下,买卖价的排列顺序是不同的。在直接标价法下,前一个为买入价,后一个为卖出价。例如,在纽约外汇市场上,欧元/美元汇率为:1.2338/1.2370。银行买入欧元价格为 EUR1＝USD1.2338,银行卖出欧元价格为 EUR1＝USD1.2370。间接标价法下,前一个为卖出价,后一个为买入价。例如,在德国法兰克福外汇市场上,欧元/英镑汇率为:0.6686/0.6724。银行买入英镑价格为 EUR1＝GBP0.672,银行卖出英镑价格为 EUR1＝GBP0.6686。

注意:①买入价和卖出价是站在银行而非客户的角度讲的,因而客户从银行买入外汇采用卖出价,客户向银行卖出外汇采用买入价;②买与卖的对象是外汇,如在美国纽约汇市,银行买卖的是美元以外的货币。

银行等金融机构买卖外汇是以盈利为目的,卖出价与买入价的差价就是银行的收益,因此银行的卖出价必然高于买入价,两者差价一般为 1‰～5‰。外汇市场越发达,交易量越大,这个差价就越小。西方主要货币间的交易差价大都小于 1‰。银行同业间进行批量外汇交易时使用的买入价、卖出价称为"同业汇率",其差价相对更小,由交易量与外汇供求而定。

3. 中间汇率(middle rate)

中间汇率也称中间价,是买入价与卖出价的算术平均数,即(买价＋卖价)/2。它不是在外汇交易中使用的实际成交价,而是为了方便计算(如套算汇率、计算远期升贴水率)或使报道更简洁而使用的汇率。

4. 现钞汇率(banknote rate)

现钞汇率是指买卖外汇现钞时所使用的汇率,也有买入价和卖出价之分。一般外汇现钞的卖出价与现汇卖出价相同,而外汇现钞的买入价比汇票等支付凭证(现汇)的买入价低(一般低 2‰～3‰)。这是因为银行买入汇票等支付凭证后,通过航邮划账,可以很快存入外国银行获取利息或调拨使用;而银行买入外币现钞则要经过一定时间,待积累到一定数额后,才能将其运送到该种外币的发行国使用。在此期间,买进现钞的银行要承受一定的利息损失,并要支付运费,银行便将这一损失转嫁给卖出现钞的客户承担。因此现钞买入价要低于现汇买入价。

中国人民银行公布的人民币基准汇率是各外汇指定银行之间以及外汇指定银行与客户（包括企业和个人）之间进行外汇与人民币买卖的交易基准汇价（见表1-2）。各外汇指定银行以美元交易基准汇价为依据，根据国际外汇市场行情自行套算出人民币对美元、港币、日元以及各种可自由兑换货币的中间价，在中国人民银行规定的汇价浮动幅度内自行制定外汇买入价、外汇卖出价以及现钞买入价和现钞卖出价，并对外挂牌。

表1-2　2008年9月17日和2016年7月17日中国人民银行公布的外汇牌价对比

（人民币元/100外币）

货币名称	日期	现汇买入价	现钞买入价	卖出价	货币名称	日期	现汇买入价	现钞买入价	卖出价
英镑	2008.9.17	1216.02	1190.38	1225.79	欧元	2008.9.17	968.61	948.19	976.39
	2016.7.17	878.07	850.93	886.89		2016.7.17	735.59	712.89	740.75
美元	2008.9.17	682.38	676.91	685.12	日元	2008.9.17	6.4582	6.322	6.5101
	2016.7.17	667.68	662.33	670.36		2016.7.17	6.3582	6.162	6.4028
瑞士法郎	2008.9.17	608.67	595.84	613.56	新加坡元	2008.9.17	474.29	464.29	478.1
	2016.7.17	678.4	657.46	683.16		2016.7.17	494.62	479.36	498.1
瑞典克朗	2008.9.17	100.92	98.79	101.73	港币	2008.9.17	87.68	86.98	88.02
	2016.7.17	77.59	75.19	78.21		2016.7.17	86.1	85.41	86.43
丹麦克朗	2008.9.17	129.83	127.09	130.87	澳门元	2008.9.17	84.95	84.28	85.27
	2016.7.17	98.83	95.78	99.63		2016.7.17	83.63	80.82	83.95
挪威克朗	2008.9.17	117.04	114.58	117.98	菲律宾比索	2008.9.17	14.47	14.16	14.58
	2016.7.17	78.51	76.09	79.15		2016.7.17	14.23	13.79	14.35
加拿大元	2008.9.17	639.39	625.91	611.53	泰国铢	2008.9.17	19.6	19.19	19.76
	2016.7.17	513.83	497.96	517.95		2016.7.17	19	18.42	19.16
澳大利亚元	2008.9.17	542.26	530.83	546.61	韩元	2008.9.17		0.5807	0.6248
	2016.7.17	504.5	488.91	509.58		2016.7.17	0.5852	0.5647	0.59

资料来源：中国银行网站

（二）按外汇管制的松紧程度（汇率生成方式）分

1. 官定汇率(official rate)

官定汇率又称法定汇率，是指国家官方机构（中央银行、财政部或外汇管理局）所规定的汇率。在外汇管制较严的国家，禁止自由外汇市场的存在，规定一切交易都按官方公布的汇率进行。官方汇率比较稳定，而且一般倾向于高估本币价值。如我国1994年1月1日开始实行以市场为基础的浮动汇率制度后，人民币大幅贬值。1993年12月底，人民币汇率为：USD1=CNY5.80；1994年1月人民币汇率为：USD1=CNY8.70。

2. 市场汇率(market rate)

市场汇率是指在自由外汇市场上买卖外汇的实际汇率。它随着外汇市场上的外汇供求关系的变化而上下波动。在市场汇率下，政府要想对汇率进行调节，必须通过干预外汇市场来实现。目前发达国家都采取市场汇率。我国目前实行的是有管理的浮动汇率制度,汇率波动范围受到一定限制,还不是完全的市场汇率。

(三)按外汇资金性质和用途分

1. 贸易汇率(commercial rate)

贸易汇率主要是指用于进出口贸易及其从属费用收付的汇率,它为一国的"奖出限入"政策服务,以改善国际收支。

2. 金融汇率(financial rate)

金融汇率是指用于非贸易往来(如劳务、资本移动等)的结算汇率。其目的是增加非贸易外汇收入或限制资本流出入。

例如,1981—1984年,人民币外汇牌价为 USD1＝CNY1.53,但进出口贸易按内部结算价 USD1＝CNY2.80 进行结算,非贸易收支按牌价结算。

(四)按汇率是否适用于不同用途分

1. 单一汇率(single rate)

单一汇率是指一国货币兑某一外国货币的汇率只有一个。各种不同来源和用途的外汇收付都按此汇率计算。西方发达国家往往采用单一汇率。

2. 多重汇率

多重汇率又称复汇率(multiple rate),是指一国货币兑某一外国货币的汇率因外汇用途或交易项目不同而规定两种或两种以上。在某些外汇管制较为严格的国家,常常对进口、出口及非贸易收支规定不同的汇率。复汇率有两种:①双重汇率。如"二战"后至1990年3月4日,比利时采取贸易汇率和金融汇率。②多重汇率,即存在两种以上汇率。如阿根廷1982年在复汇率制度下有17种汇率。一国制定双重或多重汇率的目的在于奖励出口、限制进口,限制资本的流入流出,并借以改善国际收支。多重汇率被视为外汇管制的一种措施。

(五)按外汇买卖交割时间分

1. 即期汇率(spot exchange rate)

即期汇率又称现汇汇率,是指在外汇市场上,买卖双方成交后,当天或两个营业日内交割所使用的汇率。

2. 远期汇率(forward exchange rate)

远期汇率又称期汇汇率,是指在外汇市场上,买卖双方成交后,在约定的未来某个日期按成交时商定的汇率办理交割。

远期汇率是预约性外汇买卖所使用的一种汇率,通常在远期外汇买卖合约成交时确定,合约到期时按此汇率进行交割,不受汇率变动的影响。远期汇率在一定程度上代表即期汇率的变动趋势。远期汇率和即期汇率的差额,称为远期差价,在外汇市场上用"升水"(forward premium)、"贴水"(forward discount)和"平价"(par)来表示。直接标价法下,若远期汇率高(低)于即期汇率,表示外币远期升水(贴水),本币远期贴水(升水);间接标价法下,若远期汇率高(低)于即期汇率,表示本币远期升水(贴水),外币远期贴水(升水)。

(六) 按外汇交易的支付工具分

1. 电汇汇率(telegraphic transfer rate,T/T Rate)

电汇汇率是银行在收到(或支付)本币、卖出(或买入)外汇后,以电信方式通知国外分行或代理行,委托其向收款人付款(从付款人国外银行账户转出相应外汇数额)的汇兑方式下所使用的汇率。电汇外汇的交收时间最短,一方面可使客户减少或避免汇率变动风险;另一方面,银行一般不能占用客户资金。由于国际间电信费用较高,因此电汇汇率最贵。

现代国际结算中绝大多数外汇收付都以电汇方式进行,以避免汇率波动风险。因此,电汇汇率已成为外汇市场上的基础汇率,是计算其他各种汇率的基础。一般公布的汇率指的都是电汇汇率。

2. 信汇汇率(mail transfer rate,M/T Rate)

信汇汇率是银行在收到(或支付)本币、卖出(或买入)外汇后,以信函方式(邮寄支付委托书)通知国外分行或代理行,委托其向收款人付款的汇兑方式下所使用的汇率。由于航邮比电汇通知的时间长,银行在卖出外汇时,会在一定时间内占用客户资金,银行应少收客户本币;银行买入外汇时,客户占用银行资金,银行应向客户少支付本币。因此信汇汇率要低于电汇汇率。在实际结算中,信汇方式较少采用。

3. 票汇汇率(demand draft rate,D/D Rate)

票汇汇率是银行买卖外汇汇票、支票和其他票据时所使用的汇率。现钞汇率也列入此范围。票汇方式是汇出行应汇款人的申请,开立以其国外分行或代理行为付款人的银行汇票,交给汇款人,由汇款人自行寄给国外收款人,或由汇款人亲自携带交给收款人,收款人凭该银行汇票向汇入行提取款项。票汇从卖出外汇到支付外汇有一定时间,因此,票汇汇率也比电汇汇率低。票汇的凭证主要是银行汇票[①],有即期和远期之分,相应地票汇汇率也有即期票汇汇率和远期票汇汇率之分,通常后者要在即期票汇汇率的基础上扣除远期付款的利息,因此,远期票汇汇率要更低一些。

(七) 按交易对象分

1. 同业汇率(inter bank rate)

同业汇率是指银行之间买卖外汇所使用的汇率,其买入价和卖出价差价较小(因为交易量较大,属于批发价)。

2. 商业汇率(commercial rate)

商业汇率是指银行与客户之间买卖外汇所使用的汇率,其买入价与卖出价的差价大于前者(这是由于交易量较小,属于零售价)。

---

① 汇票是指由一方(发票人)命令另一方(受票人)支付规定数额款项的书面指令。在国际贸易中,发票人是进口商,受票人是出口商银行,收款人是出口商。

（八）按制定汇率的不同方法分

1. 基础汇率（basic rate）

基础汇率又称基准汇率。世界上每个国家都有自己的货币，根据排列组合，假设全世界有 n 种货币，则有

$$C_n^2 = \frac{(n-1)n}{2}$$

个汇率。显然，一国货币要想对每一种外国货币的汇率都按其实际价值分别测算和制定，几乎是不可能的。因此，各国通常选择某一国货币充当基准货币（关键货币），并制定本国货币和基准货币的汇率——基准汇率，对其他国家的货币则用套算的方法求得，不再单独测定。这样全世界只需制定 $(n-1)$ 个基准汇率。"二战"后，由于美元的突出地位，大多数国家都以美元作为基准货币，制定基准汇率。

2. 套算汇率（cross rate）

套算汇率又称交叉汇率，是指通过基准汇率套算出来的本国货币对其他国家货币的汇率。例如，已知英国、日本两国基准汇率 GBP1＝USD1.4，USD1＝JPY110.43，则 GBP1＝JPY1.4×110.43＝JPY154.60，或 JPY1＝GBP1/1.4×1/110.43＝GBP0.0065。

（九）按测算方法来分

1. 名义汇率（nominal exchange rate，E）

名义汇率是官方公布的汇率或在市场上通行的、没有剔除通货膨胀因素的汇率。

2. 实际汇率（real exchange rate，e）

实际汇率是在名义汇率的基础上剔除了通货膨胀因素的汇率。

名义汇率和实际汇率之间的关系有两个方面：

(1) 实际汇率＝名义汇率－通货膨胀率，即 $e = E - \pi$。

(2) $e = EP^f/P$。

其中

P^f、P：外国和本国的有关价格指数；

π：通货膨胀率；

E：名义汇率，用直接标价法表示；

e：实际汇率，用直接标价法表示；

EP^f：用本币表示的一个外国商品篮子的价格指数；

P：用本币表示的一个本国商品篮子的价格指数；

EP^f/P：用本币表示的外国与本国商品价格之比。

考察汇率变化对两国相对竞争力的影响时，应采用经两国价格水平之比调整的实际汇率。从上式可以看到，实际汇率等于名义汇率用外国与本国价格水平之比调整后的值。因而，实际汇率相比名义汇率能使我们更完整地测度两国相对（价格）竞争力的强弱。在直接标价法下，实际汇率 e 升高表明相对外国商品，本国商品的价格更具竞争力，而仅从名义汇率的变动判定两国竞争力的变动是不全面的。例如，若本币贬值20%（E 上升

20%),但同时本国价格水平上升20%,而外国价格水平固定不变,则本币与外币之间的实际汇率将保持不变。换言之,在价格上,本国商品与外国商品的相对竞争力不变,尽管本币贬值使外国商品的本币价格上升,但本国价格水平的同比例提高抵消了本币贬值对两国商品相对竞争力的影响。

3. 有效汇率(effective exchange rate)

有效汇率是指一种货币相对于其他多种货币双边汇率的加权平均数。有效汇率与双边汇率的关系类似于价格指数与各种商品价格的关系,因此又称汇率指数。权重选择的基本标准是一国与其他国家双边贸易量的大小:贸易量较大,则相应的双边汇率权重也较大。有效汇率反映的是一国货币汇率在国际贸易中的总体竞争力和总体波动幅度。由于一国商品对不同国家的出口可能采用不同的汇率,而且一国货币在对某一种货币升值时也可能同时在对另一种货币贬值,即使该种货币同时对所有其他货币贬值(或升值),其程度也不一定完全一致,因此,20世纪70年代末起,人们开始使用有效汇率来观察某种货币的总体波动幅度及其在国际经贸和金融领域中的总体地位。有效汇率的计算公式如下:

$$A 币的有效汇率 = \sum_{i=1}^{n} A 国货币对 i 国货币的汇率 \times \frac{A 国与 i 国的贸易值}{A 国的全部对外贸易值}$$

第三节 汇率的经济分析

决定汇率变动的直接原因是什么呢?把外汇看作一种普通商品,在直接标价法下,汇率就是用本币表示的这种商品的价格。影响两国间汇率变动的直接原因是外汇供求的变动,而影响外汇供求的原因又有很多。其中长期因素包括:国际收支差额、通货膨胀率的差异以及经济增长差异。短期因素包括:相对利率、政府干预、外汇市场上的投机活动以及心理预期等。由于影响汇率变动的因素是多方面的,各种因素相互联系、相互制约,甚至相互抵消,同一因素在不同时期、不同国家可能会起不同的作用,因此汇率变动是一个错综复杂的问题。总体上说,一国的宏观经济状况和经济实力是决定该国货币汇率变动的基本因素。

一、影响汇率变动的因素

(一) 影响汇率变动的长期因素

影响汇率变动的长期因素是指那些在较长时间内对汇率的变化起作用的因素,它们决定了汇率的基本走势。

1. 国际收支差额

国际收支状况是影响汇率变动的直接因素,起主导作用。一国国际收支通过直接决定外汇的供求状况而影响本国货币的汇率。一国国际收支顺差,外汇收入增多,国际储备相应增长,外汇市场对该国货币的需求将增加,进而导致该国货币币值上浮,该国货币汇率将随之上升,该国货币趋于坚挺;一国国际收支赤字,则该国货币有贬值的趋势,货币趋于疲软。

在国际间资本流动的规模不大时,国际收支的经常账户,尤其是贸易收支是影响汇率变动的最重要因素。当一国进口增加或出现国际收支经常账户逆差时,该国会对外币产生额外的需求,这将使本币汇率下跌;而当一国出口增加或国际收支经常账户出现顺差时,顺差国货币汇率会上升。随着国际间资本流动的加速发展,国际收支的资本与金融账户对汇率的影响越来越重要,仅仅是贸易额的变动已不能决定汇率变动的基本走势。

另外需要注意的是,国际收支状况是否会影响汇率,还需考虑国际收支顺差或逆差的性质。长期的、巨额的国际收支逆差一般来说肯定会导致本国货币汇率的下降;而一般性的、短期的、临时性的、小规模的国际收支逆差,可以轻易地通过国际资本的流动、相对利率和通货膨胀的变化、政府对外汇市场上的干预等来弥补,所以最终不一定会影响汇率。

2. 通货膨胀差异或相对通货膨胀率

一国货币币值的变动是影响汇率变动的最基本因素。在纸币流通条件下,两国货币的汇率从根本上说是由其所代表的价值量的对比关系决定的。一般地,当一国发生通货膨胀时,该国货币所代表的价值量就会减少,物价相应上涨,即货币对内贬值,而该国货币的购买力随物价上涨而下降,在国际市场上,对该国货币的需求将减少,于是该国货币的汇率就会趋于下跌,即货币对外贬值。但是,如果贸易伙伴国也发生通货膨胀,并且两国的通货膨胀率相同,那么两国货币的名义汇率(和实际汇率)就不受影响。因此,考虑通货膨胀对汇率的影响时,应考虑两国通货膨胀的对比关系,也就是说,通货膨胀对汇率的影响实际上表现为两国间通货膨胀的相对水平对汇率的影响。

国内外通货膨胀率的差异主要通过两个方面影响汇率。一是影响经常账户,主要是通过影响进出口贸易,从而影响外汇的供求和汇率。当一国通货膨胀率高于外国时,其物价上涨率将高于其他国家,则该国出口商品的成本会高于他国同类商品,这将减少其出口;同时该国进口成本降低,进口品价格相对便宜,导致进口增加。这将使外汇需求大于供给,导致外汇汇率上升,本币汇率下跌。外汇汇率上升反映本国货币兑换外国货币的能力下降,即货币对外贬值。二是影响资本金融账户。两国通货膨胀率的变化通过影响两国间实际利率差异而引起国际间资本流动,并导致预期变化,从而影响外汇供求和汇率。当一国通货膨胀率高于他国时,会使该国的实际利率下降,各国投资者为追求高效益,会将资本转移到国外;同时由于通货膨胀会使一国货币的购买力下降,这将影响该国货币在国际上的信用地位和人们对它的预期,从而直接减少他国对该国货币的需求。上述影响会使外汇供给减少、需求增加,导致外汇汇率上涨,本币汇率下跌。

一国货币从对内贬值到对外贬值要有一个过程,因而通货膨胀对汇率的影响也要经过一段时间(往往在半年以上)才能显露出来。但这种影响一旦起作用,其延续的时间会比较长,有时可能会持续好几年。

3. 经济增长率差异

经济增长率差异对汇率的影响是多方面的。就经常账户而言,一国经济增长率高时,一方面意味着收入增加从而进口增加,本国外汇支出增加,本币趋于贬值;另一方面,高增长率伴随着劳动生产率提高、生产成本降低,从而本国产品竞争力提高,出口增加,本国外汇收入增加,本币有升值的趋势。最终结果要看这两方面作用的强度对比。就资本与金融项目而言,一国经济增长率高时,国内对资本需求加大,外国资本也会因有利可图而进入本国,从而资本流入增加,本币有升值趋势。

总体来看,高增长率对本币具有支撑作用,且持续时间较长。

(二)影响汇率变动的短期因素

影响汇率变动的短期因素主要是下面一些左右短期资本国际流动的因素。

1. 相对利率

利率是资金的价格。对于筹资者来说,利率高低决定着筹资成本的高低;对于投资者来说,利率高低决定着投资者收益的水平。

当各国利率出现差异时,人们为追求最好的资金效益,会从低利率国家筹集资金,向高利率国家投放资金,这势必会影响外汇的供求进而影响汇率。因为涉及资金在不同国家间的流动,所以重要的是利率的相对水平而不是绝对水平。一般来说,一国利率相对他国提高会刺激国外资金流入增加、本国资金流出减少,造成本国货币供给减少、货币需求增加,本国货币升值。

需要注意的是,由利率差异引起的资本流动必须考虑未来汇率的变动。现期由于资金流向高利率国家会导致高利率国家货币升值,但是流入高利率国家的资金在未来所取得的本利和在兑换为低利率的本币时,会引起高利率货币贬值,这将使得套利者遭受汇率损失。因此,只有当预期汇率的不利变动低于两国利率差,金融资产的所有者仍有利可图时,资本的国际流动才会发生。

2. 政府、中央银行的干预

在浮动汇率制度下,政府没有维持固定汇率的义务,但不会完全放弃对汇率的管理。政府对外汇市场的干预主要出于下列目的:一是防止汇率在短期内过分波动;二是避免汇率水平在中长期失调;三是进行政策搭配或是达到特定政策目标的需要,如人为造成本币低估以刺激出口、增加外汇储备或调整外汇储备结构等。所谓汇率失调,是指短期波动的汇率在中长期的平均水平及变动趋势明显处于定值不合理(高估或低估)状态。政府对外汇市场的干预可分为直接干预和间接干预两种。

直接干预是中央银行在外汇市场上直接买卖外汇的做法。按是否引起货币供应量的变化可分为冲销式干预和非冲销式干预。前者是指政府在外汇市场上进行交易的同时,通过其他货币政策工具(主要是国债市场上的公开市场业务)来抵消前者对货币供应量的影响,使货币供给量维持不变的外汇市场干预行为;为抵消外汇市场交易的影响而采取的政策措施称为冲销措施。后者是指不存在相应冲销措施的外汇市场干预,它将引起一国货币供应量的变动。为进行外汇市场干预,一国需要持有充足的外汇储备,或者建立专门的基金,如外汇平准基金、外汇稳定基金等,保持一定数量,随时用于外汇市场的干预。

按参与直接干预的国家数量,可分为单边干预和联合干预。前者是指一国对本国货币与某外国货币之间的汇率变动,独自进行干预;后者是指两国乃至多国联合协调行动,对汇率进行干预。单边干预主要出现在小国对其与大国货币之间的汇率进行调节的情形;缺乏国际协调时,各国对外汇市场的干预也多采取单边干预。20世纪80年代以来,西方主要工业国家为避免因汇率变动造成对国内经济的不利影响,协调相互之间的宏观经济政策,往往采取联合干预的措施,共同影响汇率的变动,达到稳定外汇市场的目的。这种干预通常不是靠行政性硬性管制或干预实现的,而是靠介入外汇市场,通过外汇买卖活动来实现。例如,2000年9月14日G7首脑会议决定购入25亿欧元,以使各国货币对欧元贬值,从而增加对欧盟出口。政府管制也是直接干预汇率的方法,这种方法可以在短期内对汇率产生明显的作用,但不能对汇率走势产生持久影响。如果管制被取消,但本国经济并未从根本上得到改变,汇率水平又会恢复到原来的水平。

间接干预是通过影响决定本国货币币值的因素间接影响货币币值。常用的间接干预措施是由货币当局变动货币供应量改变利率,从而影响汇率水平。例如,美联储通过增加美国的货币供应来降低利率,从而促使外国投资者不再投资于美国债券,因而可以对美元汇率产生下滑压力;为了促使美元币值回升,美联储可以通过减少货币供应来提高利率。这种与直接干预相伴随的战略已经得到了普遍采用。一般来说,扩张性的财政、货币政策造成的巨额财政赤字和通货膨胀,会使本国货币对外贬值;紧缩性的财政、货币政策会减少财政支出,稳定通货,而使本国货币对外升值。但这种影响是短期的,财政、货币政策对汇率的长期影响,则要视这些政策对经济实力和长期国际收支状况的影响而定。如果扩张政策能最终增强本国经济实力,促使国际收支顺差,那么本币对外价值的长期走势必然会提高,即本币升值;如果紧缩政策导致本国经济停滞不前,国际收支逆差扩大,那么本币的对外价值必然逐渐削弱,即本币贬值。

3. 投机活动

随着浮动汇率制度在全球的推行,西方各国对外汇管制和国际资本流动管制的逐渐放松,外汇市场上各种投机活动日益普遍。

在外汇市场的投机活动中,投机基金、跨国公司占主要地位,它们凭借广泛的联络网和雄厚的资金实力,利用汇率、利率的变化牟取巨额利润。一方面,投机风潮会使外汇汇率跌宕起伏,起到加剧市场动荡的不稳定作用;另一方面,当外汇市场汇率高涨或暴跌时,投机性套利活动会起到平抑行市的稳定作用。

4. 心理预期

外汇市场的参与者往往根据对汇率走势的预期而决定持有何种货币。当交易者预期某种货币的汇率下跌时,为了保值或获得投机利益,他们会大量抛售该种货币;而如果预期某种货币汇率趋升,则会大量买入该种货币。这种预期影响了外汇市场的供求变化,使汇率发生波动。

心理预期具有很大的脆弱性和易变性,会因各种突发事件而随时发生变化,有时甚至一个谣言或传闻也会改变人们的预期。例如,1989年七国首脑会议时,美国总统老布什在宴会上晕倒,结果纽约汇市立即出现美元汇率下跌,几小时后白宫宣布总统无恙,美元又回升。再如1988年11月下旬美元对德国马克的汇价经过西欧国家的干预,从1.7170下跌到1.7200左右,但此时美国财政部部长布莱德在电视上发表讲话,他说:"外汇市场的汇价有涨有落,今年美元汇价的最低点接近去年1月的水平。"听到这句话,外汇市场的交易商认为他不容忍美元降到目前的较低水平,可能要采取措施,提高美元的对外汇价。因此,外汇交易商纷纷在市场上购进美元以待升值后抛出而赚取汇差,交易商购买美元的行为导致美元对德国马克汇价略有提高。但是,布莱德紧接着又说:"我们对此并不感到担忧。"言外之意,美元汇价如果再下降他也不怕,这句话说出后,美元汇价立刻下降。可见,政府金融主管人员的政策性讲话,在目前传播媒介特别发达、迅速的情况下,对国际外汇市场的影响也是很大的。

国际外汇市场在心理预期的支配下,转瞬之间就会诱发大规模的资金转移,一些外汇专家甚至认为外汇交易者的心理预期是决定汇率短期变动的最主要因素。但是心理预期受到各种因素的影响,它对汇率变动的影响通常难以捉摸。

上述各种因素的关系错综复杂。有时各种因素会同时发生作用;有时个别因素起作用;有时各因素的作用又相互抵消;有时某一因素起主要作用,突然被另一因素所代替。但是,在一段较长时间(如1年)内,国际收支是决定汇率基本走势的主导因素;通货膨胀与财政状况、利率水平和汇率政策只起从属作用——助长或削弱国际收支所起的作用;心理预期与投机因素不仅是上述各项因素的综合反映,而且在国际收支状况决定汇率走势的基础上,起到推波助澜的作用,加剧汇率的波动。

总之,影响汇率波动的因素是多方面的,我们在分析汇率波动的原因时,应把握一个基本点,就是货币供求关系的变动。这是最直接、最根本的原因,各种因素都是通过影响货币供求对汇率产生影响的。

专栏

美国政府对外汇市场干预的实践

美国对外汇市场干预的态度以1985年为界分为两个阶段。1985年以前采取的是"有益的忽视"(benign neglect)的汇率政策。美国在20世纪80年代早期的里根政府时期,对经济实行的是扩张的财政政策与紧缩的货币政策相结合的政策搭配措施。大幅削减税收和增加国防开支等措施,使政府财政赤字迅速上升。为保证政府财政赤字得到稳定的融资,同时防止经济过热现象,美联储采取了提高利率的措施,高利率吸引了大批资金流入美国。在国内吸收增长导致进口增加的情况下,汇率却因资金的大量流入而不能贬值以刺激出口。这样,美元高利率和高汇率使出口部门受到双重打击,导致美国经常账户不断恶化。在此期间,美国对外汇市场基本上不进行任何干预,只是在极少数偶然情况下(如里根遇刺时)才入市防止市场的过分震动。美国外部经济呈现为美元持续升值与经常账户赤字达到创纪录水平这两者的结合,美国国际收支的平衡主要依赖外资流入。

美元的持续高估也影响了国际金融体系的稳定。1985年9月22日,西方五国(英、美、德、日、法)财长在纽约的广场饭店召开会议讨论美元币值问题,发表了将采取联合干预措施以使美元从过去高估的汇率水平上降下来的"广场宣言"(Plaza Anouncement)。外汇市场上的美元汇率在宣言发布的第二天开始下降。同时,美国开始采取降低利率等宽松货币政策。这些措施使美元持续贬值到1987年。"广场宣言"的发表标志着美国乃至各国在干预外汇市场问题上态度的转变,不仅各国认识到了对外汇市场进行干预的必要性,而且对外汇市场的干预也进入了各国协调联合干预的阶段。

1986年年底,美元币值又成为国际关注的焦点,各国都认为美元的贬值已经足够,1987年2月22日在法国罗浮宫又召开了一次会议,达成"罗浮宫协议"(Louvre Accord),各国承诺将美元汇率稳定在目前的水平,确定了一个不公开的汇率变动目标区。罗浮宫会议后,西方各国对外汇市场进行了较多的干预,汇率基本上比较稳定。1987年10月美国纽约股票市场危机,外汇市场进入相对动荡时期,"罗浮宫协议"确定的汇率变动范围基本上被放弃。此后,政府对外汇市场的干预主要是在汇率出现大幅波动时才进行,而避免承诺对汇率特定水平与变动范围的维持。

二、汇率变动对经济的影响

汇率的变动表现为货币的升值与贬值。货币的升值与贬值在不同的汇率制度下有不同的方式。固定汇率制度下称法定升值(revaluation)与法定贬值(devaluation);浮动汇率制度下称汇率上浮(appreciation)与汇率下降(depreciation)。不管在哪种制度下,货币的升值与贬值都是指一种货币相对于另一种货币而言的。升值和贬值的幅度可以通过下式计算:

标准货币对标价货币的变动率=(新汇率/旧汇率-1)×100%

或　　　　标价货币对标准货币的变动率=(旧汇率/新汇率-1)×100%

例　2007年9月21日和2008年9月21日中国官方公布的美元牌价分别为

USD100 = CNY748.80 和 USD100 = CNY681.83

问:① 美元对人民币的变化幅度。
　　② 人民币对美元的变化幅度。

在上面的外汇牌价中,标准货币是美元,标价货币是人民币。因此,根据公式,美元对人民币的变化幅度为

(681.83/748.80-1)=-8.94%,表明美元对人民币贬值8.94%。

人民币对美元的变化幅度为

(748.80/681.83-1)=9.82%,表明人民币对美元升值9.82%。

当货币的汇率高于或低于其均衡汇率时,就存在汇率高估或低估的情况。在固定汇率制度下,官方汇率若能准确反映两国间经济实力的对比变化与国际收支状况,就是一种均衡汇率;而在浮动汇率制度下,外汇市场上的供求相对平衡时,两国货币的交换比率就是均衡汇率。在很多情况下,政府往往有意识地把汇率定得高于或低于均衡汇率。但从长远来看,一国货币汇率是不能长期高估或低估的,必须通过各种方式对其进行调整,以便实现内部和外部的平衡。

在当今的浮动汇率制度下,汇率的变动频繁而剧烈。汇率变动对一国的国内经济、国际收支以及整个世界经济都有重大影响。货币升值或贬值的影响就结果而言正好相反。以下我们着重分析本币汇率下跌(本币贬值)的经济影响,这也是各国特别是发展中国家最为关心的问题。

(一) 对国际收支的影响

1. 对贸易收支的影响

一般来说,进出口商品以供应国货币计价。本币贬值以后,如果出口商品的本币价格不变,外币价格则下降,这提高了出口商品在国际市场上的竞争力,会使出口增加;若进口商品的外币价格保持不变,本币价格将上升,这会削弱进口商品在国内市场上的竞争力,使进口减少。因此,一般而言,一国货币贬值有利于该国扩大出口、抑制进口,改善该国的贸易收支。

但是,须注意以下几个问题。

(1) "弹性"问题。本币贬值对贸易收支的影响有两方面的作用:一是数量方面的影响,即出口增加、进口减少;二是价格方面的影响,若贸易品以供应国货币计价,那么出口的本币价格不变、进口的本币价格上升,意味着本国贸易条件恶化①,这对本国贸易收支具有不利影响。只有当数量方面的影响超过价格方面的影响时,贸易收支才会改善。当进出口供给弹性足够大,同时进出口需求弹性之和大于1时,出口数量增加和进口数量减少的影响将超过贸易条件恶化的影响,从而使贸易收支得到改善。

(2) "时滞"问题(J曲线效应)。贬值对出口的刺激作用和对进口的抑制作用,会因进出口合同的约束、生产调整以及需求变动滞后而难以发挥,导致贬值后,进出口数量不能立即调整,贸易差额将因贸易条件的恶化而恶化。只有经过一段时间后,货币贬值才会使国际收支改善。由于这个过程的时间轨迹类似于英文大写字母J,故称之为"J曲线效应"。

(3) "通胀"问题。短期来看,本币贬值可能扩大出口,但从长期来看,由于贬值影响国内物价水平,随着国内物价上涨,出口商品的成本上升,竞争力反而下降。因此,一国实行货币贬值,往往必须同时采取紧缩的货币政策,以保持国内币值和物价的稳定。

(4) 外国"报复"问题。若相应贸易伙伴国的货币发生同步贬值,则贬值的效果也会大打折扣。如1997年亚洲金融危机后,印尼盾贬值80%而印度尼西亚的出口仅增加6%;1998年即泰铢贬值后第一年,泰国的出口收入(以美元计)反而比上年下降4%。其原因在于周边国家竞相贬值。

(5) "外汇倾销"问题。通过贬值刺激出口时,若货币对外贬值幅度大于对内贬值幅度,就构成外汇倾销(foreign exchange dumping)。在这里,外汇倾销的手段是本币对外贬值,但是,如果汇率下降的幅度小于国内因通货膨胀引起的货币购买力下降的幅度,将不能达到实际的贬值,倾销无效。

本币的对内贬值程度可以用一定时期内的物价指数来计算。物价指数越高,意味着货币购买力越低,货币对内贬值程度越大。计算公式如下:

$$\text{本币对内贬值程度} = 1 - \text{货币购买力} = 1 - 100/\text{物价指数}$$

其中,物价指数以100为基数。

---

① 贸易条件是以同种货币表示的出口价格指数与进口价格指数之比,表明一单位出口品所能换回的进口品数额。

表1-3列出了在人民币对美元的汇率由4调整到6(即对外贬值幅度为33％)的情况下，国内物价指数分别为133、200(即对内贬值幅度分别为25％、50％)时，出口商所获得的毛利情况。可以看到，当货币的对内贬值幅度大于对外贬值幅度时，外汇倾销无法实现。

表 1-3 汇率调整影响示例

汇率	对外贬值幅度/％	国内成本/人民币元	对内贬值幅度/％	国际市场价格/美元	出口毛利/人民币元
$E=4$	—	3	—	1	1
$E=6$	33	4	25	1	2
$E=6$	33	6	50	1	0

此外，外汇倾销将使本国产品冲击对方国家市场，并抢占其他国家在该国的市场，因此容易遭到贸易伙伴和其他有关国家竞争对手的反对。如果这些国家采取一些反倾销措施，也会使外汇倾销失败。

2. 对国际资本流动的影响

一般来说，一国货币的贬值将对本国资本与金融账户收支产生不利影响。这是因为，一国货币贬值后，本国资本为了防止货币贬值的损失，会大量抛出该国货币，购进其他币种，从而使资金从国内流向国外。此外，资本流动还会受到人们对外汇市场变动趋势预期的影响。如果人们认为贬值幅度不够，再贬值不可避免，则资本流出增加；若人们认为贬值已使得本国汇率处于均衡水平，那些原先因本币定值过高而外逃的资金就会抽回国内；若人们认为贬值过度，市场汇率会出现反弹，则资本流入增加。

一国货币贬值将对来自国外的直接投资产生双重影响。一方面有利于吸引以合资或独资形式出现的实物投资的流入。因为汇率下跌可使按贬值国货币计算的投资额增加，而且同量的外币投资可以购得比以前更多的劳务和生产资料，投资人将认为此时投资比汇率调整前更合算，从而扩大对贬值国的投资。另一方面本币贬值，将不利于投资人把投资所得的利润折成外币汇回，因为按照贬值后的汇率折算的外币将比原来少一些。

此外，汇率的变动还会影响借用外债的成本。一国从国外借款，该国货币贬值将对债务国(即本国)不利，而对债权国有利。因为外汇汇率上升将加重本国债务还本付息的负担。如果这些债务负担沉重的国家形成了债务危机，则不会有国际资本流向这些国家。

一般来说，贬值对以直接投资为代表的长期资本的流动影响较小，因为长期资本的流动主要取决于投资的利润和投资的风险；而对于短期投机性资本流动，总地来说，贬值将产生不利影响，会引起"资本抽逃"。

3. 对外汇储备的影响

本币汇率变动，通过影响进出口贸易、非贸易资本流动，直接影响国际收支账户，从而影响外汇储备的增减。此外，储备货币贬值，以该种货币持有的外汇储备价值将下降，使保有该储备货币的国家遭受损失，而储备货币发行国则将因此减轻债务负担，从而转嫁货币贬值的损失，并从中获利。因此，应尽可能选择持有币值稳定的储备货币，并尽量使储备货币多元化，通过分散化投资保持储备资产的稳定。

（二）汇率变动对一国国内经济的影响

在开放经济条件下，汇率变动会对一国国内经济产生很大影响。这种影响一般会引起国内物价的变动，进而影响一国国内产业结构、资源配置、收入分配以及就业等各个方面，从而对整个国内经济产生深远影响。

1. 对物价的影响

汇率变化直接影响贸易品价格。从进口方面来看，本币贬值以后，如果进口商品的外币价格不变，以本币表示的价格将会上升，从而引起使用进口原料加工的商品价格上涨。在该国对进口品的需求弹性较低的情况下，即需求不因价格上升而减少，就会推动国内同类商品以及使用进口原料生产的商品价格的上升，致使整个国内物价上升，造成成本推动的通货膨胀。从出口方面来看，贬值以后，本国出口商品的本币价格不变，但相应的外币价格下降，会刺激国外市场对本国出口商品的需求，在出口品供给弹性较低的情况下，即在出口商品的供给不能随国外需求增加而相应增加的情况下，致使部分内销商品转为外销，国内市场上的商品将供不应求，促使国内物价上涨，导致需求拉上的通货膨胀。

汇率变化对贸易品价格的影响会传递到非贸易品价格上。可将非贸易品分为三类：第一类，随价格变化随时可以转化为出口的国内商品；第二类，随价格变化随时可以替代进口的国内商品；第三类，完全不能进入国际市场或替代进口的国内商品。若一国货币贬值使出口增加，将促使第一类商品转化为出口商品，从而其国内供给减少，国内价格上升；货币贬值使得进口品的本币价格上升，将促使第二类商品的价格自动上升；货币贬值使出口商利润增加，这将促使第三类商品的生产厂商随之提高价格或转向生产出口品，结果促使国内物价水平上升。

可见，汇率与价格的关系非常密切，在纸币制度下，以价格指数衡量的货币的购买力是决定汇率变化的长期和基本因素，而汇率变化反过来又影响价格水平。在现实经济运行中，一国如果发生通货膨胀，必然导致本币对外贬值（本币汇率下跌），而本币汇率下跌又会对物价上涨造成压力。因此，汇率与价格水平之间的关系是汇率理论与政策研究中的一项重要内容。

2. 对生产结构、资源配置、收入分配及就业的影响

一方面，本币贬值以后，出口商品的国际竞争力增强，出口扩大，出口商品的生产企业、贸易部门的收入会增加，这将促使其他产品部门转向从事出口商品的生产，由此引起资金和劳动力从其他行业流向出口商品制造和贸易部门。另一方面，本币贬值以后，进口商品成本增加，价格上升，会使原来对进口商品的一部分需求转向国产的替代品，于是国内进口替代品行业会繁荣起来。也就是说，在一定程度上，本币贬值具有保护民族产业的作用。

但货币的过度贬值使以高成本低效益生产出口商品和进口替代品的企业也得到鼓励，因此，它具有保护落后的作用，不利于企业竞争力的提高，同时也不利于社会资源的配置优化。而且，货币的过度贬值，使本该进口的那些商品尤其是高科技产品或因国内价格变得过于昂贵而进不来，或是虽然进来了，但需支付高昂的进口成本，不利于通过技术引进实现经济结构的调整和劳动生产率的提高。

可见,汇率的变动会引起一国生产结构的调整和生产资源的重新配置。相应地,各部门的收入也会重新分配,同时会影响就业状况。

(三)汇率变化对微观经济活动的影响

汇率变化对微观经济活动的影响主要表现在,浮动汇率制度下汇率的频繁波动给从事涉外经济活动的经济主体带来的外汇风险。

在对外贸易中,以某一外国货币计价和结算,若该种外币的汇率上涨,则出口商的应收货款价值增加了,出口收入增加;而进口商的应付货款价值增加,进口成本上升。相反,若该种外币的汇率下跌,则出口商的应收货款价值减少了,出口收入减少;而进口商的应付货款价值降低,进口成本下降。

在国际借贷活动中,如果计价和结算货币的汇率上涨,则债权人受益,其收入增加;而债务人的债务负担因此而加重了。如果汇率下跌,则债务人受益而债权人受损。

可见,对出口商和外债的债权人来说,外汇汇率上涨的影响是有利的,而外汇汇率下跌将产生不利影响;对进口商和外债的债务人来说,影响正好相反。外汇风险的预测和防范是微观经济管理的重要内容。

(四)对国际经济的影响

1. 影响国际贸易的发展

前面我们分析过,汇率稳定,有利于核算进出口成本和利润,可促进国际贸易的发展;而汇率变动频繁,则会增大外汇风险,不利于国际贸易的发展。如果一国实行以促进出口为目的的本币贬值,会使对方国家的货币相对升值,尤其是以外汇倾销为目的的本币贬值必然引起对方和其他利益相关国家的报复,它们或实行同样的货币贬值,或采取保护性贸易措施,由此引发贸易战、货币战,将破坏国际贸易的正常秩序。

2. 影响国际资本流动

汇率稳定有利于长期资本的输出和输入,使资金的供求能在世界范围内得到调节,从而提高资金的使用效率,促进世界经济的增长;而汇率不稳定会阻碍生产性资本的国际流动,同时导致投机性的短期资本在国际间频繁流动,对有关国家的国际收支造成冲击,引发国际金融市场的动荡,导致国际金融危机。

3. 影响国际经济关系

通过货币的竞相贬值促进各自国家的商品出口是国际上很普遍的现象,由此造成不同利益国家之间的分歧和矛盾也层出不穷;而西方金融市场上某些货币的持续坚挺同样会引起国际经济矛盾。如 1981—1985 年美元汇率在高利率支持下居高不下,使其他各国货币(包括日元、德国马克等硬货币)对其大幅贬值,这种因美元升值造成的多种货币贬值对许多国家的国内经济、贸易和货币信誉都是一种沉重打击,同时引起了国际间债权债务关系的剧烈变动。因此,20 世纪 80 年代中期,国际范围内降低美元汇率的呼声日益高涨,美元汇率最终于 1985 年 9 月西方中央银行行长和财长会议的共同磋商后被强制压低。再如 20 世纪 90 年代初,德国马克凭借德国强大的经济实力和高利率而步步升值,给整个欧洲货币体系造成了巨大压力,其他国家货币(如意大利里拉、法国法郎等)在其强势之下大幅贬值,西欧联合浮动汇率机制终于支持不住而扩大了浮动界限。这使得欧共体各国之间原有的经济矛盾进一步加深,欧洲经济货币联盟的一体化进程更为艰难。

三、制约汇率发挥作用的基本条件

上述汇率变动对一国经济以及世界经济的影响是汇率变动的一般影响,对于不同国家、不同时期,这些影响的相对重要性可能不同。因此汇率发挥作用有其基本的条件。

(一)一国对外开放程度

可以用外贸依存度来衡量,它是一国的对外贸易额与国民生产总值的对比。一国的对外贸易依存度越高,汇率变化的影响越大;反之则越小。

(二)一国商品生产的多样化程度

若出口商品单一,汇率稍有变动,将会严重影响该国出口及整体经济状况。因此汇率变化对生产单一商品的国家影响较大,而对生产多样化商品的国家影响较小。

(三)一国国内金融市场与国际金融市场的联系程度

一国的国内金融市场越开放,与国际金融市场的联系越密切,汇率变化的影响就越大。

(四)货币的兑换性

一国货币的自由兑换程度越高,在国际支付中使用越频繁,汇率变化的影响就越大。

本 章 复 习

一、概念

外汇	自由外汇	记账外汇	汇率
直接标价法	间接标价法	美元标价法	即期汇率
远期汇率	贴水	升水	平价
买入价	卖出价	中间价	名义汇率
实际汇率	有效汇率		

二、思考题

1. 外汇和外币的区别是什么?
2. 狭义的静态外汇和广义的外汇的区别何在?
3. 我国外汇管理条例(1998年)关于外汇的范围是如何确定的?
4. 什么是汇率?有几种标价法?

5. 汇率有哪些种类？

6. 什么是实际汇率？如何计算？

7. 什么是汇率指数？如何计算？

8. 如何计算一种货币的升（贬）值率？

9. 影响汇率变化的因素有哪些？

10. 分析一国货币从对内贬值到对外贬值的过程。

11. 分析两国相对利率的变动对汇率的影响。

12. 分析汇率变动对一国对外贸易产生的影响。

三、计算题

1. 1994 年 1 月 1 日，人民币汇率实现了并轨，当时美元与人民币之间的汇率为 USD1＝CNY8.7。1994 年以后，人民币汇价逐步上浮，到 2000 年 2 月 14 日汇价变为 USD1＝CNY8.2780，试分别计算人民币的升值幅度和美元的贬值幅度。

2. 假设某一段时期内，人民币汇率由 USD1＝CNY5.8 变为 USD1＝CNY8.7，同一时期国内物价指数由 100 变为 130。试计算分析这是否构成外汇倾销。

第二章
汇率决定理论

汇率决定理论研究汇率由哪些因素决定,这些因素之间如何相互影响。对汇率决定的研究仍是当前国际金融理论研究中较新的领域,因为在20世纪的绝大部分时间里,汇率不是由市场行情决定的,而是被政府人为固定的。"一战"前的金本位制下,世界上主要货币的价值均与黄金形成固定比值;"二战"后形成的布雷顿森林体系使大部分货币的价值与美元形成固定比值;1973年布雷顿森林体系崩溃后,浮动汇率制开始推行,汇率波动异常剧烈,对汇率决定的研究才又重新活跃起来。

汇率是两国货币之间的比价。各国货币之所以具有可比性,在于它们都具有或代表一定的价值。在不同的货币制度下,各国货币具有或代表价值的情况各不相同,汇率的本质是两国货币所具有或代表的价值相交换,这是汇率决定的基础。货币制度大体上可分为金本位制和信用本位制。金本位制是以黄金作为国际储备资产或国际本位货币,在金本位制下各国货币是以一定量的黄金来表示本币单位,两国货币之间的汇率由铸币平价(两国货币含金量之比)或法定平价(两国货币代表金量之比)决定;不兑现的信用本位以外汇作为国际储备资产,而与黄金无任何联系,纸币不再代表或代替金币流通,而只是一种价值符号,金平价(铸币平价和法定平价)也不再成为决定汇率的基础。从形式上看,信用本位制下,两国货币单位的可比性好像丧失了,但是,两国货币之间原有的价值比例依然存在,两国纸币之间的汇率由两国纸币各自代表的价值量之比确定,并在影响汇率的各种长短期因素作用下不断地变动。

在金本位制瓦解后,汇率动荡不已,关于汇率决定的研究异常活跃。与黄金脱钩的纸币本位下,汇率的决定是一个非常复杂的问题,货币汇率受到多种因素的影响。我们将由简到繁依次介绍汇率与价格水平、利率、国际收支之间的重要关系,即汇率决定的购买力平价说、利率平价说、国际收支说和资产市场说。

第一节 购买力平价说

在所有的汇率决定理论中,购买力平价(purchasing power parity,PPP)理论也许是最简单、最直观,也最易于理解的理论。尽管从经济学的角度看,购买力平价还远远不是一种分析汇率变动的有效工具,但是,它至少可以使我们从本质上认识汇率决定问题的一个重要方面,也是我们掌握其他汇率决定理论的基础。

汇率决定的货币购买力平价理论,简单地说,就是维持商品平价的汇率决定模型。它表明:如果我们使用相同数量的货币,在任何国家都应该可以买到同样的商品组合。换言之,在各国商品价格既定的条件下,各国货币之间的兑换比例应该保证使同样数量的货币在任何国家都可以买到同样的商品组合。只有在这样的汇率下,各国商品之间的价格才没有差距,即维持平价。由此可见,购买力平价理论中包含了一价定律(The Law of One Price)的思想,即同种商品的价格应相等,只不过购买力平价理论所包含的一价定律是在开放经济条件下的一价定律,因此需要考虑汇率因素。

一、一价定律

为便于分析,我们先将所有商品分成两种类型:一类是可贸易商品(tradable goods),即可以移动或交易成本较低的商品;另一类是不可贸易商品(nontradable goods),即不可移动或交易成本无限高的商品,主要包括不动产和个人劳务项目,如房地产、理发等。

首先,我们来分析国内经济中的一价定律。我们的分析建立在两个前提之上:①位于不同地区的同种商品是同质的,也就是不存在任何的商品质量及其他方面的差别;②商品的价格能够灵活调整,不存在任何价格上的黏性。这样,同种可贸易商品如果在不同地区存在价格差异,将诱发地区间的商品套利(套购)活动,套利者会从价格较低的地区买入,运到价格较高的地区卖出,以赚取地区间的商品差价。许多交易者进行这种套利活动,将导致同种商品在两地的价格差异缩小,如果不考虑交易成本,价格差异将最终消失。这样,同种可贸易商品在不同地区间的价格是一致的。我们将可贸易商品在不同地区的价格之间存在的这种关系称为"一价定律"。换言之,在完全自由贸易和无交易成本的情况下,任何对一价定律的偏离都会由于商品交易者的套利行为,即在价格低的地方买进和在价格高的地方卖出,使各处的价格趋于一致。如果考虑交易成本,套利活动不能使同种可贸易商品在不同地区间的价格差异完全消失,但可使其价格差异保持在较小的范围内(等于交易成本)。对于不可贸易商品,通过套利活动使其在不同地区间的价格差异消除的机制是不存在的。

现在我们将考虑的范围从一国内部扩展到世界范围,上面所分析的某一可贸易商品在一国内部不同地区的价格关系转变为在不同国家的价格之间的联系。由于套利活动从一国内部转变为在不同国家之间进行,这将存在两方面的差别。首先,由于不同国家使用不同的货币,商品价格的比较必须折算成统一的货币后再进行。例如,某商品在中国价值80元人民币,在美国价值20美元,必须将它们折算成统一单位(都用人民币或都用美元)才能进行价格比较,因此必须考虑汇率因素。如果此时 USD1=CNY8.00,则该商品在中国的价格低于在美国的价格,这意味着存在套利的可能性。其次,在进行套利活动时,除商品的买卖外,还必须进行不同货币间的买卖活动。以上例来说,套利交易者在中国购买该商品运至美国卖出后,所得收入为美元,他必须在外汇市场上将之兑换成人民币才能计算其盈利。可见,这种套利活动产生了外汇市场上相应的交易活动。同种商品在两国价格既定的情况下,套利活动将导致外汇市场上的汇率发生变动,直到该商品用同种货币表示的价格相等为止。

用公式表示为 $P(i,t) = S(t) P^f(i,t)$ (2-1)

或 $S(t) = P(i,t) / P^f(i,t)$ (2-2)

式中，$P(i,t),P^f(i,t)$ 分别表示商品 i 的现行本币价格和外币价格；$S(t)$ 表示现行汇率（直接标价法表示，以本币表示的外币价格）。

式（2-1）是开放经济下的一价定律表达式。它表示：在不存在运输费用和人为的贸易壁垒（如关税）的自由竞争市场（全球市场是统一的没有差别的完全竞争市场），同种商品在不同国家用相同币种表示的售价相同。式（2-2）表示汇率是同一种商品的国内外价格之比。

与一国内部相比，各国间的套利活动更加困难，套利成本也更为高昂，因此开放经济下一价定律成立的前提假设更为严格。其前提假设有三个：①忽略国际资本流动对汇率的影响，外汇市场上仅存在经常账户的交易，且汇率能够灵活调整；②位于不同国家的商品是同质的可贸易商品；③国际交易中不存在贸易壁垒，如贸易禁令、关税、配额和汇率管制等，且不存在交易费用。

专栏

关于"一价定律"的真实性

关于"一价定律"的真实性有一个小故事。1986 年美国《经济学家》杂志对麦当劳快餐店的"巨无霸"汉堡包在世界各地的价格进行了广泛的调查。如果一价定律成立的话，"巨无霸"汉堡包在世界各地的美元价格应该相同，但调查结果却令人吃惊："巨无霸"在不同国家的价格换算成美元相差巨大。例如，在巴黎的售价比在纽约高 12%；而纽约的售价又比中国香港高出 153%。如何解释这一显著违背一价定律的现象呢？归纳起来，这是由于现实经济中不存在一价定律所假设的前提，也就是说，产品差异、贸易管制、交易费用（运输费用）等都不等于零；此外，生产成本（如员工工资、房租、电费等）在不同国家相差很大。

《经济学家》杂志的编辑进行这项调查并非出于一时头脑发热，而是目的明确地要嘲弄一下喜欢提出各种理论的经济学家，显然，他们成功了。但是一价定律仍是有用的，它至少为我们勾画出在完全竞争的市场条件下，汇率如何决定。

二、购买力平价

一价定律过于严格的假设，使得据此确定两国货币间的汇率几乎是不可行的。因而，经济学家在一价定律的基础上，通过对假设条件的放松，提出了购买力平价理论。

从西方经济学说史的记载看，有关购买力平价的思想可以追溯到 16 世纪的西班牙，但人们普遍认为，购买力平价理论是由瑞典经济学家古斯塔夫·卡塞尔（Gustav Cassel）于 1916 年发表的《外汇反常的离差现象》一文中首次提出的。1922 年，卡塞尔又出版了《1914 年后的货币和外汇》一书，从而奠定了购买力平价理论的基础。与在他之前提出过购买力平价思想的经济学家相比，卡塞尔第一次系统地表述了购买力平价理论并区分了购买力平价理论的绝对和相对形式,而且首次用价格的统计平均数来表示汇率理论,从而使汇率理论成为一个可操作的理论。

购买力平价的基本思想是:人们之所以需要外国货币是因为它在该国国内具有对一般商品的购买力;同样,外国人之所以需要本国货币,也是因为它在本国具有购买力,因此对本国货币和外国货币的评价主要取决于货币购买力的比较。由于货币购买力等于价格水平的倒数,因此汇率与各国的价格水平具有直接的联系。

(一) 绝对购买力

绝对购买力平价(absolute PPP)认为:一国货币的价值及对它的需求是由单位货币在国内所能买到的商品和劳务的量决定的,即是由它的购买力决定的,因此两国货币之间的汇率可以表示为两国货币的购买力之比。购买力的大小是通过物价水平体现出来的。因此,两国货币的汇率等于两国价格水平(货币购买力的倒数)的比率,用公式可表述为

$$P(t) = S(t) P^f(t) \qquad (2-3)$$

或

$$S(t) = P(t) / P^f(t) \qquad (2-4)$$

式中,$P(t)$,$P^f(t)$ 分别表示本国与外国的价格水平;

$S(t)$ 表示汇率(直接标价法)。

式(2-3)表示所有国家用同一种货币衡量的价格水平相等。这里,引起我们思考的一个问题是:在测算一国的价格水平时,是否包括非贸易品。大多数学者认为,在市场机制充分发达的条件下,一国的不可贸易品和可贸易品之间、各国不可贸易品之间存在种种联系,这些联系使得购买力平价对于不可贸易品也成立,因此,上式中的物价指数应包括一国经济中的所有商品和劳务。在实际测算中,一国的价格水平往往用有代表性的商品篮子来测定。

式(2-4)表示汇率取决于不同货币衡量的价格水平之比。根据这一关系式,本国物价的上涨将意味着本国货币相对外国货币的贬值。

从形式上看,购买力平价与一价定律类似,但两者之间是有差别的:一价定律适用于单个商品(如商品 i)的情况,其成立要求更为严格的假设条件;而绝对购买力平价理论适用于普遍的价格水平,即有代表性的商品篮子中所有基准商品和劳务价格的组合。如果一价定律对所有商品都成立,那么只要用来计算不同国家价格水平的基准商品篮子是一样的,购买力平价就成立。然而,事实上,即使一价定律并非对所有商品都成立,绝对购买力平价所表示的价格水平与汇率之间的关系仍然成立,尤其是当购买力平价作为一种长期汇率决定理论时。这是因为,当一国商品和劳务的价格暂时比其他国家高时,对其货币和产品的需求就会下降,这将促使汇率和国内价格重新回到购买力平价所预测的长期水平上来。类似地,当出现相反的情况,即一国的商品和劳务相对便宜时,会引起货币的升值和价格上升。因此,购买力平价理论认为,即使一价定律不成立,其背后所隐藏的经济力量也会最终使各国货币的购买力趋于一致。

(二) 相对购买力平价

绝对购买力只有当所参照的商品篮子对各国都相同时才成立,而实际中各国计算本

国价格水平所采用的一篮子商品及其权数并不相同。相对购买力平价（relative PPP）弥补了绝对购买力平价的这一不足，它的主要观点可以简单地表述为：两国货币的汇率水平将根据两国通货膨胀率的差异而进行相应调整，用公式可表示为

$$S(t+1) = S(t) \frac{1+\pi}{1+\pi^f} \tag{2-5}$$

式中，$S(t+1)$，$S(t)$ 分别表示下一期与本期两国货币之间的汇率水平（直接标价法）；π，π^f 分别表示本期国内外通货膨胀率。

用 Δ 表示本币相对外币的升值率（$\Delta<0$）或贬值率（$\Delta>0$），即

$$\Delta = \frac{S(t+1) - S(t)}{S(t)} \tag{2-6}$$

将式(2-5)代入式(2-6)整理可得

$$\Delta = \frac{\pi - \pi^f}{1+\pi^f} \tag{2-7}$$

式(2-7)可以近似地表示为

$$\Delta \approx \pi - \pi^f \tag{2-8}$$

式(2-8)表明，一种货币相对于另一种货币的升值率或贬值率，大体上等于两国相对通货膨胀率之差。这就是相对购买力平价理论最常见的表达式。

相对购买力平价比绝对购买力平价在实际应用中更具有优越性。从数据的可获得性来看，由于通货膨胀率的资料更易得到，因而相对购买力平价更实用。因为相对购买力平价是用两国价格水平的变动反映汇率的变动，即使同一时期各国价格水平的可比性较差，不同时期价格水平的变化仍可以具有较强的可比性。这是因为：①计算价格指数的商品篮子和权重选取的不同，不影响价格水平变化的可比性；②妨碍一价定律成立的各种因素，只要在一段时期内始终不变，则它们对不同时期价格水平的影响就是一致的，从而不会影响价格水平的变化。

现实生活中，很少有两国政府采用相同的商品篮子来比较两国价格水平，从而测算购买力平价。通常情况下，是利用政府公布的物价统计资料来评估相对购买力平价。此外，价格的调整需要时间，绝对购买力平价实质上说明的是价格调整后的两国价格水平与汇率水平之间的关系，因而更适合分析长期汇率的决定。

三、对购买力平价理论的评价

（一）贡献

购买力平价理论从货币的基本功能（购买力）出发，利用简单的数学表达式，对汇率水平与物价水平，以及汇率变动与两国通货膨胀率差异的关系作了描述，从而成为经济学家和政府部门计算均衡汇率的常用方法。从理论发展的角度来看，购买力平价被普遍作为汇率的长期均衡标准应用于其他汇率理论的分析之中。从政府政策来看，一国的物价水平是一个国家产品生产成本的反映，任何两个国家之间物价水平的比率都显示了两国产品竞争力的差距，因而，汇率通过购买力平价关系成为影响一国产品国际竞争力的一个至关重要的因素。可想而知，要想通过技术进步降低10%的生产成本，提高10%的国际竞

争力绝非一朝一夕的事,而通过汇率浮动10%,则可以在短期内达到相同的目的,因而政府常以购买力平价为参考制定汇率政策。

从总体上看,购买力平价理论较为合理地解释了汇率的决定基础,虽然它忽略了国际资本流动等其他因素对汇率的影响,但该学说至今仍受到西方经济学者的重视,在基础分析中被广泛地应用于预测汇率走势的数学模型中。

(二) 局限

1. 购买力平价是建立在一系列假设基础上的

例如,物价水平可以灵活调整,不存在资本与金融账户的交易,各国商品同质,不存在贸易壁垒、外汇管制以及交易成本等。现实中这些前提假设难以成立,因而汇率也很难通过商品套购机制使之满足购买力平价。相对来说,购买力平价理论较适用于预测汇率变化的长期趋势,因而考虑一段时期内相对购买力平价与仅考虑某一时点的绝对购买力平价相比,对长期均衡汇率变动趋势的预测能力更好,短期内汇率变化会因各种原因偏离购买力平价。但在许多汇率决定的分析中,常常需要决定汇率的水平,而不是仅仅预测汇率的变动趋势,因而仍需利用绝对购买力平价关系,从而导致理论预测的汇率与实际经济运行中形成的汇率存在相当大的偏离。

2. 购买力平价在计量检验中存在很大的技术上的困难

第一,采用何种物价指数最为恰当,是一个悬而未决的问题。如国内生产总值缩减指数(GDP deflator)、生产者价格指数(producer price index)、消费者价格指数(consumer price index)等的含义和水平各不相同。物价指数的选择不同,可以导致不同的购买力平价。第二,在商品分类上,要求不同国家的商品分类具有一致性和可操作性,否则会缺乏可比性。第三,计算相对购买力平价时,要求准确选择一个汇率达到均衡或基本均衡的基年[①],这是保证以后一系列计算结果正确的必要前提。由于客观和主观方面的原因,使得基年的选择十分困难。

第二节 利率平价说

上一节分析的重点是商品市场,指出在开放经济下,由于商品的国际套购,各国商品的价格水平与汇率之间可能存在某种联系,即购买力平价。当然,购买力平价代表的是一种均衡水平,对购买力平价关系的偏离则是一种常态。本节我们将分析的重点从商品市场转移到金融资产市场。我们假定只有一种金融资产即货币,也只有一种资产价格即利率。从金融资产的国际套利角度分析各国金融资产的价格水平(利率)与汇率之间的关系,就是汇率决定的利率平价说(Theory of Interest Parity)。分析的出发点仍是一价定律,所不同的是,由于金融资产在产品同质性和转移方便性等方面具有商品无法比拟的优势,更容易实现国际套利,因此一价定律在金融资产上表现得更充分,或者说,由于资产价格的调整速度比商品价格的调整速度快,利率平价不仅适用于

---

① 因为相对购买力平价说实际上隐含地假定了基年的汇率是均衡的汇率。

长期分析,而且适用于短期分析,而购买力平价则更适用于长期分析,短期内会出现较大偏离。

利率平价说的基本思想可追溯到19世纪下半叶,由凯恩斯于1923年在《货币改革论》一书中首次系统阐述。英国学者艾因齐格(Paul Einzig)在其1931年出版的《远期外汇理论》和1937年出版的《外汇史》中进一步提出动态的利率平价说,称作"互交理论"(theory of the riciprocity),揭示了即期汇率、远期汇率、利率、国际资本流动之间的相互影响。总之,利率平价学说突破了传统的国际收支和物价水平的范畴,从资本流动的角度研究汇率的变化,奠定了现代汇率理论的基础。

利率平价理论分为两种:非抛补的利率平价(uncovered interest-rate parity,UIP)和抛补的利率平价(covered interest-rate parity,CIP)。

一、非抛补的利率平价

与购买力平价关系的机制类似,利率平价关系的机制也是一价定律。因此,利率平价关系也是产生于寻求收益的套利活动。为了清楚地描述这一过程,我们分析一个案例。假设本国的利率水平为i,外国为i^f,即期汇率为S(直接标价法)。

若投资者手中持有一笔可自由支配的资金,打算进行为期一年的储蓄投资。假设资金在国际间移动不存在任何限制与交易成本。如果投资于本国金融市场,则1单位本国货币到期可增值为

$$1+(1 \cdot i)=1+i$$

如果投资于外国资金市场,需分三步实施投资计划:第一步,将本币在即期外汇市场上换成外币。1单位本币在即期外汇市场上可兑换为$1/S$单位外币。第二步,将这$1/S$单位的外币存入外国银行,存期一年,期满可增值为$1/S \cdot (1+i^f)$。第三步,存款到期后,将外币存款本利和在外汇市场上换成本币。假定此时的汇率为S^e,则这笔外币可兑换成的本币为:$(1+i^f) \cdot S^e/S$。由于一年后的即期汇率是不确定的,因此这两种投资方式的最终收益难以确定,取决于投资者对期末汇率的预期。

上述两种投资方案,选择哪一种取决于这两种投资方案收益率的高低:

如果$1+i > (1+i^f) \cdot S^e/S$,则投资于本国金融市场;

如果$1+i < (1+i^f) \cdot S^e/S$,则投资于外国金融市场。

众多投资者面临同样的选择,导致外汇市场上资金的流动。在前一种情况下,资金从外国流向本国,外汇市场上因外国货币售卖增加而使S下降,同时人们预期未来将高利率的本国货币换回低利率的外国货币的行为将增加,从而使S^e上升,汇率的变动将最终导致两种投资的收益相同;后一种情况下,资金从本国流向外国,外汇市场上S上升的同时S^e下降,直至使不等式变为等式。外汇市场均衡时,将满足

$$1+i = (1+i^f)\frac{S^e}{S} \qquad (2-9)$$

$$\frac{S^e}{S} = \frac{S^e-S+S}{S} = 1+\frac{S^e-S}{S} = 1+\Delta S^e \qquad (2-10)$$

将式(2-10)代入式(2-9),得

$$1+i=(1+i^f)(1+\Delta S^e) \Rightarrow i=i^f+\Delta S^e+i^f\Delta S^e \approx i^f+\Delta S^e$$

或

$$i-i^f=\Delta S^e$$

这就是非抛补的利率平价条件。其中，i,i^f分别表示本国与外国的利率；ΔS^e表示本币预期贬值率。它的经济含义是：预期的汇率变动率等于两国货币利率之差。当非抛补利率平价成立时，如果本国利率高于外国利率，则意味着市场预期本币在远期将贬值，即期将升值。

不难发现，在资本市场上一价定律的作用过程与商品市场上一价定律的作用过程是相似的，即商品市场和资本市场的自动平衡机制具有相似性。在商品市场上对一价定律的偏离将导致商品套购，当各国商品市场上价格既定时，将依靠汇率的变动恢复购买力平价。相似地，在资本市场上对一价定律的偏离（即国际间利率的差异）将导致国际资本套利，如果各国政府要在既定的宏观经济政策目标下维持各自的利率水平，将依靠汇率的变动恢复利率平价。

值得指出的是，随着远期外汇市场的发展，根据对汇率的预期进行非抛补套利活动已越来越少，更多的是抛补套利。

二、抛补的利率平价

由于汇率的易变性，预测汇率波动的方向十分困难，而预测汇率在某一时点上的变动幅度更是几乎无法做到。汇率预测的困难大大降低了国际套利的可行性，从而降低了国际套利对维持利率平价关系所具有的自动稳定器的作用。投资者仅在是风险爱好者时，才会选择非抛补套利；而风险厌恶者或风险中立者既想获取国际利差，又想将国际套利的风险降低到零，则会采用抛补套利操作。

在这种套利方式下，投资者不必等到存款到期后，再将高利率货币兑换成低利率货币，而可以在将低利率货币换成高利率货币进行投资（套利）的同时，在远期外汇市场上将投资到期后的高利率货币的本利和按远期汇率卖出（掉期交易），将这一远期汇率记为F。存款到期后，1单位本国货币可增值为$F/S\cdot(1+i^f)$。通过掉期交易，可消除未来汇率变动风险，但同时也失去了汇率出现有利变动时的额外收益。这样，投资者在期初就可以确定未来套利的收益，并依此进行决策。如果投资外国市场的收入$F/S\cdot(1+i^f)$与投资本国市场的收入$(1+i)$存在差异，投资者就会进行抛补套利操作以赚取无风险利差收入。套利活动和掉期交易使低利率货币的现汇汇率下降，期汇汇率上升；而高利率货币的现汇汇率上升，期汇汇率下降。于是，远期差价（期汇汇率与现汇汇率的差额）不断加大，直到两种资产的收益率相等时，抛补套利活动停止，市场处于均衡。此时，有式(2-11)成立

$$1+i=(1+i^f)\frac{F}{S} \qquad (2-11)$$

对式(2-11)进行类似上文的整理，可得：$i-i^f=\Delta f$，其中：$\Delta f=(F-S)/S$，表示本币远期贴水率。这就是抛补的利率平价条件，即远期汇率差价正好等于两国间的利差。它的经济含义是：汇率的远期升贴水率是由两国间的利率差决定的，高利率货币在现汇市场上升水、在期汇市场上贴水，低利率货币在现汇市场上贴水、在期汇市场上升水。如

果为了阻止国际资本套利,同时各国政府又要在既定的宏观经济政策目标下维持各自的利率水平,那么通过调整汇率恢复利率平价关系也是一种政策选择。

抛补的利率平价建立在下列假设之上:

(1) 必须有充足的套利资金。当国际间出现利率差时,各国的套利者可以利用足够多的自有资金进行套利。

(2) 在即期和远期外汇市场上,汇率自由浮动,且市场信息的流通非常有效。

(3) 套利的成本忽略不计。当存在交易成本时,只要满足

$$\left|(1+i)-(1+i^f)\left(\frac{F}{S}\right)\right|<C$$

套利机会就会存在。这时,需对利率平价关系作如下修正

$$1+i=(1+i^f)\left(\frac{F}{S}\right)+C$$

(4) 各国政府必须对资本与金融项目下的国际资本流动实行自由化的政策,如果政府控制金融资本的流动,那么各国资本市场之间便存在有效壁垒,套利者就不能自由买卖国际货币,对投资收益的差距作出反应的市场力量也就难以发挥作用。

除此之外,各国在资本收益的税收方面存在差别,国家投资的政治风险以及从利差出现到投资者获得信息、决策和进行套利并对市场价格产生影响之间的时滞都会造成对利率平价关系的偏离。

抛补的利率平价说具有很高的实践价值。其价值并不在于当抛补的利率平价不成立时,交易者可以通过结合掉期交易进行无风险的套利活动,而在于说明了外汇市场上远期汇率是如何确定的。正是由于远期汇率往往是根据抛补的利率平价条件确定的,决定了在不存在交易成本和资本管制的情况下,利率平价条件将在任何时点上成立,从而使套利机会几乎为零。即使实际汇率与抛补的利率平价间存在一定的偏离,这一偏离也常被认为反映了交易成本、外汇管制以及各种风险等因素,这些因素将阻碍套利性资金的国际流动。

三、非抛补套利与抛补套利的联系

非抛补的利率平价与抛补的利率平价之所以成立,是由于存在两种类型的套利活动,而外汇市场上的投机活动使得这两种利率平价统一起来。如果远期汇率与投机者预期的该远期汇率所反映的未来即期汇率不一致,投机者就认为有利可图。若 $S^e>F$,意味着投机者认为远期汇率对未来的外币币值低估,因此将购买远期外汇。若预期正确,期满后,按 F 进行实际交割获得外汇,再按当时的即期汇率 S^e 出售外汇,便可获利。这种交易将使 F 上升直至与 S^e 相等,CIP 与 UIP 同时成立。可见,外汇市场上投机者的活动将使远期汇率完全等于预期的即期汇率。

四、对利率平价理论的评价

与购买力平价说一样,利率平价并非一个独立的汇率决定理论,而只是描述了汇率与利率之间的关系,常被作为一种基本的关系式运用于其他汇率决定理论的分析中。利率

平价说为远期汇率的确定提供了参考,并且为央行对外汇市场进行灵活的调节提供了一个有效途径:通过培育发达、有效的货币市场,利用利率尤其是短期利率的变动可以对汇率进行调节。例如,当市场上存在本币贬值的预期时,可相应提高本国利率以抵消这一贬值预期对外汇市场的压力,维持汇率的稳定。

但由于存在外汇交易的成本、税收、外汇管制等限制资本流动的因素,资本市场上存在对利率平价的偏离,特别是在发生经济、政治等诸多因素引发的货币危机时,按照利率平价理论进行远期汇率预测往往与实际情况产生较大差异。从国际经济学家的研究结果看,在"二战"以后的固定汇率时期,由于国际套利的汇率风险较低,利率平价关系大体成立。而在布雷顿森林体系崩溃之后实行浮动汇率初期,利率平价关系在现实中出现一定偏离。但是,20世纪80年代以来,随着各国政府纷纷解除对国际金融市场的管制,又使得各国的利率水平逐渐趋于一致。

第三节 国际收支说

利率平价说利用资本市场上汇率与利率之间的关系讨论了汇率的决定,但在分析时忽略了国际贸易在汇率决定中的作用。国际收支说则考虑了贸易收支对汇率的影响,认为国际收支状况决定着外汇供求,进而决定了汇率。

一、国际收支说的早期形式:国际借贷说

国际收支说的早期形式是国际借贷说(Theory of International Indebtedness)。英国学者戈逊(G. J. Goschen)于1861年出版了《外汇理论》一书,较为完整地阐述了汇率与国际收支之间的关系。国际借贷说的主要观点是,一国货币汇率的变动由外汇的供求决定,而外汇的供求取决于该国对外流动借贷的状况。一国的对外流动借贷,是指该国处于实际收支阶段的对外债权和债务。当一国处于支出阶段的外汇支出大于进入收入阶段的外汇收入时,外汇需求大于外汇供给,外汇汇率上升;反之外汇汇率下降。当进入收支阶段的外汇供求相等时,汇率便处于均衡状态。简单地说,国际借贷说的基本观点是,一国汇率的变动取决于外汇市场的供给和需求对比。

国际借贷说的缺陷是,没有说清楚哪些因素具体影响外汇供求,限制了这一理论的应用价值。这一缺陷在现代国际收支说中得到了弥补。"二战"后,许多学者应用凯恩斯模型来说明影响国际收支的主要因素,进而分析了这些因素如何通过国际收支作用到汇率,从而形成了国际收支说的现代形式。

二、现代国际收支说

现代国际收支说的倡导者认为,在分析汇率决定时,可以从两方面对国际借贷说加以修正和改进:一是将国际资本流动纳入汇率决定的分析;二是进一步应用贸易收支和国际资本流动的有关理论来探讨深层的汇率决定因素。现代国际收支说形成于布雷顿森林体系崩溃之后,是凯恩斯主义的汇率理论。其主要观点是外汇汇率取决于外汇供求,而国际

收支状况决定了外汇供求,因而汇率实际上取决于国际收支。

国际收支均衡的条件是经常账户差额(CA)加上资本与金融账户差额(K)的和等于零,即 CA+K=0。经常账户差额主要是商品和服务的进出口,其中出口(X)是由外国国民收入水平(Y^f)和国内外相对价格(P/EP^f)决定的;进口(M)是由本国的国民收入(Y)和国内外相对价格(P/EP^f)决定的。所以

$$CA = X - M = X(Y^f, P^f, P, E) - M(Y, P, P^f, E) = CA(Y, Y^f, P, P^f, E)$$

资本与金融账户收支差额取决于国内外的相对利率水平(i/Ei^f)以及人们对汇率变化的预期(E^e),所以

$$K = K(i, i^f, E^e, E)$$

E 是一国国际收支达到均衡时的汇率,也就是外汇供求平衡时的汇率,可以表示为

$$E = E(Y, Y^f, P, P^f, i, i^f, E^e) \tag{2-12}$$

式(2-12)表明影响国际收支,或者说,影响汇率变化的因素有国内外的国民收入、国内外价格水平、国内外利率水平以及人们对未来汇率的预期,这些因素通过影响外汇供求来决定汇率的水平。可用图 2-1 表示如下。

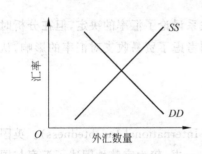

图 2-1 外汇供求与汇率决定

在图 2-1 中,DD 曲线是外汇的需求曲线,SS 曲线是外汇的供给曲线。DD 曲线和 SS 曲线的移动都将会导致汇率的变动。上述各变量变动对汇率的影响机制及效果如下。

(1) 国民收入的变动:当本国国民收入上升或下降时,本国进口的增加或减少将引起 DD 曲线向右或向左移动,从而导致均衡外汇汇率的上升或下降,即本币在外汇市场的贬值或升值;当外国国民收入上升或下降时,本国出口的增加或减少将引起 SS 曲线向右或向左移动,从而导致均衡外汇汇率的下降或上升。

(2) 价格水平的相对变动:当本国物价水平相对于外国物价水平下降时,本国的出口将增加,进口将减少。这将同时通过 SS 曲线的右移和 DD 曲线的左移,导致均衡外汇汇率的下降;当本国物价水平相对于外国物价水平上升时,本国的出口将减少,进口将增加。这将同时通过 SS 曲线的左移和 DD 曲线的右移,导致均衡外汇汇率的上升。

(3) 利率的相对变动:当本国利率相对于外国利率上升时,资金的内流将引起 SS 曲线右移和 DD 曲线左移,导致均衡外汇汇率的下降;当本国利率相对于外国利率下降时,资金的外流将引起 SS 曲线左移和 DD 曲线右移,导致均衡外汇汇率的上升。

(4) 对未来汇率预期的变动:当市场预期外汇汇率将出现上升时,资金的外流将引起 DD 曲线右移和 SS 曲线左移,导致均衡外汇汇率立即上升。当市场预期外汇汇率将出现下降时,资金的内流将引起 DD 曲线左移和 SS 曲线右移,导致均衡外汇汇率立即下降。这是所谓"预期会自我实现"这一金融市场公理在外汇市场的体现。

如果将除汇率以外的其他变量视为给定的外生变量,则汇率将在这些因素的共同作用下变化至某一水平,以平衡国际收支。

三、评价

与购买力平价说及利率平价说一样,国际收支说不能被视为完整的汇率决定理论,只是进行更深入的分析时可利用的一种重要工具。其主要特点是具有浓厚的凯恩斯主义色彩,是从宏观经济角度(国民收入、国内吸收、储蓄投资等),而不是从货币数量角度(价格、利率等)研究汇率,是现代汇率理论的一个重要分支。

另外,国际收支说是关于汇率决定的流量理论,这一流量特性体现在它认为是国际收支引起的外汇供求流量决定了汇率水平及其变动。但是,在国际资金流动迅速发展的背景下,决定汇率的主要因素是金融资产的存量变化,而不是实物资产的流量变动。而且,国际收支说并没有进一步分析哪些因素决定了外汇供求流量,也没有对汇率与各变量之间的关系进行深入分析,得出具有明确因果关系的结论。在分析方法上,它只是简单地运用类似普通商品市场上价格与供求之间的关系对外汇市场进行分析,导致对现实生活中的一些经济现象很难作出解释。如利率升高在很多情况下并不能持续吸引资本流入而引起汇率相应变动;再如,外汇市场常在交易流量变动很小的情况下使汇率发生大幅变动。国际收支说的这一缺陷带来了新的汇率理论的出现,即汇率决定的资产市场说。

第四节 资产市场说

资产市场说是20世纪70年代中期以后发展起来的一种重要的汇率理论。这一理论是在国际资本流动迅速发展的背景下产生的,它特别强调金融资产市场均衡对汇率变动的影响,使资本与金融项目的交易对汇率的影响日益受到重视。之前的理论如购买力平价说、以流量分析为特征的国际收支说,其焦点集中在国际商品贸易和汇率的关系上,因而基本上属于经常项目的汇率理论模型。

随着汇率理论的中心注意力转向资本与金融项目,汇率研究的方法也出现了相应的变革。首先,汇率研究开始转向分析存量调节。一般地,经常项目收支是一种流量,反映的是一国生产与消费的循环流量关系;而资本与金融项目的收支是一种存量,反映的是一国公众为改变资产组合而引起的"一次即罢"的资产调整。由此:①汇率研究在将重点转向资本与金融项目的同时,也就不可避免地要研究资本存量的调节及其对汇率的影响。②汇率变动不能只从静态的框架来理解,事实上资本与金融项目的模式大都是动态的。③侧重分析汇率的短期行为。现代汇率理论大都关注短期汇率的决定,它们在给定长期均衡汇率的条件下,着重分析当前汇率对长期汇率的偏离及其背后的原因,进而分析当前汇率围绕长期均衡汇率进行调节的过程。④重视对预期的研究。因为在当期汇率决定中,预期起着重要作用。普通商品的价格在很大程度上由过去的合同确定,现实条件的变动乃至预期的改变难以迅速使其调整;而在资产市场上,对未来经济条件的预期会迅速反映在即期价格中,导致在现实经济没有明显变化的情况下,汇率的变动却极为剧烈。⑤注重一般均衡分析。汇率决定的资产市场说较之传统理论的最大突破在于它将商品市场、货币市场和证券市场结合起来进行汇率决定分析。在一个国家的三种市场之间,存在本币资产和外币资产替代性的不同假设,以及在受到冲击后进行均衡调整的速度快慢的不同假设,这样,引出了各种资产市场说的模型。

根据本币资产和外币资产可替代性的不同假设,资产市场说可分为货币分析法和资产组合分析法两类。货币分析法假设本国货币与外国货币的债券为充分可替代的,资产收益率的差异成为人们对一种资产需求的唯一决定因素;在本国和外国的债券可以充分替代时,汇率的决定主要是由货币市场的供求决定的。资产组合分析法则假设本国与外国的债券不可充分替代,决定对某种资产需求的因素除了收益率外还有风险的大小;汇率的决定既受货币市场的影响又受债券市场的影响。在货币分析法内部,根据对价格弹性的不同假设,即受到冲击后进行均衡调整的速度快慢的不同,分为弹性价格分析法和黏性价格分析法。

一、汇率决定的货币分析法

在这一模型中,本国债券与外国债券完全可替代,这两种资产市场是一个统一的债券市场。因此只要本国货币市场处于平衡状态,债券市场也必然处于平衡状态。货币分析法(Monetary Approach to Exchange Rate)集中分析的是本国货币市场上的货币供求变动对汇率的影响。如图 2-2 所示,在利率可自由变动的货币市场上,货币供求失衡通过利率变动而调节,从而使货币市场恢复均衡,均衡条件为:$M^s=M^d=L(Y,i)P$,或者,$M^s/P=L(Y,i)$。

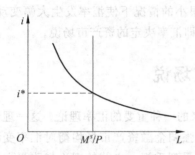

图 2-2 货币市场均衡与利率决定

本国货币市场供求均衡决定了本国货币市场的均衡利率,从而决定了持有本币存款的回报率。根据利率平价,外币存款的预期回报率取决于两方面的因素:外币存款利率和预期汇率的变化率。外币利率由外国货币市场的供求状况决定。外汇市场的参与者通过比较不同货币资产的预期回报率来决定对某种货币的需求。当人们根据预期汇率所计算的外币存款收益率低于本币存款收益率时,如图 2-3 中 B 点所示,则人们将在外汇市场上抛售外币、购买本币,导致外币汇率下跌,直至达到 A 点;当外币存款的预期收益率高于本币存款收益率时,如 C 点所示,人们将在外汇市场上抛售本币、购买外币,导致外币汇率上升,直至达到 A 点。A 点是外汇市场供求均衡点,该点汇率为均衡汇率。这里,为了分析预期对汇率的影响,我们采用的是非抛补利率平价:$i^f+(S^e-S)/S=i$。

下面,我们将上述两个市场的均衡分析结合起来,如图 2-4 所示。

由本国货币市场供求均衡,可确定本国货币市场的均衡利率,由此确定了本国货币存款的收益率曲线,它与外币存款的预期(本币)收益率曲线 $(1+i^f)S^e/S-1$ 交于 A 点,在该点利率平价条件得到满足。由此确定外汇市场上的均衡点 A' 和均衡汇率 S^*。

如果货币供给发生变动,利率和汇率都将随之发生变动。根据货币供给变动后,价格调整速度的不同假设,可将汇率的货币模型分为汇率的弹性货币模型(Flexible Price Monetary Approach)和汇率的黏性价格货币分析法(Sticky-price Monetary Approach)。

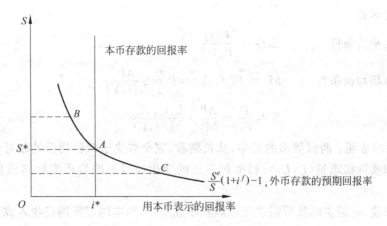

图 2-3 外汇市场均衡与汇率的确定

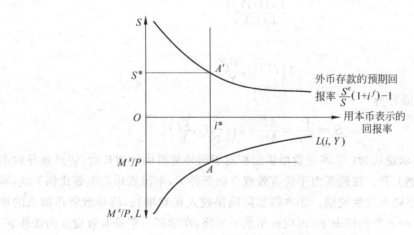

图 2-4 货币市场与外汇市场的双重均衡

（一）弹性货币模型

1. 内容与结论

汇率的弹性货币模型又称为"国际货币主义的汇率模式"或"货币供求说"，由美国经济学家约翰逊、蒙代尔等于 20 世纪 70 年代初创立。该模型假定在浮动汇率制度下，国际资本市场上不存在障碍，即无交易成本和资本管制等。外汇市场的均衡汇率水平取决于国内外货币市场的均衡，汇率直接受货币供求的影响。当货币供大于求时，国内物价上涨，由于购买力平价的作用，国际套购行为会促使外汇汇率上升，本币汇率下跌；而当货币供不应求时，情况正好相反。

货币供求说建立在三个重要的假设上。一是购买力平价持续有效成立，即假定价格总是立即调整，从而使经济始终保持在充分就业水平。因而，弹性货币模型被认为适用于长期汇率决定的分析。二是货币供给是由货币当局决定的外生变量，在价格弹性假设下，利率、实际国民收入与货币供给无关，因此，货币供求说认为，汇率是一种货币现象，国民收入、利率等因素通过货币供求作用于汇率。三是实际货币需求是实际国民收入和利率水平的稳定函数。

根据购买力平价条件 $\quad S(t) = \dfrac{P(t)}{P_f(t)}$

以及货币市场均衡条件 $\quad M^s = PL(i,Y) \Rightarrow P = \dfrac{M^s}{L(i,Y)}$

可得
$$S = \frac{P}{P_f} = \frac{M^s}{M_f^s} \cdot \frac{L_f(i_f, Y_f)}{L(i, Y)} \tag{2-13}$$

式(2-13)表明：两国货币的汇率，从长期看，完全取决于两种货币的相对名义供给量(M^s, M_f^s)和实际需求量(L, L_f)，利率和产出的变化通过影响货币实际需求使汇率发生变动。

一般来说，一国实际货币需求与本国利率成反比，与本国实际国民收入成正比。可将两国相对实际货币需求

$$\frac{L_f(i_f, Y_f)}{L(i, Y)}$$

表示为

$$\lambda\left(i - i_f, \frac{Y_f}{Y}\right)$$

这样，式(2-13)可简写为

$$S = \frac{P}{P_f} = \frac{M^s}{M_f^s} \cdot \lambda\left(i - i_f, \frac{Y_f}{Y}\right)$$

因此，货币供求说认为：①本国货币供给相对于国外货币供给增长时，将迅速导致本国价格水平等比例上升。在购买力平价有效成立的条件下，本国货币汇率等比例下跌，本国收入水平和利率则不发生变动。②本国实际国民收入相对增长，将导致货币需求的增加，在名义货币供给不变的情况下，国内价格水平下降，在购买力平价有效成立的条件下，本国货币汇率相应上升，进而维持货币市场均衡。货币供求说认为，一国货币贬值是货币供给增长过快所致，因而主张，为了维持汇率稳定，货币供给的增长应与国民收入的增长保持一致，否则，一国货币的币值将是不稳定的。③本国利率水平相对提高，会导致国内货币需求下降，价格上升，在购买力平价机制的作用下，本国货币汇率将下跌，本币贬值。

货币供求说还考虑了预期因素。引进预期后的货币模型表明，在其他条件相同时，公众如果预期外币升值，会争相购买外币、抛售本币，引致本币贬值、外币升值。所以，存在预期的情况下，预期汇率上升，会导致即期汇率上升；反之则会导致即期汇率下跌。因此，支持这一学说的经济学家普遍认为，在货币当局的货币供给机制稳定和透明的前提下，理性的预期有助于平缓外汇市场的波动，引导汇率趋向均衡。

在货币主义的汇率模型中所揭示的汇率决定的三个重要因素均与购买力平价机制的成立密切相关，因而，人们通常认为货币供求说是购买力平价理论的现代表现形式。另外，货币供求说模型将外汇市场与货币市场联系起来，将分析视野拓展至货币供给、实际收入水平和利率水平等名义和实际变量，从而补充和发展了购买力平价，使其更具理论与应用价值。

2. 评价与检验

货币模型是资产市场说中最为简单的一种形式,是更为复杂的汇率理论的基础。其主要特点是,将购买力平价这一主要形成于商品市场上的汇率决定理论引到资产市场上。这一方面抓住了汇率作为一种资产价格的特殊性质;另一方面,由于无论在短期或长期(尤其是短期)均没有充分说明购买力平价成立,因此以购买力平价为前提也构成了货币模型的最大内在缺陷,主要表现为价格水平具有充分弹性的假设与事实不符。大量研究表明,商品市场上的价格调整不同于金融市场上的价格变动,一般比较缓慢,在短期内表现出黏性。此外,在货币市场均衡分析中,假定货币需求是稳定的,这一点也存在争议。

货币供求说自20世纪70年代创建以来,实证检验结果与其理论主张的吻合度在各个时期有所不同。较吻合的事例是,90年代日元坚挺时期,日本的国民收入增长长期超过美国,进而日元相对于美元长期升值。但在大部分实证检验中,货币模型都不成立,如一些国家为了稳定币值而采取紧缩性货币政策,却收效甚微,未能有效阻止本国货币的汇率下跌。

(二) 汇率的黏性价格货币分析法

1. 内容与结论

汇率的黏性价格货币分析法简称汇率的"超调模型"(Overshooting Model)。超调模型是美国麻省理工大学教授鲁迪格·多恩布什(Rudiger Dornbusch)于1976年提出的。汇率超调模型和国际货币主义汇率模型都强调货币市场均衡在汇率决定中的作用,同属汇率的货币论,两者都承认无抛补套利始终存在,以及长期中购买力平价成立。它们的主要不同在于,汇率超调模型修正了弹性模型中价格完全灵活可变的看法,认为短期内价格具有黏性,这使得购买力平价在短期内不成立,经济存在由短期平衡向长期平衡的过渡过程。弹性模型得出的结论实际是超调模型在长期中的情况。

短期内价格具有黏性,这实际是承认凯恩斯主义关于总供给曲线为水平形状的假定,从而总需求的移动不会改变价格的水平。但在长期中价格是可变的,这实际上是承认长期分析中总供给曲线为垂直形状的假定,从而总需求的移动可以改变价格。短期价格黏性假定是这个模型解释汇率超调的关键。由此我们可以看出黏性货币模型本质上只是弹性模型的修正。它从理论上克服了弹性模型不符合短期分析的缺陷,把长期和短期分析结合起来,成为一种汇率动态调整的理论。

多恩布什关于汇率动态调整的具体分析可作如下表述:名义货币供应量的永久性增加导致本国货币市场出现失衡后,由于短期内价格黏住不变,实际货币供应量就会增加,货币市场均衡点由点1移至点2,如图2-5所示。要使货币市场恢复均衡,人们对实际货币余额的需求必然增加。实际货币需求是国民收入和利息率的函数。在国民收入短期内难以增加而保持不变的情形下,利息率就会下降,因此,人们将愿意拥有增加的实际货币余额,本币存款收益曲线向左移动。在各国资本具有完全流动性和替代性的情况下,本币利率下降就会引起套利目的的资金外流。与此同时,由于本国货币供给量的永久性扩张造成本币贬值预期,外币存款预期收益率上升,由此导致短期内外汇汇率大幅上升、本币汇率大幅下降,外汇汇率在短期内将从 S_1 升至 S_2。只有经过一段时间,随着商品市场上价格水平的缓慢上升,直至增加到与名义货币供给量增加相同的比例,实际货币供给量才会逐渐恢复到初始水平,本国利率水平也恢复到初始水平,本币存款收益率曲线回到原来的位置,但预期由于本国货币供给增加而改变后,在其他条件不变的条件下,将不会发生变动。外汇汇率沿着外币存款预期收益率曲线向下移动到 S_3 的长期均衡水平。可见,本国货币供给增加后,短期内汇率迅速上升,然后逐渐向下调整,直至达到其长期汇率水平。在汇率的动态调整过程中,汇率对于货币供给波动的即刻反应超过长期反应,这一现象称为"汇率超调"。它解释了为何汇率的日常波动如此之大。

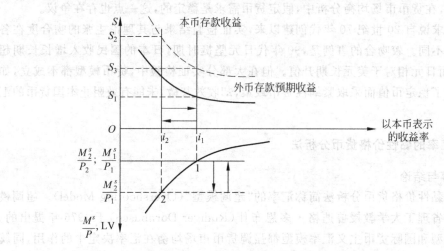

图 2-5 本国货币供给增加的短期和长期影响(假定实际产出不变)

本国货币供给永久性增加后,各变量变动的时间路径如图 2-6 所示。(a)货币供给从 M_1^s 永久性增加到 M_2^s;(b)利率从 i_1 瞬时调整到 i_2,然后缓慢向初始的 i_1 回复;(c)价格水平缓慢上升,直至与货币供给增加相同比例;(d)汇率从初始的 S_1 瞬时调整到较高的 S_2,然后缓慢下调,直至达到长期水平 S_3。

多恩布什的贡献在于:①总结了现实中的汇率超调现象,并在理论上首次予以系统阐述。如 1979—1981 年英镑在短期内急剧升值,多恩布什认为这是英国政府紧缩货币供给造成汇率过度调整的结果。②正确指出汇率在短期内不仅会偏离绝对购买力平价,而且会不符合购买力平价说的相对形态。在汇率从短期均衡向长期均衡的过渡中,本国价格水平在上升,但外汇汇率却不升反降,即本币在外汇市场上反而升值。

2. 评价和检验

超调模型的优点是明显的,表现在以下几点:①综合了货币主义与凯恩斯主义,它在货币模型的框架内展开分析,又采用商品价格黏性这一更切合实际的分析方法,已成为国际金融学中对开放经济进行宏观分析的最基本模型。②首次涉及汇率的动态调整问题,创立了汇率理论的一个重要分支——汇率动态学(Exchange Rate Dynamics)。继超调模型之后,研究者又从各个角度将汇率动态调整的研究推向深入,使汇率动态学的研究成为汇率理论中的一个独立的研究领域。③具有鲜明的政策含义。超调是在开放经济条件下资金自由流动和汇率自由调整的必然现象,而汇率的过度波动会给金融市场与实体经济带来较大冲击甚至破坏,因此完全自由的浮动汇率制度并不是最合理的,政府有必要对资

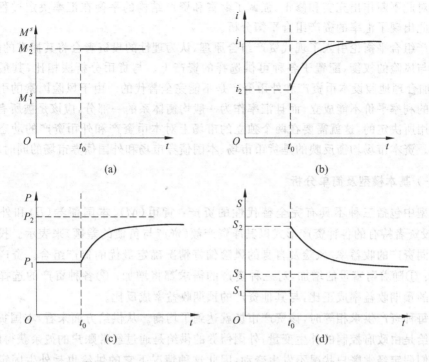

图 2-6　汇率超调模型中的货币供给、利率、价格水平、汇率的动态调整路径
假设 t_0 时刻本国货币供给发生一次性永久增加

金流动、汇率乃至整个经济进行干预和管理。这对于发展中国家的资本市场和资本与金融账户开放具有重要的启示。

超调模型的主要缺点是：①由于建立在货币模型的分析基础上，具有与货币模型相同的一些缺陷。如假定货币需求是稳定的，再如假定国内外资产具有完全的替代性。事实上，由于交易成本、赋税待遇和各种风险的不同，各国资产之间的替代性远远没有达到可视为一种资产的程度。②作为存量理论的超调模型忽略了对国际收支流量的分析。它将汇率波动完全归因于货币市场的失衡，而否认商品市场上的实际冲击对汇率的影响，未免有失偏颇。

对超调模型难以进行计量检验，这是由于：①选择计量检验方式的困难；②现实生活中的冲击过多，既有货币性，也有实际性，难以确定汇率的变动是对哪种冲击作出反应，是处于短期变动还是向长期状态的复归。由于难以对超调模型进行计量检验，从而在一定程度上影响了这一理论的实践性。

二、汇率的资产组合分析法

汇率的资产组合分析法(Portfolio Balance Model of Exchange Rate)，形成于 20 世纪 70 年代，其代表人物是美国普林斯顿大学的布朗森教授。

货币理论在分析中忽视了经济社会中的结构变化引起的对汇率行为的扰动。它在探讨汇率行为时，只偏重一国国民收入或货币市场总的均衡状况，而对各部分的结构及其变动对汇率的影响则探讨得很少，这样就很难周全地把握和解释汇率的实际变动。西方经济学家对此不断作出充实和修正,强调了财富和资产结构的平衡在汇率决定过程中的作用。由此出现了汇率的资产组合平衡分析。

资产组合平衡论引入了现代资产组合原理,认为理性的投资者会将其拥有的财富,按照收益与风险的权衡,配置于各种可供选择的资产上。与货币分析法相比,其最大特点是:更加合理地假设本币资产和外币资产是不能完全替代的。由于风险因素的引入使得无抛补的利率平价不能成立,而且汇率作为一般均衡体系的一部分,应该是被所有市场的相互作用所决定的,这就需要在两个独立的市场上对本币资产和外币资产的动态调整进行考察。资本市场均衡反映的是货币市场、本国债券市场和外国债券市场的同时均衡。

(一) 基本模型及简单分析

模型中包括三种不具有完全替代性的资产:货币(M)、本国债券(B)和外国债券(F)。投资者持有的各种资产形式以其净资产额(资产与负债的差额)来表示。投资者会根据不同资产的收益率、风险及自身的风险偏好情况确定最优的资产组合。资产选择的原则是:①随着财富量的增加,对三种资产的需求都将增加;②各种资产的选择比例与其自身的预期收益率成正比,与其他资产的预期收益率成反比。

当每种资产供求相等时,该资产市场就达到了均衡。从供给方面来看,本国货币和债券的供给是由政府控制的外生变量;外国债券的供给是通过经常账户的盈余获得的,在短期内我们假定经常账户状况不发生变动,因此这种情况下它的供给也是外生固定值。从需求方面来看,对每种资产需求的依据即为上述资产选择的原则。三种资产供求相等时的均衡条件为

$$M = \alpha(i, i^f)W \qquad (2\text{-}14)$$

$$B = \beta(i, i^f)W \qquad (2\text{-}15)$$

$$e \cdot F = \gamma(i, i^f)W \qquad (2\text{-}16)$$

$$\alpha + \beta + \gamma = 1,\text{或 } W = M + B + e \cdot F \qquad (2\text{-}17)$$

式(2-14)、式(2-15)、式(2-16)和式(2-17)中,α、β、γ分别表示私人部门愿意以本国货币、本国债券和外国债券的形式持有的财富比例;i、i^f分别表示本国利率和外国利率;W、M、B、e、F分别表示私人部门持有的财富净额、本国货币、本国债券、汇率(直接标价法)和外国债券。

在以上每个市场中,资产供求的不平衡会带来相应变量的调整,主要是本国利率和汇率的调整。由于各个市场是相互关联的,因此只有当三个市场都处于平衡状态时,该国的资产市场才处于平衡状态。这样,短期内,在各种资产的供给量既定的情况下,对各种资产的需求将确定本国的利率与汇率水平。长期中,对于本国既定的货币供给与债券供给,经常账户的失衡会带来本国持有的外国债券总量的变动,这一变动又会引起资产市场的调整。因此,在长期内,还要求经常账户处于平衡状态。

根据三个市场均衡的条件,我们可以在$i-e$(利率-汇率)空间给出表示三个市场均衡条件的曲线。我们假定各种资产供给量的初始水平是给定的(见图2-7)。

图2-7中,MM曲线代表货币市场均衡,这一曲线斜率为正。因为随着汇率e值增大(本币贬值),对于一定数量的外国债券,以本币衡量的这一资产的价值提高了,这带来资产总量的本币价值提高。因此,如果其他条件不变,以本币衡量的资产总量的增加将导致

对货币需求的上升。在货币供给既定的情况下,需要以本国利率的上升来降低货币需求,从而维持货币市场的供求平衡。BB 曲线表示本国债券市场均衡。这一曲线斜率为负,因为本币贬值带来本国资产总量增加,将导致对本国债券的需求上升,这导致本国债券价格上涨,本国利率下降。FF 曲线表示外国债券市场的均衡。本币贬值使外国债券的本币价值上升,而资产总量价值增加后,这一增加的资产总量只有一部分用于持有外国债券,因此外国债券市场上出现了超额供给,需要本国利率下降以提高对外国债券的需求,因此 FF 曲线斜率为负,而且比 BB 曲线更平缓,因为本国债券市场对本国利率的变化更为敏感,同样的汇率变动在本国债券市场上只需要较小的利率调整便能维持平衡。

另外,在每个资产市场上,每种资产供给量的增加将导致该市场均衡曲线的移动。货币供给增加将导致 MM 曲线向左移动。因为在汇率既定时,货币市场上供给超过需求,为了恢复货币市场的平衡,利率必须下降以提高货币需求(见图 2-8)。本国债券供给增加会使 BB 曲线向右移动。因为在汇率既定时,本国债券市场上供给超过需求,本国债券价格下降,也就是本国利率上升(见图 2-9)。外国债券供给的增加将导致 FF 曲线向下移动。因为在汇率既定时,在外国债券市场上供给大于需求,需要本国利率的降低以消除这一超额供给,维持市场平衡(见图 2-10)。

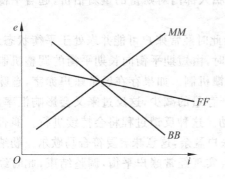

图 2-7 资产市场的短期平衡

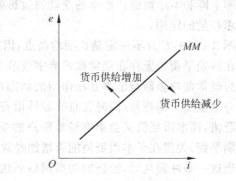

图 2-8 货币市场平衡时本国利率与汇率的组合

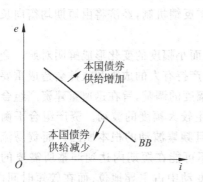

图 2-9 本国债券市场平衡时本国利率与汇率的组合

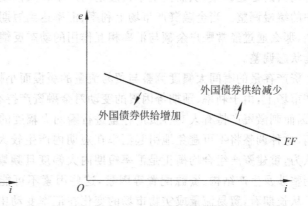

图 2-10 外国债券市场平衡时本国利率与汇率的组合

运用该模型,我们可以分析货币政策的短期效应。如果中央银行为融通财政赤字而导致货币供应量增加,这将使资产总量(W)同时增加。由于投资者倾向于对这一新增加的资产总量按原有比例持有各种资产,而本国债券与外国债券的供给量并没有增加,于是在原有平衡点(A)会出现这两个市场上的超额需求(见图 2-11)。在本国债券市场上,对于既定的汇率,对本国债券的超额需求会导致利率下降,这意味着 BB 曲线左移。在外国债券市场上,对于既定的汇率,在外国债券的需求上升时,需要本国利率提高以消除市场上的超额需求,因此 FF 曲线右移。此时,MM 曲线将由于货币供给增加而左移。三条曲线最终必将相交于一点(B),因为当资产总量供求平衡时,若任何两个市场处于平衡状态,则另一个市场也肯定处于平衡状态。B 点即为新的短期平衡点。货币供给增加导致利率下降和本币贬值。汇率的变动通过影响私人部门对财富的重新估价,起着平衡资产供求存量的作用。

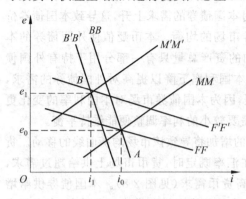

图 2-11 融通赤字带来的货币供给增加的经济效应

在图 2-11 中,B 并不一定是长期均衡点,因为此时经常账户可能并未处于平衡状态。当经济在短期平衡位置存在经常账户赤字或盈余时,由短期平衡向长期平衡的调整机制就体现为经常账户差额与汇率互相作用的动态反馈机制。如果存在经常账户赤字,意味着资本与金融账户的顺差,同时又意味着外币资产存量的减少,这反过来又会影响汇率,使本币贬值,而本币贬值又会影响经常账户的变动。这种反馈过程将会持续进行。能否达到长期平衡,关键在于本币贬值能否增加经常账户盈余,这意味着要符合马歇尔—勒纳条件。当这一条件满足时,经济的动态调整必然会实现经常账户平衡,调整结束,此时经济处于长期平衡状态。

在上述资产组合调整过程中可区分两种不同类型的资产调整:一种是金融资产存量在短期内的迅速调整,从而使汇率在短期内产生较大幅度的波动;另一种是贸易流量在长期中的缓慢调整。当金融资产市场上利率、汇率达到短期均衡时,若存在经常账户赤字或盈余,那么通过经常账户余额与汇率相互作用的动态反馈机制,经济将由短期均衡向长期均衡状态调整。

资产存量的瞬间大幅度调整与贸易流量的缓慢而小幅度的变化形成鲜明对照。金融资产市场上,由于利率、预期等因素的变动对金融资产持有人的成本和收益会造成重要影响,因而刺激资产持有人对各资产存量进行瞬间大幅度的调整,旨在迅速重建资产组合的均衡,这种调整将不可避免地引起汇率在短期内产生较大幅度的波动。资产组合平衡论者认为,重建资产组合均衡正是汇率短期内大幅度且频繁波动的根本原因。而贸易流量的调整涉及生产结构、资源配置等因素,这些因素不可能在短期内达到调整所需要的目标。从长期看,贸易流量或实物市场的变化在汇率变动中占主导地位;而在较短时间内,汇率的变动则主要取决于金融资产存量的调整。这种观点可用来揭示短期内汇率变动偏离长期均衡汇率水平的现象。

(二) 评价和检验

从分析方法来看,资产组合平衡模型结合了存量分析和流量分析,并使长期分析与短期分析、凯恩斯主义和货币主义结合起来。首先,它将存量分析和流量分析很好地结合起来。它认为,汇率的均衡既是在流量市场,又是在存量市场上达成的。其次,它将长期分析和短期分析进一步结合起来。资本市场长期均衡是由短期均衡演化而来的,实际上是从资产结构的角度对黏性货币模型的进一步发展。最后,它将凯恩斯主义偏重商品市场的考察与货币主义偏重货币市场的考虑有机结合起来,把汇率决定看成是由货币因素和实体因素诱发的资产调整与资产评价过程所共同决定的。

因此,资产组合分析法是更为一般的模型,它既区分了本国资产与外国资产的不完全替代性,又将经常账户这一流量因素纳入存量分析中,使得各种因素对汇率影响的综合程度提高,原有的各种理论能较好地融于这一模型。此外,资产组合分析法具有特殊的政策分析价值,尤其被广泛运用于对货币政策的分析中。

但是资产组合分析法仍然存在缺陷:①它属于比较静态分析,即在其他条件不变的情况下,考虑某一个因素的一次性变动所引起的调整过程及其对汇率的影响。②该理论存在许多假定条件,如金融市场高度发达,不存在外汇管制,资本具有高度的流动性等,这些假定过于严格。③这一理论在论述经常项目对汇率的影响时,认为这种影响只是通过"财富效应"以及由此而来的资产组合变动而产生的,这无疑是片面的。

这样一来,它尽管从理论上将流量因素(经常账户)纳入,但并未对流量因素本身作更为专门的分析。一国经常账户受各种因素的影响,在经济发展中不断调整,而在资产组合模型中只是简单地以它在长期内必然平衡而回避了对其的分析。此外,商品市场的失衡如何影响汇率,没有纳入其分析中;它用财富总额代替收入作为影响资产组合的因素,而又没有说明实际收入对财富总额的影响。从某种意义上讲,资产组合平衡模型仍带有较多的货币主义特征,可以说是一个过渡性模型。资产组合平衡模型尽管是理论上较为完美的模型,但对其检验却很困难,这主要是由于模型中的变量(如一国居民的资产组合)难以进行人为度量的缘故。

由以上分析我们不难发现,汇率理论的发展并没有达到一个极致。随着经济金融的不断发展,新的分析方法和分析工具不断涌现,汇率理论必然要继续向前发展,但是前人的研究成果是发展最坚实的基础。

专栏

国际资本流动及全球基金

20世纪80年代以来,国际投资方式发生了革命性变化,投资基金开始大放异彩。投资基金是分散化投资的典型形式:由广大投资者出资汇成基金,交由专门的投资机构管理,以投资组合的方式集体投资于股票、债券或货币市场上的多样化金融资产,也可投资于某些企业,获益后按投资者出资比例分享。最初的投资基金主要投资于国内金融资产,随着国际资本流动和资产组合平衡理论的兴起,投资基金开始投向外国的金融资产,外币资产比重日益增长。一些基金发展成为以外国金融资产为主的国际共同基金。

投资基金最早起源于英国,后在美国得到快速发展,"二战"后遍布日本、法国等国和中国香港地区。1998年,美国共同基金的资金额超过4万亿美元,平均每日投向共同基金的资金达17亿美元,基金数已逾万只。美国人对共同基金非常偏爱,因为其收益率极高,如美国索罗斯量子基金的年收益率高达34.32%。这是由于国际基金容易突破普通基金专注于某一国、某一行业、某一市场的限制,进行跨板块、跨市场、跨币种的资产组合,可以最大限度地规避某国或某一地区的系统性风险,并获取套利、套汇收益。

据IMF估计,1997年在各国金融市场之间游动的资本高达7.2万亿美元,全球日平均外汇交易额超过2万亿美元,而其中仅有2%是由国际贸易和投资引起的,其余98%都是用于货币市场、资本市场上进行短期投资的国际资产组合。资产组合的调整对汇率的扰动持续存在,从长期来看,汇率变动不断趋于其长期均衡水平,但短期内,汇率不断处于波动之中,这种短期波动几乎完全取决于资产组合的变动。

本章复习

一、概念

一价定律　　　　　　绝对购买力平价　　　　相对购买力平价　　　　抛补的利率平价
非抛补的利率平价　　国际借贷说　　　　　　国际收支说　　　　　　资产市场分析法
弹性价格货币分析法　黏性价格货币分析法　　汇率超调　　　　　　　资产组合分析法

二、思考题

1. 什么是开放经济下的一价定律?它的成立条件是什么?
2. 评述购买力平价的基本内容。
3. 请从利率平价说角度论述汇率与利率之间的关系。
4. 从国际收支说角度看,影响汇率的因素有哪些?
5. 汇率决定的资产市场分析法的基本思想是什么?这一分析法与其他理论有什么区别?
6. 简述货币模型的基本内容。
7. 试利用货币模型说明汇率决定的资产市场分析的主要特点。
8. 简述超调模型中的汇率动态调整过程。
9. 简述资产组合模型的分析方法。

三、计算题

1. 假定美元利率和英镑利率相等,均为年率5%,即期英镑/美元均衡汇率与未来预期之间关系如何？假定预期汇率水平 1.52USD/GBP 保持不变,而英国利率上升到每年 7%,美国利率水平不变,则新的英镑/美元均衡汇率是多少？

2. 美国和瑞士的年利率分别是 10%和 4%,即期汇率是 0.3864USD/CHF。

(1) 如果满足利率平价条件,则 90 天远期汇率是多少？

(2) 观察到的 90 天远期汇率报价是 0.3902USD/CHF,则外汇市场上存在套利机会吗？如果存在,应怎样利用这一机会？

3. 假定巴西的年通货膨胀率为 100%,荷兰的年通货膨胀率为 5%,根据相对购买力平价理论,荷兰盾与巴西克鲁塞罗之间的汇率将发生什么变化？

4. 假定美国和德国相对真实货币需求方程为

$$\frac{L_{US}}{L_G} = \frac{Y_{US}}{Y_G} \times 0.62(i_\$ - i_{DM}) \times 100$$

并且有以下信息：

(1) 美国货币供给量为 1 万亿美元；

(2) 德国货币供给量为 5000 亿德国马克；

(3) 美国的真实国民收入是德国的 2 倍；

(4) 美国利率为 5%,德国利率为 2.5%。

根据汇率决定的货币理论,计算 DEM/USD 汇率。

第三章
国际收支与国际收支平衡表

随着经济的发展和科学技术的进步,各国之间的交往与联系越来越密切,在广泛的国际交往中,必然涉及国际间的货币收支问题。国际收支是衡量一国经济对外开放的主要工具,它记录了一国与其他国家间的商品与服务以及资本和劳动力等生产要素的国际流动。一国的国际收支状况不仅影响本国国内的经济运行,也会影响一国的对外经济交往。国际收支是国际金融研究的一个基础性分析工具,与之相联系的另一个基础性工具是国民收入。本章将学习如何通过会计核算的办法描述一国产出水平和国际经济交易的状况。一国产出水平通过国民收入账户来描述,一国对外经济状况通过国际收支账户来描述。

第一节 开放经济下的国民收入账户

通常,我们说一国产出水平用"国民收入"来衡量,但这只是一种近似说法。准确地说,衡量一国产出水平的精确指标是国内生产总值(gross domestic product,GDP)或国民生产总值(gross national product,GNP)。GNP 是国民概念,GDP 是地域概念,一国的国际化程度越高,两者的差别就越大。随着经济全球化的推进,世界通行的衡量一国产出水平的指标已从过去的 GNP 改为 GDP,这是由于使用 GNP 衡量某地区的产值较为困难。

一、国内生产总值的定义

国内生产总值是指位于一国之内的生产要素在一定时期内所生产的全部最终产品(商品和劳务)的市场价值。这一定义有如下几方面含义。

(1) GDP 是一国范围内生产的最终产品的市场价值,是一个地域概念。GNP 是一个国民概念,指一定时期内一国生产要素生产的全部最终产品和劳务的市场价值的总和。GDP 衡量一国境内所有生产要素产值,不管该生产要素是否属于本国国民;GNP 衡量所有本国生产要素的产值,不管该生产要素是否位于境内。因此,位于本国境内的外资企业生产的产值应计入本国 GDP,但不计入本国 GNP;而本国在境外投资企业生产的产值应计入本国 GNP,但不计入本国 GDP。如美国企业在中国投资所取得的收入,计入中国的GDP,同时计入美国的 GNP;但不计入中国的 GNP 和美国的 GDP。中国企业在美国投资所得收入,计入中国的 GNP,同时计入美国的 GDP;但不计入中国的 GDP 和美国的

GNP。对于一国来说,GDP 的数值加上本国居民在外国境内生产的产品与服务的数值,再减去外国居民在本国境内生产的产品与服务的数值,即 GDP 加上本国从外国取得的净要素收入(net factor income from aboard,用 NFI 表示),就可以得出该国的 GNP 数值,用式(3-1)表示

$$GNP = GDP + NFI \tag{3-1}$$

(2) GDP 是计算期内(如某一年)生产的最终产品价值,因而是流量而不是存量。流量是一定时期内发生的变量,存量是一定时点上存在的变量。

(3) GDP 衡量的是最终产品的价值,GDP 中不包括对下列产品的支出:

① 中间产品。中间产品是指用于再出售而供生产别种产品所用的产品;最终产品是在一定时期内生产的并由其最后使用者购买的产品和劳务。

② 二手物品。这些物品在其所生产而且是新产品的时期已被算作 GDP 的一部分了。例如,一辆 2008 年生产的汽车是 2008 年 GDP 的一部分。如果这辆汽车 2016 年在二手车市场上交易,为这辆汽车支付的货币量不是 2016 年 GDP 的一部分。

③ 金融资产。企业经常通过出售股票和债券这类金融资产来为购买新生产的资本品筹资。企业对新生产的资本品的支出是 GDP 的一部分,而居民购买企业股票或债券的支出不是 GDP 的一部分。

(4) GDP 是市场价值。市场价值由交易形成,因此 GDP 用货币量来计量。家务劳动、农村的自给自足的生产活动不计入 GDP。

(5) 国民生产总值与国民收入的区别。从字面上看,国民生产总值包括产出中形成国民收入的部分和不进入国民收入的部分。具体来看,国民收入核算中的几个总量之间的关系如下:

国民生产总值(GNP)— 净海外收入(NFI)= 国内生产总值(GDP)
国内生产总值(GDP)— 资本折旧 = 净国内生产总值(NDP)
国民生产总值(GNP)— 资本折旧 = 净国民生产总值(NNP)
净国民生产总值(NNP)— 企业间接税 — 企业转移支付 + 政府转移支付 = 国民收入(NI)
国民收入(NI)— 公司未分配利润 — 公司所得税 — 社会保险税 + 转移支付 = 个人收入(PI)
个人收入(PI)— 个人所得税 = 个人可支配收入(DPI)

在不引起混淆的情况下,可将国民生产总值和国民收入视为等同。

二、国民收入的核算

(一)国民收入的核算方法

国民收入的核算主要有三种方法,这里介绍较为重要的两种。

1. 支出法:用最终产品购买者的总支出来衡量

在封闭经济下,从对最终产品支出的角度,可将国民收入分解为私人消费(C)、私人投资(I)和政府购买(G)。而在开放条件下,本国产品和服务的出口(X)可增加本国国民收入,同时,国内支出的一部分用于进口(M)外国的产品和服务,这部分支出应从本国国民收入中扣除。用公式可表示为

$$Y = C + I + G + (X - M)$$

产品和服务的出口与进口之间的差额通常称为贸易账户余额(或净出口),记为TB,即

$$TB = X - M$$

需要注意的是,衡量一国经济开放程度的一个重要指标是贸易依存度,它是进出口贸易总额(而不是出口与进口的差额)占国民收入的比重。

2. 收入法：用生产要素获得的收入总和来衡量

用收入法计算国民收入,除了最主要的四项生产要素(劳动、土地、资本和企业家才能)分别获得的收入,即工资、租金、利息和利润外,还应包括间接税、折旧、公司未分配利润等非要素收入。总收入全部用于居民消费(C)、储蓄(Sp),并形成政府收入(T,为剔除政府转移支付后的净税收收入)。用公式表示为

$$Y = C + Sp + T$$

(二) 国民收入核算恒等式

上述用支出法与收入法衡量的国民收入是等价的,即

$$C + I + G + (X - M) = Y = C + Sp + T \quad (3-2)$$

式(3-2)简化为

$$I = Sp + (T - G) - (X - M) = S - (X - M)$$

其中,$T - G = Sg$,Sg 为政府储蓄;国民储蓄 $S = Sp + Sg = Sp + (T - G)$。

在封闭经济中,由于不存在对外贸易,国民收入恒等式为 $I = S$,意味着本国投资只能依靠本国储蓄来提供。而在开放经济条件下,当本国储蓄不足以支持本国投资时,可以通过产品的净进口满足投资需要,形成国内资产。但这会产生对外债务,实际上就是利用国外资本弥补本国的投资—储蓄缺口。当本国储蓄超过国内投资需要时,则可以通过净出口带来的资本流出形成海外资产。如果将一国经济分为私人部门和政府部门两个部门,可从私人部门和政府部门的不同行为特征考察贸易账户的变化。如美国20世纪80年代的"双赤字"问题,可以从上述等式作出解释:一方面美国的私人储蓄很低;另一方面政府财政赤字长期居高不下。因此,对外贸易赤字就是不可避免的。

第二节 国际收支与国际收支账户

为了全面认识开放经济,有必要对经济的开放性本身进行精确度量,也就是要对一国与其他国家间的商品、资本、劳动力等要素的国际流动的方向、数量等有一个完整的记录。国际收支账户就是衡量经济开放性的主要工具。

一、国际收支概念的演变

国际收支这一概念最早出现在17世纪,之后近300年的时间内,它被简单地解释为一国的贸易收支。这与长期以来国际经济交易的单一内容——国际贸易且主要是商品的贸易相对应。"一战"后,国际经济交易的内容出现了新变化,由原来局限于商品交易拓宽

到国际间资金往来、劳务输出等诸多方面。这一时期,战前的国际金本位制崩溃,在金本位制下,各国间贸易往来使用黄金进行结算。金本位制崩溃后,各国开始用纸币代替黄金作为结算工具,国际经济交易中大多用外汇进行,因此国际收支被视为一国的外汇收支,只要涉及外汇收支的经济交易,就属于国际收支的范畴,这是通常所说的狭义的国际收支。它是指一国或地区在一定时期(通常为一年)的外汇收支。这一概念是建立在现金或支付基础上的。"二战"后,随着国际经济关系的不断发展,国际经济交易的内容更加丰富,一些经济交易如易货贸易、补偿贸易、无偿援助等属于单方面转移,不属于狭义的国际收支概念所指的外汇收支范畴。此外,由于信用的发展,许多实物交易已经发生,但并没有外汇收付,如清算支付协定下的记账结算;有的已支付但没有实际发生,如进出口贸易中的提前付款。而这些经济交易在国际经济中有着重要的意义,狭义的国际收支概念已不能真实反映一国对外经济关系的全貌,国际货币基金组织建议采用广义的国际收支概念。国际收支的概念不再以支付为基础,而是以交易为基础。

二、国际收支的概念

广义的国际收支是在狭义的基础上加上无须外汇支付的债权债务往来,如远期付款、记账结算以及易货贸易、补偿贸易、无偿援助等。国际货币基金组织对广义国际收支的定义是:在一定时期内,一国居民与非居民之间经济交易的系统记录。这一定义强调的是交易基础,它不仅包括涉及外汇收支的经济交易,还包括未发生现金收付的其他各种经济交易。

广义的概念适应了世界经济形势的发展变化,能更充分、更全面地反映一国对外经济交往,从而能比狭义概念更深刻地揭示国际收支的本质,因而得到了广泛的应用,其内涵十分丰富,应注意从以下几方面把握。

(一) 记载的是一国居民与非居民之间发生的经济交易

一项交易是否计入国际收支账户,判断依据就是这项交易是否发生在本国居民和非居民之间。在国际收支统计中,"居民"是指在一个国家的经济领土内具有一定的经济利益中心的经济单位。一个国家的经济领土包括该国政府所管辖的地理领土、该国的天空、水域和国际水域下的大陆架,该国在世界其他地方的飞地如大使馆、领事馆等;不包括坐落在一国地理边界内的外国政府或国际机构使用的领土飞地。依照这一标准,一国的大使馆等驻外机构是所在国的非居民,国际组织是任何国家的非居民。所谓在一国经济领土内具有一定的经济利益中心,是指该单位在某国的经济领土内一年或一年以上的时间里,已大规模从事生产、消费等经济活动或交易,或计划如此行事。

对于某一经济体来说,居民类型可分为以下几类。

(1) 个人居民:凡在所在国从事经济活动与交易超过一年的自然人为所在国居民,其经济利益中心位于所在国领土内。例如,从事长期技术援助项目的本国工作人员视为所在国居民。需要说明的是,对于具有官方身份(如外交官等政府官员)的个人居民,不论在外多长时间都是所在国非居民。

(2) 官方居民:一国境内的各级政府机构及境外的大使馆、军事机构等。而设于一国境内的国际性机构是任何国家的非居民。

（3）企业居民：在本国从事生产、经营等营利性活动的企业。"三资企业"是所在国居民。

（4）民间团体：在本国从事非营利性活动的民间组织。

可见划分居民和非居民的标准不是法律或国籍，而是交易者的经济利益中心所在地。经济利益中心所在地不是以"居住地"为标准，而是以是否在居住地从事或计划从事经济活动为标准。例如，驻外官方外交人员、驻外军事人员的居住地不是其经济利益中心，他们是其居住地的非居民。

（二）反映的内容是经济交易

与字面含义不同，国际收支与"收支"没有关系，而是与"交易"联系在一起。国际收支平衡表与对外收付记录的根本区别在于：除了包括支付行为的交易外，还应将不付款的交易包括在内。

包括在国际收支中的交易有下面四大类。

（1）交换。一个交易者向另一个交易者提供一宗经济价值并从对方那里得到价值相等的回报。经济价值可概括为实物资源（货物、服务）和金融资产。

（2）转移。一个交易者向另一个交易者提供经济价值，但并未从对方那里得到任何补偿，如捐赠、援助等。

（3）移居。一个人把住所从一个经济体搬迁到另一个经济体的行为。这时移居者原有的资产负债发生转移，从而使原居住经济体与移居地经济体的对外资产负债关系发生变化。包括：可移动的有形资产随之输入移居的经济体；不可移动资产则变为新移居的经济体对原居住地具体的债权；移居者对其他经济体的债务债权转化为新移居经济体的债务债权；移居者对移居地的债务债权不再计入移居地对外的债务债权。

（4）其他根据推论而存在的交易，如国外直接投资收益的再投资。投资者的海外子公司所获得的收益中，一部分属于投资者本人的，如果这部分收益用于再投资，则必须在国际收支中反映出来，尽管这一行为并不涉及两国间资金与服务的流动。

（三）国际收支是一个流量概念

国际收支是对一定时期内交易的总计，"一定时期"一般是一年，也可能是一个季度、一个月，可以根据分析问题的需要和资料来源加以确定。由于国际收支是一个流量概念，它反映的是一定时期内一国对外经济交易的变动值，因此国际收支平衡表中各项目记录的是增减额（净额、余额）而不是总额。

应注意将国际收支与国际信贷（国际投资头寸）区分开来。国际借贷或国际投资头寸，是指一定时点上，一国或地区对外资产和对外负债的汇总。它是一个存量的概念，与某一时点相对应。这一存量的变化主要是由国际收支中的各种经济交易引起的，有时也可能是因为汇率、价格变化或其他调整引起的计价变化所造成的，而这后一点通常不在国际收支中反映出来。

从国际收支的概念可以看出,国际收支的内容相当广泛,几乎涵盖了一国对外经济交易的全部内容。它既是一国国民经济的重要组成部分,反映了该国经济结构的性质、经济活动的范围和经济发展的趋势,同时,它也反映了一国对外经济活动的规模和特点,以及该国在世界经济中所处的地位和所起的作用。

三、国际收支账户

国际收支账户是指将国际收支根据一定原则用会计方法编制出来的报表,又称为国际收支平衡表。国际收支平衡表系统记录了一个国家或地区在一定时期内发生的国际经济交易项目及其金额。

(一) 国际收支平衡表的编制原理与规则

国际收支平衡表是按照"有借必有贷,借贷必相等"的复式记账原理编制的,每笔交易都由两笔价值相等、方向相反的项目表示。不论是对于实际资源还是金融资源,借方表示该经济体资产(资源)持有量的增加和负债的减少,贷方表示资产(资源)持有量的减少和负债的增加。如一项交易 A 国向 B 国出口商品,将产生两个方向的转移:实物资源从 A 国到 B 国;金融资产从 B 国到 A 国。因此这项交易将在国际收支平衡表中记录两次:一次作为贷方,一次作为借方。当交易属转移而不是交换时,记账的项目只有一方,不能自动成双的情况下,可将转移视为一项市场买卖行为,按市场价格将其计入相关项目,同时,使用"无偿转移"项目进行相反记录。如中国向越南援助纺织品的交易项目,在记入中国的国际收支平衡表时,可将其视作"货物出口"记入贷方,同时以"无偿转移"记入借方。

国际收支平衡表的记账规则是:凡是引起本国从国外获得货币收入(或引起外汇供给)的交易计入贷方,亦称正号项目;凡是引起本国对外国支出货币(或引起外汇需求)的交易计入借方。由于国际收支平衡表是根据复式记账方法记录的,因此原则上,国际收支平衡表全部项目的借方总额和贷方总额是相等的,其净余额为零,即达到了平衡。这就是国际收支平衡表之所以"平衡"的基本原理。

(二) 国际收支平衡表的账户设置

作为一种分析工具,根据分析问题的不同,各国编制的国际收支平衡表的具体格式不尽相同,但大同小异。为了指导成员国向国际货币基金组织定期报送国际收支平衡表,并使之具有可比性,国际货币基金组织出版了《国际收支手册》(以下简称《手册》),对编制国际收支平衡表所采用的概念、准则、惯例、分类方法和标准都作了统一规定和说明。1948年出版了第一版,以后又先后于 1950 年、1961 年、1977 年和 1993 年进行了修订,不断地补充新的内容。1993 年发布的《手册》第五版首次探讨了国际投资头寸这一重要领域。《手册》第六版将国际投资头寸加进了书名,《手册》名称改为《国际收支和国际投资头寸手册》,简称为《手册》第六版(BMP6)。为人所熟知的以前各版《手册》将简称为《手册》第五版(BMP5)、《手册》第四版(BMP4)等。《手册》第六版修订工作自 2001 年启动,于 2008年 12 月定稿并在 IMF 网站发布。第六版与第五版的主要不同之处在于:

(1) 将储备资产纳入金融账户统计,并在金融账户下增设"非储备性质的金融账户",

与原金融项目包含的内容基本一致;

(2) 项目归属变化,如将经常账户下的转手买卖从原服务贸易调整至货物贸易统计,将加工服务(包括来料加工和出料加工)从原货物贸易调整至服务贸易等;

(3) 项目名称和细项分类有所调整,如将经常项目、资本项目和金融项目账户等重新命名为经常账户、资本账户和金融账户,将收益和经常转移重新命名为初次收入和二次收入等。

编制和提供国际收支平衡表已成为国际货币基金组织成员国的一项义务,并成为参与其他国际经济组织活动的一项重要内容。我国外汇管理局指出,从2015年起,我国按照国际货币基金组织最新国际标准,即《国际收支和国际投资头寸手册》(第六版)编制和发布国际收支平衡表。

按照《国际收支和国际投资头寸手册》第六版,国际收支账户可分为三大类:经常账户(current account)、资本和金融账户(capital and financial account)[①]、净误差和遗漏(net error and omission)。

1. 经常账户

记录实际资源在国际间的转移。包括4个子项目:货物(goods)、服务(service)、收益(income)和经常转移(current transfer)。每个项目都列出借方总额和贷方总额。

(1) 货物。这是经常账户乃至整个国际收支平衡表中较为重要的项目。记录一国的商品进口和出口,又可称为"有形贸易"。其中,出口记入贷方,进口记入借方。进出口的差额为"有形贸易差额",在不计服务贸易时,就是贸易差额。根据国际货币基金组织的规定,进出口均按FOB价(离岸价)计算。货物的范围细分为:

1.1 一般货物:包括经济所有权在居民与非居民之间发生变更并且不包括在以下特殊类别中的货物:转手买卖货物、非货币黄金,以及部分旅行、建设和别处未涵盖的政府货物和服务。

1.2 转手买卖货物:转手买卖是指居民从非居民处购买货物,随后便向另一非居民转售同一货物,而货物未经过居民所在经济体。如果在交易过程中,被交易货物的所有者无须拥有货物实体也可开展随后的交易,则会发生转手买卖。

1.3 非货币黄金:非货币黄金包括除货币黄金之外的所有黄金。非货币黄金可以为金条(纯度为至少99.5‰)、金粉和其他未加工或半加工形式的黄金。含有黄金的珠宝、手表等计入一般货物,而不是非货币黄金。

(2) 服务。服务贸易即"无形贸易",近年来,服务贸易迅速发展,在国际贸易中的地位越来越重要。该项目是记录服务的输出和输入,贷方记录服务的输出,借方记录服务的输入。该项目的内容十分繁杂,包括:

2.1 对他人拥有的实物投入的制造服务:包括由不拥有相关货物的企业承担的加工、装配、贴标签和包装等服务。

---

① 按《手册》第五版不含储备资产账户,但按《手册》第六版含储备资产账户。根据我国外汇管理局的数据和报告,2015年我国国际收支账户按《手册》第六版编制,但"我国2015年国际收支报告"中,资本和金融账户数据未包含储备资产,故本教材在第五节对我国国际收支的分析中,资本和金融账户的处理按《手册》第五版。

2.2 别处未涵盖的维护和维修服务:包括居民为非居民(反之亦然)所拥有的货物提供的维护和维修工作。维修可以在维修者的地点或其他地方实施。对于船舶、飞机和其他运输设备的维护和维修计入本项。运输设备的清洁计入运输服务。建设工程维护和维修不包括在内,而是计入建设。计算机的维护和维修计入计算机服务。

2.3 运输:运输是将人和物体从一个地点运送至另一个地点的过程,包括相关辅助和附属服务,以及邮政和邮递服务。

2.4 旅行:旅行贷方包括非居民在访问某经济体期间从该经济体处购买自用或馈赠的货物和服务;旅行借方包括居民在访问其他经济体期间从这些经济体购买自用或馈赠的货物和服务。

2.5 建设:建设包括以建筑物、工程性土地改良和其他此类工程建设(如道路、桥梁和水坝等)为形式的固定资产的建立、翻修、维修或扩建。

2.6 保险和养老金服务:包括提供人寿保险和年金、非人寿保险、再保险、货运险、养老金、标准化担保服务,以及保险、养老金计划和标准化担保计划的辅助服务。

2.7 金融服务:除保险和养老基金服务以外的金融中介和辅助服务。包括通常由银行和其他金融公司提供的服务,如存款吸纳和贷款、信用证、信用卡服务、与金融租赁相关的佣金和费用、保理、承销、支付清算等。还包括金融咨询服务、金融资产或金条托管、金融资产管理、监控服务、流动资金提供服务、非保险类的风险承担服务、合并与收购服务、信用评级服务、证券交易服务和信托服务。

2.8 别处未涵盖的知识产权使用费:包括:①知识产权使用费(如专利权、商标权、版权、包括商业秘密的工业流程和设计、特许权);②复制、传播(或两者兼有)原作或原型中的知识产权(如书本和手稿、计算机软件、电影作品和音频录音的版权)和相关权利(如现场直播和电视转播、线缆传播或卫星广播的权利)时,所涉及的许可费。

2.9 电信、计算机和信息服务:

①电信服务包括通过电话、电传、电报、无线广播和电视线缆传输、无线广播和电视卫星、电子邮件、传真等广播或传送音频、图像、数据或其他信息,其中包括商业网络服务、电话会议和辅助服务。不包括所传输信息本身的价值。移动电信服务、互联网骨干服务、在线访问服务(包括互联网接入服务)也包括在本项。电话网络设备安装服务(计入建设)和数据库服务(计入信息服务)不包括在内。②计算机服务包括硬件和软件相关服务和数据处理服务。③信息服务包括通讯社服务,如向媒体提供新闻、照片和特写。其他信息提供服务包括数据库服务,即数据库构思、数据存储以及通过在线和磁性、光学或印刷介质分发数据和数据库(包括目录和邮件列表);以及网页搜索门户(客户输入关键查询字段寻找互联网址的搜索引擎服务)。

2.10 其他商业服务:包括研究和开发服务、专业和管理咨询服务、技术服务、贸易相关服务和其他商业服务、废物处理和防止污染、农业和采矿服务、经营租赁、贸易相关服务、其他商业服务。

2.11 个人、文化和娱乐服务:包括①视听和相关服务;②其他个人、文化和娱乐服务,包括医疗卫生服务、教育服务和其他服务。

2.12 别处未涵盖的政府货物和服务:包括①由飞地,如使馆、军事基地和国际组织,或向飞地提供的货物和服务;②外交官、领馆工作人员和在海外的军事人员及其家属从东道国经济体购买的货物和服务;③由政府或向政府提供的未计入其他服务类别的服务。

这里需要着重说明的是,《手册》第五版和第六版在国际货物贸易方面的统计口径概念是一样的,即按照货物所有权是否发生变化,也就是在贸易前后货物所有权是否从一方转移到另一方。根据海关货物贸易统计,我国加工贸易包括进料加工和来料加工两种方式。《手册》第五版将没有发生所有权变化的加工贸易作为例外,统计在货物贸易项下。《手册》第六版将这一例外去除了,加工贸易计入服务贸易项下;而对于大部分进料加工贸易而言,其货物所有权发生了转移,与一般贸易没有本质区别,仍应记录在货物贸易项下。《手册》第五版将转口贸易归在服务贸易项下,而按照《手册》第六版,根据转口贸易中货物所有权发生了转移,将其计入货物贸易中。

（3）收益（收入）。生产要素（劳动力和资本）在国际间流动所引起的报酬的收支。国际间生产要素的流动包括劳工的输入输出和资本的流入流出,因此,此项目下设有两个细项。

① 职工报酬。支付给非居民工人的职工报酬。贷方记录本国居民在国外工作所得报酬,借方记录受雇在本国工作的个人非居民所得。

② 投资报酬。记录居民和非居民之间投资和借贷所产生的收入与支出。主要包括直接投资收入和证券投资收入。直接投资收入包括股本收入（红利、分支机构的利润、再投资收益）和债务收入（利息）;证券投资收入包括购买股票所得收益和购买债券所得利息。此外为其他投资收入,记录其他资本（贷款等）产生的利息、储备资产的利息。贷方记录本国居民购买、持有国外资产所获利润、股利、利息等收入;借方记录非居民购买、持有本国资产的利润、股利、利息等支出。

（4）经常转移。又称"无偿转移"或"单方面转移",是指单方面的无对等性的收支,即那些无须等价交换或不要求偿还的经济交易。转移交易的记录,是将其视作一项市场交易,按市场价格形成的交易金额将其记入相关项目。贷方记录外国对本国的无偿转移,借方记录本国对外国的无偿转移。

《手册》第六版沿用《手册》第五版,将转移区分为经常转移和资本转移。经常转移包括在经常账户中,资本转移包括在资本和金融账户的资本账户中。经常转移主要包括政府转移（战争赔款、政府间的经济援助、军事援助和捐赠;政府与国际组织之间的转移,如会费和贷款等）和私人转移（侨汇等）。经常转移的规模较小,经常性发生,将直接影响转移双方的可支配收入水平,即减少了捐助者的收入和消费,扩大了受援者的收入和消费。

2. 资本和金融账户

该账户反映资产所有权在居民与非居民之间的转移,引起居民对非居民的债权增加（债务减少）或债权减少（债务增加）的变化。贷方记录资产的净减少或负债的净增加;借方记录资产的净增加或负债的净减少。该账户包括资本账户和金融账户两大部分。

（1）资本账户。包括资本转移和非生产、非金融资产的收买与放弃。资本转移包括:①固定资产所有权的转移,通常是实物转移;②同固定资产买进、卖出相联系或以其为条件的资金转移;③债务注销,即债权人不索取任何回报而取消债务。不同于经常转移,资本转移导致交易一方或双方资产存量发生相应变化,交易规模大,转移频率低。非生产、非金融资产的收买与放弃是指不是由生产创造的有形资产(土地和地下资产)和无形资产(专利、版权、商标、经销权等)的收买与出售。需注意的是,当交易资产为无形资产时,由于无形资产的使用所引起的收支记录在经常账户的服务项下;而无形资产所有权买卖所引起的收支记录在资本账户的非生产、非金融性资产的收买与放弃项下。

(2) 金融账户记录涉及金融资产与负债以及发生于居民和非居民之间投资与借贷的变化。《手册》第六版将金融账户分为非储备性质的金融账户和储备资产两类。

2.1 非储备性质的金融账户。按投资功能和类型可分为直接投资(direct investment)、证券投资(portfolio investment)和其他投资(other investment)三类。

① 直接投资。直接投资的主要特征是投资者对非居民企业的经营管理活动拥有有效的发言权。它可以采取三种形式:一是开办新企业;二是收购东道国的企业股份达到一定比例,即股票投资;三是利润再投资。《手册》第五版规定,收购股份至少应在10%以上才是直接投资。

② 证券投资。是指本国居民对外国证券(债券、股票或类似文件如美国的存股证ADRS)和非居民对本国证券的购买和售卖。与直接投资不同,证券投资者主要关心的不是所投资企业的长期发展,而是资本的安全与增值,如资本价值上升的可能及资本的目前收益,因此证券投资的流动较为频繁。在实际国际经济交往中,直接投资与证券投资往往会相互转换。例如,拥有国外一家企业发行的公司股票的几个彼此独立的投资者,旨在取得股利,则记入证券投资;如果他们联合起来组成一个集团,以便在管理上控制该企业,这时他们持有的投资证券就变成了直接投资。

③ 其他投资。是指直接投资、证券投资未包括的金融交易,主要包括贷款、预付款、金融租赁项下货物、货币和存款、短期票据等。一般而言该项目的流动性更强。

证券投资和其他投资常被视为短期资本,直接投资则被视为长期资本。需注意的是:居民和非居民之间投资与借贷产生的利息收入记入经常账户的收入项下,而本金的借贷和偿还记录在金融账户下。

2.2 储备资产(reserve assets)。又称官方储备,是指货币当局掌握的可以随时动用,以平衡国际收支、干预汇率的金融资产。储备资产包括:货币性黄金、外汇储备、在IMF的储备头寸、IMF分配的特别提款权。在记录时,储备资产要反向记录:储备增加记入借方,用"-"表示;储备减少记入贷方,用"+"表示。

3. 误差与遗漏项(errors and omissions account)。按照复式簿记原理,国际收支经过经常账户、资本和金融账户的借贷额(包括储备资产项目)借方、贷方的分别记录,所有项目的借方总额和贷方总额应是相等的,总净额为零。但由于不同账户的统计资料来源不一,统计不完整、不准确,记录时间不同以及一些人为因素(如虚报出口)等原因,结账时会出现净的借方余额或净的贷方余额,这时需人为设立一个抵销账户,数目与上述余额相等而方向相反。

注意事项:

① 关于居民与非居民之间投资和借贷的记录:投资与借贷本身的变化记入金融账户;投资与借贷所产生的收入记入经常账户(收入)。

② 当以收购东道国企业股份的形式进行直接投资时,与证券投资的区别。

③ 经常转移与资本转移的区别。

④ 关于无形资产的记录：无形资产的使用所引起的收支记入经常账户（服务）；无形资产所有权的买卖所引起的收支记入资本账户（非生产、非金融资产的购买/出售）。

国际收支平衡表的内容及每笔交易如何贷记或借记详见表 3-1。

表 3-1 国际收支平衡表的借记和贷记

项 目				借 方	贷 方
经常账户		商品贸易		进口	出口
		服务贸易		输入	输出
		初次收入（收益）	雇员收入	外国居民受雇本国所获收入	本国居民受雇国外所获收入
			投资收益	外国居民购买本国证券所获收入	本国居民购买国外证券所获收入
		二次收入（经常转移）		移出	移入
资本和金融账户	资本账户	资本转移		移出	移入
		非生产、非金融资产的收买与放弃		收买	放弃
	非储备性质的金融账户	直接投资	外国直接投资	减少	增加
			本国对外直接投资	增加	减少
		证券投资	资产	居民购买外国证券	居民出售外国证券
			负债	非居民出售本国证券	非居民购买本国证券
		其他投资	资产	增加	减少
			负债	减少	增加
		储备资产（官方储备）		增加	减少
误差与遗漏项				与上述各项余额数值相等，符号相反	

（三）记账方法

1. 计价

以交易的市场价格为准。在某些情况下，市场价格可能不存在，如：①易货贸易：习惯做法是利用同等条件下的已知市场价格推算；②转移：假定这类资源是以市场价格卖出的；③贷款：以其面值作为市场价格。

2. 记账单位

每个国家必须将国际收支平衡表汇编的交易项目折算成单一记账单位以便汇总；此外，还需要一个标准或通用的记账单位以便汇总地区或全球数据以及开展国际间比较。在实践中，各国按国内使用的记账单位编制统计报表，国际货币基金组织可根据自己的需要，把各国的报表折算成一种在现阶段被视为最稳定的通用记账单位。记账单位的选择标准是币值稳定和国际通用。将交易货币折算成国际收支平衡表记账单位最为合适的汇率是交易日的市场汇率；如果市场汇率不存在，应使用最短时期内的平均汇率。在多重汇率体系下，应采用单一汇率，即对外交易的所有官方汇率的加权平均值，或采用某种适用于大多数对外交易的实际汇率。

3. 记录时间

复式记账法要求每一笔具体交易的两笔账目按同一时间记录,即使钱货交付时间或是双方入账时间不同。交易时间的确定要遵守权责发生制原则,即所有权变更原则:一旦出现所有权变更,就会产生债权和债务,要求交易双方都进行登记。当交易时间不明确时,则根据惯例将交易双方入账的时间定为所有权变更时间。

世界经常账户余额为何不为零

由于统计上的困难,出现了这样一个有趣的现象:从会计核算角度,一国经常账户盈余就等于世界其他国家的经常账户赤字。因此,从理论上讲,世界经常账户余额之和应为零。但IMF的统计数据表明,全世界作为一个整体,存在巨大的经常账户赤字,如表3-2所示。

表3-2 世界经常账户余额　　　　　　　　　　单位:亿美元

1988年	1989年	1990年	1991年	1992年	1993年	1994年
−66.8	−89.9	−112.4	−116.0	−107.6	−83.8	−78.5

应该说统计上的错误和遗漏是难免的,但为何会出现如此一致的赤字?原因很简单,这是由于各国在统计时往往倾向于低报出口额,高报进口额,以便在贸易谈判中取得优势,结果导致从全世界范围看,经常账户余额为赤字。

第三节　国际收支平衡表的分析

国际收支平衡表提供了开放条件下一国对外经济交往的系统记录。研究一国的对外经济交往和国内经济之间的联系,必须对国际收支账户进行具体分析,从而为一国制定对内和对外政策提供依据。本节根据国民收入恒等式和国际收支平衡表各账户之间的内在联系,分析一国对外经济交往以及国内经济之间的相互联系和影响。

一、分析方法

(一)静态分析

静态分析是指分析某国在某一时期的国际收支平衡表,计算和分析表中各个项目及其差额;分析各项目差额形成的原因及对国际收支平衡的影响;在分析各个项目差额形成的原因时,还应结合一国政治经济变化的其他资料,进行综合分析,以找出某些规律性的东西。

(二) 动态分析

动态分析是指分析一国若干连续时期内的国际收支平衡表。由于一国在某一时期的国际收支往往与以前的发展过程相联系,因此在分析一国的国际收支时,仅进行静态分析是不够的,还要结合动态分析,把握国际收支的变动趋势,从而实现国际收支的长期动态平衡目标,而不仅仅局限于当年的国际收支是否平衡的短期目标。例如,处于"经济起飞"阶段的国家,在计划期内(如国民经济五年计划)吸引外资和举借外债,可以允许当年国际收支存在一定的失衡。只要在整个计划期末能实现大体上的平衡,就可以认为该阶段的国际收支失衡是适度的。因为虽然出现了个别年份的不平衡,但却使得国民经济在一个较长阶段内以更快的速度发展,此时计较当年是否平衡,并无多大的实际意义。

(三) 比较分析

比较分析包括纵向比较和横向比较。纵向比较是指分析一国若干连续时期的国际收支平衡表,即上述动态分析。横向比较是指对不同国家在相同时期的国际收支平衡表进行比较分析,从而找出本国与其他国家的差距或是国际经济领域的互补性,为缩小差距或是寻求国际合作提供依据。

二、分析内容

从分析内容来看,国际收支分析包括总额分析和差额分析。在分析过程中,主要运用的是静态分析,同时应结合动态分析和比较分析。

(一) 总额分析

总额分析包括规模分析和构成分析。规模分析是指分析国际收支的总体规模与各个项目的规模及其变化,主要包括贸易总额、经常账户总额、资本和金融账户总额以及国际收支总额。某账户(项目)的规模(总额)是指将该账户(项目)的借方总额和贷方总额加总。例如,贸易规模(总额)是进口额和出口额之和,根据其数额大小可以大致判断一国的贸易规模。构成分析是指分析国际收支各子项目占总项目的比重。例如,贸易占经常账户总额的比重,乃至占国际收支总额的比重;以及经常账户占国际收支总额的比重等。以贸易账户为例,通过结合动态分析和比较分析,可以看出一国参与国际贸易的深度及变化趋势。

(二) 差额分析

在国际收支分析中,更重要的是差额分析。我们已经知道,国际收支账户是一种事后的会计性记录,复式记账法使它的借贷双方在整体上是平衡的,即借方总额和贷方总额最终必然相等。但就每一个具体项目而言,借方和贷方经常是不相等的,双方抵消后,会产生一定的差额,称为局部差额,其中较为重要的局部差额有贸易账户差额、经常账户差额、资本和金融账户差额。若特定账户的差额为正,则称该账户为顺差(盈余);若差额为负,则称该账户为逆差(赤字)。例如,贸易顺差、资本与金融账户逆差等。通常所说国际收支顺差或逆差,是针对总差额而言的。

下面介绍各账户差额的含义及它们之间的关系。

1. 贸易账户差额

贸易账户差额是指包括货物和服务在内的进出口之间的差额。这一差额在传统上经常作为整个国际收支的代表,这是因为对一些国家来说,贸易收支在全部国际收支中所占的比重相当大。例如,中国的这一比例在 20 世纪 80 年代约为 70%;同时,贸易收支的数字,尤其是商品贸易收支的数字易于通过海关的途径及时收集,能够较快地反映一国对外经济交往状况;此外,贸易账户余额表现了一国或地区自我创汇的能力,反映了一国的产业结构和产品在国际上的竞争力及在国际分工中的地位,是一国对外经济交往的基础,影响和制约着其他账户的变化。

2. 经常账户差额

经常账户包括货物、服务、收入、经常转移,上述各项差额之和就构成了经常账户差额,反映了实际资源在一国与他国之间的转让净额。经常账户与宏观经济变量之间存在重要的联系,对宏观经济运行发挥着深刻影响。下面从不同角度分析经常账户的宏观经济含义。

在第一节中,我们推导了贸易账户与储蓄、投资之间的关系,即 $TB=S-I$。如果不考虑净要素收入和经常转移,可用经常账户 CA 反映进出口情况,即 $CA=X-M$。这样,上述关系表现为经常账户差额与储蓄、投资之间的关系: $CA=S-I$。一方面,该式表明了各国之间的融资关系,当一国出现经常账户赤字或盈余时,意味着资本从 CA 盈余国流到 CA 赤字国,为后者国内资本存量的增加提供融资;另一方面,该式表明了一国国内储蓄和投资变化对经常账户的影响。从公式本身来看,相对国内储蓄而言国内投资增长对经常账户的影响,与相对国内投资而言国内储蓄下降对经济账户的影响是相同的。但从实际来看,长期中,储蓄和投资的变化对国家对外状况的影响并不一样。如果国内投资的增长为大幅度提高一国的生产力水平作出了贡献,使国家在国际市场的竞争力提高,则经常账户最终会得到改善,但纯粹的储蓄减少不会产生这样的效果。

换一个角度,国内部门与对外部门的关系可以用国民收入与国内支出的差额来表示。开放经济下的国民收入 $Y=C+I+G+(X-M)$,定义 $A=C+I+G$ 为国内吸收,即国内支出,则 $CA=Y-A$。该式表示 CA 是国民收入与国内吸收的差额。当 $A>Y$(国内吸收>国民收入)时,$CA<0$,表明必须通过进口外国产品与服务满足国内支出。也就是说,CA 逆差表明:国民收入<国内支出,该国贸易账户存在净进口;而 CA 顺差表明:国民收入>国内支出,该国贸易账户存在净出口。上式的意义还在于,经常账户的改善必须通过降低相对于收入而言的支出,或增加国民收入而不相应增加国内吸收才能达到。仅仅提高国民收入总值却不考虑这种提高对国内总支出(A)的影响是不恰当的,因为如果收入的增加完全被用于增加国内支出(国内和国外生产的),则收入的提高并不能对外部余额的改善起到作用。因此,在分析国民收入增加对经常账户的影响时,必须同时考虑居民支出的收入弹性。

总之,在经常账户差额中,商品贸易差额起着决定性的作用。因为它比收入账户和经常转移的数额要大得多,加之贸易差额的数据易于迅速收集,所以在实际分析中,经常用商品贸易差额来近似替代经常账户差额。20世纪80年代之前,各国甚至将贸易收支等同于国际收支,只是随着国际间资本流动的日益加速,这一看法才逐步被抛弃。在更进一步的分析中,将经常账户视为仅与进出口贸易有关的看法,同样是不恰当的,不能充分揭示经常账户的经济意义。

目前,对经常账户余额的考察较为精确的做法是,暂不考虑经常转移问题。这一方面是由于经常转移的规模较小;另一方面是由于经常转移的规模并非由一国自主决定。这样,经常账户余额与贸易账户余额之间的差别就体现在收入账户余额(IN)的大小上,即 CA=TB+IN。由于收入账户主要反映的是资本通过直接投资或间接投资取得的利息收入,因此收入账户与一国的净外国资产或债务密切相关。为达到一定的经常账户余额(假定这一余额为零),净国外资产数额越大,从外国得到的收入也就越多,贸易账户就可以相应地出现更多的赤字。相反,净外国负债越大,向国外付出的收入越多,贸易账户就必须实现更多的盈余才能维持经常账户平衡。

通过对开放经济的第四部门(贸易部门)的分析可见:经济的开放性使原有宏观经济变量之间的关系发生了深刻变化。经常账户作为反映经济开放性的重要经济变量,与其他变量之间存在密切关系,可以通过自身的调整使宏观经济获得许多封闭情况下不具备的有利条件,从而使经济运行得更好,体现出经济开放的合理性。

3. 资本和金融账户差额[①]

当忽略资本账户时,资本和金融账户差额是直接投资、证券投资和其他投资(包括贸易信贷、贷款和存款等)的差额。它记录了世界其他地方对本国的投资净额或贷款/借款净额。不考虑"误差与遗漏"项时,国际收支平衡表中所有国际交易的总和应等于零。记:资本和金融账户差额为 KA,官方储备为 RA,则 CA+KA+RA=0。当忽略资本账户时,上式可写为 CA+FA+RA=0,FA 为金融账户,或 −CA=FA+RA。

上述关系式表明,经常账户盈余表现为对非居民贷款净额增加(FA 为负)或储备资产增加(RA 为负);经常账户赤字表明从世界其他地方得到的资源净值必须靠对非居民负债增加(FA 为正)或储备资产减少(RA 为正)得以偿还。这意味着一国利用金融资产的净流入和储备资产的减少为经常账户赤字融资。由于在现实经济中,更有意义的是解决经常账户赤字问题,因此从某种意义上说,经常账户与资本和金融账户的关系表现为利用金融资产的净流入或动用储备资产为经常账户赤字进行融资。应指出的是,利用资本和金融账户为经常账户赤字融资的前提是,资本在国际间的流动完全自由。由于经常账户赤字在国内经济中的反映是国内投资大于国内总储蓄,这时国内金融市场上资金需求大于资金供给,利率上升。国内利率上升导致自发性金融资产净流入,从而为经常账户赤字提供了融资。

但问题是,利用外国资本流入为经常账户融资时,存在诸多制约因素:①借入资本的利息支出问题。金融资产净流入导致本国国外资产净额下降从而净投资收入流量减少,净投资收入的减少将加剧经常账户赤字。尤其是当一国 CA 赤字数额很高时,由此导致的债务积累会使利息支出越来越大,这又加剧了经常账户的恶化,导致恶性循环。②借入

---

① 这里对资本和金融账户的定义参照《手册》第五版。

资本的使用问题。利用外国资本进行融资使得一国面临能否承受国外资产净额的下降并按时还本付息的问题。这取决于借入资金的使用是否恰当。如果资金流入用于投资国内的生产性项目,并且这些投资项目有助于大幅提高本国生产能力,还本付息就不成问题。但如果借入资金使用不当,未形成国内的生产性投资,还本付息就会发生困难,有可能导致债务危机。③流入资本的稳定性。一国经济环境的变化、国际资本市场上的供求变动,乃至于突发事件等因素都可能导致大规模的外资撤出,尤其是以投机为目的的短期资本的不稳定性更强。大规模的资本外流将对一国经济造成严重冲击。一国经常账户赤字如果主要依靠这类资本融资,将很难长期维持下去。一般来说,以直接投资形式的资本流入较稳定,而以证券投资形式进入的资本则不稳定。

需要指出的是,资本和金融账户并非被动地由经常账户决定的,仅仅是为经常账户提供融资服务,这一账户中的资本流动存在独立的运动规律。传统上国际间资本流动曾长期依附于贸易活动,本身流量有限,对各国经济的影响并不突出,但进入20世纪后,尤其是20世纪80年代以来,国际资本流动取得了突破性进展,其流量远远超过了国际贸易流量,从根本上摆脱了对贸易的依附,从而具有了自身相对独立的运动规律。

当不存在自发性金融资产的净流入或净流入不足时,利用储备资产为经常账户赤字融资不失为一种办法。但由于一国储备资产存量是有限的,所以,使用储备资产为经常账户赤字进行融资也具有局限性。因而,这种方法常常用于为外汇收支的季节性变化提供融资,或用于为由国内暂时性的供给冲击所造成的超过收入水平的支出融资(如农业歉收)等。在这些情况下,外汇储备可起到很好的缓冲作用,但外汇储备不适合用于长期融资。因而,要解决为经常账户赤字融资问题,需要采取吸引外资的政策行为或调整国际收支的措施。

可见,开放性在使经济可以获得更多有利条件的同时,也使处于开放状态的经济的稳定性受到了来自外部的冲击。如何利用开放性的有利条件,同时保持经济的稳定和发展,是国际金融领域研究的重要课题。

4. 总差额

总差额等于经常账户差额与资本和金融账户差额(不含储备资产差额)加上净误差与遗漏项,三者之和与储备资产差额互为相反数,即

$$总差额 = 经常账户差额 + 资本和金融账户差额 + 净误差与遗漏项$$
$$= - 储备资产差额$$

总差额反映了一定时期一国国际收支状况对其储备的影响,或者说它衡量了一国通过动用或获取储备来弥补的国际收支不平衡。总差额为正,表明国际收支顺差,储备资产增加;总差额为负,表明国际收支逆差,储备资产减少。由于负的总差额会导致储备资产的耗尽,所以通常认为负的总差额是不可取的。但正的总差额过大将使储备资产巨额增加,对一国经济也不尽有利。因为:①储备资产增加需中央银行增加投放基础货币,货币供给量增加将带来通货膨胀压力;②储备资产的收益率低于长期投资的收益率,储备资产过多相当于资金占用;③储备外汇会蒙受外币贬值损失。

5. 误差与遗漏项

在国际收支平衡表的编制中,"误差与遗漏"是最后的平衡项目。在一定时期内,如果一国全部国际经济交易的统计是贷方发生额大于借方发生额,则其差额用"误差与遗漏"项目来平衡时在借方反映;相反,则出现"误差与遗漏"项的贷方余额。误差与遗漏一般是

由于统计技术原因造成的,有时也有人为因素,它的数额过大会影响国际收支分析的准确性。通过对其分析,可以初步了解该国国际收支的统计质量。

当一国国际收支账户持续出现同方向、较大规模的误差与遗漏时,常是人为因素造成的,有必要对误差和遗漏账户本身进行分析,通过对其分析,往往可发现实际经济中存在的一些问题。例如,出口退税是国家鼓励出口的一种财政措施,如果企业为骗取退税收入而虚报出口,就会形成出口数额过高而资本流入数额过低,由此造成国际收支借方余额小于贷方余额,从而相应地形成误差与遗漏账户的借方余额。再如,一国实行资本管制时,为躲避管制而形成的资本外逃会假借各种合法交易名义流出国外,这将反映为负的误差和遗漏额。由此可见,对于市场经济不发达、人为因素对市场机制的干扰较多的国家来说,"误差与遗漏"项具有很高的分析价值。

专栏

美国"双赤字"的进一步解释

将储蓄细分为私人储蓄和政府储蓄,有:$CA=(Sp-I)+(T-G)$。该式可用来解释20世纪80年代美国的双赤字——贸易赤字与财政赤字。①1978—1979年度到1984—1985年度,美国的私人储蓄从占可支配收入的8%~9%下降到4%,国内投资一直为GDP的17%。②20世纪80年代初,里根政府采用了供给学派的政策建议,试图通过减税刺激生产扩张来增加政府收入;同时,国防开支等财政支出增加,导致政府预算赤字增加。这样,根据上述公式伴随私人储蓄减少和预算赤字增加,美国出现贸易赤字不可避免,被称为"双赤字"。③此外,美联储1979—1982年一直采取高度紧缩的货币政策,以降低史无前例的高通货膨胀率(由于布雷顿森林体系期间的货币扩张导致),同时配合扩张性财政政策用以对付衰退。这种政策组合进一步加强了美国国内的高利率压力,导致外资流入增加,美元汇率上升(美元实际汇率上升了大约40%),使得出口下降,进口增加,进一步加剧了贸易赤字。

第四节 国际收支调节

一、国际收支不平衡的标准

由于国际收支平衡表是按复式记账法编制的,因此从账面上看,国际收支肯定是平衡的。但事实上,一国的国际收支总是不平衡的,反映在账面上就是某个账户的交易会形成差额,或是几个项目的交易加总在一起形成局部差额。那么,判断一国国际收支是否平衡的标准是什么呢?

在国际收支平衡表所列的全部项目中,除了误差与遗漏项之外,其余项目都代表实际的交易。在考察国际收支是否平衡时,必须考察误差与遗漏项目之外其余项目所代表的交易活动的总结果。所有这些交易活动,按其交易主体和交易目的不同,可分为两类。

(一) 自主性交易(autonomous transaction),或事前交易

经济实体或个人(如金融机构、进出口商、国际投资者等)出于某种经济目的(如追求利润、减少风险、资产保值、逃税避税、逃避管制或投机等)自主进行的交易活动。自主性交易具有自发性和分散性,因而交易的结果必然是不平衡的,若出现平衡则一定是偶然现象。

(二) 调节性交易(regulative transaction),或事后交易

为了弥补自主性交易出现的差额,由政府或货币当局进行的交易活动,又称弥补性交易。调节性交易具有集中性和被动性的特点,只是在自主性交易项目出现不平衡后,由货币当局或政府被动进行的一种事后弥补性对等交易,是为了弥补自主性交易的缺口而人为做出的努力,交易数量取决于自主性交易的结果。

从国际收支平衡表来看,哪些项目属于自主性交易,哪些项目属于调节性交易呢?一般认为,经常账户和长期资本项目以及部分短期性资本项目所代表的交易属于自主性交易,而官方储备及部分短期资本项目所代表的交易则属于调节性交易。但这并非绝对,如我国政府为平衡巨额国际收支顺差而从美国进口飞机以及大量磷肥、大豆等产品,这属于经常账户,但又是调节性交易。

由此可见,在所涉及的外汇收支的经济活动或交易行为中,只有自主性交易活动才会主动地出现缺口或差额,从而影响一国国际收支的最终平衡。如果自主性交易项目本身就是平衡的,那么货币当局或政府就没有必要进行调节性交易,也没有必要设置误差与遗漏项。因此,衡量一国国际收支平衡与否的标准是看其自主性交易是否达到平衡。

利用国际收支平衡表来分析,可以通过在国际收支平衡表上画一条水平线,水平线上为所有自主性交易项目,线下为所有调节性交易项目,线上项目差额为零表示国际收支平衡,否则就不平衡。问题是,这条水平线应画在何处呢?而且,在实际统计中往往很难在画线处将各项目截然分开。

由于这种画线分析法在实际应用中的局限性,以及自主性交易项目与调节性交易项目的不易区分性(也就是说水平线位置不易确定),因此这种分析法在理论上有用,而在实际中应用不多。实际中判断一国国际收支是否平衡的标准是看总差额是否为零。

二、国际收支不平衡的原因和类型

(一) 经济周期——周期性不平衡

一国经济发展一般呈现周期性波动,由于国际间各国经济周期所处阶段的不同,会造成国际收支的不平衡。如本国处于繁荣阶段,而贸易伙伴国处于衰退阶段,由于繁荣阶段时,国内需求旺盛,进口增加,通胀率上升,出口下降,因此本国对外国产品的需求就较外

国对本国产品的需求旺盛,可能造成本国贸易逆差。战后,西方主要国家经济周期呈现同步性,因而这一类型的失衡在西方主要国家有所减轻,其经济周期的波动影响的主要是发展中国家的国际收支。当发达国家处于衰退阶段时,对发展中国家的出口需求减弱,会造成发展中国家出口下降,从而导致发展中国家出现周期性国际收支失衡。

(二)经济结构——结构性不平衡

一国经济结构不能适应世界市场的需求变化,会造成国际收支不平衡(贸易收支)。经济结构失衡可分为产品供求结构失衡和生产要素价格结构失衡两类。产品供求结构失衡是指当世界市场需求发生变化时,若该国的生产结构不能随之调整,将引起产品供求结构失衡,进而导致该国国际收支失衡,主要表现为:①产业结构老化,是指生产条件、技术水平不能随世界市场需求的变化而调整,产品失去国际竞争力。②产业结构单一,是指出口产品单一,易受国际市场价格波动的影响,某些产品因无法生产,完全依赖进口。③产业结构落后,是指以低技术水平的初级产业为主,产品附加值不高,出口产品以低价取胜,难以提高出口收入。生产要素价格结构失衡是指由于劳动者工资增长率与生产增长率不同步,主要表现为工资增长率快于生产率的提高速度,导致该国生产成本提高,其在国际市场上的竞争能力逐渐丧失,原有的比较优势将不复存在,可能导致该国国际收支逆差。

(三)国民收入——收入性不平衡

由于国民收入变化引起的国际收支不平衡。国民收入的变化,一种是经济周期变化导致,属于周期性不平衡;另一种是经济增长率的变化所致。如果一国经济处于高速增长期,则随着该国国民收入增加,国内个人消费需求和企业投资需求将增加,进口的增长将超过出口增长,外汇支出增加,国际收支容易发生逆差。

(四)货币价值——货币性不平衡

在汇率一定的条件下,因货币对内价值的变化引起的国际收支不平衡。如果一国货币发行量过多,则该国物价水平普遍上涨,商品成本提高,出口商品的竞争力下降,出口减少,而进口商品的价格相对降低,刺激进口增加,这两方面原因将导致贸易收支和经常项目收支逆差。此外,由于货币发行过多,市场利率下降,资本流出增加、流入减少,从而资本与金融项目出现赤字。因此,货币性不平衡不仅与经常项目有关,也与资本项目有关。

(五)偶发性因素——偶发性不平衡

由于国内外突发性事件(如自然灾害、政局动荡、战争等)导致的国际收支不平衡。如由于气候的异常变化,一国的谷物产量下降,则出口供给减少,进口需求增加,贸易收支出现逆差。

在上述因素中,由于结构变动和经济增长率的改变而导致的国际收支不平衡具有长期、持久的性质,称为持久性不平衡;其他因素引起的国际收支不平衡仅具有短期性,称为暂时性不平衡。

三、国际收支不平衡的影响

宏观经济调节有四大目标,即充分就业、物价稳定、经济增长和国际收支平衡。前三个属于内部经济目标,最后一个属于外部经济目标。在当今的开放经济条件下,国内外经济相互影响,一国国际收支不平衡,会严重影响国内经济,即外部失衡将引起内部失衡,也就是说,国际收支不平衡的长期持续存在,会通过各种传递机制给国内经济造成不利影响,妨碍其内部均衡目标的实现。当然,一般来说国际收支不平衡是一种常态,只有那些长期的、持续的、巨额的不平衡才会产生严重影响。

(一)国际收支逆差

国际收支逆差表示持有国外资产的减少。国际收支逆差会造成本币贬值压力。货币当局必须对外汇市场进行干预:抛售外汇、买进本币,这将耗费大量外汇储备,引起货币供应缩减,利率上升,消费、投资下降,国民收入增长速度放慢且失业率上升。源自贸易的长期逆差,意味着本国产品的国际竞争力不强,而且国内存在对外国产品的净需求,国内生产受到影响,本国国民收入下降,失业增加。源自资本和金融项目的长期逆差,意味着国内资金的净流出,这会减少国内资金供给,缩减投资规模。但如果资金净流出是由于国内资金充足或资金没有合适的投资项目或用途,这种资金净流出未必就不利。因为以贷款形式流到海外的资金,可以获取利息、利润、股息、分红;以海外直接投资形式流到国外的资金,不仅可以打开国际市场,而且可以学到很多管理经验。由资本净流出而引起的国际收支逆差,如果既没有伴随经常项目的持久性顺差,又没有伴随国内经济的稳定成长,则意味着本国有大量资金,却没有合适的投资机会,从而需在宏观上进行经济政策的调整和改革,以创造投资机会,推动经济成长。

(二)国际收支顺差

国际收支顺差表示持有国外资产的增加。对于一个处于成长中的经济来说,持续性的长期顺差(是指3年以上5年以内,或10年以内的大部分年份),表示一国国际竞争能力的增强,或对外经济联系开放度的扩大,以及该国国际经济地位的提高。政府可以将顺差用于储备,应付国际经济动荡,或将储备用于进口国外先进技术、设备、产品等为本国经济成长提供支持。一般而言,长期顺差将促进经济增长。

但是,对于国际收支顺差的影响不可一概而论,需要对导致顺差的原因进行具体分析。如果持续性长期顺差是由贸易增加且是在本币汇率未贬值的情况下发生的,就确实表示该国国际竞争能力提高和国际市场范围扩大;但若是由于本币贬值所带来的贸易增加则不一定意味着国际竞争力提高。如果顺差是来源于资本流入,有两种情况:一种是借债(包括政府和商业贷款、借款等)所致顺差,这将使政府背上沉重的债务负担;另一种是引入外国直接投资导致的顺差,如果引入外国直接投资使本国技术、产品、设备得到更新换代,并带来持久的贸易顺差及国际竞争能力提高,不仅不会导致还本付息问题,而且将有利于国家经济发展。但持续性的国际收支顺差也会导致很多问题。首先,也是最重要的,是由于顺差引起本币升值,导致国内出口减少,并因此影响经济增长和就业。其次,会导致国际储备增加,同时国内货币供应增长,这将加重通货膨胀,而且由于储备资产收益率低于长期投资收益率,意味着外汇资金没有得到有效利用。此外,储备货币汇率变化会使储备资产蒙受损失。最后,一国顺差意味着他国逆差,这将加剧国际摩擦。

四、国际收支的调节机制

国际收支的核心问题是收支平衡。如果一个国家在一定时期内的国际收入和国际支出相等,就说明该国的国际收支是平衡的;如果收入和支出不相等,则说明该国的国际收支不平衡。

宏观经济的稳定运行要求内部和外部经济同时达到均衡。对于大多数发达国家而言,维持内外均衡的主要方式是依靠市场机制的自发调节作用,即依靠收入、价格、利率、汇率、货币供应量等因素的自发性变化对国际收支进行自动调节,政府基本上不对市场实行直接行政管制。而对于大多数发展中国家而言,市场经济体系还很不发达,而且由于它们在国际经济关系中处于弱势地位,也不可能实行完全的自由市场经济,贸易管制与外汇管制有长期存在的必要。因此发展中国家需依赖各种行政手段,尽可能维持内外均衡目标。

(一)国际收支的自发调节机制

国际收支失衡后,有时并不需要政府当局立即采取措施加以消除,经济体系中存在某些机制,往往能够使国际收支失衡在某种程度上得到缓和,乃至自动恢复平衡。国际收支的自动调节机制在不同的货币制度下具有不同的特点。

1. 金本位制下

1752年英国经济学家大卫·休谟提出"价格—铸币机制",又称为"物价—现金流动机制"。这个理论揭示,在国际金本位制度下,各国的国际收支失衡可以通过自动调节恢复均衡。在国际金本位制度下,由于黄金直接充当货币(铸币)参与流通,存在自由铸币、自由兑换和自由输出入三大自由,因而国际收支(贸易收支)差额直接影响该国的货币供应量,进而通过物价的变化影响进出口,达到自动调节国际收支的目的。图3-1描述了这一自动调节机制。

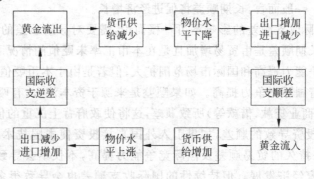

图 3-1　国际金本制下的国际收支自动调节机制

2. 纸币流通制度下

国际收支自发调节机制大致可分为如下类型。

(1) 汇率机制。当一国出现国际收支不平衡时，必然会对外汇市场产生压力，引发外汇汇率的波动。如果该国政府允许汇率自发波动，而不加以干预，则国际收支的不平衡就可能通过外汇汇率的波动而消除。当一国国际收支出现顺差时，本国外汇市场上的外汇供给大于外汇需求，对本币需求增加将使本币汇率上升，本国出口商品以外币表示的国际市场价格上涨，出口商品的国际竞争力减弱，从而出口减少、进口增加、贸易顺差减少，国际收支趋于平衡。当一国出现国际收支逆差时，会通过外汇市场供求关系的变化引起本币汇率下降，本币贬值将刺激出口增加、进口减少，国际收支逆差得以改善。在固定汇率制度下，国际收支汇率调节机制仍然存在，但由于汇率波动幅度极小，该调节机制的功能受到严格限制。

(2) 收入机制。如果在某一均衡收入水平上发生了国际收支不平衡，国民收入水平就会发生变动，而收入的变动至少会部分地减少国际收支的不平衡程度。一国存在国际收支逆差时，会通过乘数效应[①]使国民收入减少，通过边际进口倾向使进口减少[②]，继而使得国际收支逆差减少。当国际收支处于顺差时，国民收入水平上升，就会引起社会总需求的上升，进口也相应增加，部分抵消了出口的变动。而且，国民收入的上升会使对外劳务和金融资产的需求上升，由此改变经常账户与资本和金融账户收支，从而减少该国国际收支顺差的程度。这一调节机制不论在固定汇率制度还是浮动汇率制度下都将存在。

(3) 价格机制。当一国国际收支出现顺差时，导致国内货币市场货币供给增多，容易引起国内信用膨胀、利率下降、投资与消费相应上升。国内需求量增加，对货币形成一种膨胀压力，使本国物价与出口商品价格随之上升，从而减弱本国出口商品的国际竞争力，出口减少、进口增加，国际收支顺差逐步减少直至平衡。当一国发生国际收支逆差时，意味着基础货币的减少和外流。在其他条件不变的情况下，价格下降，本国出口商品价格也下降，出口增加、进口减少，贸易差额得到改善，从而减少国际收支赤字。

(4) 利率机制。当一国国际收支发生逆差时，货币外流增加，货币存量减少，银根紧缩，利率上升。利率上升表明本国金融资产收益率的上升，从而对本国金融资产的需求相对上升，对外国金融资产的需求相对下降。这些均导致本国资金外流的减少，同时外国资本流入本国以谋求较高的利润。此时，国际收支逆差由于资本和金融账户的好转而走向平衡。当一国国际收支发生顺差时，该国货币市场货币存量增加，银根松动，利率水平逐渐下降。利率水平的下降导致资本外流增加，从而减少顺差。

纸币流通制度下，汇率制度有两种：一是固定汇率制度；二是浮动汇率制度。不同的汇率制度下，国际收支自动调节机制有所不同。

---

① 乘数效应是指由于自发性支出的变化导致国民收入的加倍变化。乘数效应的产生是由于国民收入变化会引起引致性消费的变化。这里，净出口减少直接导致国民收入减少($Y=C+I+G+(X-M)$)，又引起引致性消费的减少($C=C_0+\beta Y$，C_0 为自主性消费，βY 为引致性消费)，使得国民收入随之减少，这个过程将持续无穷多次，形成乘数效应。

② 由于 $M=M_0+mY$，国民收入减少 ΔY，将使进口减少 $m\Delta Y$。

在固定汇率制度下,国际收支失衡的调节机制主要是通过货币供给量的变动,启动国际收支调节的利率机制、收入机制及相对价格机制而起作用。可以用图 3-2 来描述这一机制。

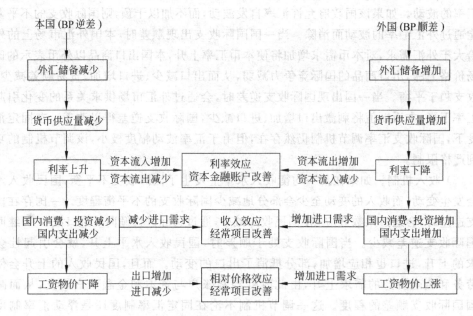

图 3-2　固定汇率制度下国际收支自动调整机制(以本国赤字为例)

值得注意的是,在固定汇率制度下国际收支恢复均衡是通过国内宏观经济变量的变化而实现的,意味着对外均衡目标的实现是以牺牲国内经济均衡(充分就业、物价稳定)为代价的。

在浮动汇率制度下,一国货币当局不对外汇市场进行干预,即不通过储备增减来影响外汇供给或需求,而任凭市场的外汇供求来决定汇率的上升和下降。国际收支的调节以汇率变化为基础进行。国际收支逆差,外汇需求大于外汇供给,外汇价格即汇率上升,本币贬值,出口商品价格下降。若该国贸易弹性符合马歇尔—勒纳条件(出口商品的需求弹性与进口商品的需求弹性之和大于1),则出口量上升、进口量减少,国际收支逆差得以消除。

在浮动汇率制度下,通过汇率变动使国际收支自动顺利调整,对国内经济影响较小,在一定程度上起着隔绝国外经济通过固定汇率机制干扰本国经济的作用。

(二) 国际收支的政策性调节措施

国际收支失衡虽然能够自动恢复,但是固定汇率制度下自发调节的过程往往需要牺牲国内宏观经济目标;而浮动汇率制度下自动恢复均衡所需要的过程相当漫长。而且不论何种汇率制度下的自动调节机制都需要相应的特定经济环境。因此,当一国国际收支出现不平衡时,各国货币当局会主动采取适当政策和措施加以调节。

我们以国际收支逆差为例说明一国政府的政策选择。当一国国际收支出现逆差时,该国政府通常面临三个层次的政策选择,如图 3-3 所示。

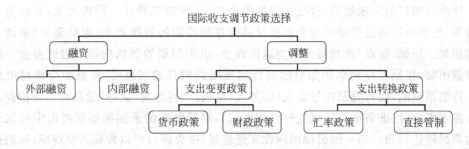

图 3-3 国际收支调节政策选择的三个层次

一国政府必须决定是通过融资还是调整来减少并消除逆差，或是寻求融资与调整的某种组合。这是第一层次的政策选择。

融资措施是指以筹措资金的方式来填补国际收支不平衡的缺口，包括两种方式。一个是外部融资（external finance），即通过从外国政府、国际金融机构或国际金融市场融通资金，弥补国际收支逆差。外部融资会使本国背上还本付息的负担。另一个是内部融资（internal finance），也称为外汇缓冲政策，即当一国持有充足的官方储备时，可直接动用官方储备，或动员和集中国内居民持有的外汇来满足对外支付的需要。利用外汇缓冲政策进行融资产生的影响仅限于外汇储备的增减，不会导致汇率的急剧变动，也不会进一步影响本国经济。但由于一国外汇储备是有限的，外汇缓冲政策不适于对付长期、巨额的国际收支赤字，因此，适时调整政策是不可避免的。但在调整期间，可将外汇缓冲政策作为辅助手段，缓和调整速度和强度，为调整政策创造宽松的政策环境，避免由于调整过度对国内经济造成过大的冲击。融资措施属于第一层次的政策选择。

调整政策（adjustment）是指货币当局和政府通过各种调整措施来消除外汇市场的供求缺口。采取调整手段时，政府必须决定是用支出变更政策还是支出转换政策。这是第二层次的政策选择。

支出变更政策（expenditure-changing policy），是指改变社会总需求或国民经济中支出总水平的政策，从而改变对外国商品、劳务和金融资产的需求，达到调节国际收支的目的。支出变更政策主要有财政政策和货币政策。支出转换政策（expenditure-switching policy），是指不改变社会总需求和总支出而改变需求和支出方向的政策，将国内支出从外国商品和劳务转移到国内商品和劳务上来。支出转换政策主要有汇率政策和直接管制政策。对财政政策和货币政策的选择，以及汇率政策和直接管制政策的选择构成第三层次的政策选择。

财政政策是指政府通过变动税收和支出，实现对国民经济需求管理的政策。当一国出现国际收支逆差时，政府可以通过紧缩性财政政策促使国际收支平衡。首先，增税或减支可以减少国民收入，从而相应地压缩进口。其次，抑制总需求会降低通货膨胀或使物价水平下降，从而有利于出口并抑制进口。虽然紧缩性财政政策会导致利率下降和刺激资本流出，但它的基本作用方向是减少国际收支逆差。

货币政策是指中央银行通过调节货币供给和利率，影响宏观经济。货币供给量变动可以改变利率、物价和国民收入，从而启动国际收支调节的利率机制、价格机制和收入机制。货币政策包括贴现政策、改变法定准备金率、公开市场操作。贴现政策,又称为再贴现政策,是指央行通过变动给商业银行及其他存款机构的贷款利率(再贴现率)来调节货币供应量。所谓"贴现"是指持票人为取得现金,以未到期的票据向银行融通资金。银行按票据面额,根据市场利率扣除自贴现日到票据到期日的利息后,将票面余额付给持票人。待票据到期,银行凭票向发票人(债务人)兑现。"再贴现"又称"重贴现",是指商业银行在需要资金时(准备金不足以支付存款提取),将已贴现的未到期票据再向中央银行贴现的票据转让行为。当一国出现国际收支逆差时,中央银行可以提高再贴现率,从而提高市场利率。改变法定准备金率政策,是中央银行通过变动法定准备金而控制货币供给量的政策。存款准备金是银行为应付储户提取存款而保留的现金准备,它同时起着控制信用规模的作用。当国际收支逆差时,可通过提高法定准备金率(=法定准备金/存款),使商业银行和其他金融机构可用于贷款的资金规模减小。公开市场业务,是央行通过在公开市场买卖有价证券控制信用规模和货币供应。当国际收支逆差时,可通过中央银行抛售政府有价证券使货币供应量减少。

汇率政策是在不进行管制的情况下,通过确定汇率制度和汇率水平对经济产生影响。汇率政策首先作用于净出口,在此基础上作用于社会总需求,对总需求的结构和数量都有影响。运用汇率政策时,需注意以下几点:①调整汇率水平的方式与汇率制度密切相关。在固定汇率制度下,通过调整官定的汇率平价而进行,难以频繁调整。例如,布雷顿森林体系规定,只在国际收支出现"根本性不平衡"时,才可使货币法定贬值或升值。浮动汇率制度下,汇率可根据外汇市场的供求状况灵活变动。但通常情况下,各国政府不会放任汇率自由浮动,而会采取一定手段对外汇市场进行干预。②汇率政策发挥作用受到诸多因素制约,如进出口商品的需求弹性、社会总供给结构、是否存在闲置资源等。对外汇市场的干预,单独一个国家的作用往往非常有限,常是各国联合干预。汇率是开放经济的核心变量,其对经济的影响是多方面的,运用汇率政策实现内外均衡时必须考虑它的溢出效应。③汇率政策本身不完全是一个独立的政策。在很多情况下,实施汇率政策意味着依靠其他政策工具对汇率水平进行管理,常常通过货币政策实现。当一国通过货币政策维系固定汇率水平时,央行将难以控制货币供给量,因而丧失了货币政策自主性。当一国采用浮动汇率制度时,如果政府存在巨额预算赤字并造成经常账户赤字,从而导致该国货币贬值,除了运用紧缩性货币政策进行调整外,预期管理将对紧缩货币政策的效力起到重要作用。这意味着保持货币政策的独立性至关重要。①

直接管制政策,则是政府对经济交易实施直接行政控制,通过改变各种商品的可获得性达到支出转换的目的。直接管制政策包括贸易管制(关税、进出口配额)和金融管制(外汇兑换管制、汇率管制),前者属于数量型管制,后者属于价格型管制。直接管制政策具有收效迅速和针对性强的特点,因为它不像财政政策和货币政策以及汇率政策那样,必须通

---

① 当一国政府存在巨额预算赤字时,会造成人们的通货膨胀预期,通过预期的自我实现机制,将形成国内的通货膨胀,使价格水平上升,出口减少、进口增加,国际收支逆差加重。因此,在使用紧缩货币的政策对国际收支逆差进行调节时,预期管理将对控制通货膨胀从而改善国际收支起到重要作用。预期管理的主要方法是从制度上保证央行独立于财政部,即保持货币政策的独立性。

过市场机制才能发挥作用,政策见效的时滞较长,难以在短期内达到预期的目的和效果。与全面性的汇率政策相比,直接管制是选择性政策工具,可以有针对性地选择实施,对具体的进出口和资本流动加以区别对待。如对技术含量较高的资本品的进口适用较低的进口关税,或适用较低的汇率;而对用于消费的奢侈品进口则适用高关税或较高汇率。对于政府扶持的行业的产品出口给予出口补贴或出口退税,或适用较高汇率。因此,当一国出现结构性国际收支逆差时,许多国家的政府都通过对外经济交易的直接管制来恢复国际收支的平衡。直接管制的弊端主要是:①将不可避免地使市场产生扭曲,导致资源配置效率低下,鼓励寻租行为,引发黑市交易和走私等非法活动。②易于引起其他国家的报复。如果贸易伙伴国采取相应的报复性措施,往往导致各国之间的"贸易战"。③直接管制本身要耗费一定的行政管理费用和信息成本。④它在一定程度上限制了竞争,从而削弱了国内企业创新的动力。

一般而言,国际收支不平衡的调节方式要注意根据国际收支不平衡产生的原因来选择。例如,一国国际收支不平衡是经济周期波动引起的,可使用外汇缓冲政策进行调节;如果国际收支不平衡是因为货币性因素引起的,则可以采用汇率政策来改善;如果国际收支不平衡是因为总需求大于总供给而出现的收入性不平衡,则可实行调节国内支出的措施,即采用紧缩性的财政与货币政策;如果发生结构性的不平衡,则可供政府采用的措施包括直接管制以及调整经济结构的相关政策。此外,还要注意的是,由于每一种国际收支政策都存在优缺点,因此,所选择的各政策之间的相互搭配和补充也是非常必要的。

第五节 我国的国际收支

新中国成立后的相当长时期内,我国都未编制国际收支平衡表,只编制外汇收支计划,作为国民经济发展计划的一个组成部分。我国的外汇收支计划仅包括贸易收支计划、非贸易收支计划和利用外资还本付息计划三个部分。

实行改革开放政策后,我国对外交往日益增多,国际收支在国民经济中的作用越来越大,我国的国际收支对世界各国的影响也越来越大。在这种情况下,我国从1980年开始试编国际收支平衡表,1982年开始对外公布,采取以行业统计为特点的带有计划经济色彩的国际收支统计办法,根据IMF的《手册》第四版并结合我国的实际情况进行分类、设置和编制。1997年开始采用《手册》第五版的原理和格式编制国际收支平衡表。2015年,我国开始采用最新的国际收支统计的国际标准——《国际收支和国际投资头寸手册》第六版编制和发布国际收支平衡表。需要说明的是,我国国际收支平衡表所反映的对外经济交易,既包括我国与外国之间也包括我国内地与香港、澳门、台湾地区之间的经济交易。

一、2015年中国国际收支分析

(一) 国际收支运行环境

2015年,我国国际收支面临的国内外经济金融环境错综复杂:世界经济和全球贸易增速放缓,前期过度宽松货币政策的"后遗症"显现,诱发国际金融市场频繁大幅震荡。受强势美元和美联储加息预期影响,多数经济体货币对美元出现不同程度的贬值,新兴经济体货币对美元普遍大幅贬值,发达经济体和新兴经济体国债收益率波动加剧,全球股市大幅动荡,大宗商品价格持续低迷。

国内经济运行保持在合理区间。经济由高速增长转为中高速增长,服务业在国内生产总值(GDP)中的比重上升到50.5%,消费对经济增长的贡献率达到66.4%,2015年我国继续实施稳健的货币政策,加强预调微调,综合运用各种工具,保持银行体系流动性合理充裕,引导金融机构将更多的信贷资源配置到实体经济,特别是国民经济重点领域和薄弱环节。但是,结构性产能过剩、企业成本增加、债务水平持续上升、金融领域风险暴露等问题仍给国内经济带来较大的下行压力。

(二)国际收支主要状况及运行评价

2015年,我国国际收支出现新变化,从长期以来的基本"双顺差"转为"一顺一逆",即经常账户顺差、资本和金融账户(不含储备资产)逆差,如表3-3所示。

一是经常账户顺差增长至近3000亿美元。2015年,经常账户顺差2932亿美元,较2014年增长33%。经常账户顺差与当期GDP之比为2.7%,2014年该比例为2.1%。货物贸易顺差创历史新高,为5781亿美元,较2014年增长33%,与GDP之比为5.2%,上升1.0个百分点。服务贸易继续呈现逆差。2015年,服务贸易逆差2094亿美元,较2014年增长39%。其中,旅行项目是服务贸易中逆差最大的项目,2015年逆差1950亿美元,较2014年增长81%,主要是由于我国居民境外留学、旅游、购物等支出需求旺盛。初次收入逆差有所扩大。2015年,初次收入(原称收益)逆差592亿美元,较2014年增长74%;收入2301亿美元,增长8%;支出2893亿美元,增长17%。主要是由于来华直接投资存量较大,投资收益支出增幅高于我国对外直接投资收益收入增幅。二次收入逆差缩小。2015年,二次收入(原称经常转移)逆差163亿美元,较2014年下降46%;收入379亿美元,下降8%;支出542亿美元,下降24%。

二是金融账户呈现逆差。2015年,我国非储备性质的金融账户逆差4853亿美元。其中,直接投资净流入有所下降。2015年,直接投资净流入771亿美元,较2014年下降63%。一方面,对外直接投资净流出1671亿美元,较2014年增长108%,说明因"一带一路"战略不断推进,我国市场主体参与国际经济的活跃度上升,"走出去"步伐不断加大。另一方面,来华直接投资呈现净流入2442亿美元,虽较2014年下降16%,但总的来看,境外投资者仍看好我国的长期投资前景,来华直接投资净流入规模仍然较大。证券投资转为逆差。2015年,证券投资为逆差665亿美元,2014年为顺差824亿美元。其中,我国对外证券投资净流出732亿美元,较2014年增长5.8倍,体现了我国有序拓宽境内市场主体全球资产配置的结果;来华证券投资依然表现为净流入(67亿美元);来华其他投资净流出3515亿美元,2014年为净流入502亿美元,说明境内企业积极偿还对外负债,有利于降低高杠杆经营和货币错配风险。

表 3-3　2015 年中国国际收支平衡表（美元计价）

项　　目	行次	2015 年
1. 经常账户	1	**3306**
贷方	2	26 930
借方	3	－23 624
1.A 货物和服务	4	**3846**
贷方	5	24 293
借方	6	－20 447
1.A.a 货物	7	**5670**
贷方	8	21 428
借方	9	－15 758
1.A.b 服务	10	－1824
贷方	11	2865
借方	12	－4689
1.A.b.1 加工服务	13	203
贷方	14	204
借方	15	－2
1.A.b.2 维护和维修服务	16	23
贷方	17	36
借方	18	－13
1.A.b.3 运输	19	－370
贷方	20	386
借方	21	－756
1.A.b.4 旅行	22	－1781
贷方	23	1141
借方	24	－2922
1.A.b.5 建设	25	65
贷方	26	167
借方	27	－102
1.A.b.6 保险和养老金服务	28	－44
贷方	29	50
借方	30	－93
1.A.b.7 金融服务	31	－3
贷方	32	23
借方	33	－26
1.A.b.8 知识产权使用费	34	－209
贷方	35	11
借方	36	－220
1.A.b.9 电信、计算机和信息服务	37	131
贷方	38	245
借方	39	－114
1.A.b.10 其他商业服务	40	189

续表

项　目	行次	2015年
贷方	41	584
借方	42	−395
1.A.b.11 个人、文化和娱乐服务	43	−12
贷方	44	7
借方	45	−19
1.A.b.12 别处未提及的政府服务	46	−15
贷方	47	11
借方	48	−26
1.B 初次收入	49	**−454**
贷方	50	2278
借方	51	−2732
1.B.1 雇员报酬	52	274
贷方	53	331
借方	54	−57
1.B.2 投资收益	55	−734
贷方	56	1939
借方	57	−2673
1.B.3 其他初次收入	58	7
贷方	59	8
借方	60	−2
1.C 二次收入	61	**−87**
贷方	62	359
借方	63	−446
2. 资本和金融账户	64	**−1424**
2.1 资本账户	65	**3**
贷方	66	5
借方	67	−2
2.2 金融账户	68	**−1427**
资产	69	−491
负债	70	−936
2.2.1 非储备性质的金融账户	71	**−4856**
资产	72	−3920
负债	73	−936
2.2.1.1 直接投资	74	**621**
2.2.1.1.1 直接投资资产	75	−1878
2.2.1.1.1.1 股权	76	−1452
2.2.1.1.1.2 关联企业债务	77	−426
2.2.1.1.2 直接投资负债	78	2499
2.2.1.1.2.1 股权	79	2196
2.2.1.1.2.2 关联企业债务	80	302

续表

项目	行次	2015年
2.2.1.2 证券投资	81	−665
2.2.1.2.1 资产	82	−732
2.2.1.2.1.1 股权	83	−397
2.2.1.2.1.2 关联企业债务	84	−335
2.2.1.2.2 负债	85	67
2.2.1.2.2.1 股权	86	150
2.2.1.2.2.2 债券	87	−82
2.2.1.3 金融衍生工具	88	−21
2.2.1.3.1 资产	89	−34
2.2.1.3.2 负债	90	13
2.2.1.4 其他投资	91	−4791
2.2.1.4.1 资产	92	−1276
2.2.1.4.1.1 其他股权	93	0
2.2.1.4.1.2 货币和存款	94	−1001
2.2.1.4.1.3 贷款	95	−475
2.2.1.4.1.4 保险和养老金	96	−32
2.2.1.4.1.5 贸易信贷	97	−460
2.2.1.4.1.6 其他应收款	98	692
2.2.1.4.2 负债	99	−3515
2.2.1.4.2.1 其他股权	100	0
2.2.1.4.2.2 货币和存款	101	−1226
2.2.1.4.2.3 贷款	102	−1667
2.2.1.4.2.4 保险和养老金	103	24
2.2.1.4.2.5 贸易信贷	104	−623
2.2.1.4.2.6 其他应收款	105	−24
2.2.1.4.2.7 特别提款权	106	0
2.2.2 储备资产	107	**3429**
2.2.2.1 货币黄金	108	0
2.2.2.2 特别提款权	109	−3
2.2.2.3 在国际货币基金组织的储备头寸	110	9
2.2.2.4 外汇储备	111	3423
2.2.2.5 其他储备资产	112	0
3. 净误差与遗漏	113	−1882

注：1. 本表根据《国际收支和国际投资头寸手册》(第六版)编制。

2. "贷方"按正值列示，"借方"按负值列示，差额等于"贷方"加上"借方"。本表除标注"贷方"和"借方"的项目外，其他项目均指差额。

3. 本表计数采用四舍五入原则。

资料来源：国家外汇管理局网站

三是外汇储备下降。2015年年末,我国外汇储备余额为3.3万亿美元,较2014年年末减少5127亿美元,下降13%。其中,因国际收支交易形成的外汇储备下降3423亿美元,因汇率、资产价格变动等非交易因素形成的外汇储备账面价值下降1703亿美元。2015年我国储备资产虽首次下降,但外汇储备余额仍居世界第一,是排名第二位的日本(1.2万亿美元)的近3倍,是排名第三位的沙特阿拉伯(6000多亿美元)的约5倍。我国外汇储备余额足以覆盖20多个月的进口,与短期外债余额之比超过300%[①],仍是我国对外支付、抵御外部冲击的强有力基础。

我国国际收支风险总体可控。一是我国经济基本面总体良好,为防范国际收支风险提供了根本支撑。国内经济运行保持在合理区间,经济结构调整取得积极进展,人民币汇率保持基本稳定。二是外汇储备依然充裕,国际支付能力总体较强。三是外债风险持续可控,对外偿债平稳进行。多年来,我国外债警戒指标一直处于国际安全标准之内。2015年,我国企业主动进行资产负债结构调整,使得2015年年末(本外币)外债余额较当年3月末余额(可比口径)下降2570亿美元,这有利于降低未来的外债偿还风险。

二、1982—2015年我国国际收支分析

分析1982—2015年30多年间我国国际收支状况发现,除个别年份外,我国经常账户、资本和金融账户(不含储备资产,下同)一直保持着"双顺差"格局,国际收支总体顺差持续扩大,外汇储备不断增长。但是这一格局自2014年第二季度起开始出现变化,资本和金融账户开始出现逆差,到2016年第二季度已持续9个季度逆差;外汇储备自2014年第三季度起,出现20多年来的首次下降,如表3-4所示。

表3-4 中国国际收支一级账户差额及总差额的变化(1982—2015年)

单位:亿美元

年份	经常账户差额	资本和金融账户差额	净误差与遗漏	总差额	储备资产变动
1982	56.74	−17.36	2.79	42.17	−42.17
1983	42.40	−16.52	1.07	26.95	−26.95
1984	20.30	−39.13	13.52	−5.31	5.31
1985	−114.17	81.88	−21.93	−54.22	54.22
1986	−70.35	61.71	−8.63	−17.27	17.27
1987	3.00	27.31	−13.71	16.60	−16.60
1988	−38.03	52.69	−10.11	4.55	−4.55
1989	−43.18	64.28	0.92	22.02	−22.02
1990	119.97	−27.74	−31.34	60.89	−60.89
1991	132.71	45.80	−67.60	110.91	−110.91
1992	64.01	−2.51	−82.52	−21.02	21.02
1993	−119.04	234.74	−98.03	17.67	−17.67
1994	76.58	326.44	−97.75	305.27	−305.27

---

① 外汇储备余额国际安全标准为大于3个月进口,与短期外债余额之比高于100%。

续表

年份	经常账户差额	资本和金融账户差额	净误差与遗漏	总差额	储备资产变动
1995	16.18	386.75	−178.30	225.63	−225.63
1996	72.42	399.67	−155.47	316.62	−316.62
1997	369.63	210.15	−222.54	357.24	−357.24
1998	314.71	−63.21	−187.24	64.26	−64.26
1999	156.67	76.42	−148.04	85.05	−85.05
2000	205.19	19.22	−118.93	105.48	−105.48
2001	174.05	347.75	−48.56	473.24	−473.24
2002	354.22	322.91	77.94	745.07	−745.07
2003	458.75	527.26	184.22	1170.23	−1170.23
2004	686.59	1106.60	270.45	2063.64	−2063.64
2005	1608.18	629.64	−167.66	2070.16	−2070.16
2006	2532.68	66.62	−129.49	2469.81	−2469.81
2007	3718.32	725.09	164.02	4617.44	−4617.44
2008	4206.00	402.00	188.00	4795.00	−4795.00
2009	2433.00	1984.00	−414.00	4003.00	−4003.00
2010	2378.00	2868.00	−529.00	4717.00	−4717.00
2011	1361.00	2654.00	−138.00	3878.00	−3878.00
2012	1931.00	−317.00	−871.00	966.00	−966.00
2013	1482	3461	−629	4314	−4314.00
2014	2774	−514	−1083	1179	−1178.00
2015	3306	−4853	−1882	−3429	3429.00

资料来源：IMF：International Financial Statistics Yearbook；2002—2012 年的数据来自国家外汇管理局数据

（一）经常账户差额的分析

如图 3-4 所示，1982—1989 年，我国的经常项目差额是顺差与逆差互现的，且数额较小；而 1990 年以后（除 1993 年外）都是顺差，尤其是 2002 年后，我国经常项目顺差开始显著增加，2005 年达到 1608.18 亿美元，比起 2004 年的 686.59 亿美元，增长 134%；2006 年和 2007 年继续快速增长，分别较上年增长 57.5% 和 46.8%。2008 年经常账户顺差再创历史新高，达到 4206 亿美元，比 2007 年增长 13.1%。2009 年受美国次贷危机的影响，我国经常账户顺差出现较大幅度的回落，但仍维持在 2433 亿美元的较高水平，2010 年与 2009 年基本持平，2011 年继续下降，2012 年和 2013 年则出现小幅回弹，2014 年和 2015 年又继续快速增长。

通过对构成经常账户差额的因素进行分析可以发现：我国货物贸易项目逆差的年份也是经常账户逆差的年份(1987 年例外，当年贸易项目是逆差，经常账户有少量顺差)，货物贸易项目的状况决定了我国经常账户的顺差和逆差情况。

1982—2015 年，我国服务贸易差额经历了从较小顺差到较大逆差的过程。随着中国对外经济交往的扩大，服务项下的交易会保持快速增长。但由于中国服务业起步较晚，在

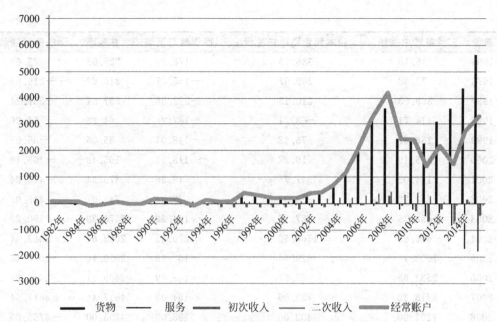

图 3-4 我国 1982—2012 年经常项目差额(亿美元)

资料来源：根据表 3-4 中国国际收支一级账户差额及总差额的变化(1982—2012 年)绘制

国际市场竞争中明显处于劣势，进口增速快于出口增速，服务业中旅游项目在 2008 年以前保持顺差，但 2009 年以后，随着人民币升值，境外游越来越普遍，旅游项开始出现逆差，至 2015 年已持续 7 年，且逆差数额持续增长。除旅游项外的其他大部分项目也都是逆差状态，这一方面表明我国服务行业总体的国际竞争能力较弱，另一方面表明我国服务业的发展还有一定空间。

1997 年之前，我国国际收支平衡表并不将收益项目区分为职工报酬和投资收益进行分别记录，1997 年才开始把投资收益项目单列出来。近年来我国收益项目逆差不断扩大，1995—2004 年累计逆差额达到 1359.5 亿美元，是 1995—2004 年经常账户累计差额 2631.6 亿美元的 52%。除 2007 年、2008 年和 2014 年我国初次收入(收益)为正值外，在其余年份均为负值，而且 2011 年、2013 年和 2015 年收益负值数额较大。从初次收入的组成份额——雇员报酬和投资收益来看，后者所占份额较大。由图 3-5 可见，我国投资收益在大多数年份为负值，由于外国在华证券投资的数额较小，我国投资收益项目逆差主要是外国在华直接投资所得利润。

(二)资本和金融账户(不含储备资产，下同)差额分析

在我国 1982 年的国际收支平衡表中，资本项目(等同于现在的资本和金融账户)仅占国际收支总额的 13%，与经常项目所占 86% 相比，其影响显然处于从属地位，而且外国在华投资不过 4.3 亿美元，对经济增长的影响不大。随着我国对外开放的扩大加深，资本和金融账户呈上升趋势，其对我国国际收支状况及国民经济发展的影响也越来越重要。1993—2011 年(除 1998 年外)，我国资本和金融账户均为顺差，形成我国经常账户与资本和金融账户"双顺差"格局。我国国际收支这一特征近年来出现明显变化，2012 年、2014

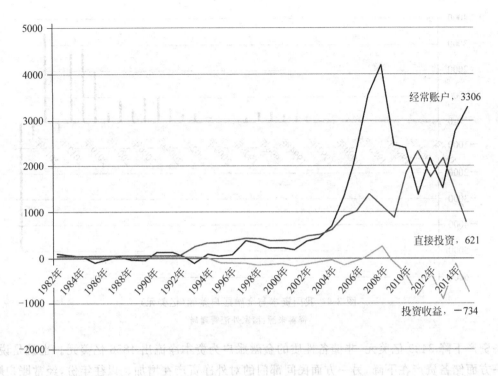

图 3-5　我国投资收益项目与直接投资、经常账户差额比较（亿美元）
资料来源：国家外汇管理局

年和 2015 年，资本和金融账户为逆差，且数额呈上升趋势，尤其是 2015 年资本和金融账户逆差增幅巨大，由 2014 年的 514 亿美元增加到 2015 年的 4853 亿美元，一年增长了 9 倍多（见图 3-6）。

在我国资本和金融账户持续顺差的 1993—2011 年，1998 年出现 63.21 亿美元的逆差，主要原因是我国证券投资出现近 40 亿美元的逆差。1998 年的海外上市和国内上市外资股明显低于往年，与此同时，国内金融机构向国外的证券投资明显增加。自 1998 年以来，2012 年资本和金融账户再次出现逆差，当年资本净流出（含净误差与遗漏）1173 亿美元。主要原因是 2012 年我国经济增速延续上年持续放缓态势，股市长期低迷，房地产市场投资受到严格管控，债券市场不发达，国内资金缺乏获取良好回报的投资领域，又无法在金融市场实现风险对冲。在此期间，我国境内主体加快财务调整，增持境外资产，减少境内负债，导致资本持续流出。更为重要的原因在于，我国资本和金融账户开放程度有所提升，导致资本大规模流出。如，在"其他投资"方面，提高了企业使用自有外汇和人民币购汇等多种方式进行境外放款的自主性，扩大了银行对外担保业务范围，便利了境外投资企业的资金融通。与此同时，欧债危机、新兴市场"硬着陆"以及美国财政悬崖三大风险因素给世界经济复苏带来下行压力，世界经济复苏乏力，国际金融市场大幅震荡，这些因素同时构成了我国资本流出的周期性因素，导致 2012 年资本和金融账户逆差。在 2013 年我国资本和金融账户出现较大幅度顺差之后，2014 年和 2015 年，再次出现较大幅度的逆差，尤其是 2015 年逆差幅度甚至超过往年顺差峰值。2015 年，国际收支交易引起的储

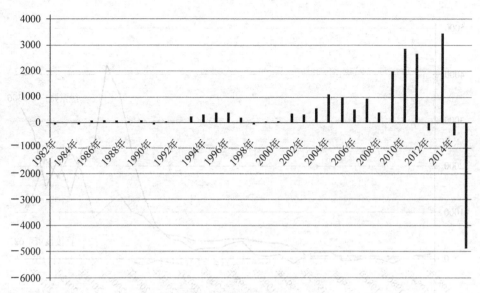

图 3-6 我国资本与金融账户差额(亿美元)
资料来源:国家外汇管理局

备资产下降 3429 亿美元,非储备性质的金融账户为资本净流出 4856 亿美元。也就是说,一方面储备资产在下降,另一方面民间部门的对外净资产在增加。以往年份,经常账户顺差通过储备资产增加也就是储备资产对外投资形式的资本流出来实现国际收支平衡。与以往不同,2015 年由以往储备资产大幅增加形成的资本流出转变为由其他民间部门的对外净资产大幅增加而形成的资本流出。2015 年我国对外资产共增加 3920 亿美元,对外负债共下降 936 亿美元,其中,来华直接投资仍流入 2499 亿美元,而负债下降主要体现在非居民存款下降以及偿还以往年度的贸易融资等。总的来看,2015 年我国资本流出是对外资产由储备资产向民间部门转移的过程,是境内银行和企业等主动增持对外资产,并偿还以往的对外融资,与通常所说的外资撤离有着本质区别。

由图 3-7 可以看到,我国海外证券投资和外国来华证券投资相比我国海外直接投资和外国来华直接投资规模小得多。下面主要分析直接投资对我国经济的影响。我国经济发展模式的特点是外国在华直接投资的规模大于我国海外直接投资的规模,尽管近两年外国在华直接投资规模在减小,但我国吸引外资仍连续 24 年位居发展中国家首位。由于外商投资企业多数从事加工贸易,拥有现成的海外市场营销网络,对我国对外贸易作出了重要贡献。一方面,引进外资企业改进了我国出口商品的结构,全国制成品出口比例由 1978 年的不到 5% 增长至 2008 年的 95% 以上;另一方面,"两头在外"的加工贸易与我国国内产业关联度低,我国只能从中获得少量的加工费收入,国内产业得不到带动,因此加工贸易远不如一般贸易对我国经济发展的意义重大。进入 21 世纪以来,我国的宏观经济调控面临的新挑战是银行流动性过剩和外汇资金供给过多,与当初资金外汇不足时期已有明显区别。在这种新形势下,我国究竟是否还需要大量吸引外商直接投资,引起相当大的争议。笔者认为,只有通过大量吸收外商直接投资,才能进入"全球价值链"生产体系;而只有进入该体系,才有机会集合全球优势生产要素,加强自身的比较优势并形成自身的

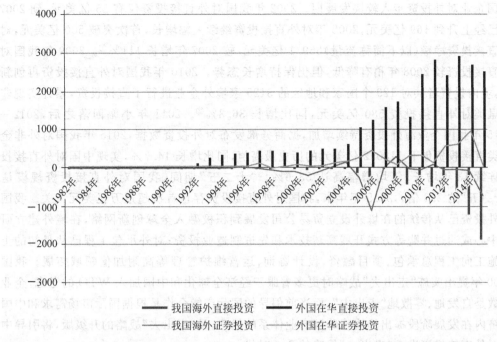

图 3-7 我国海外直接投资、外国在华直接投资、我国海外证券投资、外国在华证券投资(亿美元)

竞争力,进而通过培育新的竞争力,实现"全球价值链"生产中国际分工位次的提升。此外,我国利用外商投资的特殊原因还包括,虽然我国银行资金很多,但只能形成债务融资,资本形成的渠道很少,直接融资不发达,股权投资成为我国经济发展的严重瓶颈。而外商投资是我国经济中寻找股权投资的成功渠道。这种现实性解释了我国各地在经济建设中长期致力于招商引资的重要原因和特殊原因。经过 30 多年的发展,中国经济进入新常态,在这一背景下,要素供给条件发生了很大变化,过去中国土地和劳动力资源相对充裕,利用外资空间相对较大,而目前传统产业投资相对饱和,环境承载能力已经达到或者接近上限,大面积铺摊子的路子已经行不通了。但中国政府积极利用外资政策并未改变,今后利用外资更多要依靠法律、制度、政策等软环境方面的建设,靠先进的制造业和服务业的进一步扩大开放。新常态下中国吸引外资的三大新政包括:一是进一步放宽外商投资的市场准入;二是健全外商投资监管体系;三是修订外商投资相关的法律,重点制定外国投资法,实现三法合一,实行准入前国民待遇加负面清单的管理方式①,以负面清单为基础,有重点地逐步放开服务业领域的外资准入限制。

我国企业对外直接投资起步于 1979 年改革开放初期。当时经国家批准,只有少数国有企业主要是贸易公司走出国门,开办代表处或设立企业。经过 30 多年的探索和发展,我国对外投资的规模虽依然较小,但已取得积极进展。加入世界贸易组织(WTO)以来,

---

① 准入前国民待遇是指境外投资者在准入前阶段享有的待遇不低于境内投资者。负面清单通常是指东道国在投资协定中保留的不符合国民待遇等义务的措施。准入前国民待遇加负面清单管理制度强调了外资政策法规的稳定性、透明度,有利于更好地保护投资者合法权益。

我国企业对外投资步入较快发展期。2002年我国对外直接投资仅有25亿美元,到2007年已经上升到169亿美元,2008年对外直接投资继续大幅增长,首次突破500亿美元,对外直接投资净额(以下简称流量)559.1亿美元,较2007年增长111%①。2009年我国对外直接投资较2008年稍有降低,但仍保持增长态势。2010年我国对外直接投资再创新高,境内投资者共对129个国家和地区的3125家境外企业进行了直接投资,累计实现非金融类对外直接投资580亿美元,同比增长36.3%②。2011年小幅回落之后,2012—2015年我国企业海外投资持续增加,据商务部发布对外投资数据,2015年我国对外非金融类直接投资创下1180.2亿美元的历史最高值,同比增长14.7%,实现中国对外直接投资连续13年增长,年均增幅高达33.6%。"十二五"期间,我国对外直接投资规模是"十一五"的2.3倍。2015年年末,我国对外直接投资存量首次超过万亿美元大关。我国对外投资已从传统的在境外设立贸易公司发展到积极融入全球创新网络,在境外建立研发中心或通过并购等方式开展高新技术和先进制造业投资;对外承包工程已从最初的土建施工向工程总承包、项目融资、设计咨询、运营维护管理等高附加值领域拓展。我国2000年提出实施"走出去"战略时更多着眼于经济全球化和中国加入WTO的考虑,企业多数是自发地、零散地"走出去",而当前倡导的国际产能合作是根据国际市场需求和中国经济内在发展阶段提出的构建跨国产业体系的战略,是"走出去"战略的升级版,将引导中国对外直接投资进入"走出去"战略的2.0时代。

(三)误差与遗漏项分析

根据国际惯例,只要错误与遗漏规模不大,处于公认的5%的合理范围内,其出现在借方和贷方都是合理的。一般情况下,如果错误与遗漏项波动的原因主要是由统计技术层面造成的,就必然出现借贷方差额交替性的变换。观察图3-8,我国国际收支平衡表中的误差与遗漏项自1990年开始逐年增大,可以根据1990—2012年这段时期误差与遗漏项的变化特点,分成三个阶段。第一阶段是1990—2001年,净误差与遗漏项一直出现在借方,并且呈现U字形,在1997年达到峰值,这是由于在1997—1999年东南亚金融危机期间,人民币存在很大的贬值压力,使得大量资本流出我国。第二阶段是2001—2008年,净误差与遗漏项出现在贷方。由此可见,这一时期存在净资本流入,这是由于人民币呈现较大的升值预期;一方面,美元的实际利率在这一时期降到战后历史低位,人民币名义利率则相对稳定,结果造成了人民币和美元之间的正向利差;另一方面,长期的"双顺差"以及美日等国频频施加的升值压力导致了人民币的升值预期。第三阶段是2008—2015年。2009年净误差与遗漏项再次变为负值,表明国际游资在2008年套利与套汇双重获利后出逃,使我国证券市场在经历繁荣后陷入"熊市"。2010年呈负值的净误差与遗漏项继续小幅增加之后,2011年大幅缩小,但2012年出现净误差与遗漏项的大幅负向增加,继2013年小幅缩小后,2014年和2015年再次大幅负向增加,表明在这一阶段,存在净资本外逃。

---

① http://business.sohu.com/20090908/n266566900.shtml,2009年9月8日,商务部
② http://stock.jrj.com.cn/2011/01/1906529020983.shtml,2011年1月19日,深圳商报

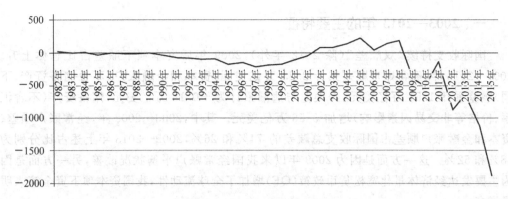

图 3-8 误差与遗漏项目（亿美元）
资料来源：国家外汇管理局

需要指出的是，对比 2012 年和 1998 年，2012 年第二、三季度，资本和金融项目净流出共计 929 亿美元，净误差与遗漏共计 437 亿美元，与 1998 年亚洲金融危机期间我国"资本和金融"项下净流出 63 亿美元、"净误差与遗漏"项下流出 187 亿美元的结构有着天壤之别，可见，2012 年所呈现出的大量资本流出中，非法资本外逃并不是主要部分。

2012 年以来，随着我国强制结汇制度的取消以及对外开放程度的不断提高，一方面，企业与居民可选择不结汇，导致原本应转化为外汇储备的资金"藏汇于民"。这些未结汇资金如果形成外币存款或通过合法途径向国外投资，必然将留在资本和金融账户下，在国际收支平衡表上体现为资本和金融账户顺差下降，同时向储备资产的转化减少。另一方面，随着我国对外开放程度的提高，一部分未结汇资金通过"不可观测"的隐蔽途径向国外流出，因此只能反映在国际收支平衡表的净误差与遗漏项下。由此，我国国际收支平衡表上便会出现储备资产下降，而净误差与遗漏项增长迅速的现象。

专栏

从长期看我国国际收支结构的变迁[①]

2003 年以来，国际经济金融环境主要经历了三个阶段，即 2003—2007 年的全球经济繁荣时期、2008—2013 年的国际金融危机爆发和应对时期、2014 年以来的全球经济缓慢复苏和分化时期。这对我国国际收支造成了较大影响，基本形成了两大周期：一是 2003—2013 年的经常账户与资本和金融账户"双顺差"，外汇储备较快增长；二是 2014 年（尤其是下半年）以来的经常账户与资本和金融账户"一顺一逆"，外汇储备下降。

---

① 摘自国家外汇管理局《2015 年中国国际收支报告》。

一、2003—2013 年的主要特征

国际收支持续"双顺差"(除 2012 年外),2009 年后资本项下顺差占比总体上升。2003—2013 年,经常账户顺差累计 2.23 万亿美元,资本和金融账户(不含储备资产,下同)顺差累计 1.51 万亿美元,净误差与遗漏累计为-0.18 万亿美元,储备资产(不含汇率、价格等非交易因素影响)增加 3.56 万亿美元。其中,2003—2008 年,经常账户顺差、资本和金融账户顺差占国际收支总顺差的 74% 和 26%,2009—2013 年上述占比分别为 48% 和 52%。这一方面是因为 2009 年以来我国经常账户平衡状况改善,另一方面是因为主要发达经济体量化宽松货币政策(QE)增加了全球流动性,我国资本项下资金流入明显增多。

我国积累的对外资产大部分体现为官方储备,2009 年后市场主体的对外资产占比上升。2003—2013 年,我国对外资产累计增加 5.09 万亿美元,其中,储备资产增幅占比达 70%,我国市场主体对外其他投资资产(对外贷款、境外存款、出口应收款等)增幅占比为 20%,直接投资和证券投资资产增幅占比分别为 8% 和 2%。其中,2003—2008 年,我国对外资产增加额的储备资产占比为 76%。

2009—2013 年,储备资产增幅占比降至 65%;市场主体的其他投资和直接投资资产增幅占比分别为 24% 和 10%,较 2003—2008 年占比提升 9 个和 6 个百分点(见图 3-9)。对外资产的资金来源主要是稳定性较高的经常账户顺差和直接投资项下境外资本流入,2009 年后非直接投资渠道资本流入有所增多。2003—2013 年,我国经常账户顺差累计 2.23 万亿美元,直接投资项下境外资本净流入累计 1.85 万亿美元,相当于同期对外资产形成额的 44% 和 36%。此外,波动性较大的外国来华非直接投资(证券投资、境外借款等其他投资)合计贡献了 23%。其中,2003—2008 年,我国经常账户顺差相当于对外资产形成额的 53%;直接投资项下境外资本净流入和非直接投资净流入的贡献分别为 28% 和 14%。2009—2013 年,经常账户年均顺差较 2003—2008 年下降 6%,在对外资产形成中的贡献率下降至 36%;直接投资项下境外资本净流入年均规模增长 1.1 倍,贡献率上升至 43%;外国来华非直接投资净流入年均规模大幅提升 1.9 倍,贡献率升至 30%(见图 3-10)。

二、2014—2015 年的主要特征

2014 年以来尤其是 2014 年下半年以来,我国经常账户顺差、资本和金融账户逆差的国际收支格局基本形成。2014 年下半年至 2015 年,我国经常账户顺差 5045 亿美元,资本和金融账户逆差 5835 亿美元,净误差与遗漏为-2940 亿美元,储备资产累计下降 3731 亿美元。

对外债务去杠杆化已开启并持续了一段时间,逐步释放了前期积累的短期资本流入风险。2014 年下半年至 2015 年年末,外国来华非直接投资累计净流出 3468 亿美元,相当于 2003—2013 年持续净流入规模的 30%,相当于在 2009—2013 年主要发达经济体 QE 期间净流入规模的 43%。也就是说,过去 10 年左右的非直接投资净流入中已有三四成流出了我国。但在我国企业对外贸易总体提升、投融资渠道不断拓宽的情况下,此类境

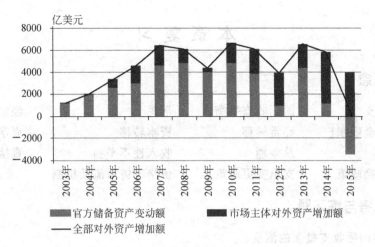

图 3-9 对外资产积累中的持有主体
资料来源：国家外汇管理局

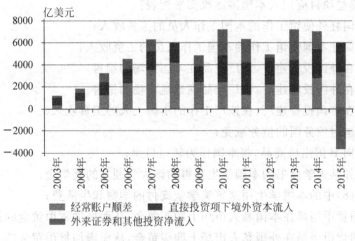

图 3-10 对外资产积累的主要资金来源
资料来源：国家外汇管理局

外融资缩减后预计仍将保留一个正常合理的规模。我国对外总资产继续增加，官方储备资产和市场主体对外资产"一降一升"。2014年下半年至2015年，我国对外资产总体增加了2672亿美元。其中，企业等市场主体的直接投资资产增加2633亿美元，相当于2003—2013年11年间增加额的66%；证券投资资产增加865亿美元，相当于2003—2013年11年间增加额的70%；贷款等其他投资资产增加2870亿美元，也达到了过去11年间增加额的28%。以前在人民币升值预期下，我国市场主体不愿意持有对外资产，但在人民币汇率双向波动环境下，增加对外资产的积极性大幅提升，成为储备资产下降的主要原因，这也是"藏汇于民"的必然过程。

本章复习

一、概念

国际收支	国际收支平衡表	居民	经常账户
资本和金融账户	经常转移	资本转移	赤字
盈余	总差额	收入性不平衡	直接管制
支出转换政策	支出变更政策	价格—铸币流动机制	

二、思考与练习题

1. 试述国际收支概念的演变。
2. 试述国际收支平衡表的主要内容。
3. 比较新旧国际收支平衡表间的区别。
4. 下列哪些项目应记入本国国际收支平衡表？

(1) 在本国驻外使馆工作的本国工作人员的工资收入；

(2) 在外国驻本国使馆工作的本国工作人员的工资收入；

(3) 本国在外国投资建厂，该厂产品在本国市场的销售；

(4) 本国在外国投资建厂，该厂产品在当地市场的销售；

(5) 外国在本国投资建厂，在该厂工作的本国工人的工资收入；

(6) 债权国对债务国的债务减免；

(7) A 国向 B 国出口商品，将本国作为转口口岸；

(8) 在国外某大学读书的本国学生获得的该大学颁发的奖学金；

(9) 在题(8)中的本国学生用这笔奖学金支付的学费和生活费；

(10) 本国货币当局在本国私人市场上购买黄金，从而增加货币黄金的持有量；

(11) 本国货币当局在外国私人市场上购买黄金，从而增加货币黄金的持有量；

(12) 本国居民购买外商在本国直接投资企业的股票；

(13) 外商在本国直接投资企业在第三国投资建厂。

5. 按复式记账法将下列交易记入 A 国的国际收支平衡表。

(1) A 国向 B 国出口离岸价格为 5000 美元的商品，对方应在 60 天内付款。

(2) A 国价值 8000 美元的商品运至 C 国加工，加工费用为 2000 美元。这批商品在 C 国当地按 10 000 美元价格出售，售后向 A 国出口商付款。

(3) A 国在 F 国的留学生得到 F 国奖学金 1000 美元，用于生活费支出 500 美元，其余存入当地银行。

(4) A 国从 D 国进口到岸价格为 8000 美元的商品，以其在本国银行的 8000 美元外汇存款支付货款。

(5) A 国投资者获得投资于 M 国政府债券的利息 1000 美元，他将此收入用于购买 M 国公司的股票。

(6) A国投资者在C国进行20 000美元的直接投资,其中15 000美元以C国的货币支付,5000美元以机器设备的形式支付。

(7) B国进口商向A国支付货款5000美元,A国出口商向本国中央银行结汇。

(8) E国投资者3年前以900美元购买了A国面值为1000美元的零息债券,该债券与日经指数挂钩,该年到期时本金偿还增加到1050美元。

(9) A国政府从国际货币基金组织得到5000美元贷款,用于进口商品。

6. 一国贸易账户逆差的宏观经济含义是什么?

7. 国际收支平衡表各账户之间存在什么关系。

8. 何谓国际收支失衡?

9. 国际收支不平衡的原因有哪些?

10. 在纸币制度下,国际收支的自动调节机制有哪些?

11. 固定汇率制度与浮动汇率制度下,国际收支自动调节机制有何不同?

12. 国际收支的政策性调节措施有哪些?

第四章
国际收支调节理论

国际收支调节理论又称国际收支决定理论,是国际金融学的基本课题,主要分析一国国际收支的决定因素与保持国际收支平衡的政策调节问题。汇率理论与国际收支理论相当于国际经济领域中的微观经济学和宏观经济学,两者并非同步发展。回顾金本位制度确立后百余年的国际经济史,凡是汇率较稳定的时期,国际收支研究便发展迅速,而汇率理论则没有什么进展;凡是汇率波动剧烈的时期,汇率理论则有长足发展,而国际收支理论却处于停滞阶段。

随着宏观经济形势的变化,经济思潮的更替以及政策上的需要,国际收支理论也发生了较大的变化。国际收支理论主要产生于金本位制时期及"二战"后的固定汇率时期,但最早关于国际收支调节理论的系统论述可以追溯到 18 世纪。1752 年,大卫·休谟提出"价格—铸币流动机制",认为贸易盈余(赤字)通过黄金的流入(流出),会导致本国物价水平的上升(下降),从而使贸易盈余(赤字)自动消失,因此政府无须调整国际收支。20 世纪 30 年代起,随着国际金本位制的崩溃,各国国际收支状况陷入极度混乱的局面,经济学家开始对国际收支理论进行新的探索。马歇尔的"弹性论"是这一时期国际收支调节理论的代表,这一理论后经琼·罗宾逊、勒纳、梅茨勒等人的发展而不断得到完善。"二战"后,凯恩斯理论风行西方世界,亚历山大采用凯恩斯的宏观经济模式,提出了"吸收论"。60 年代,出现了以货币主义为基础的国际收支调节的"货币论"。这些理论各有侧重,事实上,上述三种理论中,前两者的研究对象都是国际收支中的经常项目下的净出口部分,只有货币分析法才是针对整个国际收支的分析,这与国际间资本流动的迅速发展相适应。这些理论大大丰富了国际收支决定的理论分析,为各国政府调节国际收支失衡提供了相应的理论依据。

第一节 弹性分析法

20 世纪 30 年代大危机后,国际金本位制彻底崩溃,各国经济陷入萧条,为了转嫁国内危机,刺激本国经济复苏,各国纷纷采用货币贬值的手段,试图通过刺激出口来调节国际收支,这使得汇率的变动非常频繁。但是,汇率的变动究竟对国际收支具有什么影响,能否起到刺激出口的作用,在当时并没有一个明确的结论,这一问题引起了经济学家的关注和思考,弹性分析理论(theory of elasticities approach)应运而生。

"弹性"是指一个变量对另一个变量变动的敏感程度。英国著名经济学家阿·马歇尔在其市场均衡理论中首创"价格的需求弹性"概念,揭示了需求弹性对市场供求关系的作用机制。1923年,马歇尔出版了《货币、信用和商业》一书,将这种局部均衡的弹性分析方法延伸到国际贸易领域,提出"进出口需求弹性"的概念,对不同进出口需求弹性条件下汇率变动对贸易收支的影响进行了探讨,为弹性分析理论的诞生奠定了基础。1937年,另一位英国经济学家琼·罗宾逊出版了《就业理论论文集》,以马歇尔局部均衡分析为理论基础,考察了汇率变动对进出口的影响,他不仅考虑了进出口需求弹性,还加入了进出口供给弹性,正式提出了弹性理论。1944年,美国经济学家A.勒纳着重分析和研究了在既定的进出口供求弹性下,一国采取货币贬值对于国际收支的影响,提出了著名的"马歇尔—勒纳条件"。1948年,美国经济学家L.梅茨勒在该理论的完善方面作出了重要贡献,创立了"罗宾逊—梅茨勒条件"。

一、马歇尔—勒纳条件

弹性分析法研究的是在收入不变的条件下汇率变动在国际收支调整中的作用。其基本假定是:经济处于充分就业状态,即收入不变而价格可灵活变动;进出口供给弹性趋于无穷大;不考虑国际间资本流动,国际收支等于贸易收支。它的基本结论是,在一定的弹性条件下,汇率变动通过国内外产品之间、本国生产的贸易品和非贸易品之间的相对价格变动,影响一国进出口品的供给和需求,从而影响国际收支。

汇率高低决定了本国产品与外国产品之间的相对价格或贸易条件(terms of trade):

$$T = \frac{P}{EP^f}$$

其中,T为贸易条件;P为本国产品价格或出口品价格(以本币表示);P^f为外国产品价格或进口品价格(以外币表示);E为以直接标价法表示的汇率。

贸易条件是以同种货币表示的出口价格指数与进口价格指数之比,表明一单位出口品所能换回的进口品数额。T值上升表示本国贸易条件改善,T值下降表示本国贸易条件恶化。在本国产品价格与外国产品价格保持不变的情况下,本币贬值使本国贸易条件恶化。同时,本币贬值使本国产品在外国市场变得相对便宜,外国产品在本国市场则变得相对昂贵,从而外国对本国产品的需求增加,本国对外国产品的需求减少。如果两国产品的供给弹性趋于无穷大,本币贬值将使本国产品出口数量上升,而进口数量减少。因此,由出口额和进口额的对比所形成的国际收支差额最终会改善还是恶化,取决于汇率变化对进出口需求量的影响程度,即进出口的需求弹性。

如果以本国货币记录国际收支,Q_X、Q_M分别表示出口量和进口量,X、M分别表示出口额和进口额,E为用直接标价法表示的汇率,则一国国际收支差额(CA)可表示为

$$\mathrm{CA} = PQ_X - EP^f Q_M = X - EM \tag{4-1}$$

假定汇率变动前国际收支处于平衡状态$X = EM$。对式(4-1)两边求微分,可得

$$\mathrm{dCA} = \mathrm{d}X - E\mathrm{d}M - M\mathrm{d}E$$

$$\frac{\mathrm{dCA}}{\mathrm{d}E} = \frac{\mathrm{d}X}{\mathrm{d}E} - \frac{E\mathrm{d}M}{\mathrm{d}E} - M$$

$$= \frac{EM}{X} \cdot \frac{\mathrm{d}X}{\mathrm{d}E} - \frac{E\mathrm{d}M}{\mathrm{d}E} - M$$

$$= M\left(\frac{dX}{dE} \cdot \frac{E}{X} - \frac{dM}{dE} \cdot \frac{E}{M} - 1\right)$$
$$= M(D_X + D_M - 1) \tag{4-2}$$

其中,出口需求的汇率弹性

$$D_X = \frac{dX}{dE} \cdot \frac{E}{X}$$

进口需求的汇率弹性

$$D_M = -\frac{dM}{dE} \cdot \frac{E}{M}$$

从式(4-2)可得出如下结论:

① 当 $D_X + D_M > 1$ 时,$dCA/dE > 0$。

表明本币贬值能使贸易收支得到改善。

② 当 $D_X + D_M = 1$ 时,$dCA/dE = 0$。

表明本币贬值,贸易收支状况不变。

③ 当 $D_X + D_M < 1$ 时,$dCA/dE < 0$。

表明本币贬值,贸易收支恶化。

可见,本币贬值后,国际收支是否改善,取决于进出口商品的需求弹性大小。本币贬值,一方面使出口商品的外币价格下降,进口商品的本币价格增加;另一方面使出口量增加,进口量减少。贸易收支是否改善取决于进出口数量的变动与其价格变动的对比关系。在进出口供给弹性无穷大的情况下,只有当 $D_X + D_M > 1$ 时,本币贬值使得数量变化导致外汇收入增加的幅度将超过由于价格变动引起外汇收入减少的幅度,从而使得国际收支得到改善。这就是著名的马歇尔—勒纳条件。

二、马歇尔—勒纳条件的进一步说明

(一) 关于收入不变假定的修正

弹性论关于货币贬值对贸易收支的影响,是在假定收入不变这一前提下进行研究的。而实际上,贸易收支的改善将通过乘数效应使国民收入增加,国民收入的增加又将导致进口上升,使得贸易收支改善的程度受到削弱。考虑收入变动因素后,马歇尔—勒纳条件将更为严格,必须展开为 $D_X + D_M > 1 + m$(m 为边际进口倾向)。

(二) 关于根据双边汇率考察一国贸易收支变动所存在的问题

当一国的贸易伙伴国不止一个时,考察汇率变动与该国贸易收支之间的联系,应采用有效汇率,即该国货币相对于其多个贸易伙伴国货币双边汇率的加权平均值。如果仍用该国货币与某一国货币之间的汇率,必然不能正确反映汇率变动与该国贸易收支变动之间的对应关系。这是因为,当该国货币相对某一种货币贬值时,可能相对另一种货币却呈升值趋势。因此,即使该国进出口需求弹性符合马歇尔—勒纳条件,本国货币与某一国货币的双边汇率的下跌也不一定导致该国贸易收支的改善。下面以韩国为例进行说明。

表4-1列出了韩国1986年第一季度到1995年第四季度的外贸及汇率变化情况,其

中的汇率是韩元/美元的实际汇率。

表 4-1　韩国的净出口和汇率

年份	净出口/亿美元	汇率	年份	净出口/亿美元	汇率
1986	65.80	1117.46	1991	−69.86	690.68
1987	109.74	978.62	1992	−30.53	675.15
1988	154.44	791.89	1993	14.75	658.53
1989	59.51	746.96	1994	−28.39	609.31
1990	−13.26	716.4	1995	−46.61	567.94

资料来源：IMF：International Financial Statistics，1996

采用 1986 年第一季度到 1995 年第四季度以美元标价的季度进出口额、国民收入和剔除了通货膨胀因素的实际汇率，得出韩国的进出口需求弹性为：$D_X=0.3916$，$D_M=0.9539$，$D_X+D_M=1.3455$，韩国的平均进口倾向为 $m=0.1008$。可见，$D_X+D_M=1.3455>1+m=1.1008$，满足马歇尔—勒纳条件。按照弹性分析理论的观点，韩元贬值应该改善韩国的国际收支。但实际上，在 1986—1995 年的 10 年中，韩元对美元的实际汇率一直是稳中有升，而进出口变化却出现了两个波峰、一个波谷。韩国的贸易收支变化有 6 个年度与弹性分析理论的结论相符，而有 4 个年度与此结论相左。

出现上述结果的原因主要是韩国的主要贸易国不只是美国，还包括日本。美国、日本分别占韩国全部出口额的 30% 和 20% 以及全部进口额的 25% 和 30%。由于美元、日元之间的汇率波动，韩元对美元升值时，必然表现为对日元贬值，结果是对美国的贸易收支恶化，对日本的贸易收支却改善。例如，1988 年日元对美元大幅升值，虽然韩元对美元升值，与 1987 年相比，韩国对美国出口下降了 3.4%，进口增加了 3.2%。但是，日元升值和日本国内市场开放，使韩国同期对日本的出口提高了 2%，进口下降了 2.6%，对美国的贸易收支逆差因对日本的贸易收支顺差得到了弥补。如果不以综合反映一个国家国别贸易总收支均衡的有效汇率而是仅以该国货币对美元的汇率变化来计算马歇尔—勒纳条件，往往会因为美元与其他主要贸易伙伴国货币之间的反向运动而大打折扣。

（三）关于进出口供给弹性无穷大的修正：罗宾逊—梅茨勒条件

马歇尔—勒纳条件假设进出口供给弹性趋于无穷大，对于尚未实现充分就业的国家，这一条件可以成立，但对于已实现充分就业的国家，进出口供给弹性为有限弹性，而非无限弹性。

如果进出口供给弹性不是无穷大，则本国货币贬值不一定会使贸易条件恶化。原因在于出口供给受到供给能力的限制，对出口品需求的增加会导致出口品的本币价格提高。如果用 S_X、S_M 分别代表出口供给弹性和进口供给弹性，那么，当 $S_X S_M > D_X D_M$ 时，本币贬值会使贸易条件恶化；当 $S_X S_M < D_X D_M$ 时，本币贬值会使贸易条件改善；而当 $S_X S_M = D_X D_M$ 时，本币贬值不会使贸易条件发生变化。这样，在进出口供给弹性不是无穷大的一般情况下，本币贬值能否使国际收支得到改善，不再适用马歇尔—勒纳条件，而取决于进

出口供给价格弹性和需求价格弹性能否满足罗宾逊—梅茨勒条件：

$$\frac{S_X S_M (D_X + D_M - 1) + D_X D_M (S_X + S_M - 1)}{(D_X + S_X)(D_M + S_M)} > 0$$

（四）贬值的时滞问题——J 曲线效应

贬值能否立即引起进出口数量的变化，从而改善国际收支状况？通常认为在短时间内，即使马歇尔—勒纳条件成立，贬值也不能立即引起贸易数量的变化。这是因为从进出口品相对价格变动到贸易数量的增减需要一段时间，即存在时滞。在这一期间内，贬值不仅不能改善国际收支，反而会使其状况恶化。只有经过一段时间后，国际收支状况才会得到改善。这一现象被称为"J 曲线效应"，它描述了本币贬值后，国际收支随时间变化的轨迹，由于酷似英文大写字母 J 而得名（见图 4-1）。假设在 $T=0$ 时刻，贸易收支存在逆差。此时采取货币贬值措施，则贸易收支在 $0 \sim T_1$ 时期进一步恶化，$T_1 \sim T_2$ 时期逆差缩小，T_2 时贸易收支开始改善，而 T_3 时贸易收支平衡，此后贸易收支出现顺差。

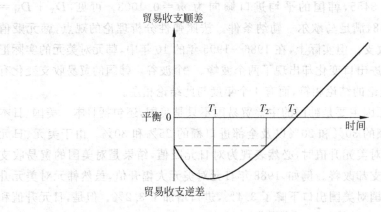

图 4-1 J 曲线效应

存在从货币贬值到贸易收支改善的时滞的原因如下。

(1) 贸易合同调整的滞后。贸易合同是在贬值之前签订的，在合同有效期内，货币贬值对已签订的贸易合同所规定的进出口数量和价格没有影响。国际收支差额的变化取决于进出口合同中规定的计价货币。如果进出口全以本币计价，则贬值后的国际收支差额不会发生变化；如果进出口不全以本币计价，那么贸易差额有可能改善也有可能恶化。按照惯例，通常进口品以外币计价，出口品以本币计价，因此贬值以后出口的本币收入不变，进口的本币支出增加，导致贸易收支进一步恶化。

(2) 生产者和消费者的反应滞后。出口方面，短期内国内出口企业扩大出口的能力有限，尽管出口商品的外币价格下降，但出口数量的增加幅度较小，出口的外汇收入会减少；另外，国外消费者对本国出口商品需求的增加也需要时间，况且，消费者在这个过程中还会考虑价格以外的其他因素（如质量、信誉等）。进口方面，短期内，进口的本币价格虽上升，但由于某些进口品是必需的，进口品数量不会立即下降。本币贬值后贸易收支（国际收支）不能立刻改善。

根据各国实施货币贬值政策的经验，通常货币贬值改善国际收支的时滞为 2~3 年。

出口商品的供给和需求弹性是造成各国时滞的重要原因。例如,英国财政部曾对英国的情况作出了估计,认为英镑贬值后,经常账户最初的恶化要持续两个季度,累计的损失需要1年左右的时间才能消除。在美国经济中,从美元汇率变化到贸易收支改善的时滞长达2年。如从1985年第二、三季度起,美元开始逐步贬值后,美国贸易收支仍持续恶化,到1987年美国贸易赤字达到创纪录的最高点,此后出口才开始增加。

三、评价

(一) 贡献

弹性分析理论表明:货币贬值能否改善贸易收支取决于进出口供求弹性,只有进出口商品需求弹性之和大于1,进出口商品供给弹性趋于无穷时,货币贬值才能改善一国的贸易收支。因而,弹性论纠正了货币贬值一定能改善国际收支的片面看法。

弹性论正确指出了货币贬值对不同国家有不同的影响。一般来说,发达国家进出口产品大多是弹性大的工业制成品,货币贬值改善贸易收支的作用较大;而发展中国家进出口产品大多是弹性较小的初级产品,货币贬值改善贸易收支的作用较小。

(二) 局限

(1) 局部均衡分析法。弹性论只考虑汇率变化对进出口商品价格的影响,而假定其他条件不变。事实上,汇率变化还会影响本国的一般价格水平,即本币贬值导致进口品本币价格上升。一方面进口原料与半成品价格上升,导致本国商品生产成本上升;另一方面进口消费品价格上升,导致生活费用提高,工人要求提高工资,本国工资水平上升,也导致本国生产成本上升。生产成本上升导致国内物价水平进一步上升,使得出口下降、进口增加,削弱了贬值使贸易收支改善的程度。此外,弹性论关于货币贬值对贸易收支的影响,是在假定收入不变这一前提下进行的,而实际上,贸易收支与国民收入之间存在相互影响。

(2) 供给弹性无穷大与充分就业的假定相互矛盾。在小于充分就业均衡时,即国内外都存在大量未被充分利用的闲置资源的条件下(20世纪30年代大萧条时期),进出口品供给弹性无穷大的假设可能成立,但在经济接近充分就业的条件下,供给难以随着需求的增加而增加,这时,各部门对资源的竞争将使生产要素价格上升,进而引起产品价格上升。因而,在接近充分就业的条件下,进出口品的供给价格弹性无穷大的假定将不再成立。

(3) 弹性论采用的是静态分析方法,忽略了汇率变化的时滞效应。

(4) 弹性论将国际收支等同于贸易收支。实际上,汇率变动不仅影响贸易收支,非贸易收支也会受到影响,当代国际间资本流动已占有重要地位,忽略这一点,不符合国际收支的实际情况。

第二节　吸收分析法

弹性分析法无论在理论上还是实践上都存在局限性,很快就受到了西方一些经济学家的批评。人们越来越认识到,国际收支与整个国民经济相联系,建立在局部均衡分析基础上的弹性论不足以说明一般的总量现象,它未能说明国民收入变化对国际收支的影响;此外,马歇尔—勒纳条件假设进出口商品的供给弹性无穷大,这一假设在"二战"前尚可适用,而战后初期各国供应不足以及后来达到充分就业的情况下,则不适用了。

随着凯恩斯主义的流行,20世纪50年代产生了以英国经济学家詹姆斯·米德和美国经济学家亚历山大为代表的国际收支吸收论,它是凯恩斯主义的有效需求理论在国际收支调节中的应用。

一、吸收理论的基本公式

吸收分析法(absorption approach)又称支出分析法,或收入—吸收分析法。它的基本精神来自凯恩斯主义的有效需求理论,认为国际收支是总量不平衡的结果,因而可以通过调整有效需求,来影响国民收入和支出行为,从而调整国际收支。

将国民收入恒等式:$Y=C+G+I+(X-M)$ 移项、整理后,得

$$X-M = Y-(C+I+G)$$

如果定义总吸收 $A=C+I+G$,贸易差额 $B=X-M$,则有

$$B = Y - A \tag{4-3}$$

这就是国际收支吸收分析理论的基本公式。该公式高度概括了国际收支与国民经济总量之间的数量关系,表明国际收支不平衡的根本原因是国民收入与国内支出的总量失衡。当一国一定时期的总收入大于总吸收($Y>A$)时,该国就会出现国际收支顺差;相反,当总收入小于总吸收($Y<A$)时,该国就会出现国际收支逆差。因此在国际收支失衡时,可以通过变动收入和支出进行调节。减少国际收支逆差的方法可以是增加总收入,或减少总吸收,或两者兼用。

二、贬值效果分析

进一步地,设

$$A = A_0 + aY \tag{4-4}$$

其中,A_0 为独立于收入之外的自主吸收;$a = \dfrac{dA}{dY}$,为边际吸收倾向,即收入变动1单位时的吸收变动量。

将式(4-3)代入式(4-4),得 $B=(1-a)Y-A_0$

$$dB = (1-a)dY - dA_0 \tag{4-5}$$

从式(4-5)可以看出,贬值的效果可通过以下三个渠道实现:①dY,它代表贬值对收入的直接影响;②a,它代表贬值通过收入变化对吸收的间接影响;③dA_0,它代表贬值对吸收的直接影响。

(一) 贬值对收入的直接效应

1. 闲置资源效应(idle resources effect)

在贬值国存在尚未得到充分利用的闲置资源的情况下,贬值会使出口增加、进口减少,从而使该国产出(即国民收入)成倍增加,这使国际收支得到改善;同时,国民收入增加会使本国消费支出和投资支出增加,进而总吸收水平上升,这导致国际收支状况恶化。最

终贸易收支将会改善还是恶化,取决于边际吸收倾向 a。由式(4-5)可见,如果 a<1,吸收的增加小于国民收入的增加,dB>0,贸易差额得到改善;如果 a>1,吸收的增加大于国民收入的增加,dB<0,贸易收支恶化。

2. 贸易条件效应(terms of trade effect)

由于本币贬值后,进出口数量不能立即调整,贸易差额将因贸易条件的恶化而恶化,使实际收入下降。随着实际收入下降,总吸收水平随之下降(因为自主吸收不变)。贸易差额 $dB=dY-dA=dY-adY=(1-a)dY$,如果 a<1,则 dB>0,贬值的贸易条件效应会使国际收支状况得到改善。

3. 资源配置效应

本币贬值后,出口增加、进口减少,将引起资源的重新配置,促使资源向进口替代部门或面向出口的部门流动,或者说,使资源向生产率提高的部门流动,从而使该国收入增加,改善贸易收支。

(二)贬值对吸收的直接效应

1. 实际现金余额效应(real cash balance effect)

如果本币贬值引起该国物价水平上升,人们持有的实际现金余额将减少。为此人们或者被迫减少对商品和劳务的支出,使消费水平下降,总吸收水平减少;或者将持有的金融资产(债券)变现,这会使资产价格下降,利息率上升,消费和投资水平下降,总吸收减少。因此实际现金余额效应通过总吸收的减少会使贸易收支得到改善。

2. 收入再分配效应(redistribution of income effect)

本币贬值,物价上升。收入向利润所得者及政府部门转移,而使得固定工资收入者和纳税者收入减少。因为固定工资收入者的收入水平较低,其消费支出倾向较大(储蓄较小),收入再分配的结果使整个社会的消费支出和吸收总额减少,从而贸易收支得到改善。但如果利润收入者或政府将其收入用于增加投资,那么吸收将增加。总吸收增加与否或贸易收支能否得到改善,取决于实际消费支出变动与投资支出变动的对比。

3. 货币幻觉效应(money illusion effect)

货币幻觉是指人们只注意到名义价值而忽视实际价值的现象。本币贬值使物价水平上涨,如果货币收入与价格同比例上涨,实际收入将保持不变。但如果人们存在对物价的货币幻觉,那么将减少消费,总吸收水平随之下降,货币幻觉效应使贸易收支状况得到改善;而如果人们存在对工资的货币幻觉,将增加消费,从而得到相反结果。

(三)贬值对吸收的间接效应

贬值对吸收的间接效应是指贬值通过收入变动对吸收产生的第二轮影响。如果贬值导致收入增加,那么吸收会增加 $a\Delta Y$。例如,在闲置资源效应分析中,贬值引起收入增加,现在我们要进一步考察这种收入增加对吸收的影响。这种影响取决于 a 值的大小。由于经济周期的作用,a 可能大于 1 也可能小于 1。如果 a<1,那么贬值对贸易差额的影响取决于 $(1-a)\Delta Y$ 与 ΔA 的比较。如果 a>1(收入提高引起人们更大幅度地增加消费与投资),那么贬值必然会使贸易收支恶化。又如,在贸易条件效应分析中,贬值引起贸易条件恶化和收入下降,这对该国贸易收支有消极影响。但是如果 $a>1$,那么这种收入下降会引起吸收更大幅度的下降,贸易条件效应最终表现为改善该国的贸易收支。

三、吸收论的政策含义及检验

根据国际收支吸收论的观点,对国际收支的调节也是对国民经济失衡的调节。如果某个国家发生国际收支特别是贸易收支不平衡,那么一定是该国商品市场的总供给与总需求不相等,即该国必然存在经济过热、通货膨胀或经济萧条、严重失业等现象,因而对国际收支的调节也是对国民经济失衡的调节。因此,可以从两方面调整国际收支逆差:一是增加产量或收入;二是减少支出或吸收。通常,增加收入通过支出转移政策来实现,减少吸收则通过支出减少政策来实现。通过支出转移政策,将国内外的支出最大限度地转移到国内产品上,以增加本国收入,使得国际收支得到改善。通过支出减少政策的实施,一方面可直接减少进口支出而改善国际收支;另一方面可减少国内总需求,从而降低通货膨胀水平,促使出口增加、进口减少,使国际收支得到改善。

对美国、日本等发达国家,韩国、墨西哥等新兴工业化国家,以及中国、印度等发展中国家的实证分析,基本证实了吸收论的正确性。

四、评价

(一) 贡献

吸收论正式将国际收支上升到宏观经济的范畴,首次建立了国际收支与国民收入各决定变量之间的数量关系,将国际收支与国内经济结合起来,说明通过国内经济的调整可以起到调节国际收支的作用,为各国政府制定宏观经济政策提供了理论依据。而且,吸收论摆脱了弹性论机械地就进出口论进出口的局限性,有助于深入认识国际收支失衡的原因和均衡性质。

(二) 局限

(1) 吸收论建立在国民收入核算恒等式的基础上,对收入、吸收与贸易收支之间的因果关系及其相互影响分析不够。

(2) 吸收论没有考虑到本币贬值后相对价格变动在国际收支调整中的作用。

(3) 吸收论是一个单一国家模型,没有考虑到贸易伙伴国进出口对本国进出口数量和价格的影响。

(4) 吸收论没有考虑国际间的资本流动,将国际收支等同于贸易收支。

第三节 货币分析法

一、提出

弹性论和吸收论在对国际收支的分析中强调的是实际商品贸易,很少涉及资本和金融项目,在国际资本流动远不发达的情况下尚能够提供某些有用的直观推理,然而,"二战"以后,随着国际投资和国际资本流动的迅速发展,尤其是在 20 世纪 70 年代以后,国际金融市场迅速发展,国际间大规模资本流动非常频繁,金融和资本项目在国际收支中占了越来越大的比重,国际资本流动对开放经济运行的影响越来越大,特别是在短期分析中更是不可忽略的因素。为了充分理解国际经济联系,在国际收支分析中必须把金融资产的重要作用包括进来。

此外,我们已经知道,"二战"后西方国家盛行凯恩斯主义学说,凯恩斯重点分析的是需求不足的萧条经济,经济周期在经济过热与萧条之间反复,失业与通胀之间存在替代关系。但 20 世纪 60 年代末至 70 年代中后期西方开始出现前所未有的"滞胀"现象,即停滞(经济萧条、失业严重)与通货膨胀同时并存,或松或紧的经济政策都无法使经济回到最佳状态,凯恩斯的需求管理政策失灵。

在这种背景下,货币主义开始再次盛行。蒙代尔(R. Mundell)、约翰逊(H. Johnson)、弗兰克尔(J. Frenkel)等人将封闭经济条件下的货币主义原理应用到开放经济中,从而发展了国际收支货币理论。其主要观点是反对政府干预,不论是国内经济的调节还是国际收支的调节,都主张让市场机制发挥主要作用,政府干预只应起到弥补作用。

从理论渊源来看,国际收支货币分析理论可以追溯到休谟的价格—现金流动机制,但货币分析理论有了很大进展,克服了休谟学说的两个局限性:①将研究对象从经常项目扩展到资本和金融项目,不追求局部均衡,而是以国际收支平衡表的线下项目(平衡项目)为研究对象,强调国际收支的整体平衡,也就是说,将一国的对外经济活动从实物经济部门扩大到了包含货币部门在内的所有领域,从而更接近实际情况。②突破了休谟理论金本位制的假设前提,即讨论固定汇率制度下的国际收支调节,以及浮动汇率制度下的国际收支调节。

二、内容

(一) 国际收支问题本质上是一个货币现象

货币论认为,国际收支问题本质上是一个货币现象,国际收支不平衡的根本原因在于国内货币供给与货币需求的失衡。当一国内货币需求增加,或者货币当局控制国内信贷规模,造成货币需求大于货币供给时,超额的货币需求将由外国货币的流入得到满足,换言之,人们将变卖外国商品和金融资产,减少对外国商品的消费,从而导致国际收支顺差;当货币需求小于货币供给时,超额的货币供给必须通过本国货币流出来消除,或者说,人们手中的现金余额过多,为了将过多的现金花出去,人们将增加对外国商品、劳务和金融资产的购买,这将导致国际收支逆差。一般来说,货币需求较稳定,因此国际收支失衡通常是由货币供给过大或过小引起的。货币论还认为,只要一国不严重依赖于通货膨胀性的货币供给增加为政府支出融资,就不会经历长期或结构性的国际收支赤字。可见,国际收支逆差和顺差是一国货币市场供求关系失衡的反映,国际收支从根本上看是一种货币现象。

(二) 国际收支失衡的调节需要通过对货币供求失衡的调节来实现

就货币分析模型的内容来说,它的分析框架是开放经济条件下的货币供求分析。

1. 货币需求

货币需求方程式为

$$M^d = kPY \tag{4-6}$$

其中,k 为常数;P 为价格水平;Y 为国民收入。

对式(4-6)取对数,然后对时间 t 求导,可以得到下列结果:

$$\ln M^d = \ln k + \ln P + \ln Y$$

$$\frac{1}{M^d}\frac{dM^d}{dt} = \frac{1}{k}\frac{dk}{dt} + \frac{1}{P}\frac{dP}{dt} + \frac{1}{Y}\frac{dY}{dt} \tag{4-7}$$

$\frac{1}{X}\frac{dX}{dt}$ 为 X 的变化率,记为 $\hat{X}$,则式(4-7)可以表示为

$$\hat{M}^d = \hat{k} + \hat{P} + \hat{Y} \tag{4-8}$$

由于 $\hat{k}$ 是由社会习俗、商业惯例等因素决定的,通常比较稳定,所以 $\hat{k}$ 可以视为零,即 $\hat{k}=0$,那么式(4-8)变为

$$\hat{M}^d = \hat{P} + \hat{Y} \tag{4-9}$$

式(4-9)表明,货币需求的变动率等于价格水平变动率与实际国民收入变动率之和。根据货币分析法,在货币供给不变的情况下,价格水平和实际国民收入上升都会使货币需求上升,如果出现超额货币需求,国际收支状况将会得到改善。

2. 货币供给

在开放经济中,中央银行的资产不仅包括国内资产成分 D(国内信用),而且包括国外资产成分 F(国际储备)。D 和 F 之和构成了中央银行的负债,即中央银行提供给国内银行体系的强力货币 H。货币供给 M^s 由中央银行通过改变基础货币量来控制,可用式(4-10)简单表示为

$$M^s = m(D + R) \tag{4-10}$$

其中,M^s 为货币供给量;m 代表货币乘数;D 为国内信用;R 为黄金与外汇储备;ΔM^s、ΔD、ΔR 表示上述各变量的增量;$\hat{M}^s$、$\hat{D}$、$\hat{R}$ 表示相应各变量的增长率。与此相应,我们有

$$\frac{\Delta M^s}{M^s} = m\left(\frac{\Delta D}{D}\frac{D}{M^s} + \frac{\Delta R}{R}\frac{R}{M^s}\right) \Rightarrow \hat{M}^s = (1-\alpha)\hat{D} + \alpha\hat{R} \tag{4-11}$$

其中,$\alpha = \frac{R}{M^s}m$ 表示货币供给中国际储备所占的比重。

3. 货币供求平衡

由于

$$M^s = M^d$$

由式(4-9)和式(4-11),得

$$\hat{P} + \hat{Y} = (1-\alpha)\hat{D} + \alpha\hat{R} \tag{4-12}$$

若一价定律成立,即 $P = EP^f$。其中,P、P^f 为国内外价格水平;E 为汇率(直接标价法)。则

$$\ln P = \ln E + \ln P^f$$

$$\frac{1}{P}\frac{dP}{dt} = \frac{1}{E}\frac{dE}{dt} + \frac{1}{P^f}\frac{dP^f}{dt}$$

$$\hat{P} = \hat{E} + \hat{P}^f \tag{4-13}$$

将式(4-13)代入式(4-12),可得

$$\hat{E}+\hat{P}^f+\hat{Y}=(1-\alpha)\hat{D}+\alpha\hat{R} \tag{4-14}$$

在固定汇率制度下,$\hat{E}=0$,则

$$\hat{R}=\frac{1}{\alpha}\hat{P}^f+\frac{1}{\alpha}\hat{Y}-\frac{1-\alpha}{\alpha}\hat{D} \tag{4-15}$$

式(4-15)表明:在固定汇率制度下,汇率的变动为零。在收入和国际价格不变的情况下,国内信贷的增长会导致国际储备的减少,从而使国际收支逆差自行得到改善。

在浮动汇率制度下,一国货币当局不必维持汇率的稳定,所以$\hat{R}=0,\hat{E}\neq0$,则

$$-\hat{E}=\hat{P}^f+\hat{Y}-(1-\alpha)\hat{D} \tag{4-16}$$

式(4-16)表明:在浮动汇率制度下,国际储备的变动为零。在收入和国际价格不变的情况下,国内信贷的增长会导致汇率上升,即本币贬值,从而使国际收支逆差得到改善。

在有管理的浮动汇率制度下,央行可以选择使汇率保持在某个非均衡水平,同时允许国际储备变动,汇率变动和国际储备流动共同使货币市场恢复均衡,从而使国际收支恢复均衡。

三、政策含义

从上述分析可以看到,货币论认为,不论何种汇率制度,依靠经济的自动调节机制,能够使国际收支失衡得到恢复,调节政策完全不必要,但可加速调节过程。政府可以运用的调节方式主要有下面四种。

(1) 增减国际储备。这种方法简便易行,但是国际储备数量的增减有其内在规律,往往不是人为能够控制的,只适用于调节周期性、小幅度的国际收支失衡。

(2) 调整国内价格。货币供给变动造成物价、名义现金余额变动,引发资产和财富在本币和外币之间的重组。但价格调整能否生效,取决于本国的贸易结构以及贸易品进出口供求弹性是否满足马歇尔—勒纳—罗宾逊条件。由于价格调整所需时间较长,这种方法比较适合中长期国际失衡的调节。

(3) 调整汇率。相对于价格调整而言,汇率变动直接改变本国贸易品以外币表示的价格,无须改变贸易品的本币价格,因此国内价格体系、经济结构不必进行调整就可以改变国内外商品的相对价格,能使本国经济在免受冲击的情况下实施对国际收支的调节;而且汇率调整速度快于国内价格调整速度。调整汇率显然比调整价格更具优越性,适用于中短期国际收支失衡的调节。

(4) 进行外汇管制。在上述三种方法无法实施或者实施的代价太大、所需时间太长的前提下,通过对贸易、资本流动进行直接控制,可以迅速调节国际收支失衡。

在上述四种方法中,调节国际收支的手段主要是调整国内价格和调整汇率。前者主要用于固定汇率制度下,后者主要用于浮动汇率制度下。由于国内价格水平是一国货币供给的函数,与货币供给同方向变化;汇率与两国利率、价格水平直接联系,而利率和价格都是货币供给的因变量,因此可以得出结论:货币供给是调节国际收支的最终和根本力量。

国际收支货币论的政策含义归纳如下。

(1) 国际收支失衡不会长期存在。由于存在自动调节机制,国际收支失衡能够自行

恢复,应减少政府干预。

(2) 货币论认为,从长期来看,实际的货币需求取决于人口的自然增长、技术的整体进步,具有很强的稳定性。在货币需求不变的条件下,货币供应增加最终会导致国际收支逆差。国际收支失衡的恢复必须主要依靠货币供给的变化来消除。因此,改善一国国际收支逆差的最好办法,也是长期有效的办法,就是通过国内信贷的紧缩降低国内通货膨胀率。

(3) 由于调整汇率比调整价格具有优越性,因此货币学派反对实行固定汇率制度,认为固定汇率制度下即使可对汇率定期进行适应性调整,也会给经济带来突发性振荡;因此,只有实行浮动汇率制度,才能通过汇率的自行调整,使国际收支自动恢复平衡,同时,不会对经济造成过大的冲击。

四、评价和检验

(一) 评价

1. 贡献

(1) 国际收支货币论是在20世纪70年代凯恩斯主义陷入困境的环境下提出来的。凯恩斯主义的弹性分析和吸收分析都从一国角度出发,考察何种政策能够改善本国国际收支。但是,如果各国都采取损人利己的国际收支调节政策,那么必然会带来两败俱伤的结果。在这种背景下,货币主义主张的自由放任的国际收支调节政策具有一定的积极意义。

(2) 重新强调了在国际收支分析中对货币因素的重视。凯恩斯主义统治西方经济学界以后,在国际收支分析中只强调了实际因素(收入、价格、利率和贸易条件等),几乎没有涉及货币因素,而货币论重新强调了1752年大卫·休谟提出的"物价—现金流动机制"所阐释的货币供给变动对国际收支失衡的调节作用。

(3) 与弹性论和吸收论不同,货币论考虑了资本流动对国际收支的影响。

2. 主要缺陷

(1) 颠倒了国际经济的因果关系。将货币因素视为决定性因素,忽视了国民收入、进出口商品结构、贸易条件等实际因素对国际收支的影响;而且,货币论认为是货币需求决定交易需求,但实际上是交易需求决定货币需求。

(2) 关于货币需求函数稳定的假设不严密。在短期,货币需求并不稳定,因为货币供给增加将导致利率下降,使投资和消费增加,从而使收入增加,而货币需求是收入的函数,将随收入增加而增加。

(3) 强调对国际收支长期均衡的分析,忽略了短期国际收支失衡所带来的影响。长期均衡分析建立在一价定律和购买力平价的基础上,而由于存在运输成本、贸易障碍、信息不完全等因素,一价定律和购买力平价并不严格成立。因此货币分析论的政策调整在实践中会出现偏差。

(4) 主张当国际收支出现失衡时,通过国际收支的自动调节机制使其恢复平衡,而反对政策干预。如果要采取干预措施,则针对国际收支逆差的基本对策应是实行紧缩性货币政策,但这个政策的必然后果是以牺牲国内的消费、投资、收入和经济增长为代价来纠正国际收支逆差。这一点曾受到许多国家尤其是发展中国家经济学家的批评。例如，当某一会员国国际收支处于严重逆差，并要求 IMF 提供高档信贷部分贷款时，IMF 往往要会员国采取大规模削减财政赤字、严格控制信贷规模和进行货币贬值等措施，以改善国际收支。IMF 的这些要求就是以货币分析理论为基础的，认为货币供求是决定国际收支的首要因素，因而强调实行以控制国内信贷为主的政策，这些要求同时反映了吸收分析理论以控制国内需求为主，以及弹性分析理论通过货币贬值促进出口的论点。

（二）检验

从经济的实际运行来看，货币学派的理论主张一直受到挑战，即使是最为自由的市场经济国家，政府对经济的干预也一直存在。

五、货币论、弹性论和吸收论的区别及三者的局限性

（一）货币论、弹性论和吸收论的区别

1. 考察的经济环境不同

弹性论考察的是处于萧条中的经济，因此它忽视价格水平的变化。吸收论还考察未实现充分就业的经济并提出闲置资源效应，但它也涉及对充分就业经济的分析。货币论则以充分就业经济为考察对象，它特别重视价格水平的变动。

2. 考察的政策对象重点不同

弹性论只考察汇率政策。吸收论除了考察汇率政策之外，还将讨论扩展到汇率政策以外的支出变更政策（财政、货币政策）和支出转移政策（直接管制）。货币论对政策工具的划分更为细致，并特别重视对货币政策的分析。

3. 考察的期限不同

吸收论和弹性论都属于短期分析，这解释了为什么它们认为国际收支调节政策是有效的。货币论虽然也涉及短期调整过程，但是它侧重考察长期均衡状态，这也有助于说明为什么它认为国际收支调节政策的效力是有限的。

4. 对于调节机制的考察重点不同

弹性分析强调贬值的相对价格效应对于国际收支调节的作用。吸收论强调有关政策通过影响国内收入和支出而对国际收支产生的影响。货币论则特别强调有关政府对国际储备的影响，进而通过其对货币供求的影响来调节国际收支。

5. 提出的政策主张不同

弹性论和吸收论都主张政府干预国际收支调节，而货币论强调政府对国际收支采取自由放任政策。

（二）货币论、弹性论和吸收论的局限性

总的来看，本章所介绍的国际收支调节理论随着经济全球化的发展，其局限性日益突出。经济全球化表现为随着产品市场的开放到资本市场的开放，巨额资本在国际间频繁流动。弹性论假定的前提条件之一是国际收支等于贸易收支，不考虑资本的国际流动；吸

收论也有类似的隐含前提,该理论只针对国际收支经常项目,忽略对资本项目的分析,而且忽略了资本因素对国际收支不平衡的影响,而在经济全球化阶段,资本项目的变化和货币量的变化成为国际收支失衡的主要影响因素。货币论以购买力平价为基础,侧重国际收支的长期均衡条件分析,但在全球化条件下,国际收支失衡更多地表现为短期的暂时失衡,反映在外汇市场上汇率频繁而大幅振荡,但货币论没有进行国际收支短期失衡的诸因素分析。

不可否认,在世界经济发展的不同阶段形成的这些理论对国际收支的研究作出了积极贡献,对研究当代国际收支问题的某些局部分析仍具有较高的理论价值,不过在全球化环境中,国际收支的研究更需要将各个不同市场融合在一起的、将国内市场和外部市场融合在一起的进行综合分析的国际收支理论。下一章将介绍的有效市场分类原则、斯旺模型以及蒙代尔—弗莱明模型以内外均衡为视角,更接近现实经济,但这些理论模型并非国际收支管理的终极理论,在诸如国际收支管理的国际合作等问题上,仍存在理论突破的巨大空间。

本 章 复 习

一、概念

J曲线效应　　马歇尔—勒纳条件　　贸易条件　　闲置资源效应
弹性论　　　　吸收论　　　　　　　货币论

二、思考题

1. 试用简单的数学推导证明马歇尔—勒纳条件。
2. 试述J曲线效应存在的原因。
3. 评述吸收分析法。
4. 评述货币分析法的政策主张。
5. 试总结各派国际收支调节理论的前提条件与核心内容的异同。

B&E 中 篇

国际金融管理

第五章
开放经济下的宏观调控

开放经济是指商品、资本、劳动力等生产要素跨越国界流动的经济。显然,开放经济的运行比封闭经济要复杂得多。封闭条件下,政府对经济进行调控的中心任务是实现经济的稳定和发展。开放经济下政府宏观调控的难度增加,调控的中心任务是在实现稳定与发展的同时,确定经济合理的开放状态,并解决开放和稳定发展之间可能存在的矛盾。开放经济的上述两个任务被称为内部均衡与外部均衡。国际金融管理的重点就是从货币金融的角度研究这两个目标如何相互冲突以及如何通过政策配合加以协调。本章的主要内容是介绍一国在开放经济条件下的政策目标、政策搭配原理和政策效果的分析。

第一节 开放经济下的政策目标

一、内部均衡与外部均衡

在封闭经济下,经济增长、价格稳定、充分就业是政府宏观调控所追求的主要目标;开放经济下,国际收支平衡成为政府关注的目标之一。其中,前三个目标可归入内部均衡目标之中,后一个目标则属于外部均衡目标。在内部均衡的三个目标(经济增长、价格稳定、充分就业)中,经济增长是长期任务,而且20世纪80年代以来,主要的发达国家越来越强调通过市场机制的自身运作实现可持续的经济增长,因此经济增长目标从政策目标菜单中逐渐淡化,只剩下价格稳定和充分就业了。由此,可将内部均衡定义为:处于无通货膨胀的充分就业状态。因此,当一国生产性资源被充分利用并且价格水平稳定时,该国经济处于内部平衡。外部均衡虽然只是单一的目标,但由于涉及一国对外经济联系,随着实际经济条件的变化,外部均衡目标的标准也在变化。

(一) 各目标之间的矛盾

上述各目标之间并非协调一致,往往存在矛盾。从内部目标来看,除经济增长和充分就业之间存在正相关关系,具有较多的一致性以外,充分就业与价格稳定之间以及物价稳定与经济增长之间都有矛盾。对充分就业与价格稳定之间关系最经典的描述是菲利普斯曲线。该曲线表明,失业与通货膨胀之间存在一定的替代关系,而当通货膨胀被完全预期到时,两者之间的替代关系就会消失,存在失业率和通货膨胀率同时增加的可能。对物价稳定与经济增长之间的关系则存在较多争论。第一种观点认为物价波动(上涨)中的经济增长是经济增长的常态;第二种观点认为在经济达到潜在产出之前,适度的物价上涨能刺激投资和产出的增加,从而促进经济增长,而随着经济增长,价格可能趋于下降或稳定,两者并不矛盾;第三种观点则认为只有物价稳定才能维持经济的长期增长。

不仅内部各目标之间存在矛盾,外部目标与内部目标之间也是相互影响的,两者既存在一致性,也存在冲突和矛盾。从国际收支与经济增长之间的关系来看,一方面,不仅出口增长可以对经济增长作出巨大贡献,而且通过进口获得本国稀缺的商品和资源、引进外国资金等途径,可以加快经济增长的步伐。另一方面,国内经济增长会导致国民收入的增加和支付能力的增强,从而增加对进口商品及国内本来用于出口的一部分商品的需求,此时如果出口贸易的增长不足以抵消这部分需求,必然会导致贸易收支的失衡;就资本和金融项目而言,外资的流入导致该项目顺差,但并不一定能确保经济增长与国际收支平衡协调一致,这还要取决于外资的实际利用效果。从国际收支与价格稳定、充分就业的影响来看,当一国存在较多的闲置资源时,出口的增长可以在保持价格稳定的同时提高就业率;而当一国资源利用空间接近充分就业时,出口的增长会产生通货膨胀。反过来,央行稳定国内物价的努力常会影响该国的国际收支平衡。如为降低通货膨胀而降低货币供应量或提高利率,在资本自由流动的条件下,利率提高可能导致资本流入,资本和金融项目下出现顺差;同时由于物价受到控制,出口增加进口减少,经常项目下也会出现顺差。此外,如果一国实行的是固定汇率制度,则大量的国际收支顺差会通过国际储备的渠道增加该国基础货币的投放量,带来通货膨胀压力。

可见,开放经济下政府宏观调控的难度大大增加,不仅要解决内部均衡各目标之间的矛盾,更重要的是,要解决好内外均衡相互冲突的问题。为了更好地进行宏观调控,需要进一步明确内外均衡的标准。

(二)外部均衡标准的演变及相关理论综述

由于没有类似充分就业、物价稳定和经济增长等具有社会福利意义的参考指标来衡量,外部均衡比内部均衡更难定义。通常我们说外部均衡就是国际收支平衡,但这种理解并不全面。实际上,外部均衡概念是不断演变的,在不同的历史时期有不同的标准,针对外部失衡的调节也相应产生了不同的理论。

1. 古典主义时期的贸易收支平衡标准及相关理论

在古典主义时期,由于各国经济联系是以贸易为主,外部均衡因此体现在贸易收支平衡上。重商主义主张通过追求贸易出超积累货币财富;但大卫·休谟提出的"价格—铸币流动机制",却说明了一国不可能长期获得贸易顺差。贸易收支平衡作为外部均衡的标准一直持续到金本位制时期和两次世界大战的年代里。但在金本位制崩溃后,影响一国商品竞争力的因素除了相对价格外,还有另一个重要变量——名义汇率。在两次世界大战间隔时期,各国竞相实行汇率贬值以期改善本国的贸易收支状况。贸易收支的弹性论研究了汇率贬值与贸易收支之间的关系,至今,马歇尔—勒纳条件仍然是实际分析中的重要工具。

2. 布雷顿森林体系时期的国际收支平衡标准及失衡调节理论

由于两次世界大战间隔期间的浮动汇率制度和投机性国际资本流动造成的混乱,使得实行固定汇率制度的布雷顿森林体系建立。布雷顿森林体系建立的初期，严格限制国际资本流动，因而同样是以贸易收支作为外部均衡的标准，各国在经济交往中以尽量取得贸易顺差、积累美元储备为目标。这一时期，改善贸易收支的代表性理论是吸收论，它强调从整个宏观经济平衡的角度分析贸易收支问题，认为一国要想改善贸易收支，就必须相对于吸收提高产出。吸收分析法对外部均衡的分析是基于20世纪30年代诞生的凯恩斯主义及其经济干预哲学，因而具有相当鲜明的政策含义，即支出增减政策和支出转移政策。

20 世纪 50 年代，随着欧洲一些国家特别是德国在"二战"后的逐渐崛起，德国马克开始迈向可自由兑换，与此相伴的是国际资本流动的不断增长。因此外部均衡问题表现为包含经常账户和资本账户的国际收支平衡。这一时期调节国际收支平衡的代表性理论是国际收支的货币分析法，其在外部均衡调节上的思想，与休谟的价格铸币流动机制在本质上是一致的，那就是通过国内货币的紧缩以改善外部均衡，二者都是以牺牲内部均衡为代价从而换取外部均衡的改善。这在古典主义的世界里能够行得通，因为在工资价格充分弹性及货币数量论的古典经济学假设下，内部均衡将自动达到，政府根本没有维持内部均衡的必要；然而 20 世纪 30 年代诞生的凯恩斯主义为政府干预经济提供了理论支持，而一个民选的政府也必须维持物价稳定和充分就业，因此布雷顿森林体系时期的政府在内外均衡的问题上有时处于一种尴尬的境地，这就是以英国经济学家詹姆斯·米德的名字命名的内外均衡冲突的问题。首届诺贝尔经济学奖得主荷兰经济学家丁伯根进行了基础性研究，其理论精髓被总结在"丁伯根法则"中。针对国际资本流动的日益发展，蒙代尔在他的模型中给予国际资本流动在内外部均衡调节中以重要地位。在凯恩斯主义 IS-LM 模型的基础上，蒙代尔与其合作者发展出了蒙代尔—弗莱明模型。该模型代表了内外均衡调节的最高理论成就。但在外部均衡的标准上，蒙代尔非常强调资本账户，而且认为国际资本流动是利率差别的唯一函数，因此如果一国出现国际收支逆差，只有提高国内利率以吸引资本流入。但这既是挤出私人投资又是依靠对外债台高筑取得外部均衡的政策，因此无论是货币主义的以储备衡量的外部均衡标准——国际收支平衡，还是蒙代尔强调的资本账户的外部均衡标准都存在缺陷。

3. 牙买加体系时期的汇率均衡标准及汇率决定理论

1971 年 5 月，在一连串的投机攻击之后，美国割断了美元与黄金的联系，并在 1971 年 12 月使美元对主要货币贬值，由此布雷顿森林体系崩溃。从 1973 年开始，战后的浮动汇率制时代到来。然而 20 世纪七八十年代的浮动汇率实践表明，汇率的完全自由浮动并不意味着一国就不存在外部均衡问题，汇率的剧烈波动使得国际经济往来的不确定性增加，这增加了国际经济交易的成本，因此确定一个合理的均衡汇率水平成为浮动汇率制度下外部均衡的应有之义。这一时期有关汇率决定的理论在两次世界大战间隔的浮动汇率时期发展的购买力平价和利率平价理论的基础上得到进一步的充足发展。多恩布什的超调模型建立在价格黏性的假设前提下，这克服了弹性价格货币模型假定价格完全弹性和蒙代尔—弗莱明模型假定价格完全刚性的缺陷，从而开创了汇率动态学的先河。而汇率的资产组合分析法则将流量因素与存量因素结合起来，并注意到了不同资产间的不完全替代性。

4. 20世纪80年代后期以来的经常账户跨时均衡标准及其确定

经验表明,浮动汇率本身不能阻止规模较大且持续时间较长的国际收支经常项目不平衡的出现。同时,由于国际资本流动问题日益突出,资本在国际间的自发流动中出现了导致汇率剧烈变动而引发债务危机和货币危机等严重问题。因而,20世纪80年代以来,外部均衡的含义又有了深刻变化。一方面,一国仍有必要对经常账户乃至整个国际收支的结构进行控制;另一方面,理论研究的深入使人们认识到简单要求经常账户平衡是不必要的。一国应该利用经常账户可以调节储蓄与投资差额的性质,根据经济的不同特点、不同发展阶段来确定相应的经常账户目标。经常项目的跨时均衡是这一时期的外部均衡标准,短期内经常项目逆差并不是坏事。与封闭经济相比,一个处于经常项目逆差的国家经济运行得甚至更好,因为跨时贸易使得消费在不同时期得到"平滑"成为可能,这会使消费者能达到更高效用的无差异曲线。经常账户跨时均衡的确定标准有下面两条。

第一条是符合经济理性(economic rationality)。从一国的角度来看,假定一国可按世界利率无限制地借款或贷款,当存在收益率高于借款利率的投资机会而国内储蓄无法满足时,符合理性的行为是在国际金融市场上借款以满足国内投资需求。这时,本国投资大于国内储蓄,经常账户出现赤字。从全球角度看,一国经常账户赤字是他国经常账户盈余,所以经常账户余额反映了各国投资与储蓄之间的不同差额,实际是投资和储蓄在全球范围内配置的优化。当各国的资本边际生产率存在差异时,资本边际生产率较高的国家应追求经常账户赤字,而边际生产率较低的国家应追求经常账户盈余。上述结论有两个前提:一是资金可完全流动;二是投资收益率高于利率时可借入资金。但资金流入应限制在一定范围之内,必须考虑经常账户赤字的可维持性。

第二条是经常账户赤字的可维持性(sustainability)。由于资金流入形成的债务必须在将来某一时期偿还,所以需要考虑经常账户赤字的可维持性,即在利用国外资金弥补本国储备不足时,必须考虑今后能否实现相应的经常账户盈余并偿还债务,否则经常账户赤字是不可维持的。判断经常账户赤字可维持性的方法有:①分析流入资金的性质与结构。从结构上看,一般长期资金比较稳定,而短期资金较不稳定;从流入资金的性质判断吸引的外资是否投入了具有高回报率的投资项目。②分析债务比率指标。主要指标有:外债余额/GNP≤8%;偿债率≤20%(偿债率是指当年外债还本付息额占当年商品与劳务出口收入的比率)。③负债率≤100%(负债率是指当年外债余额占当年商品和劳务出口收入的比率)。④短期债务/债务总额≤25%。

最后需要强调的是,外部均衡是一个动态概念,随着实际经济条件的变化而不断发展。这是掌握确定外部均衡目标的基本思想。

二、内部均衡与外部均衡的关系:米德冲突

"二战"后,随着开放经济下的凯恩斯宏观经济学的发展,实现宏观经济内外均衡的政策搭配理论也相应产生。最早提出开放经济下政策搭配思想的人是英国经济学家詹姆斯·米德(J. Meade),他于1951年在其名著《国际收支》(*the Balance of Payments*)一书中研究了固定汇率制度下内外均衡冲突的问题。他指出,在固定汇率制度下,由于汇率政

策无效,又不能进行直接管制,政策工具的数目少于经济目标的数目,在某些经济状态下,单一的支出调整政策无法同时实现内外均衡,支出调整政策实施的结果必然导致内部平衡和外部平衡的相互冲突,这称为"米德冲突"。要解决这一矛盾,必须运用政策搭配的方法(见表5-1)。

米德的分析主要是针对固定汇率制度的情况,同时他没有考虑资金流动对内外均衡的影响。在浮动汇率制度下,虽然可以通过汇率的自发变化来调节国际收支,但完全利用外汇市场自发调节国际收支是不可能的。在汇率变动受到政府一定管制的条件下,通过国内总需求的变动来调节内外均衡仍是相当常见的做法,因此浮动汇率制度下也会出现许多与固定汇率制度下相类似的内外均衡冲突现象;并且,在汇率变动非常剧烈的条件下,外部均衡和内部均衡之间的相互影响或干扰更加复杂,内外均衡冲突问题可能更加深刻,同时实现内外均衡目标会变得更加困难。

造成内外均衡冲突的根源在于经济的开放性,如果仍像封闭条件下那样单纯运用控制社会需求总量的政策进行调控会在很多情况下造成内外均衡之间的冲突,需要配合使用调节国际收支的其他政策工具,如支出转换政策和融资政策等。如何在开放条件下进行政策搭配,同时实现内外均衡目标是国际金融管理的重要内容。

表5-1 固定汇率制度下内部平衡与外部平衡的协调和冲突

内部经济状况	外部经济状况	政策效果
经济衰退/失业增加	逆差	冲突
经济衰退/失业增加	顺差	一致
通货膨胀	逆差	一致
通货膨胀	顺差	冲突

第二节 开放经济下的政策搭配

一、开放经济下宏观调控的基本思路

1. 丁伯根原则:政策工具数目不能少于政策目标数目

米德的《国际收支》发表以后,著名的计量经济学家丁伯根(J. Tinbergen)证明了实现宏观经济政策目标和政策手段之间的关系,这就是丁伯根法则,即:要实现几种独立的政策目标,至少需要相互独立的几种有效的政策工具。

通过简单的线性分析可以证明丁伯根原则。假定只存在两个目标 T_1、T_2 与两种工具 I_1、I_2,政策调控追求的 T_1、T_2 的最佳水平为 T_1^* 和 T_2^*。令目标是工具的线性函数,即

$$T_1 = a_1 I_1 + a_2 I_2$$
$$T_2 = b_1 I_1 + b_2 I_2$$

从数学上看,只要 I_1、I_2 的系数满足 $a_1/b_1 \neq a_2/b_2$,则表明两个政策工具线性无关,就可以解出达到最佳目标水平 T_1^* 和 T_2^* 时所需要的 I_1、I_2 的水平。

上述结论可以推广为：如果决策者有 N 个目标，只要有至少 N 个线性无关的政策工具，就可以实现这 N 个目标。但是，丁伯根的分析只是指出了政策目标和政策手段之间的数目关系，并没有说明具体政策工具及指派原则。

2. 蒙代尔原则：政策工具要运用于具有比较优势的目标

丁伯根原则对于目标的实现隐含了这样一个假定，即各种政策工具可以供决策当局集中控制，通过各种工具的紧密配合能够实现政策目标。但蒙代尔指出：在许多情况下，不同的政策工具实际上掌握在不同的决策者手中，如货币政策隶属于中央银行的权限，财政政策则由财政部门掌管，决策者如果并不能紧密协调这些政策而独立进行决策，就不能达到最佳的政策目标。因而，蒙代尔提出了"有效市场分配原则"。这一原则的含义是：每一工具应被合理地指派给一个目标，并且在该目标偏离其最佳水平时按规则进行调控，这样在分散决策的情况下，仍有可能得到最佳调控目标。如果在指派问题上出现错误，经济就会产生不稳定性而距均衡点越来越远。根据这一原则，蒙代尔区分了财政政策、货币政策在影响内外均衡上的不同效果，提出了以货币政策实现外部均衡目标、以财政政策实现内部均衡目标的指派方案。

二、开放经济下政策搭配的方案

1. 财政政策与货币政策的搭配：蒙代尔的"有效市场分配原则"

蒙代尔关于财政政策与货币政策之间搭配的分析可以用图 5-1 说明，以预算作为财政政策的代表（用横轴表示），以利率作为货币政策的代表（用纵轴表示）。

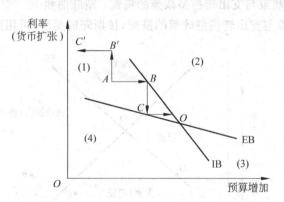

图 5-1 财政政策与货币政策的配合

在财政政策与货币政策的搭配图中，IB 曲线表示内部均衡，在这条线上国内经济处于均衡。在这条线的左边，国内经济处于衰退和失业；在这条线的右边，国内经济处于膨胀。EB 曲线表示外部平衡，在这条线上，国际收支达到平衡。在这条线的上边，表示国际收支逆差；在这条线的下边，表示国际收支顺差。沿预算轴线向右移动，表示财政政策的扩张、预算增加；向左移动，表示财政政策的紧缩、预算削减。沿利率轴线向上移动，表示货币政策的扩张、银根放松、利率下降；向下移动，表示货币政策的紧缩、银根收紧、利率上升。IB 曲线和 EB 曲线的斜率都为负，表示当一种政策扩张时，为达到内部均衡或外部均衡，另一种政策必须紧缩；或一种政策紧缩时，另一种政策必须扩张。IB 曲线比 EB 曲线更为陡峭,是因为蒙代尔假定,相对而言,预算对国民收入、就业等国内经济变量影响较大,而利率则对国际收支影响较大。

在上述假定条件下,蒙代尔认为,当国内宏观经济和国际收支都处于失衡状态(如 A 点)时,应采用财政政策来解决经济衰退问题,扩大预算,使 A 点向 B 点移动。同时,应采用紧缩性货币政策来解决国际收支问题,使 B 点向 C 点移动。扩张性财政政策与紧缩性货币政策如此反复搭配使用,最终会使 A 点逼近 O 点。O 点表示同时达到内部均衡和外部均衡。如果政策指派方式相反,即以财政政策解决外部均衡问题,以货币政策解决内部均衡问题,仍以 A 点为例,采用扩张性货币政策来解决经济衰退问题,A 点将向 B' 点移动,失业消除但逆差加重;同时,采用紧缩性财政政策来解决逆差问题。如此下去,经济将离内外均衡点越来越远。

上述政策搭配的原理可推广到其他区间。由此,可得到如下几种政策搭配(见表 5-2)。

表 5-2 财政政策与货币政策的搭配

区间	经济状况	财政政策	货币政策
(一)	失业/国际收支逆差	扩张	紧缩
(二)	通货膨胀/国际收支逆差	紧缩	紧缩
(三)	通货膨胀/国际收支顺差	紧缩	扩张
(四)	失业/国际收支顺差	扩张	扩张

2. 支出增减型政策与支出转换型政策的搭配:斯旺曲线

支出增减型政策与支出转换型政策的搭配,按斯旺的见解,可用图 5-2 来说明。

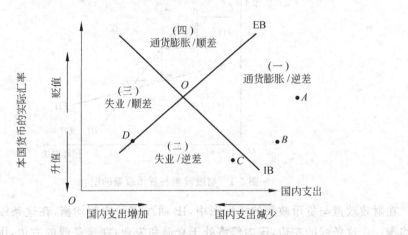

图 5-2 支出增减型政策与支出转换型政策的搭配

图 5-2 中,横轴表示国内支出(消费、投资、政府支出),政府的支出增减型政策可以明显影响国内支出总水平。纵轴表示本国货币的实际汇率(直接标价法),单位外币折合的本币数上升,表示本币贬值。IB 曲线(内部均衡)代表实际汇率与国内吸收的结合,以实现内部均衡(充分就业与价格稳定)。该线从左到右向下倾斜,因为本国汇率升值将减少出口,增加进口,所以要维护内部均衡就必须增加国内支出。在 IB 曲线的右边,有通货膨

胀压力,因为对于既定的汇率,国内支出大于维护内部均衡所需要的国内支出;在 IB 曲线的左边,有通货紧缩压力,因为国内支出低于维护内部均衡所需要的国内支出。EB 线(外部均衡)表示实际汇率与国内支出的结合以实现外部均衡,即经常项目的收支平衡。该线从左到右向上倾斜,这是因为汇率贬值会增加出口、减少进口,所以要防止经常项目收支出现顺差,就需要扩大国内支出,抵消出口的增长。在 EB 曲线的右边,国内支出大于维持经常项目平衡所需要的国内支出,结果出现经常项目收支逆差;在 EB 曲线的左边,就会出现经常项目收支顺差。

当经济处于失衡时,如在区间(一)的 A 点时,削减国内支出,压缩总需求,通货膨胀和国际收支逆差的压力同时下降,A 点向 O 点方向逼近。但如果经济的失衡不是对称地处于 EB 和 IB 之间,而是在区间(一)的 B 点或是区间(二)的 C 点上,仅使用支出增减政策无法使 B 点或 C 点向 O 点方向逼近,还需同时配合支出转换政策。在 B 点,为达到经常项目收支平衡,就要大幅度削减支出,使 B 点向 D 点移动。这样,虽然外部失衡趋于减少,内部经济却进入衰退和失业。同理,在 C 点,仅使用支出增减型政策无法使 C 点向 O 点逼近。要走出这样的两难境地,政府只能宣布货币的官方贬值。由此,我们得到政策搭配的几种情况,如表 5-3 所示。

表 5-3　支出增减型政策与支出转换型政策

区间	经济状况	支出增减型政策	支出转换型政策
(一)	通货膨胀/国际收支逆差	紧缩	贬值
(二)	失业/国际收支逆差	扩张	贬值
(三)	失业/国际收支顺差	扩张	升值
(四)	通货膨胀/国际收支顺差	紧缩	升值

以上仅是政策搭配的两个范例。经济生活要比理论上的论述复杂得多。如上述讨论中,假定经济衰退和通货膨胀是两种独立的情况,但实际上,经济中出现"滞胀"时,两者可能同时存在,这时,政策搭配的任务将复杂得多。此外,上述政策选择中未考虑外国可能作出的反应,如货币贬值可能引起外国报复,因此,理论上虽应采取贬值措施,但实际上未必能真正实施。

第三节　开放经济下的财政、货币政策效果

关于开放经济最重要的宏观经济模型是蒙代尔—弗莱明模型。蒙代尔(1963)在其论文《固定和浮动汇率制度下的资本流动和稳定政策》(*Capital Mobility and Stabilization Policy under Fixed and Flexible Exchange Rates*)、弗莱明(1962)在其论文《固定和浮动汇率制度下的国内金融政策》(*Domestic Financial Policy under Fixed and Flexible Exchange Rate*)中,利用凯恩斯理论的扩展宏观分析框架,即由美国经济学家汉森和英国经济学家希克斯在凯恩斯《通论》基础上创立的 IS-LM 模型,融入国际收支的均衡,研究了开放经济条件下内外均衡的实现问题,被合称为"蒙代尔—弗莱明模型"。该模型是宏

观经济的一般均衡分析方法,假定价格水平不变,这是凯恩斯黏性价格思想的继承。模型中包括商品市场、货币市场和外汇市场三个市场,在这里外汇市场的均衡不仅仅是经常账户的均衡,而是随着战后国际资本流动的增强,加入了资本和金融账户的分析。模型假定资本流动是国内和国外利差的函数,在均衡状态的条件下,经常账户的盈余或赤字由资本账户的赤字或盈余来抵消,即模型不仅重视商品流动的作用,而且特别重视资本流动对政策搭配的影响,从而把开放经济的分析从实物领域扩展到金融领域。该模型的重要性在于它的政策含义,即一国怎样通过宏观经济政策(财政政策和货币政策)的搭配来实现宏观经济的内外均衡,它是在布雷顿森林体系的固定汇率制度条件下建立的理论模型,同样适用于浮动汇率制度下分析宏观经济政策的搭配,这也是该模型生命力长久不衰的一个重要原因。蒙代尔—弗莱明模型最主要的贡献是它系统地分析了在不同的汇率制度和国际资本流动的前提下,宏观经济政策的有效性。迄今为止,该模型一直是宏观经济内外均衡和政策搭配的重要分析工具。

一、基本模型

蒙代尔—弗莱明模型是 IS-LM 模型在开放经济中的形式,它同样是一种短期分析,假定价格水平固定;它又是一种需求分析,假定经济的总供给可以随总需求的变化而迅速作出调整,因此经济中的总产出完全由需求方面决定。此外,蒙代尔—弗莱明模型假定个人预期为静态预期,即汇率的预期变化为零。它的分析对象是一个开放的小型国家,即一国经济规模非常小,国内经济形势、政策的变化不会影响世界经济状况,它可以在世界市场上借贷任意数额的货币而不影响世界市场利率,国内市场利率由世界市场利率决定。

在该经济中,对产品的总需求由四部分组成:私人消费、私人投资、政府支出和净出口。其中,私人消费(C)随可支配收入的增加而增加;私人投资(I)随本国实际利率(i)的上升而下降;净出口($CA=X-M$)随实际汇率(e)的上升而上升,随本国收入(Y)的增加而减少,随世界收入水平(Y^f)的增加而增加。为简化起见,我们忽略税收和政府转移支付,因此可支配收入近似等于国民收入。此外,还需要说明的是,在小国假设下,世界收入水平是外生变量。这样,产品市场均衡的条件即 IS 曲线可表述为

$$Y = C(Y) + I(i) + G + CA(e, Y, Y^f) \tag{5-1}$$

开放经济中,货币市场均衡条件即 LM 曲线可写成

$$M = m(D+R) = L(i, Y) \tag{5-2}$$

其中,M、L 分别表示实际货币供给和实际货币需求;m 表示货币乘数;D、R 分别表示国内信贷、国际储备。在开放经济条件下,货币供给由国内和国外两部分组成。

在开放经济中,在资本可以自由流动的条件下,国际收支包含两项:净出口($X-M$)与资本和金融账户(K)。国际收支实现平衡(BP=0)的条件即外汇市场均衡可由式(5-3)给出

$$BP = X - M + K = CA(e, Y, Y^f) + K(i, i^f) \tag{5-3}$$

其中,i^f 表示国外利率水平。式(5-3)表明,在资本自由流动的条件下,资本流动量是国内

外利差 ($i-i^f$) 的函数，国内外利差为正，资本流入；反之，资本流出。这一曲线的形状由资金流动性的不同而决定。

在由国民收入与利率构成的坐标空间中可以作出以上三条曲线。在式(5-1)、式(5-2)和式(5-3)三个方程中，有三个内生变量 Y、i 和 e。IS、LM 和 BP 三条曲线必定有一个交点 $E(Y_0、i_0、e_0)$ 代表开放经济的唯一一组收入、利率和实际汇率的均衡值，如图 5-3 所示。在二维平面上的交点 E 除 Y_0、i_0 外还定义了另一个均衡值 e_0。在开放经济中，IS 曲线的斜率仍为负，政府支出增加及汇率贬值都会使之右移。LM 曲线的斜率仍为正，货币供给量的增加会使之右移。BP 曲线的形状则由资金流动性决定。在一般情况下，即资本不完全流动时，BP 曲线的斜率是正的，因为 Y 的增加导致进口增加（净出口减少），为了维持国际收支平衡，利率需提高，以吸引外资的流入。当资本完全自由流动时，国内外利率的任何微小偏差都将导致资本的迅速和大量流动，资金的流动将弥补任何形式的经常账户收支不平衡。此时，BP 曲线是一条水平线。当资本完全不流动时，这一曲线意味着经常账户的平衡，对于某一实际汇率水平，存在使经常账户平衡的收入水平 Y_0，BP 曲线在坐标空间内就是与这一收入水平垂直的直线。BP 曲线上方（左方）的点都是国际收支顺差点；BP 曲线下方（右方）的点都是国际收支逆差点。当 BP 曲线不是一条水平线时，汇率的贬值会使之右移。

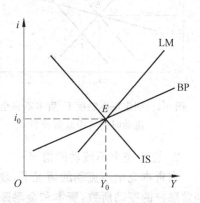

图 5-3 固定汇率制度下，资金不完全流动时的宏观经济一般平衡

二、政策效果分析

（一）货币政策效果

1. 资本不完全流动的情况

我们首先分析最为一般的情况，即资本不完全流动的情况。从均衡出发，政府增加货币供应，LM 右移至 LM'。由于利率下降，资本外流；由于收入增加，进口随之增加。上述两种变化导致国际收支出现逆差。国际收支逆差造成对本国货币的贬值压力。在固定汇率下，货币当局必须出售外汇储备购买本币，从而减少货币供应量，直至 LM 回复原位，如图 5-4 所示。在浮动汇率下，政府增加货币供应导致国际收支出现逆差时，由于政府不必承担维持本币汇率稳定的任务，因此将造成本币汇率贬值。本币贬值将增加出口产品的竞争力，因而导致 IS 右移，BP 也因本币贬值而下移。扩张性货币政策的扩张效果得到双重加强。经济的均衡点由 E' 点移到 E'' 点，如图 5-5 所示。在 E'' 点我们得到更高的收入水平，但利率的变化方向则不确定，这取决于各条曲线的相对弹性。如果利率较期初上升了，则意味着经常账户恶化了，因为需要更多的资金流入以弥补经常账户赤字。从经常账户本身来说，则意味着贬值对其正的效应小于收入增加对其产生的负效应。如果利率较期初下降，则相反。

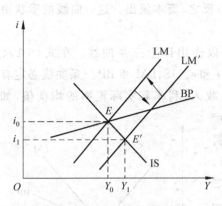

图 5-4 固定汇率制度下,资本不完全
流动时的货币政策分析

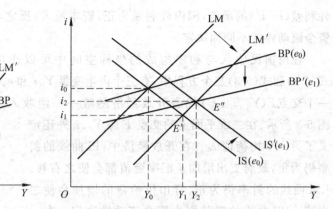

图 5-5 浮动汇率制度下,资本不完全
流动时的货币政策分析

2. 资本完全不流动的情况

在资本完全不流动的情况下,政府增加货币供应而导致国际收支出现的逆差,是由于经常账户的变动所致,资本和金融账户不会改变,但出现逆差后的调整过程与上述类似。也就是说,在固定汇率制度下,资本完全不流动与资本有限流动的情况相同,货币政策效果在长期内被削弱,如图 5-6 所示。

在浮动汇率制度下,本币贬值使 IS 曲线和 BP 曲线右移,直至三条曲线重新交于一点为止,如图 5-7 所示。在经济平衡点上,收入(Y_2)不仅高于期初水平(Y_0),而且高于封闭条件下的收入提高幅度(Y_1)。在该点,由于经常账户平衡,私人消费和政府支出不变,所以收入提高必然意味着私人投资的提高,这要求利率水平较期初有一定的下降。

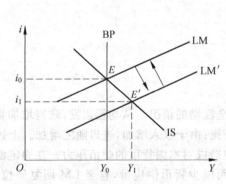

图 5-6 固定汇率制度下,资本完全不
流动时的货币政策分析

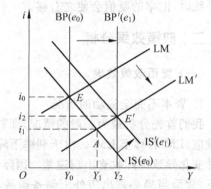

图 5-7 浮动汇率制度下,资本完全不
流动时的货币政策分析

3. 资本完全流动的情况

在资本完全流动的情况下,本国利率的微小下降都将导致资金的迅速流出,从而立即降低外汇储备,抵消扩张性货币政策的影响。也就是说,在固定汇率制度下,资本完全自由流动的情况下,货币政策甚至在短期也难以发挥作用(见图 5-8)。

在浮动汇率制度下,货币扩张造成的本国利率下降,会立刻通过资金流出造成本币贬值,这将推动 IS 曲线右移,直至其与 LM 曲线的交点确定的利率水平与世界利率水平相等为止,货币政策非常有效(见图5-9)。

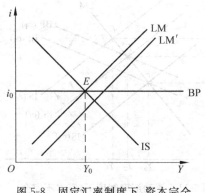

图5-8　固定汇率制度下,资本完全流动时的货币政策分析

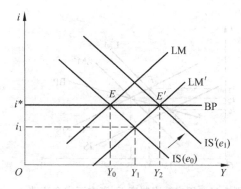

图5-9　浮动汇率制度下,资本完全流动时的货币政策分析

(二)财政政策效果

对于财政政策效果的分析要比货币政策复杂一些。这是由于财政扩张导致利率上升、国民收入增加。一方面,利率上升导致资本流入使得资本和金融账户改善;另一方面,收入增加使进口增加,经常账户恶化。此时,国际收支状况取决于这两种效应的相对大小。在边际进口倾向不变的情况下,资金的流动性越高,利率上升就能吸引越多的资金流入,从而能更多地抵销经常账户的赤字。资金流动性高低体现在BP曲线的斜率上,流动性越高则BP曲线越平缓。

1. 资本不完全流动时

(1) BP曲线的斜率小于LM曲线的斜率时。如图5-10和图5-11所示,财政扩张使IS曲线右移至IS′,此时,E'点位于BP曲线的上方,这意味着较高的资金流动性使得利率上升带来的资本和金融账户改善效应超过收入上升带来的经常账户恶化效应,国际收支为顺差。在固定汇率制度下,如图5-10所示,政府将购买外汇储备、抛售本币而使LM曲线右移,直至三条曲线重新交于一点,国民收入进一步增加,利率较短期平衡水平下降但高于期初水平,国际收支平衡。在浮动汇率制度下,如图5-11所示,国际收支顺差将使本币升值,这使得IS′、BP曲线左移,直至三条曲线重新相交于一点。在新的经济平衡点,收入、利率水平都高于期初水平,但低于封闭条件下财政扩张后的情况,财政政策效果削弱。

(2) BP曲线斜率等于LM曲线的斜率时。如图5-12所示,此时,BP曲线与LM曲线重合。这意味着财政扩张使利率上升与收入增加对国际收支的影响正好相互抵消,国际收支处于平衡状态。这一短期平衡点也是经济的长期平衡点,无论在固定汇率制度还是在浮动汇率制度下,经济都不会进一步调整。

(3) BP曲线斜率大于LM曲线的斜率时。如图5-13和图5-14所示,此时E'点位于BP曲线的下方,意味着利率上升带来的资金流入不足以弥补收入增加带来的经常账户赤字,国际收支处于赤字状态。

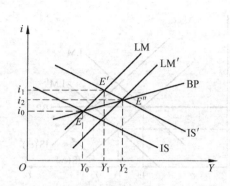

图 5-10　固定汇率制度下,资本不完全流动时的财政政策分析之一

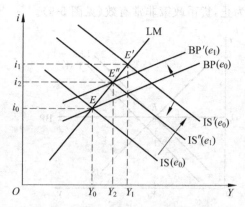

图 5-11　浮动汇率制度下,资本不完全流动时的财政政策分析之一

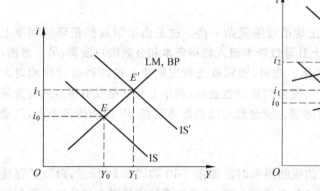

图 5-12　固定汇率制度或浮动汇率制度下,资本不完全流动时的财政政策分析之二

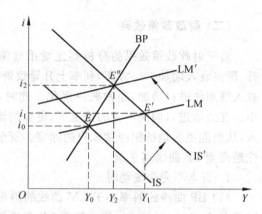

图 5-13　固定汇率制度下,资本不完全流动时的财政政策分析之三

在固定汇率制度下,如图 5-13 所示,LM 曲线将在长期中左移到三条曲线重新相交于一点。达到长期均衡时,国民收入较短期平衡时下降,但高于期初水平,利率进一步上升,国际收支平衡。在浮动汇率制度下,如图 5-14 所示,国际收支赤字造成本币贬值,这使 IS′ 和 BP 曲线右移,直至三条曲线相交于一点。在新的平衡点上,利率与收入不仅高于期初水平,而且高于封闭条件下的情况,财政政策效果加强。

2. 资本完全不流动时

此时,BP 曲线的斜率无穷大,BP 曲线垂直,如图 5-15 和图 5-16 所示。短期内财政扩张使收入和利率都上升,同时导致国际收支赤字。固定汇率制度下,如

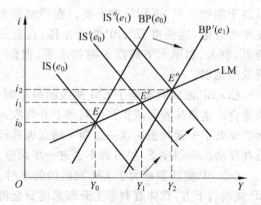

图 5-14　浮动汇率制度下,资本不完全流动时的财政政策分析之三

图 5-15 所示,长期内将使得 LM 曲线左移,直至它与 IS' 曲线的交点位于 BP 曲线上,即国民收入恢复原有水平,此时,利率进一步提高。这意味着,政府支出的增加对私人投资产生了完全的挤出效应,财政政策在长期内完全无效。

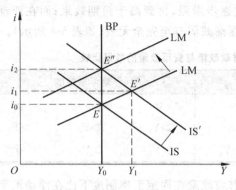 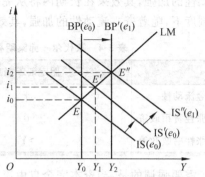

图 5-15　固定汇率制度下,资本完全不流动时的财政政策分析　　　图 5-16　浮动汇率制度下,资本完全不流动时的财政政策分析

在浮动汇率制度下,如图 5-16 所示,本币贬值将使 BP 曲线和 IS' 曲线右移至新的均衡点,此时,汇率贬值,利率上升,收入不仅高于期初水平,而且高于封闭条件下的收入提高幅度,意味着财政政策效果加强。

3. 资本完全流动时

当资金流动性无限大,BP 曲线水平时,如图 5-17 和图 5-18 所示,在固定汇率制度下,财政扩张导致利率刚刚有所上升就会伴随货币供给量的增加,使 LM 曲线右移直至利率恢复期初水平,即在 IS 曲线右移的过程中,始终伴随着 LM 曲线的右移,以维持利率水平不变(见图 5-17)。因此,在资本可完全自由流动时,财政扩张不能影响利率,但将使收入大幅增加。

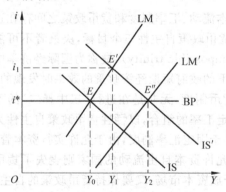 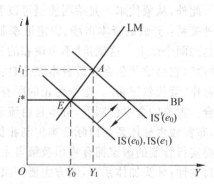

图 5-17　固定汇率制度下,资本完全流动时的财政政策分析　　　图 5-18　浮动汇率制度下,资本完全流动时的财政政策分析

在浮动汇率制度下,财政扩张造成的本国利率上升,会立刻通过资金的流入造成本币升值,这将会推动 IS' 曲线左移,但 BP 曲线不会变动。IS' 曲线将移动到使利率水平重新与世界利率水平相等时为止,即回复初始位置。此时,利率不变,本币升值,收入不变,但收入的内部结构发生了变化。财政政策通过本币升值对出口产生了完全挤出效应,即财

政支出增加造成了等量的出口下降(见图5-18)。

对上述分析的总结如下：货币政策在固定汇率制度下长期内无效；在浮动汇率制度下，随着资本流动性的加强，其效果将逐步削弱。财政政策在固定汇率制度下，随着资本流动性的加强，其效果在长期内将从完全无效逐步增强，再到高于短期效果；而在浮动汇率制度下，随着资本流动性的加强，其效果将逐渐减弱直至完全无效(如表5-4所示)。

表5-4　蒙代尔—弗莱明模型中财政政策与货币政策的效果比较

	固定汇率制度			浮动汇率制度		
资金流动性	0	+	∞	0	+	∞
扩张性货币政策	0	0	0	$>Y_1$	$>Y_1$	$>Y_1$
扩张性财政政策	0	$>Y_0$	$>Y_2$	$>Y_1$	$>Y_0$	0

需要强调的是，当资本完全自由流动时，财政政策在固定汇率制度下比在浮动汇率制度下更有效。因为在浮动汇率制度下财政扩张引起本币利率上升、资本流入、本币升值，使本国商品和劳务对外国人来说更加昂贵，部分抵消了扩张性财政政策对扩张总需求的直接影响。在固定汇率制度下，为阻止本币升值，央行不得不抛售本币，买进外币，增加了本国的货币供给，这种非主动的货币供给增加带来额外的扩张效应。上述两方面解释了财政政策在固定汇率制度下比在浮动汇率制度下更有效的原因。这可用于解释两德统一后，政府的政策选择及其影响。从1989年秋季开始的民主德国和联邦德国统一进程实际上是由联邦德国接管民主德国，联邦德国政府在民主德国地区实施了大规模的财政扩张(基础设施投资增加、工业投资增加、对失业者的收入支持等)，庞大的财政扩张缓和了民主德国的经济崩溃，但却使统一后的德国付出了巨大的预算赤字的代价，导致实行浮动汇率制度的德国经常账户不断恶化，从1991年开始，联邦德国从过去的净贷出国成为贸易赤字国。

此外，从蒙代尔—弗莱明模型可以看到资本流动、汇率制度和货币政策之间存在这样一种关系：开放的资本市场、固定汇率制度和货币政策自主性三个目标，决策者不可能同时达到两个以上。这就是"不可调和的三角"(impossible trinity)，被称为国际经济学中的"铁律"，它是蒙代尔在分析资本完全自由流动下的政府短期经济政策的效果时发现的，又被称作"蒙代尔三角"。迄今为止的所有国际货币制度，无非是在进行"三中择二"的不同组合。古典的金本位制下，资本自由流动与固定汇率的组合，以牺牲货币政策自主性为代价；布雷顿森林体系与国际金本位制相似，都属于固定汇率制度，由于允许实行资本管制，使得实行管制的国家拥有货币政策自主性，而允许资本自由流动的国家则丧失了货币政策自主性；牙买加体系下，西方主要国家既要开放资本市场，又要保持货币政策的自主性，只能选择浮动汇率制度。历史证明：如果违反这一规律，任何一种货币制度(或某种具体的制度安排)都不可能持续下去。

三、评价

(一) 贡献

蒙代尔—弗莱明模型的一个重要贡献是把资产市场和资本流动融入开放经济条件下

的宏观经济学,由国际收支的均衡、商品市场的均衡和货币市场的均衡,能够确定汇率和其他内生变量,并且决定了财政政策和货币政策比较静态的效果。虽然由于所产生的历史背景局限,蒙代尔—弗莱明模型并不是研究汇率决定的,但是后来汇率经济学发展的一些重要贡献都建立在该模型之上。例如,多恩布什(Dornbusch,1976)的汇率超调模型,继承了蒙代尔—弗莱明模型中固定价格的分析,假定短期内价格具有黏性,并采取了蒙代尔—弗莱明模型中的商品和货币市场均衡的分析。多恩布什模型实际上就是蒙代尔—弗莱明模型的一种扩展。这两个模型被合称为宏观开放经济学的"蒙代尔—弗莱明—多恩布什教义"。在蒙代尔—弗莱明模型中,假定是静态预期,多恩布什则引入了理性预期的分析(国内名义利率等于国外利率加上本国货币的预期贬值率),这是对蒙代尔—弗莱明模型进行的重要修正。可以说蒙代尔—弗莱明模型的建立是汇率经济学的一个重要里程碑,而建立在这种思想上的汇率理论与蒙代尔—弗莱明模型同样具有很强的宏观经济政策指导意义,它的分析简洁明了,政策含义明显,强调了国家干预经济的重要性。

(二) 缺陷

蒙代尔—弗莱明模型的一个重要特征是流量模型,即分析重点在于商品、劳务和资本的流动。这个特征也构成了这一模型的一个基本缺点,即完全从流量的角度来考虑,特别是,认为经常账户的不均衡可以通过资本流动来抵消,并没有考虑外国净资产的存量均衡,也没有考虑资本外流导致国内居民外国资产的存量增加,以及资本内流导致外国居民国内资产存量增加的因素。很显然这在处理资产市场的均衡上是不足的,因为利差变动的存量效果被忽略了。现代的资产市场理论指出,资本流动是对资产存量优化的一种调整,由于不确定性,利率改变将导致资产存量的调整而不是永久的资本流动,即不能仅仅从流量的角度来考虑。

除了流量分析方法外,蒙代尔—弗莱明模型最主要的另外两个缺陷是价格水平不变和静态预期。假定价格水平是不变的,表明它是一种非充分就业的均衡分析,没有从长期角度来考虑价格水平的调整;静态预期没有包括时滞效果。此外,该模型还包括如下一些局限性:第一,它是一个小国模型,意味着外国价格水平和利率水平是不变的,忽略了国际收支的反馈效应和外国对本国政策的可能反应;第二,实际收入完全由需求决定,即实际收入是货币政策和财政政策的函数,忽略了实际因素的影响(如劳动生产率的提高等);第三,该模型没有考虑微观经济基础,即私人部门和公共部门的行为。

尽管如此,蒙代尔—弗莱明模型仍然是开放经济下宏观经济学的优秀模型,它对理论界的贡献是巨大的。模型中的一些缺陷成为后来汇率经济学理论进一步发展的起点,如考虑到理性预期、短期资本的存量均衡和长期内经常账户对汇率的反馈效应。蒙代尔—弗莱明模型融入了资本和金融账户的分析是对原来经常账户分析的一个扩展,它为后来的货币和资产市场的汇率决定理论做了铺垫。即使在今天,蒙代尔—弗莱明模型仍然具有重要的理论价值和实际意义,是政府调整宏观经济均衡的一个重要分析方法。

本 章 复 习

一、概念

内部均衡　　　　　外部均衡　　　　经济理性　　　　　可维持性
米德冲突　　　　　丁伯根原则　　　蒙代尔分配原则　　政策搭配
财政政策与货币政策的搭配　　　　支出转换型政策与支出增减型政策的搭配
蒙代尔—弗莱明模型

二、思考题

1. 开放经济下的宏观调控的目标是什么？与封闭条件下有何不同？
2. 确定一国外部均衡的标准是什么？
3. 试论述内外均衡目标之间的关系。
4. 简述开放经济下政策搭配的基本原理。
5. 试述本章介绍的实现内外均衡目标的政策搭配方案。
6. 什么是蒙代尔—弗莱明模型？如何理解它在国际金融学中的地位？
7. 为什么在固定汇率制度下货币政策总是无效的？
8. 试比较固定汇率制度下财政政策与货币政策的效力。
9. 分析浮动汇率制度下财政政策的效力。
10. 分析不同汇率制度下货币政策的效力。
11. 分析资金完全自由流动下，财政政策与货币政策的效力。
12. 国际资金流动是如何对财政政策和货币政策的效力发挥影响的？
13. 运用本章所学的基本原理，分析近年来开放度的不断提高对我国货币政策的效力所带来的影响。

第六章
汇率制度与外汇管制

不同的汇率制度本身意味着政府在实现内外均衡目标的过程中需要遵循不同的规则,所以选择合理的汇率制度是一国乃至国际货币制度面临的重要问题。从货币体系的演变趋势来看,随着世界经济一体化和全球化趋势的加强,越来越强调各国在选择自身汇率制度方面的自主性。在现行的货币体系下,选择何种汇率制度成为各国宏观金融政策的重要组成部分。本章重点介绍不同汇率制度的类型和特点、选择汇率制度的依据,以及人民币汇率制度的演变和特点。

第一节 汇率制度

汇率制度(exchange rate regime or exchange rate system),又称汇率安排(exchange rate arrangement),是指一国货币当局对本国汇率变动的基本方式所作的一系列安排或规定。汇率制度制约着汇率水平的变动。传统上,按照汇率变动的幅度,汇率制度被分为两大类型:固定汇率制度和浮动汇率制度。

一、固定汇率制度的特点与类型

固定汇率制度是指政府用行政或法律手段确定、公布、维持本国货币与某种参考物(黄金、某国货币、某篮子货币)之间固定比价的汇率制度。

(一) 国际金本位制和布雷顿森林体系下的固定汇率制度

从国际货币体系的演进来看,在世界范围内实行固定汇率制度的国际货币体系有两个:国际金本位体系和布雷顿森林体系。在这两种货币制度下,汇率决定于金平价(铸币平价和法定平价),各国货币之间的汇率依靠自身的调节机制或货币主管当局运用各种手段进行干预与控制,汇率在基本固定的,或很小的幅度内波动。在国际金本位体系下,各国货币之间的固定汇率由各国货币的铸币平价决定;布雷顿森林体系下的固定汇率制度也可以说是以美元为中心的固定汇率制度,它是美元与黄金挂钩、其他货币与美元挂钩的"双挂钩"制度。

这两类货币制度的异同如下。

相同点:①各国对本国货币都规定有金平价,中心汇率按两国货币各自的金平价之比来确定;②外汇市场上的汇率水平相对稳定,围绕中心汇率在很小的范围内波动。

不同点：①国际金本位制下的固定汇率制度是自发形成的；布雷顿森林体系下的固定汇率制度则是通过国际间协议人为建立起来的。②在国际金本位制下，各国货币的铸币平价一般不会变动；而在布雷顿森林体系下，各国货币的法定金平价则可以调整，其汇率制度又被称为"可调节的钉住汇率制度"。

在黄金非货币化后的牙买加体系下，一些国家所采用的固定汇率制度与布雷顿森林体系下的固定汇率制度存在根本不同。一是不再规定本国货币的含金量，而是规定本国货币与某一外币或某一篮子货币的固定比价。二是从世界范围来看，在布雷顿森林体系下，所有国家货币之间的汇率都是两两固定的，而在现行的货币体系下，一国实行固定汇率制度则主要是将本国货币与某一关键货币（如美元等）实行固定比价，而该国货币与其他货币之间，以及关键货币与其他货币之间的汇率可能都是浮动的。

（二）固定汇率制度下的特例——货币局制

货币局制是指在法律中明确规定本国货币与某一外国可兑换货币保持固定的兑换比率，且本国货币的发行受制于该国外汇储备的一种汇率制度。由于这一制度中的货币当局被称作货币局，而不是中央银行，这一汇率制度就相应地被称为货币局制。最早的货币局是1849年在毛里求斯设立的，后来有70多个国家和地区相继采取了类似的制度。

实行货币局制的国家具体实施情况不太一样，但一般而言，货币局制具有如下特点：货币发行必须以一定的（通常是100%）外汇储备作基础，货币发行量的多少不再完全听任货币当局的主观愿望或经济运行的实际状况，而是取决于可用作储备的外币数量的多少（后备规则）；此外，货币当局必须无条件地按照固定汇率接受市场对本国货币所钉住的外汇的买卖要求。这使货币当局失去了货币发行权和最终贷款人的功能，只能被动地随市场对本币需求的变动，扩张或收缩本国货币的供给，而不能主动地创造国内信贷。而且，这种制度安排对货币当局通过发行货币为财政赤字提供融资做出了严格限制，公众不会产生通胀预期，可有效控制通货膨胀。对于面临高度通货膨胀而政府稳定性政策又很难奏效的国家（如阿根廷）来说，货币局制非常有效，可重建政府的良好声誉。货币局制作为高度规则化的金融制度，其管理与操作非常简便，运行规则可以为普通公众所监督；而且，货币局不需承担许多央行职能，简化了管理难度，对于缺乏中央银行管理经验的小型开放经济有着很强的吸引力。

货币局制的高度规则化既是它的优点也造成了其主要缺陷：首先是名义汇率僵硬，当名义汇率固定而两国通胀率不同时，实际汇率必然在变动，将对经济产生重要影响，当名义汇率不能随着本国价格水平上升而上升，导致本国实际汇率下降时，会严重损害该国的国际竞争力。在经济遇到较大的外来冲击时，汇率的僵硬必然会带来很多损失。其次是导致金融系统脆弱。在货币局制度下，发行基础货币即使以100%的外汇储备为后盾，这一基础货币经商业银行的多倍信用扩张后，流通中的现金与存款仍将大大超过货币局拥有的外汇储备。如1997年我国香港拥有7000亿港币的外汇储备，而港币存款高达16 000亿。若居民失去对固定汇率的信心而大规模地将存款兑换成外币，货币局将面临难以克服的危机。此外，货币局缺乏最后贷款人的功能，导致其无法及时解决商业银行经营中出现的临时性困难，加深了金融系统的脆弱性。总的来说，采用货币局制的国家或地区一般是将外部均衡目标摆在突出的重要地位,大多为小型开放经济。

我国香港特别行政区实行的就是货币局制,即联系汇率制度。目前,我国香港的货币当局被称为"金融管理局",于1993年4月由港府外汇管理基金和银行监管处合并而成,是金融监管机构,但不拥有发钞权。发钞权掌握在汇丰银行、渣打银行和中国银行及中银集团手中。香港联系汇率制度于1983年10月15日正式实施,它的逻辑很简单:政府设立外汇基金,发钞行在发行港币时,必须按1美元=7.8港币的固定汇率向外汇基金缴纳100%的美元,以换取港币的债务证明书,并作为发钞的法定准备金;发钞行可以同样的比价用港币向外汇基金换回美元及负债证明书;其他银行向发钞行取得港币时,也要以100%的美元向发钞行进行兑换,但汇率是市场汇率。1美元=7.8港币的固定汇率只适用于发钞行和外汇基金之间,发钞行与其他银行之间以及银行同业、银行与客户之间的港元现钞交易全部按市场汇率进行。这样,使得香港形成了两个平行的外汇市场:由外汇基金与发钞银行形成的公开外汇市场以及发钞行与其他挂牌银行形成的同业外汇市场。相应地,存在两种汇率:官方汇率(联系汇率)和市场汇率。当官方汇率与市场汇率不一致时,会通过银行的套汇和套利活动使市场汇率围绕官方汇率上下波动并趋于后者。当市场汇率低于联系汇率水平时,如港币贬值USD1=HKD7.9,公众会抛售港币购买美元;此时发钞行按HKD7.8=USD1向外汇基金以港元换美元,再到市场上以USD1=HKD7.9抛售美元,结果美元供给上升,最终使市场汇率回到HKD7.8=USD1的水平。

二、浮动汇率制度的特点与类型

布雷顿森林体系下,作为储备货币的美元由于超量发行,导致美元与黄金的固定比价难以维持,美元信用基础发生动摇,国际社会对美元的信心逐渐减弱。1960—1973年,美元危机频频爆发,在危机中,各国纷纷抛售美元,抢购黄金和德国马克,黄金价格暴涨,美元则大幅贬值,布雷顿森林体系的"双挂钩"制度难以维系。1973年3月16日,欧洲共同市场九国在巴黎举行会议并最终达成了如下协议:联邦德国、法国等国家对美元实行"联合浮动",但这些国家内部仍实行固定汇率制度;英国、意大利、爱尔兰三国实行单独浮动。此外,其他主要西方国家的货币也都实行了对美元的浮动汇率制度。至此,布雷顿森林体系下的固定汇率制度崩溃,国际货币基金组织于1978年4月1日修改国际货币基金组织条文并正式生效,浮动汇率制度终于合法化。在浮动汇率制度下,政府不再规定本币对外币汇率变化的波动幅度,政府也不再承担限制汇率波动幅度的义务,而听任外汇汇率随外汇市场的供求状况自由波动。当外汇市场上外汇供过于求时,外汇汇率将下跌;外汇供不应求时,外汇汇率则上涨。在浮动汇率制度下,虽然各国政府表面上对汇率不加干涉,听任其自由涨落,但是这种自由波动,一般而言,只是名义上、表面上的,各国政府从本国情况出发,都或多或少地对汇率水平进行干预或指导,并极力避免汇率剧烈波动。浮动汇率制度又可分为不同类型。

(一)按政府是否对外汇市场进行干预分

1. 清洁浮动(clean floating)或自由浮动(free floating):较大弹性浮动
政府完全听任外汇市场供求变化自发决定汇率,而不采取任何干预措施。这类浮动汇率制度在"一战"结束后曾被某些西方国家采用,但实施的结果是汇率波动剧烈,外汇市场秩序混乱,从而严重影响了国际贸易和投资活动的开展,阻碍了世界经济的发展。因此,实际上很少有国家采用这种纯粹的自由浮动汇率制度。

2. 肮脏浮动(dirty floating)或管理浮动(managed floating):有限弹性浮动

政府对外汇市场直接或间接进行干预,以操纵本国货币的汇率,使它不至于剧烈波动,而保持在对本国有利的水平上。目前,实行浮动汇率制度的国家一般都属于管理浮动。需要说明的是,管理浮动汇率制度与布雷顿森林体系下的可调整钉住汇率制度有本质区别。管理浮动汇率制度下,尽管一国政府可通过对外汇市场的干预来控制汇率的波动幅度,但汇率变动仍是富有弹性的;而布雷顿森林体系下的固定汇率制度,只在一国国际收支发生"根本性不平衡"时,才允许调整,调整幅度在10%以内,超过则需经过 IMF 批准,汇率变动是比较僵硬的。

(二)按浮动方式分

1. 单独浮动(independent floating)

一国货币不与其他任何国家的货币发生固定联系,其汇率根据外汇市场的供求变化自行调整,如美国、英国、日本、加拿大、澳大利亚、新西兰、西班牙等发达国家及少数发展中国家都实行单独浮动。单独浮动可以较好地反映一国的外汇供求状况及货币关系的变化。

2. 联合浮动(joint floating)

介于固定汇率制度与浮动汇率制度之间的一种混合汇率制度。参与联合浮动的国家组成集团,集团内货币间实行固定汇率,各成员国有义务共同维持汇率稳定,而对集团外国家的货币则实行联合浮动,当某成员国的货币受到冲击时,其他成员国有义务采取一致行动,共同干预外汇市场。例如,欧元区 12 国的前身欧洲货币体系是由 1973 年欧共体六国(联邦德国、法国、比利时、荷兰、卢森堡、丹麦)率先开始实行联合浮动,并不断发展和扩大而形成的。当时,六国通过协议规定:六国之间实行固定汇率,其汇率波动幅度定为平价上下各±1.125%,六国货币对其他国家货币实行联合浮动,汇率随外汇市场供求变化自由涨落。联合浮动在集团内部创造了一个稳定的汇率环境,减少了汇率风险,促进了集团内部经济贸易的发展,同时可形成与个别发达国家相抗衡的货币干预力量。

(三)按汇率调整幅度分

1. 钉住浮动(pegged float)

大多数发展中国家采用这种汇率制度。根据钉住目标可分为钉住单一货币浮动和钉住篮子货币浮动。

(1)钉住单一货币浮动。当今被钉住的关键货币主要是美元,全世界有 20 多个国家实行的是钉住美元的汇率制度。这种汇率制度实际上属于固定汇率制度的范畴,但它不同于布雷顿森林体系下的钉住美元的固定汇率制度。钉住单一货币的汇率制度中,美元的汇率是浮动的;而在布雷顿森林体系下,美元的金平价是固定的。一般地,通货不稳定的国家可以通过钉住一种稳定的货币来约束本国的通货膨胀,提高货币信誉。当然,采用钉住浮动方式,也会使本国的经济发展受制于被钉住国的经济状况,从而蒙受损失。

(2) 钉住篮子货币浮动。钉住的篮子货币主要是特别提款权[①],或者按照本国与主要贸易伙伴国的贸易比重选择和设计的篮子货币。这种做法的好处是,汇率不受一国操纵,同时,由于组成篮子的货币汇率有升有降,可以相互抵消,使钉住国货币汇率波动幅度减缓,从而减少了汇率波动带来的风险。如泰国实行钉住篮子货币(其中美元占 80%)的汇率制度,波动幅度为 3%。

钉住浮动汇率制度根据浮动特点又可分为水平带内钉住汇率制度和爬行钉住汇率制度。

(1) 水平带内钉住汇率制度。政府首先确定一个中心汇率,并允许实际汇率在一个水平状的范围内波动。如图 6-1 所示,汇率在一定上下限之间围绕中心汇率进行波动。该汇率制度既具有浮动汇率制度的灵活性,又具有固定汇率制度的稳定性。并且,由于汇率波动的上下限公开,有助于形成合理的市场预期。但问题是:该汇率制度合理的汇率波动范围不易确定,过窄的波动范围使汇率僵化,异化为固定汇率制度,而过宽的波动范围使汇率过度波动,异化为浮动汇率制度。

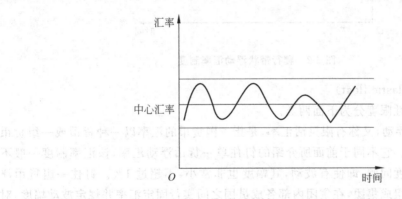

图 6-1　水平带内钉住汇率制度

(2) 爬行钉住汇率制度。爬行钉住汇率制度的含义是每隔一段时间,就对本国货币进行一次较小幅度的贬值或升值,但每次贬值或升值的时间和幅度都是随意确定的。爬行钉住汇率可分为两种:购买力爬行钉住和任意爬行钉住。购买力爬行钉住是以通货膨胀差异为依据对汇率进行调整,这种汇率制度安排具有较强的预见性,可形成合理的预期。同时,以通货膨胀差异为依据有利于维护国际市场竞争力。但购买力爬行钉住不利于实行严格的货币纪律,易形成"通货膨胀—货币贬值—通货膨胀"的恶性循环。而任意爬行钉住汇率制度则不设参照系数,汇率爬行的基础富于弹性,货币当局可以微调汇率,并保持较大的货币政策自主性。但该汇率制度预见性差,不利于市场预期,且汇率调整的

---

① 特别提款权的定值是以篮子货币分别与美元之间的汇率的加权平均值确定,权数以各国对外贸易占世界总贸易的比重确定。因此钉住 SDRs 就相当于钉住篮子货币。

任意性易招致投机冲击。

爬行钉住汇率制度中较典型的是爬行带状浮动汇率制度,即中心汇率变化较为频繁,同时货币当局确定一定的爬行幅度和汇率波动范围,政府每隔一段时间就对本国货币进行一次较小幅度的贬值或升值,如图6-2所示。爬行带状汇率制度可分为向前爬行和向后爬行。向后爬行是以过去的经济指标(如通货膨胀差异等)来确定爬行幅度;而向前爬行则是根据预期变化或想要达到的汇率目标来确定爬行幅度。这种汇率制度下,中心汇率的频繁变动可使经济运行较为平稳,避免由于一次性调整所带来的振荡。但爬行带状汇率制度也有缺点,如向后爬行实际上容忍并助长通货膨胀,而向前爬行则会导致本币高估并滋长投机行为。

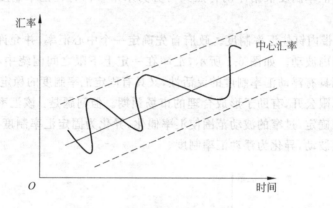

图6-2　爬行带状浮动汇率制度

2. 弹性浮动(elastic float)

根据浮动的弹性限度分为下面两类。

(1) 有限弹性浮动,又称有限灵活汇率,是指一国货币的汇率以一种货币或一组货币为中心而上下浮动。它不同于前面所介绍的钉住单一货币浮动汇率,该汇率制度一般不存在汇价波动的幅度问题,即使有波动,其幅度也非常小,不超过1%。钉住一组货币浮动是指由某些国家组成集团,在集团内部各成员国之间实行固定汇率并规定波动幅度,对其他国家货币汇率则实行联合浮动的一种汇率制度。

(2) 较大弹性浮动,又称为更灵活的汇率,是指一国货币的汇率不受波动幅度的限制,在独立自主原则下对汇率进行调整,包括单独浮动汇率制度以及按一组指标调整的汇率制度。后者是指根据国际收支、通货膨胀、贸易条件、外汇储备水平等因素设立一套指标,并根据这套指标的动态变化,及时调整货币的汇率水平。

三、国际货币基金组织对汇率制度的分类及其演变

1975年,IMF的122个成员中有18个国家正式宣布实行浮动汇率制度,其他104个国家实行钉住汇率制度,包括钉住单一货币如美元、法国法郎,或是钉住篮子货币(包括特别提款权)。虽然从绝对数量上看,实行浮动汇率制度的国家只占了一小部分,但它们当中大多数国家的货币都被发展中国家钉住。

进入20世纪80年代后,选择有限灵活汇率制度的国家比例大致不变,而选择更为

灵活的汇率制度的国家比例则在不断上升，选择钉住汇率制度的国家比例在下降，这一趋势在进入20世纪90年代后更为明显（见表6-1）。此外，从相对经济规模的角度来看，对于发展中国家来说，1975年，采用钉住汇率制国家的贸易量占总量的70%，而采用浮动汇率制度的国家只占8%，但到了1996年，这两个比例完全反过来了。总的来说，自布雷顿森林体系崩溃之后到20世纪90年代中期，国际汇率体系在不断向更加具有灵活性的安排转变。

表6-1 1981—1998年IMF对汇率制度的分类

年　　份	1981	1984	1986	1989	1992	1995	1998
IMF成员数	144	147	150	152	167	180	182
钉住汇率制	94	93	89	93	84	66	64
有限灵活汇率制	17	15	13	13	13	14	17
更为灵活的汇率制	33	39	48	46	70	100	101

资料来源：International Financial Statistics，各年

1999年IMF对汇率制度安排重新进行了分类，将目前世界各国采用的汇率制度归纳为8类。表6-2是IMF对汇率制度进行新的分类前后采取各种汇率制度的国家数目。从第1类到第8类，汇率的变化按顺序从完全固定到完全浮动。

表6-2 IMF新的汇率制度分类和采取各种汇率制度的国家（地区）数目

汇率制度	国家（地区）数目		
	1998年12月31日	1999年12月31日	2001年12月31日
1. 放弃独立法定货币的汇率制（exchange arrangements with no separate legal tender）	37	37	40
2. 货币局制（currency board arrangements）	8	8	8
3. 固定钉住制（conventional fixed peg arrangements）	39	45	40
4. 水平带内的钉住制（pegged exchange rates within horizontal bands）	12	6	5
5. 爬行钉住制（crawling pegs）	6	5	4
6. 爬行带内浮动制（exchange rates within crawling bands）	10	6	6
7. 肮脏浮动制（managed floating with no preannounced path for exchange rate）	26	26	42
8. 独立浮动汇率制（independent floating）	47	51	40

资料来源：IMF，International Financial Statistics，1999，2000，2002；World Development Report，2003

第一类放弃独立法定货币的汇率制是指一国不发行自己的货币，而是使用他国货币作为本国唯一的法定货币；或者一个货币联盟中，各成员国使用共同的法定货币。这类汇

率制度的典型代表主要是欧元化和美元化国家。欧元区内流通的是欧元,并建立统一的欧洲中央银行。而美元化国家完全放弃了自己的货币,直接使用美元,如巴拿马、波多黎各、利比里亚等国已使用美元完全代替本币进行流通。对于第2～8种汇率制度,前面已有介绍,这里不再赘述。

如果将上述汇率制度划分为硬钉住制度、中间汇率制度和浮动汇率制度,那么硬钉住制度包括1和2,中间汇率制度包括3至6,浮动汇率制度包括7和8。按照IMF的分类,20世纪90年代以来,中间汇率制度的比重在不断缩减,并不断向硬钉住和浮动集聚。但是,中间汇率制度仍然没有消失,如在2005年,中间汇率制度在IMF所有成员国中的比重为28.4%,无法证明一些学者提出的"中间汇率制度消失论"。

IMF(2006)最近强调,它的分类体系是基于各成员国真实的、事实上的安排;这一安排已被IMF所认可,而不同于各成员国官方宣称的安排。这一分类方案的基础是汇率弹性(flexibility)的程度,以及各种对汇率变化路径正式的与非正式的承诺。

四、汇率制度的选择

合理的汇率水平及汇率变动方式对于一国的经济稳定和经济发展是至关重要的,哪种汇率制度最适合本国(地区)的经济发展涉及汇率制度的选择问题。汇率制度的选择是一个不断变化的动态体系:为了避免汇率波动和"二战"前泛滥的竞争性货币贬值,固定汇率制度无疑是最好的选择,由此诞生了布雷顿森林体系;随着20世纪60年代美国国际收支逆差的不断扩大,越来越多的国家转而青睐于浮动汇率制度。20世纪80年代,名义锚(nominal anchor)理论的盛行将学术界的目光再次聚焦固定汇率制度以治理全球性通货膨胀。20世纪90年代新兴市场国家频繁爆发以汇率制度崩溃为主要特征的金融危机,使长期争论不休的汇率制度选择问题再度成为焦点。关于汇率制度选择的争论可以归结为两类:一是汇率制度的"固定"与"浮动"之争;二是汇率制度的"两极"与"中间"之争。

(一)汇率制度的"固定"与"浮动"之争

1. 固定汇率制度与浮动汇率制度的比较

作为汇率制度的两极,完全固定与完全浮动的汇率制度孰优孰劣一直是学术研究的焦点问题,而其他中间汇率制度的优劣可以从其争论中延伸出来。这一争论涉及的问题极为广泛,而固定汇率制度与浮动汇率制度最大的区别在于出现国际收支不平衡后经济恢复内外均衡的调节机制不同,因此,如表6-3所示,我们从三个方面对两者的不同特点进行比较:

(1)实现内外均衡的自动调节效率问题;

(2)实现内外均衡的政策利益问题;

(3)对国际经济关系的影响。

表 6-3 浮动汇率制度与固定汇率制度的比较

		浮动汇率制度	固定汇率制度
实现内外均衡的自动调节效率问题	单一性	通过汇率单变量进行调节	通过货币供应量的变动进而调整本国价格体系,牵涉多变量的调整
	自发性	自发调整,但存在汇率调节失效的情况:①当 $CA<0,KA>0^*$ 时,本币反而升值,不利于刺激出口,改善 CA;而当发生大规模的资本流出时,本币贬值将难以迅速发挥效力。②通过汇率变动改善贸易账户,需满足马歇尔—勒纳条件	人为调整,国际收支失衡需政府制定特定的政策组合来加以解决,这一过程中存在时滞、政策配合的困难等问题使其效率较低
	微调性	连续微调,可避免经济急剧波动,不会产生累积性的国际收支失衡;但当资金流动对汇率形成产生决定性影响时,浮动汇率的无谓调整将很剧烈,会对经济产生较大冲击	在问题积累到一定程度时才进行,一般调整幅度较大,对经济的震动也比较剧烈。但对于资产市场上供求的暂时性变化,可通过储备变动予以消除,从而避免造成汇率的频繁调整
	稳定性	外汇市场上的投机活动既具有稳定汇率的功能,也可能扩大汇率波动	投机活动相对较少,但是当官方汇率被明显高估或低估时,会吸引实力强大的国际资金进入该国进行投机活动,并可能演变成与政府的较量
实现内外均衡的政策利益问题	自主性	拥有独立的货币政策;但完全依靠汇率的自发调整而使国际收支失衡得以恢复几乎是不可能的	货币政策需用于维持汇率水平的稳定,使货币政策的独立性丧失
	纪律性	由于汇率脱离政府控制,而由市场供求决定,因此可以防止货币当局对汇率政策的滥用	由于货币政策需用于维持汇率水平的稳定,可防止政府滥用货币政策
	放大性	货币财政政策对收入等实际变量的影响通常高于固定汇率制度下的效应	政府必须维持汇率稳定,使得政府能获得执行政策始终如一的声誉,从而使人们产生稳定预期而收到额外效果
对国际经济关系的影响	贸易与投资	一方面,有利于推动经济自由化,促进国际经济交往;另一方面,汇率浮动带来的风险不利于国际间的贸易和投资活动	不利于推动经济自由化,但有利于降低汇率风险,且汇率稳定可带来"货币效率收益",从而减少国际贸易和投资的成本
	通货膨胀	有利于隔绝通货膨胀的国际传递,但国内容易由于货币贬值而产生通货膨胀	将被动输入汇率钉住国的通货膨胀,但国内不易自发产生通货膨胀
	政策协调	各国将国内经济目标置于首位,容易推行"竞争性贬值"这一"以邻为壑"的政策	各国将外部均衡目标摆在首位,但当与国内目标冲突时,可能放弃外部均衡目标

* CA 表示经常账户;KA 表示资本和金融账户差额。

从上述比较可以看出:两种汇率制度各有其特点。从优劣两方面加以总结,固定汇率制度的主要优点是:方便企业在国际贸易、国际信贷、国际投资等涉外经济活动中进行成本和利润核算,也使得国际经济交易主体摆脱汇率波动的风险,从而有利于国际经济交易的顺利进行与发展。其主要缺点是:汇率不能发挥应有的调节经济杠杆的作用;货币政策的独立性受到影响;易引发通货膨胀的国际传播;易引发破坏性投机冲击进而导致货币危机。此外，对于实行钉住汇率制度或货币局制度的国家(地区)，经济发展的不同步性将增加管理的难度。

浮动汇率制度的主要优点是：调节国际收支的能力增强；货币政策的有效性增强；可减少国际储备的流失；对世界性通货膨胀有一定的绝缘作用；可提高国际货币制度的稳定性，因为各国国际收支能自动地迅速调整，不致出现累积性的长期国际收支赤字或盈余，因而可避免巨大的国际金融恐慌。其主要缺点是：会助长投机，加剧金融风险；不利于国际间贸易往来和国际投融资活动的发展；会助长各国汇率上的利己主义，不利于国际间的经济合作。

2. 固定汇率制度与浮动汇率制度的选择因素

从上面的分析可知，汇率制度的选择各异，各国(地区)总是根据本国(地区)经济基本面和所处的国际环境，选择适宜的汇率制度。汇率制度虽有不同类型，但大体可分为两大类，即固定汇率制度和浮动汇率制度。固定汇率制度主要指 IMF 分类中的第 3 类，共 40 个国家和地区选择这种汇率制度；浮动汇率制度主要指 IMF 分类中的第 7 类(管理浮动)和第 8 类(独立浮动)，共 82 个国家和地区选择这种汇率制度。此外，欧元区 12 国，由于欧元实行自由浮动，也可归为浮动汇率制度。这 134 个国家和地区的 GDP 总值占全球的 96.4%。一般来说，以汇率稳定为目标的汇率制度下，汇率波动幅度很小或比较小，可将其视为固定汇率制度；如果将汇率作为调节国际收支的政策工具，发挥其价格杠杆作用，则汇率波动幅度很大或比较大，则可将其视为浮动汇率制度。汇率制度的选择是一个非常复杂的问题，但研究表明，各国在选择采取固定(钉住)汇率还是浮动汇率的决策中存在系统差别(见表 6-4)。

表 6-4 选择固定汇率制度和浮动汇率制度国家的不同特点

项 目	选择固定汇率制度的国家	选择浮动汇率制度的国家
经济规模	小	大
对外贸易依存度	高	低
贸易伙伴国的集中程度	较集中	较分散
控制通货膨胀的意图	与低通胀国家结成货币同盟	防止从外部输入通胀，自主选择本国通胀率

从经济规模来看，一国的经济规模越大，越倾向于采用浮动汇率制度；反之，则倾向于采用固定汇率制度。选择固定汇率制度的 40 个国家的平均规模为 453.7 亿美元(若剔除中国，39 个固定汇率制度国家的平均经济规模只有 168.1 亿美元)；而实行独立浮动制度的 40 个国家的平均经济规模为 4978.7 亿美元，欧元区 12 国的平均经济规模则高达 5089.8 亿美元。这是因为大国多为发达国家，经济较为独立，资本管制较少，如果实行固定汇率制度就必须放弃货币政策的独立性；而且，大国的外贸依存度通常低于小国，因而往往更少从汇率稳定角度出发考虑经济问题；此外，大国的对外贸易多元化，很难选择一种基准货币实施固定汇率制度。而经济规模较小的国家，其经济结构往往较为单一，许多消费品和投资品需依赖进口，出口的多是初级产品，这会大大削弱浮动汇率制度的有效性；而且，小国保护内外部经济平衡的能力较弱，为了防止由于汇率变动给经济带来的冲击，采用固定汇率制度是一种简单而有效的办法。

从经济开放程度来看，开放程度高的国家更倾向于选择固定汇率制度，因为一国经济开放度越高，贸易品价格在整体物价水平中所占比重越大，汇率变动对国家整体价格水平的影响也就越大，选择固定汇率能在最大限度上稳定国内价格水平；加上经济开放度较高的国家经济规模往往较小，抵御冲击的能力较弱，为了防止汇率变动给经济带来的冲击，往往采用固定汇率制度。如中国的香港特别行政区，其经济开放度位居全球第二位，就是采取钉住美元的联系汇率制度。

从贸易伙伴国的集中程度来看，主要与一国发生贸易关系的国家通常选择钉住该国货币，这样在进出口收入上可获得很大的稳定性；而贸易伙伴国较分散的国家则倾向于选择浮动汇率制度。

从特定的政策意图来看，对于面临高通货膨胀的政府来说，通过与低通货膨胀国家结成货币同盟，实行固定汇率制度，可有效地控制通货膨胀，而如果采取浮动汇率制度往往会产生恶性循环现象，使通货膨胀更加严重和不断持续。但是如果一国希望防止从国外输入通货膨胀，则宜于选择浮动汇率制度，这将使该国货币政策自主性加强，从而拥有选择适合本国的通货膨胀率的权利。

（二）汇率制度的"两极"与"中间"之争

20世纪90年代，金融危机在经济发展表现良好的新兴市场国家爆发，而感染危机的多为"中间"汇率制度国家，"两极"汇率制度国家大多有效防止了金融危机。一个直观的猜测是，可以维持的汇率制度是"两极"汇率制度，而不是"中间"汇率制度——"中间汇率制度消失论"成为当前关于汇率制度的理论中争议最大、最富挑战性的理论。

理论的首创者是美国加州大学伯克利分校的艾森格林（Eichengreen，1994，1998）。该理论的要点是，唯一可持久的汇率制度是自由浮动汇率制度或是具有非常强硬的承诺机制的固定汇率制度（如货币联盟和货币局制），介于两者之间的中间性汇率制度，包括软钉住汇率制度（如可调节的钉住爬行带状汇率制度以及管理浮动制度）则正在消失或应当消失。因此，未来我们将会看到，各国不是选择完全自由的浮动汇率制度就是选择硬固定汇率制度。由于中间制度消失形成所谓空缺的中部（the hollow middle），因而这一理论又称为"两极汇率制度论"或"中空汇率制度理论"。

对于这一理论，支持者给予了一些解释，而该理论的反对者则一一进行了批驳。代表性的解释有：第一，"不可能三角"理论。资本自由流动下，政府不可能同时实现汇率稳定、货币政策独立性和资本自由流动三大目标。一般而言，资本流动性强弱是国际资本的趋利性以及国内资本管制共同作用的结果，具有很强的外生性。因此，在汇率稳定和货币政策独立性之间的权衡中，保证货币政策独立性必须选择浮动汇率制度；如果选择较为稳定的固定汇率制度则将付出丧失货币政策独立性的代价。因而，合意的汇率制度越来越倾向于从中间汇率制度转向"两极"。但是，这一理论的批评者却认为："不可能三角"只从宏观上揭示了资本高度流动条件下汇率稳定和货币政策独立性之间的制衡关系，却未论及有关介于两极之间所谓的"中间汇率制度"的选择问题。他们认为，一国可以实行这样的管理浮动制度：对其货币需求的变动，政府可用外汇市场干预来吸收其中的一半，另一半则可以让它反映在汇率中。第二，债务积累。"中间"汇率制度具有"软"特征，在"软"汇率制度下,银行和企业会低估货币下跌或崩溃的风险,因而会过分持有未对冲的外币债务。结果当本币发生贬值时,其本币收入不足以偿还这些债务而破产,对经济造成破坏性影响。但反对者认为,这种分析方法隐含经济主体的非理性假设,事实上并无证据表明爆发危机的东南亚国家的经济主体没有关注汇率风险,这种"软"分析在逻辑上不能成立。

第三,可检验性。当政府宣布实行某种汇率制度时,要使其具有公信力,就必须使这种制度简单而又透明,具有"可检验性"。简单的"两极"汇率制度比"中间"汇率制度具有更易核实的特点,检查汇率制度是否简单钉住,市场参与者只需核实昨日的汇率与今日是否相同;而检查汇率制度是否完全浮动,市场参与者只需每日核实外汇储备的变动,看央行是否动用外汇储备干预市场。中间汇率制度则因受爬行速率、波动幅度、货币篮子中各货币权重等参数的制约而不易核实。所以,"两极"汇率制度具有较好的可核实性,各国最终会选择完全固定或完全浮动的汇率制度,而不是难以核实的"中间"汇率制度。但"两极论"的反对者认为,"可核实性"与"公信力"之间实际上并无明显的相关性。如布雷顿森林体系下的可调节钉住汇率制度是较易核验的,但它并不具有多少公信力;美联储联邦基金利率是如何确定的,外人不知道,但这并不妨碍多数人认为美联储的货币政策是有公信力的。此外,"两极论"的支持者还提出了其他一些理由,如中间汇率制度易受攻击、退出成本较低等,因此中间汇率制度的维持时间不会很长。

不论是关于汇率制度的"固定"与"浮动"之争,还是"两极"与"中间"之争,都是假定其他影响因素不变,而仅仅从某一角度(即某一影响因素)来分析汇率制度的选择问题。由于分析问题的方法和视角不同,因而争论双方得出的结论也就不同。实际上,汇率制度的选择不是一个静态问题,而是一个动态问题,因为汇率制度选择的影响因素本身随着政治、经济和文化的变化而变动,因而作为这些因素"合成"的结果——汇率制度必然发生制度退出与重新选择的动态调整和变迁,其结果必然导致多元化汇率制度形式之间的相互转化。总之,现代汇率制度体系并非如所争论的那样非此即彼,而是一个多种汇率制度形式并存和相互转化的动态体系,一国汇率制度的选择是其具体情况的相机选择。

第二节 外汇管制

一、外汇管制概述

(一) 概念及背景

根据国际货币基金组织的分类,外汇管制(foreign exchange control)的概念有狭义和广义之分。狭义外汇管制也称外汇限制(foreign exchange restriction),是指一国政府对本国居民从国外购买经常账户项下的商品和劳务所需的外汇进行限制;广义的外汇管制也称外汇管理(foreign exchange management),是指一国政府授权本国的货币金融当局或其他机构,对外汇收支、买卖、借贷、转移以及国际间的结算、外汇汇率和外汇市场等实行的管制措施。

外汇管制是体制性概念,往往与一个国家的经济体制有着密切联系(如战时管制经济、计划经济)。外汇管制与货币自由兑换性密切相关,在外汇管制条件下,本国货币与外币的兑换部分或全部地受到限制,本币成为不可自由兑换的货币,从而使境内的外汇买卖、国际结算、国际投资等金融活动都置于国家的严密控制之下。可以说,一国货币的不可兑换性正是外汇管制的核心内容和必然结果。

外汇管制始于"一战"期间,以后随着资本主义经济政治危机阶段的交替,时松时紧。"一战"爆发后,西方国家先后停止了金本位制而代之以纸币流通。为筹措战争资金和防止资金外流,各国都取消了自由买卖黄金,并严禁黄金出境。"一战"后,金本位制恢复,外汇管制有所放松。但1929—1933年的大危机又导致了全面的外汇管制。"二战"爆发后,外汇管制更加严格,如1940年110个国家中只有11个国家未实行外汇管制。布雷顿森林体系建立后,为促进有效的多边贸易,《国际货币基金协定》敦促会员国取消经常项目下的外汇管制,到1958年大部分欧洲国家恢复了货币的可兑换(指经常项下货币可兑换)。目前,经过有关国家的政策努力和IMF的有效推动,外汇管制已不是普遍现象,放松外汇管制成为一个世界性的潮流,但是几乎所有国家都存在不同程度的外汇管制。

(二) 管理机构

外汇管制是国家的政策措施,它的具体实施需要授权专门机构完成。目前,多数国家由政府授权中央银行作为执行外汇管制的机构;也有一些国家直接设立专门机构,如外汇管制局;还有的国家是由财政部施行外汇管制,如英国的财政部、日本的大藏省。外汇管制机构主要负责外汇管理的日常事务,执行有关法令,提出政策建议,而重大的外汇管理法令往往由更高层次的机关做出。

在我国,进行外汇管理的机构是外汇管理局,其主要职能是:

(1) 设计、推行符合国际惯例的国际收支统计体系,拟定并组织实施国际收支统计申报制度,负责国际收支统计数据的采集,编制国际收支平衡表。

(2) 分析、研究外汇收支和国际收支状况,提出维护国际收支平衡的政策建议,研究人民币在资本项目下的可兑换。

(3) 拟定外汇市场的管理办法,监督管理外汇市场的运作秩序,培育和发展外汇市场;分析和预测外汇市场的供需形势,向中国人民银行提供制定汇率政策的建议和依据。

(4) 制定经常项目汇兑管理办法,依法监督经常项目的汇兑行为;规范境内外外汇账户管理。

(5) 依法监督管理资本项目下的交易和外汇的汇入、汇出及兑付。

(6) 按规定经营管理国家外汇储备。

(7) 起草外汇行政管理规章,依法检查境内机构执行外汇管理法规的情况,处罚违法违规行为。

(8) 参与有关国际金融活动。

(9) 承办国务院和中国人民银行交办的其他事项。

(三) 管理对象

1. 对人的外汇管制

即对自然人和法人的管制。自然人是指在民事上享有权利和义务的公民,法人是指根据法律在本国境内设立的具有法人地位的组织。自然人和法人按居住或营业的地区不同,又分为居民和非居民。对居民的管制较严,而对非居民的管制较松,因为前者涉及实行外汇管制国家的国际收支,而后者不一定涉及。

2. 对物的外汇管制

即对外汇及外汇有价物的管制。外汇是指广义外汇,包括外币现钞、外币存款、外币票据、外币有价证券;外汇有价物包括黄金、白金、白银、钻石等;此外,本国货币的携出入境,也属于外汇管制的范围。

3. 对地区的外汇管制

有两层含义:一是指在一国境内实施外汇管制,但对国内不同的地区(如经济特区)实行有别于其他地区的外汇管制措施。例如,我国的外汇管理条例规定,在我国保税区境内机构的外汇收支活动和外汇经营活动,目前适用《保税区外汇管理办法》,保税区的外汇政策优于区外,保税区内企业可以保留外汇账户,实行自愿结汇制度,区内企业经济交往活动以及区内企业与区外企业经济交往可以外币计价结算。二是指在一个货币区内,成员国统一对外实施外汇管制,而在成员国内部办理汇兑、结算则基本自由,如英镑区在成员国内基本不实施外汇管制,而对成员国以外的国家则实施较严格的外汇限制。

(四) 外汇管制的方法

1. 行政管制

即政府以行政手段对外汇买卖、外汇资金的来源和运用所实行的监督和控制。一般采取如下做法:政府垄断外汇买卖、管制外汇资产、管制进出口外汇、控制资本的输入输出等。

2. 数量管制

即政府对外汇收支数量进行控制。如在经常账户上,对贸易外汇实行外汇配额制、外汇分成制和对非贸易外汇实行限制等;在资本和金融账户上,对资本输入输出及非居民账户存款进行审批管制;在外汇交易方面,限制交易的数量等。

3. 价格管制

其实质是实行不同形式的复汇率制。如政府规定法定的差别汇率,对某些进口商品给予优惠汇率,而对某些商品(尤其是奢侈品)实行高汇率;为鼓励出口,在出口商结汇时给予一定汇率上的补贴;允许出口商的一部分外汇收入按要求向银行结汇后,其余部分按市场汇率在外汇市场上出售;等等。

二、外汇管制的内容和措施

(一) 对贸易外汇的管制

贸易外汇收支是国际收支最主要的部分,各国一般对此严格管制,尤其是有贸易逆差的国家更加重视贸易项目的外汇管理,以便集中出口外汇收入,限制进口外汇支出,平衡国际收支。

1. 对出口外汇收入的管制

在实行外汇管制的国家,出口商必须向外汇管理机构申报出口商品的价格、金额、结算货币、收汇方式和期限等,收到的外汇必须按官定汇率结售给指定的外汇银行。至于向指定外汇银行结售出口外汇的数额,一般是全部出口所得价款,但有的国家仅限于主要商品出口价款,或出口收汇价款的一部分,出口商可将其余外汇用于进口,或在自由市场出售。更多国家是将结售出口外汇与颁发出口许可证两项措施结合进行。出口证上填明出口商品的价格、金额、收汇方式并办理交验和审核信用证手续,以防隐匿出口外汇收入。

2. 对进口外汇支出的管制

一般规定进口商因从国外进口所需外汇,需向外汇管理机构申请,经批准后,由外汇指定银行按官价售给。多数国家将审批外汇手续与颁发进口许可证结合进行,进口商取得进口许可证,所需外汇即获批准;有的国家则需另办申请批汇手续。

(二) 对非贸易外汇的管制

非贸易外汇收支是指贸易与资本输出入以外的外汇收支,包括由贸易引起的运输费、保险费等;由资本流动引起的股息、利息支付等;其他如劳务费用、个人汇款等。采取的主要措施包括:

(1) 许可证制度。即向境外汇款或携汇出境必须向外汇管制机构申请核准,取得购买外汇的许可证方可办理。

(2) 实施结售汇制度。即外汇收入卖给国家指定银行,外汇支出必须持有效证件申请购汇。

(3) 限额制度。即国家对个人用汇规定限额。

(4) 登记制度。对一定额度的外汇收支,国家实行登记制度。

(5) 预付存款制。即将购汇款项存入银行一定时间后才可购买外汇,办理汇出或携出。

(6) 规定购买非贸易外汇的间隔时间。

(7) 控制非贸易外汇对外支付时间。

(8) 课征非贸易外汇购买税等。

(三) 对资本输出输入的管制

随着经济全球化的加深,全球金融交易量剧增,资本和金融账户在国际收支中的地位日益重要,因此,无论是发达国家还是发展中国家,都十分重视对资本输出输入的管制。但由于各国国际收支状况、地位不同,管理的具体目的与措施也不同。外汇资金富裕的国家(国际收支长期顺差)注重限制资本流入、鼓励资本流出。这一方面是为了避免本币过度升值而影响本国产品的竞争力;另一方面是为了使国内过热的经济降温,因而往往采取措施限制资本流入。例如,瑞士对非居民存款倒扣利息,超过 10 万瑞士法郎,倒扣年息 4%;德国银行吸收非居民存款要缴纳高额存款准备金(90%～120%);日本则长期禁止非居民购买本国有价证券。外汇资金短缺的国家(国际收支长期逆差)往往对资本流入不加限制,而是采取各种措施鼓励资本流入、限制资本流出,如冻结非居民的存款账户,未经外汇管制机关批准,不得动用或汇出,对本国居民在国外的投资收益加征利息平衡税等。

(四) 对黄金和本外币现钞输出输入的管制

实行外汇管制的国家一般都禁止私人输出黄金,有的国家(如法国)还禁止私人输入黄金,黄金的输出输入由本国的中央银行或其他机构独家办理。由于本国现钞的输出一方面导致进口增加和资本外逃,另一方面受外汇供求关系的影响会使本币汇率下跌,因此,实行外汇管制的国家大都规定了本国货币输出的最高限额。如美国规定每次携带的限额为5000美元,超过限额的现钞需向海关申报。对于本国现钞的输入管制则相对较松,有的国家规定限额,有的则不加管制,但要求输入的现钞必须用于指定的用途。至于外币现钞的输出输入,各国都实行一定的限制,输入时一般需向海关申报,携带出境时,须出示有关证件,以证明其合法性。

(五) 对汇率的管制

以上管制措施偏重于外汇数量管制,而对汇率的管制实际上是一种价格管理。对汇率的管制措施可分为两种:一种是实行复汇率制度;另一种是制定单一的官方汇率。

所谓复汇率制度,是指一国实行两种或两种以上汇率的制度,包括双重汇率制度和多重汇率制度。复汇率制度建立在货币兑换管制的基础上,当对货币兑换进行管制时,一种方式是限制货币兑换数量,另一种方式是限制货币兑换的价格,对不同情况的兑换适用不同的汇率。复汇率制度是实行兑换管制的工具之一,复汇率制度的取消也被视为自由兑换的必要条件。复汇率制度包括公开和隐蔽两种形式。公开的复汇率制度即差别汇率制度,是指外汇管理机构对不同的交易规定不同的结售汇汇率,原则是对需要鼓励的交易规定优惠汇率(如对出口规定较高的外汇价格,对先进设备的进口规定较低的外汇价格),而对需要限制的交易规定不利的汇率(如对奢侈品进口和资本输出规定较高的外汇价格)。这种歧视性汇率,有的国家只存在两种或三种,有的国家则有几十种。隐蔽的复汇率制度表现形式有多种,如对出口的商品按类别不同给予不同的财政补贴(或税收减免),由此导致不同的实际汇率;或对进口按类别课以不同的附加税。常用的是影子汇率,实际上是附在不同种类进出口商品之后的一个不同的折算系数,如官方汇率6CNY/USD,附加折算汇率1.34,则单位产品出口可换取$1.34 \times 6 = 8.04$元人民币。此外,一国已存在官方汇率和市场汇率两种汇率的条件下,对不同企业或不同的商品实行不同的收汇留成比例。允许企业将其留成外汇在平行市场或调剂市场上按市场汇率换成本国货币,等于变相给予补贴。

制定单一的官方汇率措施,通常是由外汇管理部门根据本国的国际收支情况和经济政策取向等,以法令形式制定、调整对外汇率,并规定本国的有关外汇收付必须按照官方汇率来买卖外汇。需要注意的是,在实行单一汇率而又存在外汇管制的国家中,除了官方外汇市场和官方汇率外,必然存在自由外汇市场(常常是非法的黑市)与自由汇率,这形成了自发的、事实的复汇率状况。但通常所说的复汇率制度与此不同,是指外汇管制当局人为地、主动地制定和利用多种汇率并存的局面以达到其预期目的。

由于复汇率的形式十分复杂,IMF规定的判断标准为:一国政府所采取的导致该国货币对外币的即期外汇的买入价与卖出价的价差,或各种汇率的差价超过2%的任何措施,都被视为复汇率。

三、外汇管制的类型

根据管制的内容和程度的不同,可把外汇管制分为三种类型。

1. 全面外汇管制

对经常项目与资本和金融项目都实行严格管制。属于这种类型的国家或地区通常经济比较落后、外汇资金短缺、市场机制不发达,大多数发展中国家和实行计划经济的国家属此类,包括1994年1月1日前的中国。

2. 部分外汇管制

对经常项目的外汇收支原则上不实行管制,只对资本和金融项目的收支实行管制。属于这种类型的国家被称为"第8条款国"。1993年以来"第8条款国"激增,1997年在国际货币基金组织181个成员中,已有143个国家和地区接受第8条款,实现了经常项目下的自由兑换。中国1994年1月1日以后成为"第8条款国"。

3. 基本上取消外汇管制

从法律角度取消了外汇管制,对经常项目与资本和金融项目原则上都不进行直接管制。事实上,属于这种类型的国家虽没有普遍的、经常性的外汇管制,但在某个时期,由于某种特殊原因仍可能采取限制性措施。这类国家一般为成熟的市场经济国家,经济实力强的西方发达国家大多属于此类,一些石油输出国(如沙特阿拉伯)也属此类。

四、外汇管制的成本收益分析

外汇管制具有调节国际收支平衡、促进经济发展的积极作用,但是不可避免地会扭曲市场机制,给经济运行造成消极影响。外汇管制不是通过市场手段而是通过行政手段来分配外汇资源,这种制度安排一直受到自由经济学者的批评,如香港大学张五常教授认为"外汇管制半点好处也没有,有的只是一些肤浅的谬误"。但是,外汇管制几乎被包括发达国家在内的所有国家采用过。对这一问题的客观认识,应从作为一种制度安排的外汇管制的成本和收益的分析入手。

(一)收益

1. 保护内部经济

经常账户持续逆差和资本大量外逃形成的国际收支逆差有可能引发货币危机和金融危机,造成大批企业破产倒闭和大量失业,重创内部经济,甚至爆发全面的经济危机和社会危机。外汇管制措施能够筑起一道保护的屏障,立竿见影地达到"奖出限入"的短期目的,及时遏制资本外逃。此外,对于本国需要保护的幼稚产业采用高汇率以限制进口,对于本国具有比较优势的成熟产业采用高汇率以刺激出口,对本国优先发展的战略部门所需原材料的进口采取低汇率进行扶植等,能够达到保护民族工业的目的。外汇管制还可以切断通货膨胀输入的途径,从而提高运用财政政策和货币政策治理内部经济的有效性,有利于实现内部平衡。

2. 争取外部均衡

外汇管制往往是在外汇稀缺的情况下发生的,而外汇稀缺是一国对外贸易和资本往来状况的综合反映。通过外汇管制可以达到遏制国际贸易赤字和阻止资本外流的短期效果。当然,在特定情况下,某些国家资本过剩,也会采取外汇管制手段来限制资本流入。历史上看,外汇管制主要存在于三种背景:一是战时经济情况下;二是出现了严重的世界性经济金融危机;三是通过社会变革选择了计划体制的国家,这种情况下,靠市场力量达到外部均衡的可能性极小,管制成为必然的选择。

3. 实现经济安全

外汇管制从经济运行上切断了国内经济与国际市场的有机联系,从而可以在一定程度上避免国际市场波动对国内经济的冲击。这些冲击包括通货膨胀的国际传递、金融市场(特别是汇市)的动荡对国内经济的影响等。外汇管制能够及时地在短期内改善国际收支,很好地抵御国际游资的冲击,从而稳定汇率,有效地避免汇率风险和外债风险,有利于经济金融安全。如我国在1997年的亚洲金融危机中幸免于难,就是得益于我国资本和金融项目尚未取消管制。

(二)成本

管制庇护下实现的"经济安全"是暂时的,不宜作为一种长期性安排。与收益相比较,其代价也是非常明显的。对经常项目限制会引发各国间的贸易战和汇率战,破坏正常的国际贸易秩序,对资本和金融账户的管制会降低资本在全球范围内配置所带来的福利。总的来看,外汇管制的成本主要包括下面几项。

1. 阻碍国际经济交往

从国际贸易的角度来看,管制最根本的代价是排斥了自由贸易,使该国不能从国际贸易中获得比较利益。从国际资本流动的角度来看,外汇管制必然成为资金短缺国家和资金盈余国家之间资金流动的瓶颈之一。总体来看,外汇管制将阻碍国际贸易和国际投资的发展。

2. 导致市场扭曲

从国内经济来看,在外汇管制条件下,通过行政办法产生的汇率往往会偏离均衡汇率。本币汇率高估不利于出口增加,往往会导致财政补贴的介入,进而影响经济的内部均衡,导致价格扭曲、市场信号变形,市场机制的作用不能充分发挥。本币低估则使进口成本上升,迫使当局以补贴方式加以消化。实际经济生活中,本币高估较普遍,因而管制条件下货币的对外名义价值往往高于实际价值,所实现的对外收支平衡也并不真实,一旦放开管制,本币币值便会大幅跌落。可见,管制的代价往往会在放松管制之后才以破坏性的方式表现出来。

3. 导致高昂的管理费用及腐败问题

外汇管制的实施需投入大量的建设成本和运营管理成本,外汇管制越复杂越广泛,管理成本就越高昂。外汇管制往往伴随多重汇率和外汇黑市的出现,这不仅不能保证外汇资源的有效配置,而且会产生一些严重的社会问题,如官员寻租、倒卖外汇额度等。

第三节 货币自由兑换问题

一、货币自由兑换的基本概念

货币自由兑换是作为外汇管制的对立物出现的。实行严格外汇管制的国家,所有的外汇收入均须按官定汇率结售给外汇指定银行,所有的外汇支付必须向外汇管理机构申请,核准后才能用本国货币按官定汇率购汇。因此,在全面的外汇管制条件下,外汇这种稀缺资源同本国货币之间的联系被严格地隔离开来,本国货币便成为不可自由兑换货币。可见,一国货币的不可兑换性正是外汇管制的核心内容和必然结果。

所谓货币自由兑换(convertibility),是指国内外居民能够自由地将其所持有的本国货币兑换为任何其他货币。实行本国货币的自由兑换,意味着外汇管制的放松和取消。但是大多数国家都对不同性质的国际间经济交易所产生的货币兑换行为进行一定的限制,因此,货币自由兑换可分为经常账户下的自由兑换以及资本和金融账户下的自由兑换。

(一)经常项下货币自由兑换

经常项下货币自由兑换是指一国对经常项下的对外支付解除了限制(或管制)。国际货币基金组织规定,凡是能实现不对经常性支付和资金转移施加限制、不实行歧视性货币措施或多重汇率、能兑付外国持有的在经常性交易中所取得的本国货币的国家,该国货币就是可自由兑换货币。可见,国际货币基金组织所指的自由兑换实际上是经常账户下的货币自由兑换。如前所述,实现了经常账户下货币自由兑换的国家又称为"第8条款国"。

那么在国际交往中,哪些措施构成对经常性支付的汇兑限制或歧视性货币措施呢?具体地看,主要包括:

(1)对无形交易的限制。如对出国旅游、就医、公务外出、赡家汇款、保险费支付所需外汇只给予一定定额,超过定额,不予提供,加以限制。

(2)对非居民投资所得的转移限制。对于非居民投资所得利润、红利、贷款所得利息的汇出进行限制或者在金额或时间上进行限制。例如,有的国家规定外商投资前7年内汇出利润不得超过外汇收益总额,或投资期限不超过一定年限者不能汇出利润等。

(3)对经常项下支付实行核批制。对贸易和劳务等外汇支付实行核批制或申请外汇许可证,在支付方向、支付内容、支付金额等方面经核准或许可后,才提供外汇,对外支付。

(4)外汇预算分配制。按外汇预算指标分配商品和劳务进口所需外汇,超过计划预算指标,进口商就不能获得外汇。

(5)对外支出的拖延。由于政府的直接行为而造成对经常性交易所需外汇的获得和使用的拖延支付,也是外汇限制存在的表现。例如,一国政府不拒绝向国外债权人偿还债务,但不允许将偿还的贷款拨付到债权人在该国开立的账户上,继而禁止该账户资金输出境外,就是官方对经常性国际贸易支付所进行的限制。

需要指出的是，贸易自由和兑换自由是两个不同的概念，贸易限制不构成汇兑限制。虽然贸易管制和汇兑管制都属于外汇管制的范畴，但两者直接作用的对象不同。国际货币基金组织第8条款对成员国在商品贸易方面所实行的限制并没有约束，自由兑换仅就汇兑或对外支付行为本身，没有排除成员国使用关税或非关税等贸易限制措施，若一国贸易进口受进口许可证的限制，但只要企业在取得许可证等有关证明后能合法购得外汇，对外进行支付，就不构成兑换限制。另外，不允许施加兑换限制仅仅针对付款行为而言，而不是针对收款行为，因此国际货币基金组织的条款并不排除"第8条款国"强迫居民将外汇收入结售给国家的可能，也就是说，"第8条款国"仍可以对居民（自然人、法人）实行强制的结汇制度，或不允许居民持有任何形式的外汇资产，只要对居民的对外支付不加限制即可。

通常，经常项下的可兑换是货币自由兑换的第一步，也是最为基本的一步，它往往成为各国货币自由兑换实践的突破口。纵观战后金融史，从1958年欧洲共同体实现有限度的自由兑换、1964年日本实现部分的自由兑换，到20世纪七八十年代以来的拉美国家、东欧国家以及东南亚各国货币的自由兑换，再到1996年年底我国实行的人民币在经常项下的完全可兑换，大多数国家都是以经常项下的自由兑换作为开端，少数国家（阿根廷、波兰）首先实行资本项下的可兑换，但都没有成功，造成了金融市场动荡。

这是由于以下原因：首先，就经常项目以及资本和金融项目开放对于一国宏观经济的影响程度而言，后者投机性因素较强，比前者的难度与风险大得多。所以，实行货币自由兑换的国家一般比较倾向于由易到难，以比较安全的顺序来实现货币的可兑换。其次，从国际货币基金组织的要求来看，经常项目的可兑换是可兑换货币的起码含义，只要做到了这一点，该种货币就可以被认为是自由兑换货币了。而在《国际货币基金协定》中对资本和金融项下的货币自由兑换并无强制性规定，因此成员国在资本项下取消管制的压力大为减轻。最后，从国际经济交易发展进程来看，首先实现经常项下货币自由兑换与战后先由关税与贸易总协定（GATT）后由世界贸易组织（WTO）所一直推动的贸易自由化有关。贸易自由化在先，资本自由化在后，是战后世界经济的一个重要特点。这一特点无疑也对货币自由兑换安排的阶段性产生影响。在这里需要强调的是，经常项目可兑换一般也是逐渐实现的。

（二）资本项下货币可兑换

资本项下货币自由兑换是指资本和金融账户可兑换。1993年以来国际收支平衡表的"资本账户"已改为"资本和金融账户"，"资本项下货币可兑换"只是沿用了习惯说法，是指对资本流入和流出均无限制。"二战"后初期，各国都对资金流动实施了严格的控制，《国际货币基金协定》对于资本项下可兑换也并无强制性规定。但是，贸易自由化达到一定阶段后，必然要求资本自由化与之相配合，没有资本自由化的贸易自由化是不彻底的。现代国际贸易活动在规模、结构和交易方式上都与国际资本流动有着紧密联系，大规模的贸易活动往往伴随着相应的融资安排（如出口信贷）。商品贸易与资本流动之间的内在联系，使贸易自由化与资本自由化相辅相成、相互推动。因而，经常项下货币可兑换的必要延伸就是资本项下货币可兑换。国际货币基金组织在1997年于中国香港举行的年会上，确定了推动各国实行资本和金融账户自由兑换的目标。

达到资本和金融账户可兑换的要求比经常账户可兑换困难得多。根据许多国家的实践，资本项下货币自由兑换是分阶段实施的。一般首先考虑长期资本自由兑换，然后再逐步允许短期资本项下的自由兑换，这样可以在一国金融体系的培育健全过程中，免于国际游资带来的风险和不确定因素。据国际货币基金组织统计，1997年，有128个成员对资本市场交易实行限制，112个成员对货币市场交易实行限制，144个成员对直接投资实行限制，并且有许多成员对部分资本和金融账户交易使用歧视性汇率。在实行资本和金融账户可兑换的成员中，绝大多数是工业化国家，发展中国家和地区所占比例很低。

（三）全面的可兑换

如果一国货币在经常项下以及资本和金融项下都实现了自由兑换，则该国货币就实现了全面可兑换，该国货币可被称为"充分可兑换货币"。

二、实现货币自由兑换的基本条件

IMF根据各国货币自由兑换的历史经验，将货币自由兑换，尤其是资本项下货币自由兑换的基本条件归纳为下面几点。

1. 健康的宏观经济状况

货币自由兑换后，商品和资本的跨国流动会对宏观经济形成各种形式的冲击，这要求宏观经济具备对各种冲击进行及时调整的能力。是否具备这种能力可从三个方面进行考察。

（1）稳定的宏观经济形势。既没有严重的通货膨胀，也不存在大量失业，经济运行处于正常有序状况。

（2）有效的市场调节机制。要求一国具有一体化的、有深度的、有效率的市场体系，无论商品市场还是金融市场，价格不存在被压制和扭曲的现象。商品市场上的价格能与国际市场保持某种一致；金融市场上交易工具品种繁多，交易活跃，价格富有弹性；外汇市场供求趋于相等，使汇率趋于一致，并允许外汇投机；短期货币市场活跃，由此不仅为外汇市场的发展创造条件，而且可为政府的宏观调控提供有效手段。

（3）成熟的宏观调控能力。首先，政府能灵活运用各种政策工具，如财政收支良好，可根据经济需要及时调整财政政策；货币政策具有较大的独立性，作为货币政策操作场所的金融市场发育良好。其次，政府具有宏观调控的丰富经验和高超的操作技巧。最后，政府具有言行一致的良好声誉，没有通货膨胀倾向。

2. 健全的微观经济主体

在一国货币自由兑换后，企业将面临国外同类企业的激烈竞争，它们的生存和发展状况将直接决定货币自由兑换的可行性。提升企业的国际竞争力，要求企业成为真正的自负盈亏、自我约束的利益主体，能对价格变动作出及时反应；更重要的是，企业必须具有较高的劳动生产率。在货币自由兑换后，政府很难以直接管制方式控制各种国际间经济交易，因此国际收支平衡的维持在很大程度上依靠本国企业国际竞争力的提升。商业银行的经营状况对实现资本和金融账户下自由兑换意义更为重大,否则在资本和金融账户自由兑换后,外资银行的竞争会使存在大量不良资产的本国商业银行的经营状况进一步恶化。

3. 合理的经济开放状态

主要表现为：

(1) 国际收支可维持,不存在长期的、严重的失衡,尤其是不存在经常账户的长期逆差。在货币自由兑换后,长期的外汇短缺尤其是经常性外汇短缺将导致外汇债务上升,甚至演变为资本外逃。从根本上解决这一问题有赖于本国企业国际竞争力的提升,此外,要求政府持有相当数量的国际储备以解决临时性的经常账户赤字。

(2) 恰当的汇率制度与汇率水平。货币自由兑换的前提是维持稳定和恰当的汇率水平,这在很大程度上取决于是否拥有合理的汇率制度。一般而言,资本自由流动时,具有更多浮动汇率特征的汇率制度更为合适。

三、人民币可兑换问题

经过1994年和1996年外汇管理体制的改革,人民币实现了经常项目下的完全可兑换,取消了所有经常性国际支付和转移的限制。在取消经常项目汇兑限制的同时,完善资本和金融项目外汇管理,逐步创造条件,有序地推进人民币在资本项目下可兑换。

2008年,在国际货币基金组织划分的7大类43项资本项目交易中,我国严格管制的主要是针对非居民在境内自由发行或买卖金融工具、非居民在境内自由发行或买卖金融衍生工具、居民对外借款和放贷等几项,限制较少或实现一定程度可兑换的共计二十多项。鉴于亚洲金融危机的教训,中国开放资本项目的过程必须谨慎。成功开放资本账户的前提条件包括良好的宏观经济环境、健康的微观经济基础、经常项目平衡、外汇储备充足、汇率水准均衡、国内金融体系稳定、金融监管体系完备等。目前,我国在微观经济基础、金融体系稳定和金融监管上还有很多不足。因此,我国外汇体制改革应伴随这些矛盾的化解而逐步实现,沿着"先资本流入、后资本流出,先直接投资、后证券投资,先资本市场、后货币市场,先股票市场、后中长期债券市场"的次序,开放资本项目,实现人民币的可自由兑换。

第四节　中国的外汇管理

一、中国外汇管理体制沿革

人民币是我国的本位货币,于1948年12月1日诞生。1949年1月首先在天津挂牌公布了人民币对美元的汇率;同时规定,全国各地的汇率以天津口岸的汇价为标准,根据当地的具体情况,公布各自的人民币汇率。1950年全国财经工作会议以后,于同年7月8日开始实行全国统一的人民币汇率,由中国人民银行公布。1979年3月13日,国务院批准设立国家外汇管理总局(以下简称外管局),统一管理国家外汇,公布人民币汇率。此后,为适应市场经济的改革与发展,人民币汇率的制定几经调整。关于人民币汇率的历史演变过程,我们将结合中国外汇管理体制的沿革加以介绍。

改革开放以前,中国实行高度集中的计划经济体制,由于外汇资源短缺,中国一直实行比较严格的外汇管制。1978年实行改革开放以来,中国外汇管理体制改革沿着逐步缩小指令性计划,培育市场机制的方向,有序地由高度集中的外汇管理体制向与社会主义市场经济相适应的外汇管理体制转变。1996年12月中国实现了人民币经常项目可兑换,对资本项目外汇进行严格管理,初步建立了适应社会主义市场经济的外汇管理体制。新中国成立以来,中国外汇管理体制大体经历了三个阶段。

(一)计划经济时期的中国外汇管理体制(1949—1978年):高度集中控制

新中国成立初期,即国民经济恢复时期,中国实行外汇集中管理制度,通过扶植出口、沟通侨汇、以收定支等方式积聚外汇,支持国民经济恢复和发展。当时私营进出口商在对外贸易中占很大比重,国内物价波动较大,中国采取机动调整人民币汇率来调节外汇收支。人民币汇率政策以出口商品国内外价格的比价为主,同时兼顾进口商品国内外价格的比价和侨汇购买力平价,逐步调整,起到鼓励出口、奖励侨汇、兼顾进口的作用。1953年起,中国实行计划经济体制,对外贸易由国营对外贸易公司专管,外汇业务由中国银行统一经营,逐步形成了高度集中、计划控制的外汇管理体制。国家对外贸和外汇实行统一经营、用汇分口管理的办法。贸易外汇由外贸部统一管理;财政部主要管理中央部门的非贸易外汇;中国人民银行则负责地方非贸易外汇和私人外汇。外汇业务由当时下属中国人民银行的中国银行统一经营。国家实行"集中管理、统一经营"的管理方针,即一切外汇收支由国家管理,一切外汇业务由中国银行经营。这一阶段,由于照搬苏联模式,外汇管理主要靠行政手段,很少运用经济手段,外汇收支实行指令性计划管理,一切外汇收入必须售给国家,需用外汇按国家计划分配和批给。实行独立自主、自力更生的方针,不借外债,不接受外国来华投资。人民币汇率作为计划核算工具,要求稳定,逐步脱离进出口贸易的实际,形成汇率高估。

这段时期的人民币汇率制度可分为两个阶段。

1. 第一阶段:1949—1952年年底的国民经济恢复时期

(1) 1949—1950年3月全国统一财经工作会议以前。在这一阶段,由于受国民党政府遗留下来的通货膨胀因素的影响,国内物价飞涨,人民币币值大幅下跌。从1949年1月制定的1美元=80旧人民币元跌到1950年3月1美元=42 000旧人民币元,跌幅达52 400%。这一阶段,为了扶持出口,更多地积累外汇资金,实行的是"奖出限入,照顾侨汇"的人民币汇率政策。

(2) 1950年3月—1952年年底。由于中国国内物价下跌、国外物价上涨,人民币汇率有所上升,到1952年12月,人民币与美元的比价为1美元=26 170旧人民币元。为了避免外币贬值所造成的损失,同时为了打破国外对我国的"封锁禁运",我国汇率制定的方针有所改变,由原来的"奖出限入"改为"兼顾进出口,照顾侨汇"。

2. 第二阶段:1953—1980年的高度集中计划管理经济时期

以1973年为界可分为两个阶段。

(1) 第一个五年计划到西方国家普遍实行浮动汇率制度以前的时期(1953—1973

年）。1953年，我国开始实行计划经济体制，全面进入了社会主义经济建设时期，国民经济实行集中计划的管理体制。这一时期，西方各国普遍实行以美元为中心的固定汇率制度，国际金融秩序稳定，汇率的波动幅度不大。与此相适应，我国的人民币汇率也采取稳定的方针，几乎不做调整，人民币汇率仍沿用物价对比法制定，并高估人民币币值。1955年3月人民币实行币制改革：1元新币=10 000元旧币，直到1973年，人民币对美元汇率一直保持在1美元=2.4618元人民币的水平。

（2）布雷顿森林体系崩溃到改革开放时期（1973—1980年）。1973年布雷顿森林体系崩溃后，世界各国普遍实行了浮动汇率制度，汇率开始频繁波动。为了避免汇率波动对我国对外经济活动带来的不利影响，人民币汇率的确定也发生了变化，由过去按国内物价比改为按"篮子"货币确定，即选择若干有代表性的可自由兑换货币作为货币篮子，但货币篮子中选用的币种、数量和权数并不是一成不变的，而是根据我国的对外贸易国别对象适时调整，美元、日元、英镑、德国马克、瑞士法郎一直是货币篮子中的重要币种。对所选中的货币篮子中的货币，分别规定变动的幅度，当这些货币汇率变动达到一定限度时，人民币汇率就相应进行调整，但并不随这些货币浮动的幅度等比例调整，而是根据国内外经济状况和我国实际需要适当调整。

（二）经济转型时期的中国外汇管理体制（1979—1993年）：向市场化过渡

1978年党的十一届三中全会后，我国开始进行经济体制改革，逐步向社会主义市场经济体制转型，在外汇管理体制和人民币汇率制度方面的改革措施主要有如下几个方面。

1. 实行外汇留成制度

为改革统收统支的外汇分配制度，调动创汇单位的积极性，扩大外汇收入，改进外汇资源分配，从1979年开始实行外汇留成办法。在外汇由国家集中管理、统一平衡、保证重点的同时，实行贸易和非贸易外汇留成，区别不同情况，适当留给创汇的地方和企业一定比例的外汇，以解决发展生产、扩大业务所需要的物资进口。外汇留成的对象和比例由国家规定，留成外汇的范围和比例逐步扩大，指令性计划分配的外汇相应逐步减少。

2. 建立和发展外汇调剂市场

随着外汇留成制度的实施，出现了外汇供求之间的矛盾，即有的企业留成外汇暂时闲置，而有的企业则急需外汇而没有外汇来源，就产生了调剂外汇余缺的需要。为此，1980年10月起中国银行开办外汇调剂业务，允许持有留成外汇的单位把多余的外汇额度转让给缺汇的单位。以后调剂外汇的对象和范围逐步扩大，开始时只限于国有企业和集体企业的留成外汇，以后扩大到外商投资企业的外汇、国外捐赠的外汇和国内居民的外汇。调剂外汇所使用的汇率，开始是在国家规定的官方汇率的基础上加一定的幅度，1988年3月后放开，由买卖双方根据外汇供求状况议定，中国人民银行适度进行市场干预，并通过制定"外汇调剂用汇指导序列"对调剂外汇的用途加以引导，市场调节的作用日益增强。

1980年10月—1993年12月30日，外汇调剂市场与我国官方外汇市场并存，从而形成两个市场、两个汇价并存的局面，受供求关系决定的调剂汇价与调剂市场所起的作用日益增大，至1993年年底调剂外汇市场的成交额已占我国进出口外汇成交额的80%。外汇调剂市场的积极作用表现为如下几方面：首先，它是官方按计划分配外汇资金的一条补充渠道，弥补了官方外汇市场存在的不足。由于官方牌价高估，调剂汇价高于官方汇价，合理调整了创汇企业和用汇企业的经济利益，减少了外汇企业的亏损，促进了外向型经济的发展，扩大了出口商品的竞争力。其次，由于允许外商投资企业参加调剂外汇市场，促使它们进一步将产品转销国外，有利于外商投资环境的改善。再次，为探索人民币的均衡汇率、建立有管理的浮动汇率制度摸索经验。最后，有利于打击黑市，保持金融市场与外汇市场的稳定。

3. 改革人民币汇率制度

为了鼓励出口、限制进口，加强外贸的经济核算和适应外贸体制改革，1981年开始实行贸易内部结算价和对外公开牌价双重汇率制度。1981年1月制定了一个贸易外汇内部结算价，按当时全国出口商品平均换汇成本加10%利润计算，定为1美元兑2.8元人民币，适用于进出口贸易的结算，同时继续公布官方汇率，1美元兑1.5元人民币，沿用原来的"篮子"货币计算和调整，用于非贸易外汇的结算。

两个汇率对鼓励出口和照顾非贸易利益起到了一定作用，但使得进口成本上升，进口企业亏损增加，既加重了财政负担，也加剧了国内的通货膨胀，尤其是在使用范围上出现了混乱，给外汇核算和外汇管理带来了不少复杂的问题。由于双重汇率已不适应经济形势发展的需要，1985年1月1日，我国正式取消贸易外汇内部结算价，人民币对外公开牌价为1美元＝2.8元人民币，人民币汇率由双重汇率变为单一汇率。随着国际市场美元汇率的上升，我国逐步下调官方汇率。1986年1月开始实行人民币管理浮动汇率制，以取代原来的钉住篮子货币汇率制。实行管理浮动汇率制后，人民币汇率呈大幅下跌趋势，1986年1月到1991年4月，人民币汇率从1美元＝3.2元人民币下调到1美元＝5.22元人民币。汇率调整机械而生硬，呈下跌的阶梯状态，其原因主要是传统计划体制下追求稳定的观念和汇率管理水平低下。1991年4月以后，人民币汇率开始有升有降，不断微调，呈现平缓而连续的变化状态。这是由于前几年的大幅下调使得人民币汇率的历史性高估在很大程度上得到纠正，而且，政府的强制性干预减少，市场对汇率的灵活调节增多，开始实行有管理的浮动汇率制度，至1993年年底调至1美元兑5.72元人民币。这一时期，由于外汇调剂市场和外汇调剂价的存在，人民币汇率仍具有双重汇率的性质，即官方汇率与市场汇率并存。

4. 允许多种金融机构经营外汇业务

1979年以前，外汇业务由中国银行统一经营。为适应改革开放以后的新形势，在外汇业务领域引入竞争机制，改革外汇业务经营机制，自1980年起，允许国家专业银行业务交叉，并批准设立了多家商业银行和一批非银行金融机构经营外汇业务，允许外资金融机构设立营业机构，经营外汇业务，形成了多种金融机构参与外汇业务的格局。

5. 建立对资本输出输入的外汇管理制度

对资本和金融项目下的外汇实行严格管理，并执行三个共同原则：一是除国务院另有规定外，资本和金融项目外汇收入均需调回境内；二是境内机构（包括外商投资企业）的资本和金融项目下外汇收入均应在银行开立外汇专用账户，外商投资项下外汇资本金结汇可持相应材料直接到外管局授权的外汇指定银行办理，其他资本项下外汇收入经外汇管理部门批准后才能卖给外汇指定银行;三是除外汇指定银行部分项目外,资本项目下的购汇和对外支付,均需经过外汇管理部门的核准,持核准件方可在银行办理售付汇。这一阶段,中国国际收支资本和金融项目中主要是对外借债、外商来华直接投资和境外直接投资三种形式。

6. 放宽对境内居民的外汇管理

个人存放在国内的外汇,准许持有和存入银行,但不准私自买卖和私自携带出境。对个人收入的外汇,视不同情况,允许按一定比例或全额留存外汇。从1985年起,对境外汇给国内居民的汇款或从境外携入的外汇,准许全部保留,在银行开立存款账户。1991年11月起允许个人所有的外汇参与外汇调剂。个人出国探亲、移居出境、去外国留学、赡养国外亲属需用外汇,可以凭出境证件和有关证明向国家外汇管理总局申请,经批准后卖给一定数额的外汇,但批汇标准较低。

7. 外汇兑换券的发行和管理

为了便利旅客,防止外币在国内流通和套汇、套购物资,1980年4月1日起中国银行发行外汇兑换券(以下简称外汇券),外汇券以人民币为面额。外国人、华侨、港澳台同胞、外国使领馆、代表团人员可以用外汇按银行外汇牌价兑换成外汇券并须用外汇券在旅馆、饭店、指定的商店、飞机场购买商品和支付劳务、服务费用。未用完的外汇券可以携带出境,也可以在原兑换数额的50%以内兑回外汇。收取外汇券的单位须经外管局批准,并须把收入的外汇券存入银行,按收支两条线进行管理。收券单位把外汇券兑换给银行的,可以按规定给予外汇留成。

(三) 1994年开始建立社会主义市场经济以来的中国外汇管理体制

随着改革的深入、对外开放度的加大,1980年颁布的外汇管理条例越来越不适应宏观经济发展的需要。为了克服旧管理体制的弊端,1993年11月14日,党的十四届三中全会通过《中共中央关于建立社会主义市场经济体制若干问题的决定》,明确要求,"改革外汇管理体制,建立以市场供求为基础的、有管理的浮动汇率制和统一规范的外汇市场,逐步使人民币成为可兑换货币"。这为外汇管理体制进一步改革明确了方向。1994年至今,围绕外汇体制改革的目标,按照预定改革步骤,中国外汇管理体制主要进行了以下改革。

1. 1994年对外汇体制进行重大改革,实行人民币经常项目有条件可兑换

(1) 实行银行结售汇制度,取消外汇上缴和留成,取消用汇的指令性计划和审批。由于随着时间的推移,外汇留成制的有关规定越来越复杂。例如,不同商品有不同的留成比例;同一商品在不同地区又有不同的留成比例,不同部门也有不同的留成比例。有的单位为了追求较大的留成比例,跨地区采购、跨地区出口,造成外贸经营混乱;有的单位还规定留成需要上缴的比例和具体的管理办法,各种规定不规范,手续烦琐。而且,我国留成制是额度留成(使用外汇权利的留成),而不是现汇留成,容易造成外汇储备超额使用,不利于国家宏观调控。外汇调剂市场也开始显示出一些弊端:调剂市场与我国原有的官方外汇市场并存,不能形成公开统一的外汇市场,存在人为干预的情况;两个汇率并存,不符合国际货币基金组织的有关规定。因此,1994年对外汇体制进行重大改革,从1994年1月

1日起,取消各类外汇留成、上缴和额度管理制度,对境内机构经常项目下的外汇收支实行银行结汇和售汇制度。除实行进口配额管理、特定产品进口管理的货物和实行自动登记制的货物,须凭许可证、进口证明或进口登记表,相应的进口合同及与支付方式相应的有效商业票据(发票、运单、托收凭证等)到外汇指定银行购买外汇外,其他符合国家进口管理规定的货物用汇、贸易从属费用、非贸易经营性对外支付用汇,凭合同、协议、发票、境外机构支付通知书到外汇指定银行办理兑付。为集中外汇以保证外汇的供给,境内机构经常项目外汇收入,除国家规定准许保留的外汇可以在外汇指定银行开立外汇账户外,都须及时调回境内,按照市场汇率卖给外汇指定银行。

(2) 汇率并轨,实行以市场供求为基础的、单一的、有管理的浮动汇率制度。1994年1月1日,人民币官方汇率与市场汇率并轨,实行以市场供求为基础的、单一的、有管理的浮动汇率制度,并轨时的人民币汇率为1美元兑8.70元人民币。人民币汇率由市场供求形成,中国人民银行公布每日汇率,外汇买卖允许在一定幅度内浮动。

通过汇率并轨,以银行间统一的外汇市场取代外汇调剂市场,消除了汇率地区间差异,使外汇资源从两个市场的分配统一到一个市场,在外汇分配领域取消了审批制度,充分发挥市场机制的作用,符合国际货币基金组织第8条款的有关规定,有利于我国与国际经济规则接轨。同时,通过汇率浮动可以在一定程度上对国际收支起到自动平衡的作用,也有利于我国企业参与国际竞争、改善投资环境、吸引外资等。但是,此次改革也不可避免地造成了一定的负面效应,汇率并轨后,人民币对西方主要国家货币都发生了不同程度的贬值,加重了我国的外债负担。此外,汇率形成机制市场化后,人民币汇率随外汇供求变化经常调整,汇率风险也加大了,对我国涉外企业的经营管理提出了严峻的挑战。

(3) 建立统一的、规范化的、有效率的外汇市场。从1994年1月1日起,中资企业退出外汇调剂中心,外汇指定银行成为外汇交易的主体。1994年4月1日银行间外汇市场——中国外汇交易中心在上海成立,连通全国所有分中心,4月4日起中国外汇交易中心系统正式运营,采用会员制,实行撮合成交集中清算制度,并体现价格优先、时间优先原则。中国人民银行根据宏观经济政策目标,对外汇市场进行必要的干预,以调节市场供求,保持人民币汇率的稳定。

(4) 对外商投资企业外汇管理政策保持不变。为体现国家政策的连续性,1994年在对境内机构实行银行结售汇制度时,对外商投资企业的外汇收支仍维持原来的办法,准许保留外汇,外商投资企业的外汇买卖仍须委托外汇指定银行通过当地外汇调剂中心办理,统一按照银行间外汇市场的汇率结算。

(5) 禁止在境内以外币计价、结算和流通。1994年1月1日,中国重申取消境内外币计价结算,禁止外币境内流通和私自买卖外汇,停止发行外汇券。对于市场流通的外汇券,允许继续使用到1994年12月31日,1995年6月30日前可以到中国银行兑换美元或结汇成人民币。

(6) 加强对金融机构外汇业务的监督和管理。建立银行间外汇市场和实现经常项目可兑换后,经常项目的外汇收支基本上直接到外汇指定银行办理;资本项目的外汇收支经外汇管理部门批准或核准后,也可在外汇指定银行办理。银行在办理结售汇业务时,必须严格按照规定审核有关凭证,防止资本和金融项目下的外汇收支混入经常项目结售汇,防止不法分子通过结售汇渠道骗购外汇。1994年以来,我国加强了对金融机构外汇业务经营中执行外汇管理政策的监管、检查和处罚,并建立了相应的管理制度和办法。

通过上述各项改革,1994年中国顺利地实现了人民币经常项目有条件可兑换。

2. 1996年取消经常项目下尚存的其他汇兑限制,12月1日宣布实现人民币经常项目完全可兑换

(1) 将外商投资企业外汇买卖纳入银行结售汇体系。1996年7月1日起,外商投资企业外汇买卖纳入银行结售汇体系,同时外商投资企业的外汇账户区分为用于经常项目的外汇结算账户和用于资本项目的外汇专用账户。外管局核定外汇结算账户的最高金额,外商投资企业在核定的限额内保留经常项目下的外汇收入,超过部分必须结汇。外商投资企业经常项目下的对外支付,凭规定的有效凭证可直接到外汇指定银行办理,同时,继续保留外汇调剂中心为外商投资企业外汇买卖服务。1998年12月1日外汇调剂中心关闭以后,外商投资企业外汇买卖全部在银行结售汇体系进行。

(2) 提高居民用汇标准,扩大供汇范围。1996年7月1日,大幅提高居民因私兑换外汇的标准,扩大了供汇范围。

(3) 取消尚存的经常性用汇限制。1996年,中国还取消了出入境展览、招商等非贸易非经营性用汇的限制,并允许驻华机构及来华人员在境内购买的自用物品、设备、用具等出售后所得的人民币款项可以兑换外汇汇出。

经过上述改革,中国取消了所有经常性国际支付和转移的限制,达到了国际货币基金组织协定第8条款的要求。1996年12月1日,中国正式宣布接受第8条款,实现人民币经常项目完全可兑换。

二、21世纪我国外汇管理新举措

(一) 2005年7月21日人民币汇率改革和2007年8月取消强制结售汇制

1994年1月1日开始的外汇体制改革,取消了已实行15年的外汇留成制和40多年的外汇上缴制度,取消了用汇的指令性计划,实行银行结售汇制。在这一制度下,境内企事业单位须将外汇收入按银行挂牌汇率,全部结售给指定银行(结汇);对于在经常项目下正常对外支付用汇的企业只需凭有效凭证和商业票据,即可到外汇指定银行购买外汇(售汇),而不必经过用汇审批。实行银行结售汇制后,建立了全国统一的银行间外汇市场,改进了汇率形成机制。

创设强制结售汇制的主要目的是解决改革开放之初中国外汇短缺问题。在强制结售汇制度实行的13年中,中国的外汇储备从1993年年底的211.99亿美元,增至2007年6月末的13 326亿美元。充足的外汇资金为国内建设和对外投资奠定了坚实的基础。但在强制结售汇制度下,外汇占款形成的基础货币成为中国货币投放的主渠道;而在我国国际收支持续顺差导致人民币升值预期不断强化的情况下,中央银行又不得不等额卖出基础货币,从而形成和加剧了中国的流动性过剩,并成为通货膨胀压力的主要诱因。此外,强制结售汇制度也隐瞒了外汇的真实需求,无法形成真实的外汇价格,在人民币升值的单边预期下,强制结售汇制度使得人民币升值压力进一步增大。

强制结售汇制度以及人民银行被迫买汇托市现象使得人民币汇率无法充分反映外汇市场上的供求关系,这使得汇率的价格机制不再存在,从而丧失了通过汇率政策调节国际收支和配置金融资源的功能。从汇率水平考察,在2005年的人民币汇改措施出台之前,人民币汇率波幅很小,对美元的汇率一直保持在相对稳定的状态,如表6-5所示。因此,尽管1994年汇改后,我国实行的是有管理的浮动汇率制度,但国际货币基金组织于1999年按照汇率形成机制和实现政策目标的差异对汇率制度重新进行分类时,把我国的汇率制度列入"固定钉住汇率制度"。强制结售汇制和固定汇率制度弱化了人民银行实现内外均衡政策目标时货币政策的有效性;此外,由于人民币汇率过于稳定,淡化了金融机构和企业的外汇风险意识,为规避风险而设立的金融产品和金融工具在我国难以得到推广和使用。更为严重的是,一旦出现国际收支持续大量逆差,现行汇率制度将面临极大的风险,人民银行不得不大量售汇救市,导致外汇储备和本币供应量的迅速减少,在市场开放和资本流动自由的环境中,将加大维持汇率稳定的难度,凸显金融危机隐患。

表6-5 1995—2002年人民币汇率及其逐年变动幅度

年份	1995	1996	1997	1998	1999	2000	2001	2002
人民币汇率	8.35	8.31	8.29	8.28	8.28	8.28	8.28	8.28
逐年变动幅度/%	—	−0.5	−0.24	−0.12	0	0	0	0

资料来源:《金融与保险》,2004年第3期,第53页

在这样一种背景下,2005年7月21日人民银行宣布,经国务院批准,自当日起,人民币汇率不再单一钉住美元,开始实行以市场供求为基础、参考一篮子货币进行调节、有管理的浮动汇率制度,并且人民币一次性对美元升值2%。汇改后直至2013年人民币逐步小幅升值,2014年转为贬值,2015年出现较大幅度的贬值。表6-6列出了2005年汇改后,人民币汇率变动情况。

表6-6 2004—2015年各年年底人民币汇率及其逐年变动幅度

年份	2004	2005	2006	2007	2008	2009
日期	12月3日	12月2日	12月4日	12月3日	12月3日	12月3日
人民币汇率	827.65	807.98	782.40	741.43	685.02	682.70
逐年变动幅度/%	—	−2.38	−3.17	−5.24	−7.61	−0.34

年份	2010	2011	2012	2013	2014	2015
日期	12月3日	12月3日	12月3日	12月3日	12月3日	12月3日
人民币汇率	666.05	633.10	629.08	613.52	613.76	638.86
逐年变动幅度/%	−2.44	−4.95	−0.63	−2.47	0.04	4.09

资料来源:人民币牌价网站

至2013年人民币持续升值对我国中低档出口产品的企业造成巨大压力,迫使一些小企业关门停产,但总体来看,人民币升值在提升中国产业结构、促进企业提升非价格竞争优势等方面具有积极作用。2014年人民币汇率打破对美元单边升值预期,市场化进程加快,双向波动特征显著。2015年继续呈现双向波动特征,全年相比上年略有升值,市场在

汇率形成中的基础作用进一步加强，人民币汇率弹性进一步扩大，对国际收支的调节作用得到进一步发挥。作为汇改的一系列配套措施之一，央行也一直对强制结售汇制度进行渐进式改革。2005年8月2日和3日，在央行出其不意地宣布汇改后不久，外管局就密集出台了两项措施，放宽了企业和个人的用汇比例。在企业用汇方面，将境内机构经常项目外汇账户可保留的现汇比例由现行的30%或50%调高到50%或80%，部分企业甚至可以根据实际需要，申请100%保留；而个人因私购汇则由原来的3000美元或5000美元，提高到5000美元或8000美元。2006年4月，外管局又发布通知，进一步提高企业经常项目外汇账户限额，将个人购汇额度扩大到每年2万美元，并首次放行QDII，允许银行、保险公司、基金公司投资于境外金融市场。2007年8月13日，外管局宣布，境内机构即日起可自行保留经常项目下的外汇收入。这意味着，企业从此拥有了外汇持有的自主权，无须按照强制政策的规定，将有限保留之外的外汇转卖给国家。在中国实行了13年的强制结售汇制度正式退出了历史舞台。强制结售汇走向意愿结售汇，不仅是结售汇制度的改革，而且是储备制度和储备政策的进步，意味着中国开始扭转"以增长外汇储备为核心"的外汇政策，从"重流入、轻流出"转为"实现流入流出循序渐进和保持基本平衡"；同时，强制结售汇制度的取消，也为企业"走出去"创造了有利的外汇管理政策环境。

（二）2008年8月1日出台新外汇管理条例

为了巩固改革成果，并为下一步改革留出余地，有必要进一步修订我国于1996年1月29日发布和1997年1月14日修订的《外汇管理条例》，转变原条例"宽进严出"的管理思路为"均衡管理"。为此，继上述两项改革举措之后，我国于2008年8月1日公布施行了新的《外汇管理条例》。修改后的条例共54条，进一步便利了贸易投资活动，完善了人民币汇率形成机制及金融机构外汇业务管理制度，建立了国际收支应急保障制度，强化了跨境资金流动监测，健全了外汇监管手段和措施，并相应明确了有关法律责任。修改后的条例主要包括四方面的转变。

一是对外汇资金流入流出实施均衡管理。要求经常项目外汇收支应当具有真实、合法的交易基础，条例要求办理外汇业务的金融机构应当对交易单证的真实性及其与外汇收支的一致性进行合理审查，同时规定外汇管理机关有权对此进行监督检查，监督检查可以通过核销、核注、非现场数据核对、现场检查等方式进行。取消外汇收入强制调回境内的要求，允许外汇收入按照规定的条件、期限等调回境内或者存放境外；规定经常项目外汇支出按付汇与购汇的管理规定，凭有效单证以自有外汇支付或者向金融机构购汇支付。与原条例相比，新条例大大简化了经常项目外汇收支管理的内容和程序。条例规定对经常性国际支付和转移不予限制，并进一步便利经常项目外汇收支。

对资本项目外汇管理的规范主要集中在条例第三章，这是条例修订的重点内容之一，包括：①为拓宽资本流出渠道预留政策空间，简化对境外直接投资外汇管理的行政审批，增设境外主体在境内筹资、境内主体对境外证券投资和衍生产品交易、境内主体对外提供商业贷款等交易项目的管理原则。②改革资本项目外汇管理方式。除国家规定无须批准的以外，资本项目外汇收入保留或者结汇应当经外汇管理机关批准；资本项目外汇支出国家未规定需事前经外汇管理机关批准的，原则上可以持规定的有效单证直接到金融机构办理,国家规定应当经外汇管理机关批准的,在外汇支付前应当办理批准手续。③加强流入资本的用途管理。要求资本项目外汇及结汇后人民币资金应当按照有关主管部门及外汇管理机关批准的用途使用,增加对外汇资金非法流入、非法结汇、违反结汇资金流向管理等违法行为的处罚规定,并授权外汇管理机关对资本项目外汇及结汇后人民币资金的使用和账户变动情况进行监督检查,明确具体管理职权和程序。增加对外汇资金非法流入、非法结汇、违反结汇资金流向管理等违法行为的处罚规定。

二是完善人民币汇率形成机制及金融机构外汇业务管理。规定人民币汇率实行以市场供求为基础的、有管理的浮动汇率制度;经营结汇、售汇业务的金融机构及符合规定条件的其他机构,按照国务院外汇管理部门的规定在银行间外汇市场进行外汇交易;调整外汇头寸管理方式,对金融机构经营外汇业务实行综合头寸管理。

三是强化对跨境资金流动的监测,建立国际收支应急保障制度。条例一方面在总则中明确要求国务院外汇管理部门对国际收支进行统计监测,定期公布国际收支状况;另一方面要求金融机构通过外汇账户办理外汇业务,并依法向外汇管理机关报送客户的外汇收支及账户变动情况。有外汇经营活动的境内机构,还应当按照国务院外汇管理部门的规定报送财务会计报告、统计报表等资料。按照条例的上述规定,外汇管理机关可以全方位对跨境资金流动进行监测。同时,建立国务院外汇管理部门与国务院有关部门、机构的监管信息通报机制。根据世界贸易组织规则,规定国际收支出现或者可能出现严重失衡,以及国民经济出现或者可能出现严重危机时,国家可以对国际收支采取必要的保障、控制等措施。

四是健全外汇监管手段和措施。为保障外汇管理机关依法、有效地履行职责,增加规定了外汇管理机关的监管手段和措施,同时规定了外汇管理机关进行监督检查的程序。具体包括:外汇管理机关依法履行职责时,有权进行现场检查,进入涉嫌外汇违法行为发生场所调查取证,询问有关当事人,查阅、复制有关交易单证、财务会计资料,封存可能被转移、隐匿或者毁损的文件、资料,查询与被调查外汇违法事件有关的单位和个人的账户(个人储蓄存款账户除外),申请人民法院冻结或者查封涉案财产、重要证据等。当然,外汇管理机关必须按照条例规定的程序实施相关检查,维护当事人的合法权益。同时,适应新形势下打击外汇违法行为的需要,条例增加了对资金非法流入、非法结汇、违反结汇资金流向管理、非法携带外汇出入境以及非法介绍买卖外汇等违法行为的处罚规定。

以实行改革开放政策的1978年为节点,可以将30多年来,我国的外汇管理体制改革划分为三个重要阶段。一是1978—1993年,改革开始起步,以双轨制为特征。实行外汇留成制度,建立和发展外汇调剂市场,建立官方汇率与调剂市场汇率并存的双重汇率制度,实行计划和市场相结合的外汇管理体制。二是1994年到21世纪初,适应建立社会主义市场经济体制的要求,取消外汇留成与上缴,实施银行结售汇,实行以市场供求为基础的、单一的、有管理的浮动汇率制度,建立统一规范的全国外汇市场,实现人民币经常项目可兑换,初步确立了市场配置外汇资源的基础地位。特别值得指出的是,这一时期我国成功抵御了亚洲金融危机的冲击。三是进入21世纪以来,市场体制进一步完善,我国加速融入经济全球化,对外开放进一步扩大,外汇形势发生根本性变化。外汇管理从"宽进严出"向均衡管理转变,今后我国外汇管理方式将逐渐由事前审批转向事后监督,由直接管理转向间接管理,有序推进资本项目可兑换,进一步发挥利率、汇率的作用,促进国际收支平衡,在进一步加强对外经济发展的同时,注重防范国际经济风险。

专栏

中国汇改 10 年的成就及对未来的展望[①]

距离 2005 年 7 月 21 日人民币汇率形成机制改革,不觉已 10 年有余。2005 年 6 月底至今,人民币兑美元、欧元与日元分别升值了 26％、32％与 34％,人民币的名义与实际有效汇率更是分别下降了 46％与 56％(后者考虑了中外通货膨胀率差距;人民币升值对应人民币实际和名义有效汇率下降)。

汇改 10 年,中国央行取得的最大成就,是纠正了人民币汇率的持续低估,使得中国的内外资源配置更加均衡。21 世纪初期,中国存在经常账户与资本账户的持续双顺差,且经常账户顺差占 GDP 比重在 2007 年一度高达 GDP 的 10％。作为双顺差的结果,中国的外汇储备一路飙升,最高接近 4 万亿美元。上述格局背后,至少意味着两种失衡。失衡之一,是通过刻意压低国内要素价格,中国人在持续补贴外国人。失衡之二,是资源过度集中在制造业,造成制造业发展过度而服务业发展不足。外汇储备的飙升还使得中国央行面临越来越大的资产负债表"估值风险",即美元贬值造成央行资产缩水的风险。此外,为避免外汇储备上升造成国内流动性激增,央行还通过发行央票与提高法定存款准备金进行了大规模冲销,这些冲销举措既提高了央行的冲销成本,也是对商业银行体系与居民部门征收的隐形税。

随着人民币汇率(特别是人民币有效汇率)的显著下降,中国国际收支失衡已显著缓解。其一,国际收支双顺差的格局在 2012 年由于欧债危机恶化导致短期资本流出而首次被打破。从 2014 年到 2016 年第 1 季度中国已经连续九个季度面临经常账户顺差与资本账户逆差的新组合;其二,中国经常账户顺差占 GDP 的比率,在 2011—2014 年间已经连续四年低于 3％,这意味着人民币有效汇率已经相当接近于均衡汇率水平;其三,在人民币升值的压力下,中国出口部门的附加值水平显著提高;其四,近年来第三产业占 GDP 比重已经持续超过第二产业占 GDP 比重;其五,中国外汇储备规模已经停止上升,最近几个季度甚至在持续下降;其六,金融机构外汇占款增量已经由过去每月 2000 亿元人民币左右的水平,下降至目前的在正负之间波动的水平,这意味着央行的冲销压力已经基本消失。中国央行甚至开始寻求主动发放基础货币的新机制。换言之,汇改 10 年以来,人民币汇率向均衡水平的运动使得中国显著改善了国际收支失衡,优化了资源在国内外之间以及国内各部门之间的配置。

汇改 10 年的成就之二,是显著改善了中国的贸易条件,从而有力地促进了中国的货

[①] 资料来源:"中国汇改 10 年的成就与缺憾",作者张明,摘自何帆研究札记微信号(hefancass),2015-08-03。对资料内容有所更新和修改(编者按)。

物与服务进口以及中国的对外直接投资。人民币对其他主要货币的显著升值,极大地降低了中国企业的进口成本,提高了中国企业的进口数量以及利润空间。最近10年,中国居民到海外旅行与购物、中国学生到海外留学的规模显著扩大,而人民币升值在其中发挥了重要作用。随着人民币升值,中国企业日益发现:一方面,到海外进行兼并收购的成本明显下降;另一方面,海外廉价劳动力与资源对中国企业的吸引力明显增强。目前中国对外直接投资的流量已基本接近外国来华直接投资的流量,中国即将转变为一个直接投资净输出国。

汇改10年的成就之三,是极大地促进了人民币国际化。从2009年开始,中国政府大力推进跨境贸易与投资的人民币结算以及离岸人民币金融市场的发展。截至2014年年底,中国跨境贸易的1/4左右已转为人民币结算,离岸人民币存量已经超过2万亿元。在人民币国际化快速发展的背后,支持非居民愿意持有人民币资产的一大动机,是人民币兑美元汇率的持续下降预期。这种本币升值预期,以及中国国内利率水平显著高于国际利率水平的利差,事实上是推进人民币国际化的主要动力。当然,基于汇率下降预期与境内外利差的跨境套利,在迄今为止的人民币国际化中扮演了重要角色。

然而,尽管距离汇改已有10年,但人民币汇率形成机制改革尚未完成。未来人民币汇率形成机制的改革重点,应该是降低央行对每日汇率中间价的干预,让汇率水平在更大程度上由市场供求来决定。汇改10年至今,中国央行已经三次放宽人民币兑美元日度汇率波幅,该波幅由最初的±0.3%扩大为目前的±2%,可以说已经相当之大。自2014年年底以来,人民币兑美元汇率的市场价持续低于中间价,这说明市场存在人民币兑美元贬值预期,而央行在通过中间价干预人为维持人民币汇率的稳定。为了避免人民币汇率可能发生的超调,中国央行最好能够引入波幅较宽的汇率目标区制度,如正负10%的年度汇率目标区。当人民币兑美元汇率位于目标区内部时,央行不进行任何干预;只有当汇率即将触及上下阈值时,央行才进行强力干预。这种宽幅年度目标区制度能够实现汇率灵活性与稳定性的结合,而且能够最大限度地稳定人民币有效汇率,缓解过去两年人民币有效汇率过度降低冲击出口部门的状况。最后,这种宽幅年度汇率目标区还能显著消除人民币高估,从而缓解未来人民币汇率大幅调整可能形成的不利冲击。在人民币汇率形成机制改革尚未结束之前,资本账户开放仍然应该谨慎。在既有失衡得以纠正、新的风险防范机制建立完善之前,资本账户开放是中国防范金融危机的最后一道防火墙,我们千万不要自毁长城。

本 章 复 习

一、概念

汇率制度	固定汇率制度	货币局制	浮动汇率制度
管理浮动汇率制度	单独浮动	联合浮动	货币可兑换性

第 8 条款国　　　　外汇留成制　　　　结售汇制度　　　　复汇率制度
影子汇率　　　　　双重汇率制度　　　贸易汇率　　　　　金融汇率
调剂汇率　　　　　外汇券

二、思考题

1. 试对固定汇率制度与浮动汇率制度进行比较。
2. 评述货币局制的优缺点。
3. 一国应如何选择合理的汇率制度？
4. 什么是货币自由兑换？它有哪些不同含义？
5. 阐述一国货币实行自由兑换的条件。
6. 简述复汇率制度的概念及其表现形式。
7. 分析复汇率制度的利弊。
8. 请结合中国对货币兑换管制的实践，说明为什么逐步取消直接管制政策是经济发展的趋势。

第七章
国际储备

在全球化背景和开放经济条件下,一国(地区)调控内外失衡的成本越来越高,调整政策的局限性日益凸显,各国货币当局更加重视运用融资政策作为政策调节的主要手段,而国际储备的多少和对其管理的效率是融资政策有效性的基础条件。国际储备管理主要涉及两方面的问题:一是国际储备的规模多大才是合适的;二是国际储备资产如何管理才能在充分发挥其职能的基础上提高其收益。本章以国际储备管理为核心,介绍国际储备的一般情况,国际储备的水平管理和结构管理。最后,联系我国实际,对我国国际储备的重要组成部分——外汇储备的管理进行探讨。

第一节 国际储备的概念、构成及作用

一、国际储备的概念和特征

(一)国际储备和国际清偿力

一般而言,一个国家的国际收支出现不平衡是一种经常性状态,只要这种不平衡不超过一定范围,就不会对经济产生严重影响。但是,当一国国际收支超过某种限度时,会对该国的汇率、货币供求、国际贸易、物价水平乃至经济发展产生严重后果。为了避免这种情形的发生,各国都准备有一定数量的资产作为国际储备,用于调节国际收支、干预外汇市场,以把国际收支不平衡和汇率波动的幅度限制在某一可接受的范围之内,使其不至于对国家经济的正常运行产生不利影响。国际收支失衡如果表现为顺差,将会使该国的国际储备增加;如果表现为逆差,就必须动用外汇资金来弥补。如果这些外汇资金来自本国,则称为自有储备,也就是通常所说的国际储备;如果来自国外的负债,则称为借入储备。自有储备(国际储备)与借入储备之和称为国际清偿力(international liquidity)。

国际储备(international reserves)是指一国官方持有的,用于平衡国际收支、稳定汇率和作为对外偿债保证的国际间普遍接受的各种流动资产的总和,又称官方储备或自有储备。《新帕尔格雷夫经济学大辞典》中对国际清偿力的定义是这样表述的:"一个国家的货币机构能用来弥补国际收支不平衡(当汇率固定时)或影响货币的交换价值(当汇率变动时)的资产储备,即国际清偿力。它包括有条件和无条件两种,前者是指借贷资金,一般只能在贷款者所规定的条件下获得;后者是指有关国家所拥有,并可独自使用的储备资产。"简单地说,所谓国际清偿力,是指一国平衡国际收支逆差和干预外汇市场的总体能

力,更确切地说,它是一国官方所能动用的一切外汇资产的总和。当一国需要进行国际支付时,该国政府既可动用该国的国际储备,又可临时向外借款,如向国际货币基金组织贷款、向外国政府或银行贷款等,这两种融通外汇资金的能力就是国际清偿力。

可见,国际清偿力和国际储备是两个既有联系又有区别的概念。两者的联系表现在都是一国对外支付能力及金融实力的标志,具有共同的职能和作用。两者的区别主要表现在如下几个方面:第一,从内容上看。国际储备是国际清偿力,但不是国际清偿力的全部,而只是其中的一部分,国际清偿力除了包括该国货币当局直接掌握的国际储备资产外,还包括国际金融机构向该国提供的国际信贷以及该国商业银行和个人所持有的外汇和借款能力,因此,国际清偿力包含国际储备。正因为如此,国际储备有时被称为无条件的或狭义的国际清偿力。第二,从资产的使用条件来看。一国货币当局对本国国际储备的使用是无条件的、直接的,而对于国际储备以外的借入储备的使用,通常是有条件的。第三,从这两个指标所反映出来的一国的经济状况来看。由于国际清偿力包含的内容要广于国际储备,因此国际储备仅是一国具有的现实的对外清偿能力,而国际清偿力则是该国具有的现实的对外清偿能力和可能的对外清偿能力的总和,是一国综合国力及国际地位和对外资信的重要标志。因此,判断一国短期对外支付能力,通常采用国际储备这一指标,而判断一国国际经济地位、金融资信和长期对外支付能力,则往往采用国际清偿力指标。发达国家的国际清偿能力通常强于发展中国家。

(二) 国际储备的特征

根据国际储备的定义,一种资产能否成为国际储备,必须具备下面三个条件。

(1) 国有性(官方持有)。作为国际储备的资产必须是一国政府或货币当局直接有效控制的,非官方金融机构、企业和私人持有的资产均不算国际储备资产。正是这一特点使国际储备资产又被称为官方储备资产,如并非所有的黄金都能作为国际储备。据世界黄金理事会调查,当今各国央行拥有约 10 亿盎司的黄金储备,占世界黄金总产量的 30%,其余则为工业部门、装饰业、牙科等用金以及私人所储黄金等。

(2) 普遍接受性(自由兑换性)。国际储备资产必须是世界各国普遍认同和愿意接受的,如充当储备的外汇资产如果不能自由兑换、不能被世人普遍接受,则只能是"备而无用",自然不能作为储备资产。事实上,充当储备的外汇只限于少数几种货币及以其表示的支付手段,2002 年 3 月后主要包括美元、日元、英镑、欧元①、瑞士法郎等。

(3) 充分流动性。作为国际储备的资产还必须具备充分流动性,即变为现金的能力,而且,能为政府或货币当局随时动用。因此国际储备是指一国具有的现实的国际清偿能力,是一国的自有储备,而借入储备或潜在的国际清偿能力由于不能随时用于国际支付,不具有充分流动性,因而不是国际储备。不能将国际清偿能力和国际储备混为一谈。

---

① 2002 年 3 月,欧元正式取代加入欧元区的 12 个国家的货币,原来常作为国际储备的德国马克、法国法郎、意大利里拉、荷兰盾等不再作为各国的储备货币。

二、国际储备的构成及特点

国际储备资产的构成是随着历史的发展而变化的。在资本主义发展初期,由于黄金在国际经济关系中直接执行着世界货币的职能,世界各国都把黄金作为国际储备资产。随着世界经济的不断发展,黄金生产满足不了国际间经济往来的支付需要,许多国家开始把能兑换黄金的外汇也作为储备资产,这种货币被称为储备货币。最初的储备货币主要是英镑(20世纪30年代),"二战"后美元、德国马克、日元等也先后成为储备货币。布雷顿森林会议后,IMF成立,各国在IMF的储备头寸成为各国的储备资产。随着世界经济的进一步发展,各国储备资产均感不足,1969年IMF又创立了特别提款权。

目前,IMF对国际储备的概念就是从国际储备构成的角度定义的,即一国政府和中央银行所持有的黄金、外汇、该国在IMF的头寸以及特别提款权的总额构成一国的国际储备。

(一) 黄金储备

黄金储备(gold reserves)是指一国货币当局持有的作为金融资产的货币黄金(monetary gold)。并非一国所拥有的全部黄金都是国际储备资产,据统计,目前世界黄金储量中,饰品占50%,工业占15%,牙科占5%,货币使用占15%,其他用途占15%。

黄金作为国家储备资产已有较长的历史。从19世纪初到"一战"爆发,在国际金币本位制下,资本主义国家一直把黄金作为官方储备,同时,黄金也是一国国际支付的最后平衡手段。1936年荷兰等最后一批国家放弃金币本位制而实行金汇兑本位制以后,黄金仍然是国际储备资产和国际清算的重要手段。"二战"结束后,随着布雷顿森林货币制度的建立,规定美元与黄金挂钩,其他货币与美元挂钩,再一次肯定黄金是国际货币制度和国际储备的基础。但是,战后黄金在国际储备中所占的比重呈现不断下降的趋势。1950年为69.1%,黄金在国际储备中占主导地位。自1976年牙买加会议取消黄金官价以后,黄金不再充当国际货币,黄金在官方储备中的地位降低。到20世纪80年代,黄金储备在国际储备总额中的比重已不足10%,进入21世纪则降到2%以下。

尽管如此,由于黄金的长期价值稳定可靠,在出现突发事件时仍然是最有效的避风港。就连曾经激烈批评金本位制"已经成为野蛮的遗物"的凯恩斯先生也不得不承认,黄金"作为最后的卫兵和紧急需求时的储备金,还没有任何其他更好的东西可以替代"。美联储前主席格林斯潘认为,黄金是"最终的支付形式"。1999年度诺贝尔经济学奖得主蒙代尔也认为,对不使用欧元和美元的国家来说,黄金仍然是重要的储备资产。万一美元或欧元大幅下滑、通货膨胀加速或战争爆发,黄金就会成为很好的避险工具。

在纸币本位制下,黄金是一种最可靠的保值手段,它可以避免通货膨胀带来的贬值风险,每当国际金融市场上某种货币疲弱或危机时,有关国家都争相抛售疲弱的货币,购进黄金或其他较坚挺的国际货币进行保值;另外,黄金本身就是一种价值实体,所以可以完全不受任何超国家权力的支配和干扰,持有黄金储备就成为维护本国主权的一个重要手段,这就是所谓的"弹药库"动机(war-chest motive)。欧洲货币市场的出现固然有其深刻的政治、经济背景因而具有必然性,但其直接的触发因素则是"冷战"时期,苏联和东欧国家为防止美国冻结或没收而试图将美元转移到美国管辖范围以外。可想而知,若以黄金作为储备资产,则可避免上述顾虑。尤其在美国连续推出量化宽松的货币政策背景下,将黄金作为储备资产是规避美元贬值风险的有效途径。

如上所述,自"二战"后的半个多世纪以来,由于美元长期保持强势,其更加完善的货币功能,在保值、清算等方面的作用较黄金要高得多;而世界范围内通货膨胀压力减轻,黄金防范通货膨胀的作用削弱;加上相对其他投资品而言,黄金收益较低,流动性差,远远低于国债、股票和其他金融商品的收益率,上述三方面原因导致黄金地位持续降低。但是在经历了1997年亚洲金融危机和进入21世纪之后,情况出现了新变化。这些新变化集中表现在以下几个方面。

(1) 在亚洲金融危机中,黄金的稳定性使之再一次成为政府对付金融危机和改善国际收支状况的重要工具。从1997年下半年起,韩国爆发了严重的金融危机。在韩国的国际清偿力受到国际市场普遍怀疑的情况下,韩元汇率持续下跌,外汇储备迅速减少,股市动荡加剧。同时大量外债即将到期,许多韩国金融机构和大企业面临不能偿还到期外债的威胁。为了拯救告急的外汇储备,韩国政府鼓励公民将黄金首饰和金条卖给银行换取韩元,全国上下开展了黄金收集运动。当时收集上来的黄金约250吨,价值超过20亿美元,其中大部分由银行抛售,有效地缓解了外汇储备危机。对于普通民众来说,黄金也是重要的避险工具。随着经济全球化进程的加快,不确定性和风险也在增加。特别是一些区域间政治、社会和民族矛盾激化,恐怖主义活动增加。在世界仍然面临安全威胁的情况下,不排除某些严重的突发事件随时可能出现,因此黄金的最终保障作用仍然是不可替代的。

(2) 2000年美国网络经济泡沫破灭之后,美元开始走弱,作为储备货币的价值下降。特别在2002—2004年的3年间,美元大幅贬值,汇率下降了14%。摩根斯坦利首席经济学家斯蒂芬·罗奇认为,美元今后还会继续贬值。美国经济当前面临的最大风险是房地产价格泡沫的破灭,次级债风波只是一个信号。如果美国房价在未来几年内出现更大幅度的调整,将对美国实体经济产生深远的影响,包括抑制消费和投资、提高失业率、美元贬值等。在这种情况下,美元作为储备货币的优势将难以持续。

(3) 全球流动性过剩,通货膨胀压力加大。1998年以来,美国M2的增长速度持续超出GDP与GDP平减指数的增长速度,出现了美元的超额供给。2000年美国股市泡沫破灭,美国为恢复经济增长而维持低利率,向市场供给大量货币。与此同时,世界其他国家通过收购美元,相应扩大了本币发行,导致世界范围内流动性过剩,并引起全球性的经济过热和资产价格泡沫。尽管由于经济全球化的推进,在一定程度上延缓了流动性过剩引发的通货膨胀,但并没有消灭周期性通货膨胀。目前,一些因素正在推动全球性的通货膨胀继续上升,其中包括能源价格飙升、一些商品价格上涨和美元汇率持续下跌。2007年以来,全球主要经济体不断传出加息的消息,表明通货膨胀的压力正在加大。

(4) 随着金融创新活动的发展,以实物黄金为基础的纸黄金、黄金ETF等新型金融商品进入市场并逐步得到投资者的认可,黄金的投资作用得到增强。2003年4月,黄金ETF在澳大利亚证交所率先上市,在短短的几年中,这个新兴投资品种迅速风靡全球。2006年在世界各地交易所上市的9个黄金ETF品种的投资量累计增加了260吨,达到648吨。2003年3月,中国银行在上海试点推出以人民币为报价单位的面向个人投资者的纸黄金买卖,2004年,经银监会批准开始在全国范围内推广此项交易。经过几年的发展,纸黄金业务正以其方便、门槛低、操作简化等优势吸引着越来越多的消费者。

总之,随着形势的变化,一度被大大削弱的黄金重新被作为货币资产而得到国际组织、主要国家政府、消费者和投资人的重视。欧洲央行的黄金储备早已超过成立之初设定的15%,达到24.4%。IMF对黄金的看法也发生了转变,认为黄金是支撑IMF收支平衡的基本要素,IMF应该继续持有相对大量的黄金储备。

(二) 外汇储备

外汇储备(foreign exchange reserves)是一国货币当局持有的可兑换货币和用它们表示的支付手段。IMF对"外汇储备"的定义与对"广义的静态外汇"的定义相同,是货币当局以银行存款、财政部库存、长短期政府证券等形式所拥有的,在国际收支逆差时可以使用的债权。需要说明的是,并不是政府所持有的全部外汇资产都是外汇储备,如官方长期贷款和投资以及记账外汇等一般不构成外汇储备。充当国际储备资产的货币必须具有下列条件:能自由兑换成其他货币(或黄金);在国际货币体系中占有重要地位;内在价值相对比较稳定,或者说具有稳定的购买力。这些条件是以储备货币国的经济实力为基础的。

国际金本位制下(1880—1914年),英镑是最主要的储备货币;20世纪30年代美元崛起,与英镑并驾齐驱;"二战"后美国经济力量空前膨胀,而英国经济实力衰落,在美国主导下建立起布雷顿森林体系,美元成为本位货币,直接与黄金挂钩,取代英镑成为最重要的储备货币;20世纪70年代布雷顿森林体系崩溃后,国际储备货币出现多元化局面,美元仍然处于最重要的地位,但比重有所下降,其他充当外汇储备的货币有德国马克、日元、瑞士法郎、法国法郎、荷兰盾、英镑等。值得一提的是,20世纪70年代末,欧洲货币单位成为储备货币,1999年1月1日起,欧元取代欧洲货币单位成为一种新的储备货币。目前,充当外汇储备的主要货币有美元、日元、英镑、欧元等。储备货币多元化一方面体现了各国经济实力的对比;另一方面可使储备国家有效地分散储备单一货币时资产贬值的风险。

外汇储备的优点是明显的,相比储备黄金,不仅无须支付保管费,而且以国外存款和国库券形式存在的外汇储备还可获得银行利息和债券收益;此外,储备外币资产便于政府随时动用,及时干预外汇市场。外汇储备的缺点主要表现为:一方面易使储备国遭受储备货币贬值的损失;另一方面易受储备货币发行国的强力干预,如美国经常冻结其他国家存在美国作为外汇储备的美元资产。显然,作为储备资产,外汇储备所具有的优点远远超过了它的缺点。因此,外汇储备成为当今世界各国国际储备中最主要的储备形式。

在IMF各成员国中,外汇储备在各国国际储备总额中所占比重都在90%以上,并且从总体上看,外汇储备的绝对数额一直呈上升趋势。"二战"后的50多年中,全球外汇储备规模总体呈现上升趋势。截至2002年,全球外汇储备总规模为1736.4亿特别提款权,是"二战"以后布雷顿森林体系刚建立时的176倍(1948—2002年年均增长率达10%)。在经历了近20年的发展和调整期之后,全球外汇储备开始进入平稳发展时期。

从外汇储备的世界分布来看,发展中国家的外汇储备增长相对更为迅速。1973—2002年世界储备总额增长了近10倍,其中发展中国家的储备总额增长了20倍,到1995

年,发展中国家的外汇储备第一次超过了世界外汇储备的 50%,2002 年发达国家外汇储备占全球外汇储备总额的 37.04%,发展中国家占总额的 62.96%。虽然发生了 1997 年的金融危机,但亚洲国家的国际储备依然保持了增长势头,目前亚洲发展中国家所持有的国际储备总量和工业化国家所持有的国际储备总量已十分接近。究其原因,从供给方面来看,发展中国家积极实行对外开放政策,出口外汇收入和融资手段增加;从需求方面来看,发展中国家在大力推行市场化改革、放宽外汇管制的过程中,金融资产的流动性和风险加大,国际收支和汇率的波动性增强,外债偿付负担沉重,不得不保持较高的储备水平。

(三) 在 IMF 的储备头寸

在 IMF 的储备头寸(reserve position in Fund),也称普通提款权(gerneral drawing rights),是指成员国在 IMF 的普通资金账户中可以自由提取和使用的资产。IMF 是以成员国入股方式组成的国际组织,每个成员国必须缴纳的股金就是份额。份额的认缴办法是:25%以可兑换货币缴纳,75%以本国货币缴纳。当成员国遭受国际收支困难时,有权以本国货币为抵押向 IMF 申请提用可兑换货币。提用的数额分为 5 档,每档占其认缴份额的 25%,提用条件逐渐严格。一国从 IMF 最多可融通的短期资金是缴纳份额的 125%,其中第一档是以外汇资产形式缴纳的储备档提款权,条件最为宽松,只要提出申请,即可使用。第一档提款权称为储备档提款权,其余四档称为信用档提款权。一国在 IMF 的储备头寸包括:①储备档提款权,即成员国向 IMF 认缴份额中的 25%的可兑换货币;②IMF 为满足其他成员国借款需要而使用掉的该国货币,这形成该国对 IMF 的债权;③IMF 向该国借款的净额,这也形成该国对 IMF 的债权。

普通提款权在 IMF 成员国国际储备资产总额中所占比重较小,大约为 3%。

(四) 特别提款权(special drawing rights,SDRs)

特别提款权是 IMF 解决成员国储备资产不足而于 1969 年创设并分配给成员国的一种在 IMF 的账面资产,是成员国在 IMF 特别提款权账户上的贷方余额。成员国发生国际收支逆差时,可用它向 IMF 指定的其他成员国换取外汇,用以干预市场汇率或弥补国际收支逆差,或直接用特别提款权偿付对 IMF 或其他成员国官方的债务,因此它成为一种重要的国际储备资产。自 20 世纪 70 年代美元贬值并与黄金脱钩后,特别提款权作为西方货币的定值标准和国际计价单位的作用增强。目前,IMF 的所有金融和财务活动都以特别提款权为计价单位。

特别提款权的价值并非固定不变的,创立时是以黄金定值,每一特别提款权含金 0.888 617 克,与当时的美元等值,但它不能兑换黄金,因而也被称作"纸黄金";布雷顿森林体系崩溃后,SDRs 不再以含金量定值,1974 年 7 月 1 日采用新方法,以"篮子"货币分别与美元之间的汇率的加权平均值确定,权数以各国对外贸易占世界贸易总额的比重确定。"货币篮子"开始有 16 种货币,1980 年 9 月 18 日以后减少为 5 种,即占世界商品和劳务出口比重最大的 5 个国家的货币:美元、德国马克、英镑、法国法郎和日元。"货币篮子"中的货币及每种货币所占权重并非固定不变的,IMF 从 1986 年 1 月 1 日起每 5 年修改一次。欧元诞生以后,由欧元取代了德国马克和法国法郎,从 2001 年 1 月 1 日生效。

特别提款权的价值每日计算,并以美元列示。计算方法是根据美元、欧元、日元及英镑这四种货币于每日中午伦敦市场所报汇率,计算该种货币指定款额的等值美元总额,所得总额即为特别提款权的价值。IMF 每日于其网站刊载特别提款权的价值。

同其他三种储备资产相比,特别提款权有四个特点:①特别提款权是一种没有任何物质基础的记账单位,创设时虽然也规定了含金量,但它并不具有内在价值;与普通提款权相比,特别提款权是以所缴份额为基础的账面资产,属于记账外汇,而且无须偿还,而普通提款权是以所缴份额为基础的实际外汇资产,属于自由外汇。②它是由 IMF 按份额比例无偿分配给成员国的,而黄金、外汇、普通提款权是通过贸易、投资、借贷等活动取得的。③SDRs 的使用受到一定限制,只能在各成员国货币当局和 IMF、国际清算银行之间使用,主要有三种用途:一是用以向 IMF 指定的其他成员国(国际收支和储备地位相对较强的国家)换取外汇,偿付国际收支赤字;二是成员国之间通过协议用 SDRs 换回对方持有的本国货币;三是用以归还 IMF 的贷款,支付应付 IMF 的利息。非官方金融机构和个人、企业不得持有和使用特别提款权,特别提款权也不能直接用于贸易或非贸易支付。④由于特别提款权是几种主要货币的加权平均值,故其价值一般比较稳定。

特别提款权自创设以来,共分配过两次,约 214 亿特别提款权,其中分配给发达国家的约为 146 亿,广大发展中国家仅为 68 亿,我国为 3.37 亿。可见,特别提款权的分配是极不平衡的。

三、国际储备的作用

从世界范围来看,国际储备起着媒介国际商品流动和世界经济发展的作用;从一国来看,各国持有一定数量的国际储备,主要是出于以下目的。

(一)平衡国际收支,维持对外支付能力

这是国际储备的首要用途。当一国国际收支发生短期的临时性困难时,利用国际储备弥补逆差,使国内经济避免因采取特别的调整措施而受到冲击,其作用是非常明显的。即使国际收支出现长期恶化态势,使货币当局不可避免地要采取支出变更或支出转换政策进行调节时,国际储备也可作为辅助手段,使政府赢得时间,选择适当时机有步骤地进行调节,为调整政策的从容实施提供必要的缓冲作用,避免过快或过于剧烈的调整措施造成国内经济震荡。需要注意的是,由于一国国际储备的数额通常有限,因而其调节国际收支逆差的力度也是有限的。

(二)干预外汇市场,维持本币汇率稳定

各国货币当局可以利用外汇储备干预外汇市场,影响外汇供求,从而达到稳定和调控汇率的目的。但是,外汇干预是试图通过改变外汇市场上本币和外币的供求关系来调节汇率变化,无法从根本上改变决定汇率的基本因素。因而,一方面,一国持有国际储备的多少表明该国干预外汇市场和维持汇率稳定的实力;另一方面,国际储备的这一作用是有限的,即使一国拥有足够多的外汇储备,其外汇干预也只可能在短期内奏效,或者因为其他因素的阻碍作用而弱化干预的效力。

(三)维护和提升对本国货币的信心,充当国家对外举债的保证

国际储备的多寡是反映一国对外金融实力、评价一国偿债能力和资信的重要标志。国际储备充足,说明支付能力强,经济实力雄厚,可以加强一国的资信,吸引外资流入,促进经济发展。一国拥有的国际储备资产状况是国际金融机构和国际银团提供贷款时评估其国际风险的指标之一,无论是国际金融机构还是政府,对外贷款时,首先考虑的是借款国的偿债能力,而国际储备正是借款国偿债能力的物质基础与可靠保证。

专栏

发达国家与发展中国家的国际储备比较[①]

比较发达国家与发展中国家的储备构成,我们发现两者在储备增长速度、储备资产构成等方面明显不同,但外汇储备的币种结构没有明显差异。

第一,发展中国家的国际储备增长迅速,发达国家的国际储备占全球储备的份额在逐年下降(见图7-1)。根据IMF的统计,1980年国际储备为3537亿特别提款权,其中发达国家的储备资产为2145亿,发达国家为1402亿,分别占全球储备总额的60.5%和39.5%,国际储备主要在发达国家。1996年以来发展中国家的储备总额首次超过了发达国家,其储备总额占全球储备的份额不断攀升,2006年,发展中国家的储备资产高达2.4万亿SDRs,占全球储备资产的份额高达71%,远远高于发达国家的储备份额。

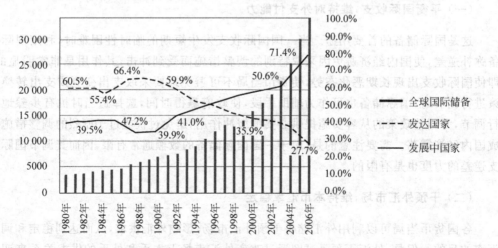

图7-1 全球国际储备(单位:亿SDRs)

第二,从国际储备结构看,黄金储备、特别提款权和在IMF的头寸主要集中在发达国

---

① 资料来源:http://wenku.baidu.com/view/47adc10b763231126edb1163.html,2011-10-11

家,而外汇储备主要集中在发展中国家(见表 7-1)。根据 IMF 的统计,2006 年,发达国家官方储备中的黄金、特别提款权和在 IMF 的头寸分别占全球该类储备的 82%、74% 和 68%。发展中国家上述三类储备资产自 20 世纪 80 年代以来虽然略有上升或基本未变,但占全球储备的份额始终不高。与黄金储备、特别提款权、在 IMF 的头寸形成鲜明对比的是,全球外汇储备大多数集中在发展中国家,根据 IMF 的统计,2006 年全球外汇储备总额为 3.3 万亿 SDRs,其中发展中国家拥有 2.4 万亿 SDRs,占 72%,发达国家拥有不到 1 万亿 SDRs,占 28%。1995 年的国际储备率达 55.7%,1995—2005 年的平均水平为 99.5%,而 2006 年的储备率竟然高达 134.7%,同期美国、英国、德国、法国等国的国际储备率仅为 0.8%。

表 7-1 发达国家与发展中国家的黄金及其他储备资产

	黄金储备/%					SDRs/%					在 IMF 的头寸/%				
	1985年	1990年	1995年	2000年	2005年	1985年	1990年	1995年	2000年	2005年	1985年	1990年	1995年	2000年	2005年
发达国家	85.2	84.7	82.9	83.6	82.4	81.8	86.5	75.9	77.9	62.0	65.3	84.1	86.3	83.8	73.6
发展中国家	14.8	15.3	17.1	16.4	17.6	18.2	13.5	24.1	22.1	38.0	34.7	15.9	13.7	16.2	26.4

第三,从全球外汇储备的币种结构来看,美元仍然在全球外汇储备中扮演着举足轻重的角色。如表 7-2 所示,截至 2006 年各储备货币所占比重分别为:美元 42.9%,欧元 17.1%,英镑 2.9%,日元 2.1%,瑞士法郎 0.1%,其他货币 1.1%,未报告货币 33.8%。自 20 世纪 90 年代以来,全球储备资产中欧元和英镑的比例在不断上升,日元、美元和瑞士法郎的比例在不断下降。2006 年,发展中国家拥有全球外汇储备的 72%,但全球美元、欧元、日元、英镑、瑞士法郎和未报告储备中,发展中国家所占比例分别为 54%、67%、54%、76%、50% 和 99.7%,说明发展中国家在外汇储备的选择上偏重欧元和英镑。

表 7-2 外汇储备的币种结构 单位:%

	1995年	1996年	1997年	1998年	1999年	2000年	2001年	2002年	2003年	2004年	2005年	2006年
美元	43.9	48.5	51.3	54.1	54.9	55.7	54.6	49.9	48.4	46.4	45.1	42.9
英镑	1.6	2.1	2.0	2.1	2.2	2.2	2.1	2.1	2.0	2.4	2.4	2.9
日元	5.0	5.3	4.5	4.9	4.9	4.8	3.9	3.2	2.9	2.7	2.4	2.1
瑞士法郎	0.2	0.2	0.3	0.3	0.2	0.2	0.2	0.3	0.2	0.2	0.1	0.1
欧元区货币	—	—	—	—	13.9	14.3	14.7	17.7	18.5	17.6	16.4	17.1
其他货币	3.6	3.4	3.0	3.5	1.2	1.2	1.0	1.2	1.4	1.3	1.1	1.1
未报告储备	25.6	21.8	21.3	22.0	22.6	21.7	23.6	25.5	26.6	29.5	32.4	33.8

第二节 国际储备管理

国际储备管理是指一国货币当局根据一定时期内本国的国际收支状况和经济发展的要求,对国际储备的规模、结构及储备资产的运用等进行计划、调整、控制,以实现储备资产规模适度化、结构最优化、使用高效化的整个过程。一国的国际储备管理包括两个方面:一是国际储备规模管理,主要解决国际储备规模的选择和调整问题,确定和保持国际储备的适度规模,通过规模管理,维持一国国际收支的正常进行和汇率的稳定;二是国际储备的结构管理,即储备资产结构的确定和调整,主要解决在储备总额既定的条件下,如何实现储备资产结构的最优化,通过结构管理,提高一国国际储备的使用效率。

一、国际储备规模管理

(一)国际储备适度规模的含义

早在1922年关于重建国际货币体系的热那亚会议上,学术界和官方人士就非常重视国际储备的充分性和储备的增长问题。当时,主要的国际支付手段是黄金,各国普遍存在"黄金荒"问题;到"二战"后初期,又出现了"美元荒";20世纪60年代,进一步发展为"清偿能力不足"的难题。以上情况无论说法如何变化,问题的本质都是相似的,即要确定国际储备的适当数量。各国储备资产不足,将直接影响国际间贸易和投资的发展。

国际储备的数量究竟应有多少?应按什么速度增长?无论是对于世界经济,还是对于一国经济的发展都有着深远影响。一国如果国际储备规模过小,会削弱货币当局平衡国际收支的能力,不能满足对外贸易及其他对外经济往来的基本需要,从而降低一国贸易和对外经济交往的水平。长期低水平保持国际储备,还可能引发国际支付危机,更为严重的情况下则可能导致内外经济失衡,使经济活动无法正常进行。因此,一国有必要持有一定数量的国际储备。持有一定数量的国际储备具有如下收益:首先,国际储备的主要作用是用于弥补国际收支逆差的政策需要,避免紧缩性政策带来的经济增长放慢、国民收入下降、失业增加等不良后果;其次,国际储备规模的大小,在一定程度上是一国经济实力的象征,为一国开展大规模的国际贸易和国际投资奠定基础;再次,持有外汇储备,可消除外币匮乏的限制,在一定程度上节约换汇成本;最后,在浮动汇率下,外汇储备有可能获得外币增值的收益。

但国际储备并非越多越好,因为如果储备规模过高,虽然平衡国际收支和稳定汇率的能力增强,但持有储备也是有成本的,主要表现在:第一,国际储备代表一国对外国资源拥有一定的购买力,持有国际储备意味着放弃当前对这部分外国资源的使用,也就是放弃了使用这部分外国资源来增加投资,尤其是,如果将国际储备用于进口外国先进设备和技术,可以大幅提升国内生产性资本存量,加快本国经济增长。这是持有储备的机会成本。第二,国际储备尤其是外汇储备的多少,与本国货币投放量有着密切关系。外汇储备越多,则货币投放量越大,可能导致通货膨胀。第三,在浮动汇率下,外汇储备蒙受汇率贬值的风险相对更高。因此一国并非持有越多的外汇储备越好,只有保持适量的国际储备,才符合国家利益。这就是国际储备适度规模的含义。

关于储备规模适度性的探讨,西方经济学家有过不少论述,但到目前为止对其概念尚无定论。弗莱明(J. M. Flemming)对国际储备适度性所给的定义是:如果库存量和增长率使储备的"缓解"程度最大化,则该储备量和增长率就是适度的。这种储备的"缓解"程度是指一国金融当局运用国际储备融通国际收支逆差而无须采用支出转换政策、支出变更政策和向外借款融资的能力。海勒(H. R. Heller)认为,能使为解决国际收支逆差所采取的支出转换、支出变更和向外借款融资政策的成本最小的国际储备量就是适度的国际储备水平。巴洛(T. Balogh)针对发展中国家的储备适度性所下的定义是:在现有资源存量和储备水平既定的条件下,如果储备的增长能使经济增长率最大化,则储备的增长率就是适度的。阿格沃尔(J. P. Agarwal)针对发展中国家国际储备适度规模所下的定义是:储备持有额能使发展中国家在既定的固定汇率下融通在其计划期内发生的预料之外的国际收支逆差,同时使这个国家持有储备的收益与成本相等。

显然,不同的定义对国际储备适度规模的界定是不同的,由此会形成不同的测算国际储备适度规模的模型,因而在不同定义下适度规模的量也可能有所不同。

(二)国际储备的来源

国际储备的规模在很大程度上取决于国际储备的供给即国际储备的来源。从国际储备的四个组成部分来看,普通提款权和特别提款权对一个国家来说不能主动增减,因为这两部分储备的来源是由 IMF 根据各国缴纳的份额分配的,而份额以各国经济实力为基础。在一国经济实力无明显变化或在 IMF 未调整份额的情况下,该国的普通提款权和特别提款权就不会增减。因此,一国国际储备的增减主要取决于外汇储备和黄金储备的增减。

1. 外汇储备

外汇储备的增加有以下途径:一是国际收支顺差。这是外汇储备资产最主要的来源,特别是经常项目顺差;资本和金融项目顺差也是重要的来源,但是具有不稳定性和暂时性。二是中央银行干预外汇市场购进外汇。当本币遭受升值压力时,中央银行为了维持汇率稳定,对外汇市场进行干预而购进外汇,但只有少数货币坚挺的国家才能通过这一途径增加外汇储备。

2. 黄金储备

中央银行增加货币黄金存量的途径有两种:一是从国内收购黄金即黄金货币化;二是从国际黄金市场收购。对于非储备货币发行国而言,从国际黄金市场收购黄金,必须以外汇支付,因此这种方式只会改变该国国际储备的构成,而不会增加其国际储备新的供应;而对于储备货币发行国而言,由于本币不是该国国际储备,用本币从国际黄金市场收购黄金,将增加其国际储备量。因此,对于大多数非储备货币发行国而言,只能通过在国内市场收购黄金,即将非货币用途的黄金转为货币用途的黄金来增加黄金储备,从而增加国际储备量。但通过黄金货币化的方式增加国际储备的数量,将受到黄金产量的限制。

(三) 确定适度国际储备规模应考虑的因素

1. 经济开放度和国民经济对外依赖度

经济开放程度越大,对外贸易依赖程度越高,则对国际储备的需求越大。由于国际储备最重要的作用是平衡国际收支,而贸易收支的状况往往决定国际收支的状况,因此,对外贸易状况是决定国际储备需求的首要因素。

2. 外汇管制程度

各国实行外汇管制的初衷是改善国际收支逆差,维持汇率稳定以及集中外汇资金。一国外汇管制的宽严将影响该国直接控制其外汇收支的能力,因而对国际储备的需求就有所不同。外汇管制严,国家直接控制外汇收支的能力强,较少的国际储备就能够满足需要,反之则相反。

3. 外汇政策与汇率制度

实行固定汇率制度的国家,货币当局有维持汇率稳定的义务,对国际储备的需求将较大;浮动汇率制度下,一国若采取稳定汇率的政策,就需要较多的国际储备用于对外汇市场进行干预,相反,若一国对汇率采取自由放任的政策,所需国际储备就较少。

4. 本国货币的国际地位

本国货币的国际地位是指一国货币是否处于储备货币的地位。一国货币若处于储备货币的地位,可以通过增加本国对外负债来弥补国际收支逆差,而不需要过多的储备。

5. 借用外国资金的能力

一国在国际金融市场上筹措资金的能力越强,则储备可以越少。但是,一国国际储备充足与否,直接关系到该国从国际金融市场上融资的能力。

6. 外债规模

外债规模大,则需较多的储备,以备还本付息。

7. 各国协调合作情况

各国政策协调、合作良好,可以缩小国际收支不平衡或者协同干预外汇市场,因而对国际储备的需求可以小一些,如欧元区国家持有的外汇储备相比统一货币前大幅度减少。

8. 持有国际储备的成本和收益

综合考虑持有国际储备的成本和收益,国际储备的规模不宜过小,也不宜过大,而应维持适度水平。

(四) 国际储备规模的确定

适度的国际储备规模是一个十分复杂的问题,在理论与实践上目前都难以得出比较一致的结论。西方经济学家关于国际储备适度规模的研究已有诸多成果,这里主要介绍四种。

1. 进口比率分析法

进口比率,是指一国国际储备与一定时期(如一年)进口额的比率。这一指标1947年由美国耶鲁大学教授罗伯特·特里芬(R. Triffin)提出,在他1960年出版《黄金与美元危机》一书后为人们沿用。特里芬总结了几十个国家的历史经验资料,形成了所谓的经验法则(rule of thumb),即一国的国际储备额应与其当年的进口额保持一定的比例关系,这一比例以40%为上限标准,20%为下限标准。一般认为国际储备应能满足3个月的进口需要,这个数额按全年储备对进口的比例计算,约为25%。

由于各国的经济条件不同,对国际储备规模的要求也不一样。从工业发达国家来看,由于金融市场完善、资信较高,具有更多的弹性储备来源渠道,因而绝大多数国家将本国国际储备量保持在下限20%以内的水平,如美国、加拿大、法国的储备—进口率均低于10%。日本、瑞士等个别发达国家的储备—进口率较高则是由于贸易结构存在巨额顺差,资本大量流入,官方进行外汇干预所造成的。发展中国家的储备—进口率水平一般高于发达国家,很多国家的储备—进口率大大超过40%,其中拉美国家的储备水平普遍高于亚洲国家和地区。

进口比率分析法在一定程度上揭示了国际储备与进口之间的相互关系,具有一定的参考价值。该方法简单易行,具有很强的操作性,可以较方便地对国际储备最优规模进行估算。然而进口比率分析法只是一个经验法则,缺乏理论依据,具有诸多缺点。它所反映的只是进口支出而不是对外总支出,也没有考虑出口额,因此是不全面的;而且,该方法忽略了国际资本流动的影响,显然与现代开放经济的实际情况不符;此外,储备—进口率表示储备需求与进口贸易同步上升,忽视了国际储备运用的规模经济,在一定程度上高估了国际储备需求。

为了弥补比率分析方法的缺陷,一些学者建立了若干补充指标,如国际储备与国内货币供应量比率、国际储备与对外短期负债比率、国际储备与外债净额的比率等,但这些指标具有与进口比率分析法类似的缺陷。

2. 成本—收益分析法

成本—收益分析法(cost-benefit approach)是从国际储备的机会成本和收益的角度研究适度国际储备规模的方法。前文已经述及,一国持有国际储备既有收益又有成本。持有国际储备的收益,是指在出现国际收支赤字的情况下,可以动用国际储备来弥补赤字,避免因采用其他调节方法而造成国民收入下降和失业增加等代价。持有国际储备的成本,是指因持有储备而损失的将其用于其他场合而获得的投资收益。当国际储备的边际收益等于国际储备的边际成本时,一国持有的国际储备量才算适当,如图7-2所示。

在图7-2中,TB表示收益总量;TC表示成本总量;Q_o表示当持有储备的边际收益等于边际成本时的储备量,为最佳储备量;Q_c表示国际储备需求的临界点(上限)。

海勒是最早利用成本—收益分析法探讨国际储备需求的经济学家。他利用边际进口倾向的倒数与储备耗用概率的乘积来表示国际储备的边际收益,用资本的社会收益率与储备收益率的差来表示国际储备的边际成本。于是,得到了下列最优储备模型

$$Q = h^{\log r m}/\ln 0.5 \qquad (7\text{-}1)$$

在式(7-1)中,Q表示最优国际储备量;h表示国际收支差额;m表示边际进口倾向;r表示国际储备的边际机会成本。海勒运用这个模

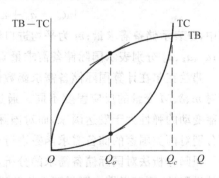

图7-2 国际储备的成本—收益分析法

型对许多国家和地区的国际储备进行了测算和检验。他得出的结论是,世界总的国际储备是充足的,但是存在国家和地区分配不均问题,有些国家和地区存在国际储备过量的问题,而有些国家和地区存在国际储备不足的问题。海勒的分析是符合实际的。

海勒的模型分析主要以发达国家为对象,阿格沃尔(J. Agarwal)在海勒模型的基础上,建立了一个主要测算发展中国家国际储备需求的模型。在阿格沃尔模型中,持有储备的收益和成本都用产量来表示。持有储备的边际收益是为了减少进口以纠正逆差所损失的国内产量,持有储备的边际收益是用储备进口生产性资料所能得到的产出量。根据边际收益等于边际成本原理,阿格沃尔模型得出的适度国际储备规模的公式为

$$Q = B \times (\ln K + \ln P_1 - \ln P_2)/\ln C \tag{7-2}$$

其中,B 表示国际收支逆差;C 表示国际收支逆差出现的概率;K 表示全社会固定资产投资总额/GDP;P_1 表示追加资本的进口含量,可以用进口的生产资料与新增社会固定资产投资量之比来衡量;P_2 表示进口的生产性物品占总产出的比例,可以用进口的生产资料与 GDP 之比来衡量。阿格沃尔利用该模型对亚洲部分国家和地区国际储备量的估计获得了比较满意的结果,所以该模型具有一定的实用性。

成本—收益分析法为一国确定合理的储备规模提供了一个理论上的标准,具有一定的合理成分。但该方法也有一定的缺陷:它没有考虑国际储备具有多种形式,而不同的储备形式所带来的收益是不同的;而且,对国际储备的收益和成本的估算也存在不够准确的问题;此外,国际储备的收益有时是无法量化的,如货币当局运用国际储备干预金融市场,确保金融安全的收益就无法用数字描述。

3. 回归分析法

回归分析法(regression approach)又称储备需求函数法。自 20 世纪 60 年代后半期开始,西方一些经济学家广泛使用各种经济计量模型对影响一国储备的诸因素进行回归与相关分析,通过构造储备需求函数来确定一国储备的适度规模。根据所选择的经济变量不同,回归分析法可以分为比率回归法、货币需求回归法、最大效用回归法和多种变量混合回归法等。其中,弗兰克尔(J. A. Frenkel)利用柯布—道格拉斯生产函数所建立的回归模型具有代表性。弗兰克尔假定国际储备需求取决于三个主要因素:①国际收支变动幅度;②一国对外开放程度,用平均进口倾向表示;③国际贸易规模。旨在检验发展中国家与发达国家在储备需求函数的结构上是否存在差异,其储备需求函数是

$$\ln Q = a_0 + a_1 \ln m + a_2 \ln \delta + a_3 \ln M \tag{7-3}$$

其中,Q 表示储备需求量;m 为平均进口倾向;δ 为国际收支的变动率;M 表示国际贸易规模;a_1、a_2、a_3 分别表示国际储备需求量 Q 与 m、δ、M 变量的弹性。

弗兰克尔在计算国际储备需求函数的参数时,发现发展中国家与发达国家的储备需求对 m、δ、M 变量的反应程度不同。通过计算,他发现发展中国家的储备需求对国际贸易额变动的弹性大于发达国家,而对国际收支变动的反应则小于发达国家,因此他认为必须分别对两类国家的储备需求函数进行分析。

回归分析法对国际储备需求的分析,克服了比率分析法仅仅考虑进口额这一单项因素的局限性,可以根据实际需要选择若干变量,利用实际数据进行回归和相关分析,从而使对适度储备水平的分析更加全面。另外,储备需求函数针对储备的分析,从单纯的规范

分析转向实证分析,从粗略测算转向精确定量,使对适度储备水平的衡量更加数量化和紧密化。但是,回归分析法也存在局限性。利用回归模型对未来适度储备量进行预测,取决于回归变量的选择是否具有代表性和经验数据是否具有真实性,如果这一条件不满足,那么利用回归模型进行测算的结果显然是不准确的;此外,由于影响适度储备量的因素很多,模型中包含的解释变量也有很多,而诸多解释变量之间并不是相互独立的,可能存在某种相关关系。这就给模型的估计和检验带来了一定的困难,甚至难以把诸多相关变量对储备的影响分离开来,这也在一定程度上影响了回归分析法的使用。

4. 区间分析法

一些学者认为最适度的国际储备不是一个具体数,而是一个区间值。这是因为,影响一国适度储备量的因素很多,不可能把所有因素都考虑进去;在实际操作中,也很难使一国储备持有量维持在一个确定的适度规模上;而国际储备的供给也会出现波动。因此,寻找一个适度国际储备量的目标区间便成为理想选择。所谓适度国际储备的目标区间,是指以适度储备量为中心,使一国储备持有额以较小幅度在适度储备水平左右波动。目标区间的上限是一国保险储备量,它既能满足经济增长的需要,又不会引起通货膨胀;目标区间的下限是一国经常储备量,它以保证一国正常经济增长所必需的进口不因储备不足而受到影响为原则。只要一国储备持有额保持在这个目标区间范围内,就可以认为该国国际储备量是适度的。

以上测算方法各有根据,但都存在局限性,因此,在确定一国最适度的国际储备水平的问题上,不能只选用一种方法,也不能只侧重定量或定性分析方法,而应多种分析方法并用。

二、国际储备的结构管理

(一) 应遵循的原则

国际储备本质上是一种随时用于对外支付的准备金,用于弥补国际收支逆差和干预外汇市场。这一特点决定了储备资产必须同时具备以下三个性质。

(1) 流动性,是指资产变现为货币的难易程度,即变现能力。国际储备作为一种保障性资产,必须保证一旦需要,货币当局就能随时动用。

(2) 安全性,是指国际储备作为价值储藏,必须保证其内在价值的稳定。如果因为种种原因(如通货膨胀、汇率变动)使储备资产遭受贬值损失,将不仅导致国家财富的直接损失,而且国际储备的作用也难以发挥。

(3) 盈利性,是指储备资产必须能够增值创利。国际储备的水平管理强调,以最少的储备量获得最大的国际清偿保障;而结构管理则强调在保证储备资产的流动性和安全性的前提下,通过适当运用,使闲置的储备资产有所收益,实现储备资产的保值和增值。

应该指出的是,储备资产结构管理的三原则之间往往是相互矛盾、相互制约的。一国要增强储备资产的安全性和流动性,就要影响其盈利水平,如活期存款的流动性较高,但其盈利性较低;中长期债券的安全性较高,但流动性较弱。而要增强收益,安全性和流动性就势必受到威胁,如硬通货安全性大,但盈利性却较低。

国际储备包括黄金储备、外汇储备、在 IMF 的头寸和特别提款权四部分。四个组成部分的流动性、安全性和盈利性各不相同,因而它们之间的不同组合,会导致国际储备总体表现出不同的流动性、安全性和盈利性。

(二) 储备资产结构管理的含义和内容

国际储备结构管理的含义是,一国如何最佳地分布国际储备资产,使黄金储备、外汇储备、在 IMF 的头寸和特别提款权四种形式的国际储备资产的持有量之间保持适当的比例关系。由于一国持有的普通提款权和特别提款权的数量取决于该国向 IMF 认缴的份额,由 IMF 分配,不可随意变更,因此国际储备的结构管理主要集中在黄金和外汇两项储备资产上。

1. 黄金储备的管理

黄金储备的规模管理是指确定黄金储备数额及其在储备总额中所占的比重,这取决于黄金的性质。从安全性来看,黄金的内在价值相对稳定且具有相对独立性,因而黄金的安全性较高。这是由于:一方面,以黄金作为国际储备可以不受任何国家的强力干预;另一方面,在纸币本位条件下,以黄金作为国际储备可避免因通货膨胀而遭受贬值的风险,因为黄金价格会随通货膨胀而相应上升,从而保持其原有的实际价值。从流动性来看,自 20 世纪 70 年代末"黄金非货币化"以来,黄金不再能直接用于国际支付,而只能在黄金市场上将其出售,换成可兑换货币后才能使用,因而流动性较低。从盈利性来看,由于金价波动较大,持有黄金既不能获得利息收入,又需要支付较高的保管费。由此可见,黄金具有较好的安全性但缺乏流动性和盈利性,因此,如何合理确定国家外部储备中黄金的比例,并不是一个简单的问题。由于世界各国的历史和现实情况不同,黄金储备的差异也较大,很难有一个公认的"合理标准"。历史上各国官方黄金持有量经常发生巨大变动。比如 20 世纪 30 年代,美国的黄金储备量从 6300 吨上升到 19 000 吨以上,是原来的 3 倍;1948—1971 年,又从 21 000 吨骤降到 9000 吨,其中大部分黄金转移到了部分欧洲国家。1958—1965 年,6 个欧盟创始国的黄金持有总量从 6000 吨增长到 13 000 吨。

英国华威大学商学院金融学教授戈登·格雷米尔(Gordon Gemmill)运用过去 30 年的历史数据进行了深入研究。他认为对一个普通国家来说,黄金持有量为 10% 最合适。美国可能是 10%~20%,欧洲国家是 5%~10%,而日本是 5%。假设未来 50 年或 100 年可能出现货币崩溃,那么黄金等实物资产在储备组合中占的比例应该更高。从世界主要国家的情况看,美国黄金储备的总量达到 8000 余吨,占外汇储备的比重高达 76%,欧洲国家黄金储备的占比多数达到 40% 以上,均远远超出了戈登·格雷米尔教授提出的标准。

2. 外汇储备的管理

从安全性来看,在浮动汇率制度下,储备货币汇率和利率不断波动,相比黄金储备,外汇储备的安全性略差。从流动性来看,外汇作为交易货币,可直接用于各种国际支付,流动性较高。从盈利性来看,作为金融资产的外汇储备,可以获得利息收入而得以增值,且外汇的保管费用远远低于黄金,具有较高的盈利性。可见,外汇储备在流动性和盈利性方面具有优势,因此在国际储备中所占比重极高。外汇储备管理成为国际储备管理中最为重要的内容。就结构管理而言,外汇储备管理包括如下内容。

(1) 外汇储备的份额管理。由于外汇储备所具有的优点,许多国家采取了增加外汇储备而减少或基本稳定黄金储备的政策。如 1990 年外汇储备在国际储备中所占的份额仅为 66.57%,2001 年已上升到 85.25%。一般来说,增大外汇储备的比例可增加国际储备整体的流动性和盈利性,但安全性将略有降低。

(2) 储备币种管理。管理原则是币种多样化。布雷顿森林体系崩溃后,西方主要国家都实行了浮动汇率制度,各主要货币之间汇率波动不定,造成以不同货币持有储备资产的收益存在较大差异和不确定性。通过币种多元化,可以分散汇率波动(下跌)所带来的损失。

币种选择的依据主要有:第一,根据对储备货币汇率与利率的比较,提高外汇储备资产的收益率,尽可能增加高利率货币的储备量和有升值趋势的"硬"币储备量;第二,根据本国对外贸易结构和其他金融支付(如进口、还债)对储备货币币种作出选择,按支付需要确定储备货币的结构,可防止在汇率波动的条件下,因储备货币结构不匹配而产生货币兑换需要,由此面临汇率风险;第三,储备货币应与干预外汇市场所需的货币保持一致。

(3) 资产形式的结构管理。持有外汇储备资产有多种形式,如投资国外银行存款、各种证券等,如何安排持有方式,需符合"三原则"的要求,尤其是,要在流动性和收益率之间进行比较。从流动性考虑:最好将储备货币存放于国外银行的活期存款账户,以便随时用于国际支付,但是活期存款的利息一般很低,甚至无息,收益率很低。从盈利性考虑:最好将储备货币投资于外国政府债券,但这又牺牲了流动性。因此,在投资不同的外汇储备资产时,需在流动性和盈利性之间进行权衡,争取两者兼顾,在不能兼顾时,要优先考虑流动性。

按变现能力高低,储备资产可分为下面三类。

(1) 一级储备:包括现金和准现金,如活期存款、短期国库券、商业票据等。这类储备的流动性最高但收益最低,风险基本上等于零,主要用于一国经常性或临时性对外支付。

(2) 二级储备:主要是指中期债券。这类储备的收益高于一级储备,但流动性比一级储备资产差,风险也较高。二级储备的管理以盈利性为主,兼顾适度的流动性和风险性。它主要作为补充的流动性资产,以应付临时、突发性等对外支付的保证。

(3) 三级储备:是指各种长期投资工具。这种储备的盈利性最高,但流动性最差,风险也最高。各国货币当局一般在确定一级储备和二级储备的规模后,才考虑将余下的部分做长期投资。

第三节 我国的国际储备问题

一、我国国际储备构成特点

我国从 1983 年起开始对外公布国家外汇储备的数额。1979—1992 年,我国对外公布的外汇储备包括两个部分:一是国家外汇库存,即国家对外贸易和非贸易外汇收支历年差额;二是中国银行营运外汇结存,即中国银行的自有资金加上它在国外吸收的外币存款和对外借款,减去它在国内外的外汇贷款和投资所得差额。

需要指出的是，我国当时公布的外汇储备和国际公认的外汇储备在范畴上是有区别的。国际上在计算一国的外汇储备时，通常不包括国家商业银行在经营外汇业务时所形成的营运外汇结存。因为国家对这部分外汇资金无权无条件地使用，故它不属于国家外汇储备的范围。但是我国的中国银行作为国家指定的经营外汇业务的专业银行，其外汇资产属国家所有，被归入我国国际储备范畴。从1992年开始，考虑到与国际惯例接轨和中国银行向商业银行体制转化的需要，我国公布的外汇储备范围中不再包括中国银行的营运外汇结存。

我国国际储备的构成同IMF的其他成员国一样，由黄金、外汇储备、在IMF中的储备寸头和特别提款权四部分组成（见表7-3）。

表7-3列出我国黄金储备和外汇储备的数额，由表7-3可见，我国的国际储备构成具有以下几个方面的特点。

（1）黄金储备持续稳定，增量不大。1981—2000年，我国黄金储备的数量一直稳定在1267万盎司的水平上，2001年增加到1608万盎司，2002年再次增加到1929万盎司，至2008年维持在这一水平，2009—2011年3年间，为1978万盎司，2012年大幅增长至3718万盎司，但是，至2012年年底，中国黄金储备占外汇储备的比重不足1.6%，不仅低于10%的理论水平，甚至低于泰国、印度尼西亚、新加坡等国家的水平。相比之下，欧元区国家该占比一般为40%～60%，美国为74%，德国为70%，俄罗斯为6.7%。要使中国黄金储备占比达到俄罗斯的水平，需要4041吨黄金，要达到世界平均水平，需要6032吨黄金。中国黄金协会会长、中国黄金集团总经理孙兆学2012年曾在《求是》杂志上发表文章称，金融危机中美国的净财富并没有随着美元的贬值而出现同等程度的下降，一个重要原因就是美国的8133吨黄金储备在发挥作用，"黄金无用论"是美国为打压其他货币从而维持美元霸权地位而设计的一场"烟幕"。我国黄金占比过低，与中国的大国地位明显不符。随着外汇储备的快速增加，黄金在其中的占比还将越来越低。笔者认为，参照国际经验，我国黄金储备在外汇储备中的比重应达到5%～10%。因此，适度增持黄金储备，应当成为改善我国外汇储备结构的一部分。对黄金储备的管理也应从"保管型"向"经营型"转变。目前，我国对黄金储备的运用主要有两种方式：①在国际黄金市场上，通过现货、期货、期权等交易方式，获取一定的储备营运收益；②通过发行、经销各种金币，实现库存黄金的增值。

表7-3 中国国际储备构成

年份	黄金储备/万盎司	外汇储备/亿美元		
		国家外汇库存	中国银行外汇结存	总额
1979	1280	8.40	13.14	21.54
1980	1280	−12.96	35.58	22.62
1981	1267	27.08	20.65	47.73
1982	1267	69.86	41.39	111.25
1983	1267	89.01	54.41	143.42
1984	1267	82.20	62.00	144.20
1985	1267	26.44	92.69	119.13

续表

年份	黄金储备/万盎司	外汇储备/亿美元		
		国家外汇库存	中国银行外汇结存	总额
1986	1267	20.72	84.42	105.14
1987	1267	29.23	123.13	152.36
1988	1267	33.72	141.76	175.48
1989	1267	55.50	114.72	170.22
1990	1267	110.93	175.01	285.94
1991	1267	217.12	209.53	426.25
1992	1267	194.43	—	194.43
1993	1267	211.99	—	211.99
1994	1267	516.20	—	516.20
1995	1267	735.97	—	735.97
1996	1267	1050.00	—	1050.00
1997	1267	1399.00	—	1399.00
1998	1267	1449.59	—	1449.59
1999	1267	1546.75	—	1546.75
2000	1267	1655.74	—	1655.74
2001	1608	2121.65	—	2121.65
2002	1929	2864.07	—	2864.07
2003	1929	4032.51	—	4032.51
2004	1929	6099.32	—	6099.32
2005	1929	8188.72	—	8188.72
2006	1929	10 663.44	—	10 663.44
2007	1929	15 282.49	—	15 282.49
2008	1929	19 460.30	—	19 460.30
2009	1978	23 991.52	—	23 991.52
2010	1978	28 473.38	—	28 473.38
2011	1978	31 811.48	—	31 811.48
2012	3718	33 115.89	—	33 115.89
2013	3389	38 213.15	—	38 213.15
2014	5332	38 430.18	—	38 430.18
2015	5666	33 303.62	—	33 303.62

资料来源：《中国金融年鉴》，中国外汇管理局网站，中国历年国际收支平衡表

(2) 在IMF的储备寸头和特别提款权份额较低。由于我国在IMF的份额较低，我国在IMF的储备寸头和特别提款权规模不大，占我国国际储备总额的比重较低。随着我国外汇储备的逐年增加，这一比重将会越来越小。

(3) 外汇储备迅猛增长。1979年，国家外汇库存只有8.4亿美元，中国银行外汇结存仅为13.14亿美元，二者加总仅为21.54亿美元。1994年以后，外汇储备增长迅猛，1996

年突破 1000 亿美元,2001 年突破 2000 亿美元,2003 年接连突破 3000 亿美元和 4000 亿美元,2004 年连续突破 5000 亿美元和 6000 亿美元,2005 年则突破 7000 亿美元和 8000 亿美元,2006 年更是突破万亿美元。2007 年延续迅猛增长态势,一年净增 5000 亿美元,达到 15 282.49 亿美元。2008 年较 2007 年增长 4177.81 亿美元,达到 19 460.30 亿美元;2009 年继续较 2008 年增长 4531 亿美元,达到 23 991.52 亿美元;2010 年继续稳步增长 4482 亿美元;2011 年突破 3 万亿美元;2012 年达到 33 115.89 亿美元;2013 年继续增加到 38 213.15 亿美元;2014 年基本不变,为 38 430.18 亿美元;2015 年则出现 20 多年来首次年度下降,全年减少 5126.54 亿美元,总额为 33 303.62 亿美元。

由于外汇储备在我国国际储备中的重要地位,中国国际储备管理的中心内容是外汇储备管理。下面着重介绍我国外汇储备管理。

二、我国外汇储备管理

(一)规模管理

改革开放以来,我国外汇储备的增长经历了四个阶段。

(1) 第一阶段,1979—1984 年,外汇储备稳步增长。改革开放后,我国开始实行一系列的"奖出限入"政策,外汇储备逐渐增加。国家外汇库存为 82.20 亿美元,加上中国银行外汇结存为 144.20 亿美元。

(2) 第二阶段,1985—1989 年,外汇储备剧烈波动。从 1985 年开始,我国国民经济迅速发展,进口需求膨胀,国家外汇管理失控,外汇储备急剧减少,1985 年,国家外汇库存下降为 26.44 亿美元,此后虽有所增加,但到 1989 年,仅为 55 亿美元。考虑到中国银行的外汇结存,两者总额增至 170.22 亿美元。

(3) 第三阶段,1990—1993 年,外汇储备迅速增加。从 1990 年开始,国家加强了宏观调控,采取了鼓励出口的措施,1990 年国家外汇库存跃升为 110.93 亿美元,加上中国银行外汇结存则高达 285.94 亿美元。1992 年外汇储备额有所下降,这与从该年起不再将中国银行的外汇结存包括在外汇储备中有关。1992 年以后各年外汇储备额均保持上升势头。

(4) 第四阶段,1994 年至今,外汇储备超常增长。1994 年,我国外汇管理体制进行了重大改革,取消企业外汇留成,实行银行结售汇制度,实现汇率并轨,建立了银行间统一的外汇市场,外汇储备数量随之大幅增加,而且增长越来越迅速。从 1996 年突破 1000 亿美元到 2006 年突破万亿美元,用了 10 年;2009 年 6 月,外汇储备一举突破 2 万亿美元,用了不到 3 年;而外汇储备从 2 万亿美元增至 3 万亿美元,仅仅用了不到两年时间。2015 年,我国外汇储备资产虽首次大幅下降,减少 5126.54 亿美元,但 2015 年年末,我国外汇储备余额仍高达 33 303.62 亿美元(如图 7-3 所示)。我国外汇储备规模的迅速增大,对外支付能力的不断加强,表明我国综合国力以及国际资信力显著提高。同时,外汇储备的增长也给国内通货膨胀和人民币汇率升值带来了不小的压力。

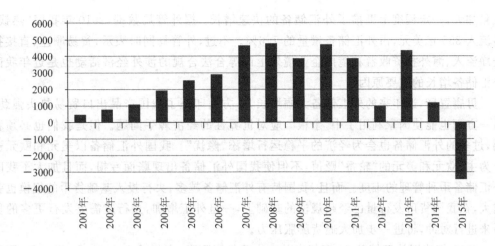

图 7-3　2001—2015 年外汇储备资产变动额①（单位：亿美元）
数据来源：国家外汇管理局

我国外汇储备相对增长加快，规模较大，其中的一个主要原因是属于体制方面的。我国外汇储备由国家外汇库存构成，它实际是我国国际收支的结余，其变化包含了国家对外储备的主动调节和收汇用汇部门经常性外汇收支被动变化两方面的因素。1994 年外汇体制改革特别是汇率并轨导致贸易出口急剧增加，同时强制结汇制度使得我国外汇资金的存量单一地表现为国家持有的外汇储备，并且我国实行严格的资本管制。从外汇供给来看，国家实行强制结售汇制度，外贸企业只能持有周转限额以内的外汇，其余必须出售给中央银行；从外汇需求来看，有真实交易保证的经常项目用汇才能从央行得到供汇保证。这造成了无条件的外汇供给和有条件的外汇需求之间的反差，在这种反差作用下外汇储备持续增长。西方国家没有严格的外汇管制，也不实行国家结汇制度，其收汇用汇单位经常性的外汇收支一般是通过国内商业银行进行的，结余并不构成国家的外汇储备。这些国家的外汇储备通常是指官方持有的、用于调节国际收支逆差的官方储备，其变化与国际收支没有直接的因果关系，而是由官方对国际收支顺差或逆差进行主动调节的结果。

此外，我国在实践上长期实行钉住美元的固定汇率制度，而由于我国外贸持续顺差和外国直接投资迅速增长，人民币长期承受着升值压力。为保持人民币汇率稳定，央行被迫频繁地进行外汇公开市场操作，在外汇市场上买进大量美元，投放人民币。这样做的直接结果是导致我国外汇储备大幅度增加，外汇占款成为基础货币增加最重要的来源。1998 年以来每年的外汇储量增加值已经相当接近甚至超过了当年基础货币投放。仅 2003 年 1—9 月，央行通过外汇公开市场业务投放基础货币就达 6505 亿元。尽管央行通过发放国债，进行人民币回购，提高法定准备金率，但这些都不足以抵消汇率形成机制给货币政策带来的扩张压力。2009 年以来外汇储备之所以快速增长，与国际金融危机后我国经济平稳较快发展的趋势密切相关。特别是 2008 年以来，我国贸易顺差及外商直接投资均出现明显增长。此外，在人民币升值预期和本外币正利差的情况下，境外资本包括"热钱"流

---

① 储备资产增加计入借方，储备资产减少计入贷方，但本图中借方为正值，贷方为负值。

入量加大,一定程度上助推了外汇储备的快速增长。据外管局数据,2010年我国"热钱"净流入355亿美元,占外汇储备增量的7.6%。不过,外管局同时表示,贸易顺差、直接投资净流入、海外投资收益和境内企业境外上市等合法合规的涉外经济活动也是近年我国外汇储备增长的重要原因。

毋庸置疑,近年来的外汇储备大幅增长,一方面印证了我国产品出口贸易势头强劲;另一方面也能使国家利用手中"余粮",应对世界性的经济棘手问题。但是我们也必须看到,过多的外汇储备也会为经济的平稳运行增添"隐忧"。我国外汇储备以美元和欧元资产为主,欧元和美元的"轮番"贬值,不但使我国外汇储备出现账面亏损,而且加大了我国外汇储备币种管理的难度。而且,我国持有外汇储备越多,央行投入基础货币的规模也就越大,在我国货币发行量已经超规模的基础上,一旦外汇增加,央行就需要发行更多的货币来进行对冲,将进一步加大通货膨胀压力。

2015年我国外汇储备20多年来首次出现年度下降,全年减少5126.54亿美元,原因是多方面的。国际收支方面,随着我国经济进入新常态,我国经济结构和发展模式正发生调整和转变,以往依靠大规模出口赚取外汇推动经济增长的模式正在被取代,在贸易领域越来越趋于追求均衡状态,甚至会出现贸易逆差状况。另外,在贸易领域越来越多的企业使用人民币进行计价结算和支付,也会减少外汇供给。从资本和金融账户来看,以往我国政策强调吸引外资,但最近几年我国开始鼓励扩大对外投资导致资本流出增加,也会减少外汇储备。尽管2015年我国外汇储备大幅减少,但截至2016年6月,我国外汇储备总额仍达到32 051.62亿美元。从国际比较来看,我国外汇储备的规模远远高于其他国家(如图7-4所示)。

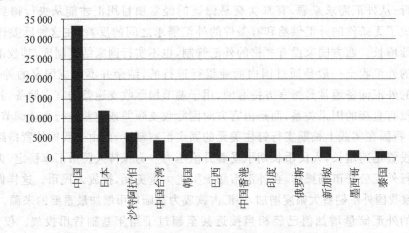

图7-4　2015年年末主要国家/地区储备余额(单位:亿美元)
数据来源:国际货币基金组织

关于如何管理3万亿美元的外汇储备,许多专家认为,应明确外汇储备运用的具体顺序。首先,保持必要的外汇流动性,以满足平衡国际收支的需要;其次,用一定的外汇干预外汇市场,满足汇率调节的需要;再次,服务于国家经济可持续发展的目标,获取战略性利益;最后,再有多余的外汇储备,可用于相对较高收益的金融投资。将过多的外汇储备用于多元化投资已成为一项共识,如投向石油、黄金、矿藏等资源类领域,将一部分外汇储备变成资源,或用于采购国外的先进装备、先进技术,提升我国制造业的技术水平。另外,改变外汇储备体制,变央行单一主体持有外汇储备为多元化储备主体,将外汇储备还之于民,解决国内住房、教育、养老保险和社会保障等民生领域问题,启动外汇储备民生战略计划,从而化解过大的外汇储备规模。

(二) 结构管理

从一般意义上讲,一国国际储备结构管理的对象是黄金、外汇、特别提款权及在IMF中的储备头寸四个部分之间的构成比例和运行安排问题,但由于后两者在一国国际储备中所占份额基本是固定的,而黄金储备和外汇储备之间的构成比例属于规模管理问题,因此国际储备结构管理的核心是外汇储备的管理。

1. 从外汇储备管理应遵循的原则来看

我国国际储备结构管理的基本目标是保证外汇储备的安全性、流动性和盈利性。安全性是指储备资产本身价值的稳定和存放可靠。流动性要求储备资产随时可以运用。盈利性是指储备资产在保值的基础上有较高的收益。但是这三个目标优先次序的排序,必须根据我国的实际情况进行判断和选择。

(1) 安全性仍是我国现阶段外汇储备管理的首要目标。面对日益增多的储备资产,在金融全球化和国际金融市场风云多变的今天,稍有不慎,就可能蒙受较大的损失。显然,现阶段我国应把安全性目标放在首位,注意适时调整外汇储备的币种结构,使之与外债结构挂钩,降低在金融市场上的汇率风险和利率风险。同时,在外汇储备资产构成上应遵循风险分散化和资产多样化的原则,把外汇储备投资于不同的资产。

(2) 流动性目标的重要性将逐渐提升。随着我国外汇体制改革的不断深入和经济对外开放程度的不断加大,特别是加入WTO后,金融业的逐步开放,外汇储备要作为随时能动用的干预资产,为实现货币当局的政策目标,适时地影响汇率走势,或熨平外汇市场汇率的大幅波动而发挥作用。可以预见,在未来几年中,流动性将逐渐代替安全性成为我国外汇储备结构管理的主要目标。

(3) 盈利性目标主要是针对"多余的"那部分外汇储备而言的。在保证外汇储备安全性和流动性的前提下,应适当兼顾盈利性。这是因为,对于发展中国家,保持一个相对较高的增长速度是必要的,因而持有外汇储备的机会成本很高、代价较大,可以考虑把过多的外汇储备投资于国外的股票市场和债券市场,以获得较大的收益。

总的来讲,我国外汇储备的结构管理应该是以安全为第一要求,在保证外汇资金的安全性和流动性的基础上,达到有所增值。

2. 从外汇储备结构管理的内容来看

(1) 储备币种的选择及其所占的比例。在这方面应考虑的因素有:①贸易结构。我国外汇储备在币种的选择上应考虑进出口的来源、去向、数量及贸易双方的支付习惯等因素。根据这一原则,我国目前首选的储备币种应是美元、欧元、日元、英镑等主要储备货币。②外债结构。从我国外债情况来看,我国外债所涉及的币种主要是美元、日元、英镑、欧元等,其中美元和日元所占的比重最大,因此,在外汇储备中可较多持有这两种货币。③汇率制度。我国目前的汇率制度是以实行市场供求为基础、参考一篮子货币进行调节、有管理的浮动汇率制度。人民银行制定人民币汇率参照的是一篮子货币汇率,我国外汇储备币种结构应尽可能多元化,尽量避免单一币种比重过高。

(2) 外汇储备资产形式的选择,即如何确定在外汇储备中国债、股票、机构债券和公司债券等各占多少比重。目前,我国外汇资产的形式主要以美国国债为主,我国已取代日本,成为美国国债的最大海外持有者。美国国债比重过大,一旦美元贬值,会使我国外汇储备面临较大风险,加上国债回报率较低,不利于盈利性目标的实现。我国应采取外汇储备资产多元化策略分散投资风险,逐渐提高股权、企业债在资产组合中的比重。

专栏

次贷危机后我国外汇储备管理的现实选择

2006 年年底,我国外汇储备规模赶超日本,成为世界第一大外汇储备国。截至 2008 年 9 月底,我国外汇储备余额已达 19 055.85 亿美元,超过了世界主要七大工业国(G7)外汇储备规模的总和。外汇储备的快速增加及其庞大的规模,使得我国外汇储备管理的思路和政策出现了重大转变。

2000 年以前,我国由于外汇储备数量并不大,因此管理重点主要是追求安全性与流动性,将外汇储备资产主要配置于美国的银行存款和低风险的美国国债。近年来,随着我国外汇储备规模的迅速增长,我国外汇储备管理已经逐步从追求安全性、流动性的保守管理走向追求收益性的积极管理。2007 年 9 月 29 日,注册资本金高达 2000 亿美元的中国投资有限责任公司成立。成立该公司的目的,主要是拓展国家外汇储备的运用渠道。同时,中国的外汇管理在资本项目下逐步开放市场,放宽了对境内机构和个人外汇收支活动的管理,比如放宽合格境内机构投资者(QDII)投资主体、投资品种、投资市场及购汇限制,允许符合条件的信托公司开展受托境外理财业务,放宽境内企业使用外汇对外直接投资,支持企业"走出去",并且逐步放宽居民个人用汇的额度,将个人年度购汇总额提高至 5 万美元。2007 年全年个人购汇 425 亿美元,比 2006 年增长近 3 倍,其中购汇用于投资的比重从 2006 年的 2% 大幅上升到 37%。无论是中投公司的成立,还是 QDII 的运作,以及放宽企业和个人的购汇标准,鼓励企业走出去对外投资,都是我国在外汇储备激增的背景下,对外汇储备进行积极管理的具体表现。但美国次贷危机的发生与发展,使我国外汇储备在海外的投资遭受了巨大损失。在次贷危机尚未见底且有可能进一步加深的背景下,我国外汇储备管理较为现实的选择应该包括以下两个方面:一方面,要主动控制外汇储备规模的过快增长,减少给外汇储备管理带来的压力;另一方面,在既定的外汇储备规模下,要进一步优化外汇储备资产结构。

(1) 要控制外汇储备规模的快速增长。外汇储备规模过大,在我国当前的外汇管理体制之下,首先会导致本国货币投放增加,通货膨胀压力加大,相应的冲销成本也会越来越大;与此同时,外汇储备规模过大,一方面对外汇储备资产的收益会有更高的要求;而另一方面,根据投资边际收益递减规律,外汇储备资产的收益实现会越来越难。因此,外汇储备管理的难度就会随着规模的增加而增加。从外汇储备规模增加的来源来看,目前我国的贸易顺差,外商直接投资和国际热钱的流入是主要的渠道。最近,外管局已经加强了对隐藏在贸易项和资本项下流入的热钱的监管和核查,海关也加强了对出口货物真实性的查验,并且加大了对地下钱庄和非法买卖外汇等违法犯罪活动的打击力度。与此同时,我国政府通过降低部分产品出口退税,扩大高消耗、高污染和资源性产品出口关税征收范围,以及逐步取消外商投资企业的超国民待遇几方面多管齐下,从贸易顺差和外商直接投资等渠道对外汇储备规模的快速增长进行合理的控制。

(2)进一步优化外汇储备资产结构。第一,调整美元资产结构。我国现有的外汇储备中,美元资产大约占70%的比重。其中部分以美元存款和美国国库券的形式存在,资产收益虽然较低,但可以满足外汇储备的安全性与流动性要求。另一部分美元资产主要投资于风险相对较高的金融资产,目的是追求更高的收益性,但百年一遇的金融危机却使得我国初次出海寻求更高收益的储备资产遭遇巨额损失。因此,外汇储备的盈利目标应具备充分的风险意识。第二,稳步渐进地优化储备货币币种结构。目前我国外汇储备构成比例大约是:美元资产70%,欧元资产20%,日元资产10%。美联储数据显示,自2002年美元汇率达到最高位以来,美元对世界主要货币5年来贬值24%。2007年8月次贷危机后,美元贬值速度加快,对世界主要货币贬值6%。这使得中国外汇储备损失惨重。因此,在外汇储备币种的管理上,降低美元而增加欧元储备的比重应是明确的方向。但币种转换只能在一个较长的时间跨度内稳步推进,如果各国都采取一致行动抛售美元、买入欧元,势必引发美元全面的崩溃,这对外汇储备规模世界第一,并且美元资产比例高于世界平均水平的中国来说将是一场灾难。第三,优化金融资产与商品资产结构。次贷危机发生后,美国采取弱势货币政策的一个必然的后果就是造成国际市场以美元计价的商品价格飙涨,这使我国外汇储备从数量上看增加了7倍,但从对原油的购买力来看只增加了2倍。在国际储备中增加商品储备的比例、减少外汇储备的比重,是我国外汇储备管理的一个方向,首选的储备商品当数黄金。据世界黄金协会统计,截至2012年年底,美国作为全球最大的黄金储备国,持有8133吨黄金,占其国际储备的74%,俄罗斯和印度的黄金储备也分别达到其国际储备的2.4%和3.8%。而中国长期实行稳定不变的黄金储备政策,黄金储备一直只有600吨左右,占国际储备的比重不足1.6%,远远低于全球10.2%的平均水平。作为能源消费大国,中国近年来石油进口量逐年加大,据预测,到2020年中国原油缺口可能增加到2.5亿~2.7亿吨,将面临重大的资源压力。但中国对石油需求的加大会给国际原油市场带来价格上升的压力,可以通过加大对能源方面的国际投资,采取到海外进行收购或与石油输出国合作,或是投资石油储备的基础设施等措施,实现消化我国巨额的外汇储备并实现我国能源战略的目标。

资料来源:黄立红. http://forex.jrj.com.cn/2008/09/2713442181589.shtml,有修改

本章复习

一、概念

国际储备　　　　　　　　国际清偿力　　　　　　自有储备
借入储备　　　　　　　　黄金储备　　　　　　　外汇储备
在 IMF 的储备头寸　　　　特别提款权　　　　　　国际储备的规模管理
国际储备的结构管理　　　　进口比率分析法　　　　成本—收益分析法
回归分析法　　　　　　　区间分析法

二、思考题

1. 国际储备与国际清偿力的联系和区别有哪些？
2. 试述影响国际储备需求数量的主要因素。
3. 影响国际储备来源的因素有哪些？
4. 如何确定适度的国际储备量？
5. 国际储备结构管理应遵循的原则是什么？
6. 目前中国的外汇储备规模是否适度？请发表看法。

第八章
国际货币体系

国际货币体系在国际金融领域具有基础性作用,对国际贸易支付结算、国际资本流动、各国外汇储备、汇率的调整、国际收支都产生重大的影响,同时也是各国国内金融稳定与否的重要保证。通过本章的学习,应掌握国际金本位制的特征及作用,熟悉布雷顿森林体系的内容、作用及崩溃的原因,了解牙买加体系的内容及运行特征,以及欧洲货币体系的产生过程和欧元的作用。

第一节 国际货币体系概述

国际货币体系(international monetary system),通常是指对国际货币金融关系进行调节的各种规则、安排、惯例和组织形式。19 世纪 70 年代以来,国际金融体系经历了金本位体系(1870—1914 年)、前布雷顿森林体系(1915—1944 年)、布雷顿森林体系(1945—1972 年)和牙买加体系(1976 年至今)四个阶段。

一种国际货币体系的产生,主要是因为各国在政治上是独立的,而在经济和金融上却是相互依赖的,这就需要一种货币制度来协调各个独立国家的经济活动。其形成有两种方式:一种是依靠市场自发形成,它是体制和习惯长期缓慢发展的结果,当越来越多的参与国遵照某些程序而给予其法律约束力时,一种国际货币体系就形成了;另一种是人为设立,它是借助政府间协定形成某种协调与合作机制,在短期内建立一套各国共同遵守的制度和规范,并随着时间的推移对其进行不断修正和发展。

历史表明,一种理想的国际金融体系能够促进国际金融运行的协调和稳定,促进国际贸易和国际资本流动的顺利发展,并使各国公平合理地享受国际经济交往的利益;反之,则成为国际经济发展的阻碍因素。一种国际货币体系应包括以下内容:

(1) 汇率制度的确定。即各国货币间汇率的确定与变动机制。

(2) 国际货币和储备资产的确定。即以什么作为国际货币(黄金或某国货币)用于国际支付;一国政府应持有何种资产作为各国普遍接受的储备资产;以及为满足国际支付和调节国际收支需要,一国应持有的储备资产总额和构成。

(3) 国际收支的调节机制。即当国际收支发生不平衡时,各国政府如何进行调节。

(4) 各国货币的可兑换性与国际结算的原则。即一国货币能否自由兑换;在结算国家间债权债务时,采取何种结算方式;对支付是否加以限制等。

以上几方面内容中,汇率制度居于核心地位,它制约着国际货币制度的其他方面,反映了一定时间内国际货币制度的特征。

对一种国际货币制度的评价应从下面三个方面进行。

（1）对国际收支的调节是否有效。一种理想的国际货币制度应具有有效的国际收支调节机制，使各国公平合理地承担调节国际收支失衡的责任，并使失衡在最短时间内，以最小的成本得到调整。

（2）能否提供充足的国际清偿能力。理想的国际货币制度应使储备资产的增加保持在与世界经济和国际贸易的发展速度相当的水平，过快的增长会加剧世界性通货膨胀，过慢的增长会导致世界经济和国际贸易的萎缩。

（3）制度的稳定性及人们对该制度的信心。良好的国际货币制度应保持汇率稳定，国际收支的调节机制可以顺利地发挥作用，使人们对该制度充满信心，不进行大规模的国际储备货币的买卖活动，从而使储备资产价值保持稳定。

根据汇率制度的不同，国际货币制度可分为固定汇率制度、浮动汇率制度以及有管理的浮动汇率制度。从货币本位看，可分为金本位制和信用本位制。所谓"本位"，是指衡量货币价值的标准。金本位制是以货币含金量来衡量货币的价值，把黄金和某种关键货币作为储备资产或国际本位货币；在信用本位制下，货币价值与黄金没有任何联系，纸币的发行既不以黄金作为储备，也不能兑换黄金。信用货币作为一般的交换媒介必须有两个条件，二者缺一不可：一是人们对该货币的信心；二是货币发行的立法保障。例如，一国在恶性通货膨胀时期，人们往往因对货币失去信心而拒绝接受它；但如果只有信心，没有立法保障，这种货币也会由于缺乏有效的监督管理，造成交换使用中的混乱。

第二节 国际金本位体系

一、形成

在国际金本位制建立起来之前，历史上曾实行过复本位制。通常意义上的复本位制是指金银复本位，它正常运行的必要条件是金银之间保持固定比价，并按这一比价无限制地自由买卖金银，金币和银币可以同时流通。但从各国实行复本位的实际来看，复本位制下金币与银币并不能并行流通，而是在某一时期通行的是金本位，另一时期通行的则是银本位。这是由于金和银开采量变动而使其价值处于变动之中。当由于黄金开采成本降低而使金价下降时，人们就会购买黄金铸造金币，流通中就只会是金币；相反，当白银由于开采成本降低而价值下降时，流通中就只会是银币。从总的趋势来看，黄金供给相对稳定而白银供应增长较快。于是出现"劣币驱逐良币"现象，这一现象被称作"格雷欣法则"。在上述过程中，各国调整金银比价的办法有所不同，引起黄金在国际间的流动，世界各国的黄金向金价偏高的国家转移。国际贸易的发展对于国际货币也提出了更高的要求，人们要求内在价值更高的金属充当货币、作为媒介手段。这样，最终导致国际金本位制建立。

1816年英国最早实行金本位制，此后，其他资本主义国家纷纷仿效英国，在19世纪后期普遍实行金本位制（参见表8-1）。这样在各国之间就自然形成了一个统一而松散的国际货币体系——国际金本位制。国际金本位制作为一种国际性货币制度，其特点是：

①统一性。表现在主要国家都实行金本位制,各国都为本国货币规定了含金量,采取大致相同的政策措施,各国之间的货币比价被固定下来。也就是说,在西方国家普遍采用金本位制后,金本位体系才算建立起来。②松散性。即国际金本位体系是自发形成的,没有统一的章程,也没有一个国际组织的领导和监督。

从历史上看,金本位制的国际化并非国际协议的结果,而是由交易制度、交易习惯和国内法缓慢发展而形成的结果。由于当时英国是世界上最大的经济强国,在国际贸易中居于支配地位,加之英国率先于1819年和1844年通过一系列法规规范黄金的进出口和中央银行的业务,较早地实现了黄金的国际流通、英镑的国际化和英国金融市场的国际化,由此形成了以英镑为中心、以黄金为基础的国际金本位制。

表8-1 各国实行金本位的年代

国别	英国	德国	瑞典	挪威	丹麦	法国	瑞士	比利时	意大利	希腊
年份	1816	1871	1873			1874				
国别	荷兰	乌拉圭	美国	奥地利	智利	日本	俄国	多米尼亚	巴拿马	墨西哥
年份	1875	1876	1879	1892	1895	1897	1898	1901	1904	1905

资料来源:IMF:International Financial Statistics,1950—1972

二、金币本位的特征

金本位制包括金币本位制、金块本位制和金汇兑本位制三种不同的形态,其中金币本位是典型的金本位制。在1880—1913年国际金本位制的黄金时代,各帝国主义国家实行金币本位制,在其殖民地则实行金汇兑本位制。

金币本位制是以一定成色和重量的黄金作为本位货币的一种货币制度,黄金是货币体系的基础。实行金币本位制的国家,其货币(金币或受黄金准备数量限制的纸币)均以黄金作为基础,具有法定的含金量;不同国家的货币依其含金量而形成一定的比价。典型的金本位制——金币本位制,具有以下特征。

1. 国际收支的调节机制

金币本位制下的国际收支自动调节机制,即大卫·休谟的"价格—铸币流动机制",这种自动调节机制的发挥要求各国必须遵守的基本规则是:一国的货币符号(如金属辅币和银行券)可以自由地以法定价格兑换为黄金,因而黄金和代表一定黄金的货币符号可以混合流通并起到国际支付手段的作用;在国际金本位制下,黄金可以在各国间自由地转移,物价随货币供应量变动可以灵活变动,物价变动又能充分影响进出口数量的变动,从而使国际收支失衡得到调节。由此可见,国际金本位制发挥作用不仅要满足主要贸易国家的通货均以黄金为基础的条件,而且要满足主要贸易国家实行黄金自由铸币、自由兑换和自由输出输入的条件。

2. 实行固定汇率制度

两个实行金本位制的国家的货币单位的含金量之比,称为铸币平价(mint parity)。

铸币平价是两国货币汇率决定的基础。例如，1925—1931年，英国立法规定，1英镑所含纯金数量为7.322 38克，美国立法规定1美元所含纯金量为1.504 656克。这样，按照英镑和美元所含纯金量来比较，英镑和美元的铸币平价为7.322 38/1.504 656＝4.8665，即1英镑＝4.8665美元。在实际经济中，汇率因供求关系而围绕铸币平价上下波动，但波动幅度大致以黄金输送点为界限。这是因为，在金币本位制下，进行国际结算可以有两种手段，即外汇和黄金。由于黄金是世界货币，如果一国在国际交易（进口）中需支付外汇，若按当时市场汇率计算的换汇成本高于黄金运输费用，则会发生黄金输出；若一国在国际交易（出口）中获得外汇，而按市场汇率将外币换成本币所得，低于用外币在国外购买黄金扣除将黄金运回国内所花费用后的净得，则会发生黄金输入。如果汇率用直接标价法表示，则

汇率上限＝黄金输出点＝铸币平价＋单位货币黄金的运送费用

汇率下限＝黄金输入点＝铸币平价－单位货币黄金的运送费用

在两国间输出输入黄金的费用包括包装费、运费、保险费和检验费等，在运输过程中，还有利息问题。"一战"以前，在英国和美国之间运送黄金的各项费用和利息，约为所运送黄金价值的5‰～7‰，通常按平均数6‰计算，则在英国和美国之间运送1英镑黄金的费用约为0.03美元。因此铸币平价4.8665±0.03就是英镑和美元两种货币的黄金输送点，原则上，这是英镑/美元汇率波动的界限。在国际间运送黄金的费用，特别是利息，并不是固定不变的。但由于它们占所运送黄金价值的比重很低，因此，相对地说，在金币本位制下，金币汇率的波动幅度很小，基本上是固定的。实际上，实行金本位制的35年间，主要国家货币之间的汇率一直没有改变，从未发生过大幅贬值或升值。

3. 储备资产和国际结算

在金本位制下，由于各国货币的金平价是法定的并保持不变，因此国家间汇率是稳定的，不存在外汇风险，各国货币可自由兑换，实行多边自由结算。黄金是最终清偿手段，是价值的最后标准。但是，在1880—1913年实行金币本位制的这段时期，黄金的国际流动并不是唯一的和最重要的债权债务清算方式。由于当时英国经济实力堪称世界第一，是全球最大的贸易国和金融资产的供给者，90％的国际贸易以英镑来计价和结算；而且由于纸币的使用更为方便，英镑成为代替黄金的世界货币，是最常用的国际支付手段；另外，在伦敦开设英镑账户，不仅可以随时兑换黄金，还可以获得利息，而储存黄金不仅没有利息还得支付保管费用。持有英镑比黄金更有利可图，绝大多数国家的中央银行储备的是英镑而不是黄金。这一时期的金本位制（金币本位制）有时也称为英镑本位制。

三、国际金本位制下的内外均衡实现问题

（一）内外均衡的表现形式

在金本位制下，外部均衡成为政府的首要目标，体现为维持本国货币的铸币平价，从而维持本币汇率稳定。金本位制下各国货币规定有含金量，各国货币含金量之比形成的

金平价决定了它们之间的兑换比率,外汇市场上的实际汇率围绕金平价在一定限度内上下波动。这一制度特征决定了各国政府被迫将维持货币价值稳定放在首位,政府必须按固定比价保证本国货币与黄金的自由兑换。只有各国自觉地维持本国货币的金平价,国际贸易和资本流动才能正常有序地进行。

在金本位制下,政府通常对国际收支采取自由放任态度,听任价格—铸币流动机制自发调节。在这种调节过程中,黄金储备量的变动自动影响国内货币供给量的变动,这使得政府实际上放弃了利用货币供给量的增减刺激或紧缩经济的手段,无法保证国内充分就业。同时全世界的货币增长受到金平价的限制,从而使价格水平的稳定有所保证。尽管如此,由于黄金开采量的变动,短期内价格水平仍会发生难以预料的波动;加上由于政府是将外部均衡目标放在首位,往往以内部经济失衡的代价来保持汇率的固定。

从国际金本位制实行期间各国经济状况来看,当时自由市场经济的弊端尚未充分暴露,经济中的失业和通货膨胀等问题并不十分突出;而且不存在指导政府对经济进行调控的宏观经济理论,政府在经济中扮演的只是"守夜人"的角色,没有担当起维持经济稳定与发展的职责,依靠市场机制的自发调节作用,各国基本上保持了内外均衡。

(二)内外均衡的实现机制

在国际金本位制下,内外均衡目标是在政府不对经济进行干预的条件下,通过自动调节机制而实现的,即"物价—现金流动机制"。其对经济的自发调整建立在一系列前提下,包括:政府严格按照金本位制的要求实施货币政策,保持黄金的自由兑换、黄金自由输出输入,当国际收支因素带来黄金储备变动进而影响货币供给时,不得采取冲销措施,而任由价格的灵活调整使得经济达到内外均衡。

国际金本位制下内外均衡实现机制的特点可归纳为如下三个方面。

(1)自发性:完全靠经济的自发力量实现,不需要政府采取专门的政策措施进行干预。

(2)对称性:自动调节机制是在国际收支盈余国与赤字国同时发挥效力的,两国都承担调节责任,这种调节机制较为公平合理。

(3)稳定性:在自动调节过程中,汇率始终在黄金输送点之间变动,这使内外均衡的实现始终处于稳定条件之下,从而避免了汇率的剧烈变动对经济的破坏性影响。

四、对国际金本位制的评价

国际金本位制对于世界经济的发展曾经起到了重要的保障作用。它有利于各国货币币值的稳定,促进了各国商品流通和信用的发展;它保障了汇率的稳定,以法定平价(依含金量计算的汇兑比价)作为汇率变动的基本依据,由此保障了对外贸易与对外信贷的安全,为国际贸易和国际资本流动提供了良好的条件;它通过黄金的国际流动起到自动调节国际收支的作用,比较公平地解决了各贸易国的国际收支平衡问题;它有利于各贸易国家协调其经济政策。总之,在国际金本位制下,由于各国通货均以黄金为基础,黄金充分发挥了世界货币的作用,这就加强了各国之间的经济联系,维持了外汇行市的稳定,保障了对外贸易与对外信贷的安全,从而为国际经济的发展提供了有利条件。但是,金本位制的缺陷也是明显的。

从内外均衡的自动调节机制来看,实行金本位制使得货币当局丧失了货币政策的自主性,无法利用货币的紧缩或扩张实现经济的稳定;各国有义务维持本币汇率稳定,这使得外部均衡目标高于内部均衡目标,外部均衡的实现往往是以牺牲内部均衡为代价的;国际金本位制下的国际收支自动调节机制有效发挥作用,以没有大量的国际资本流动为条件,它不能适应大量国际资本流动的冲击;此外,当商品价格不具有完全弹性时,金本位制的自动调节机制往往难以发挥作用。从国际金本位制的维系来看,由于在金本位制下,黄金是最重要的储备资产和最后的结算手段,黄金供应和储备的有限性限制了货币供应,难以适应世界经济增长和各国经贸往来的需要;国际金本位制要求各国所遵守的基本规则并没有国际保障和国际监督,其可实现性仅取决于各国的承认。

五、国际金本位制的演变

"一战"前,随着资本主义矛盾的发展,国际金本位货币体系的不稳定因素日益增长。第一,少数发展强国占有世界黄金存量的 2/3 左右,而其他国家货币制的基础则受到削弱,金字塔式的金本位货币体系矛盾突出;第二,一些国家因战备和经济危机而超量发行银行券,使黄金兑换越来越困难,自由兑换原则遭到破坏;第三,经济危机使得商品输出大幅减少,资金外逃严重,又导致各国限制黄金输出,破坏了黄金自由输出原则。由于维持金本位制的三个条件均被破坏,国际金本位制的稳定性也就遭到了破坏。"一战"爆发后,各国纷纷停止黄金兑现,并禁止黄金出口,原有的汇率制度瓦解,金本位制陷入崩溃。

"一战"结束后,世界货币体系重建的问题受到各国的普遍重视。但由于黄金供应不足和分配不均等原因,传统的金本位制很难恢复。1922 年在意大利热那亚城召开的世界货币会议上提出了"黄金荒"问题,决定采用"节约黄金"的原则。热那亚会议后,只有美国继续采用金币本位制(1919 年恢复);无法实行金币本位制而黄金储量又较多的国家,英国(1925 年 5 月)和法国(1928 年 6 月)实行的是金块本位制;其他国家则采用金汇兑本位制,使本币与英镑、美元或法国法郎挂钩,形成了英镑区、美元区和法郎区。

在金块本位制下,不再铸造和流通金币,银行券在市场上自由流通。银行券不能任意兑换黄金,只有在一定数额以上才能兑换成金块,这个数额往往规定得很高,使小额的货币量不能兑换,这使得流通中的黄金得以缩减,节约了黄金的使用。而日常支付中主要使用纸币,其价值仍以黄金为基础,并与黄金保持固定的比价,代表黄金参与流通。在金块本位制下黄金仍可直接参与清算和支付。

采取金汇兑本位制的国家大多是黄金储量很少的小国。在金汇兑本位制下,黄金完全退出流通,只发挥储藏手段和稳定纸币价值的作用,纸币则成了法定的偿付货币,简称法币。政府虽然仍规定纸币含金量,但纸币不能自由兑换黄金甚至不能有条件地兑换金块,而是可以自由地兑换成某种外币(美元、英镑或法郎),这种外币可以直接兑换黄金。本币与可兑换黄金的外币之间的汇率可通过本国中央银行买卖外汇来维持其固定比例。较之金块本位制，金汇兑本位制是一种间接兑换黄金的货币制度。这样，实行金汇兑本位制的国家其货币的准备金可以不必是黄金，而是外币债权。这使得这些国家在经济和政治上依附于与之挂钩的国家，并承担很高的风险，因为如果与之挂钩的货币发行国放弃金本位制或者实行货币的贬值，或者出于某种原因拒绝其他国家用货币向它兑换黄金，那么实行金汇兑本位制的国家就可能遭受经济损失，货币运行将陷入混乱。

在金块本位制和金汇兑本位制下，流通中主要使用纸币，黄金很少或完全不用于流通和支付，金块或是黄金储备集中在政府手中，不能自由输出输入，黄金输送点实际上已不复存在。在这两种货币制度下各国政府都参照过去流通的金属货币的含金量用法令规定纸币的金平价，称为法定平价。法定金平价的实质是纸币所代表的金量。两种货币之间的汇率由各自所代表的金量之比决定。由于黄金输送点不复存在，汇率波动的幅度不再受制于黄金输送点，而通常由政府规定，并由政府加以维护。通常政府通过设立外汇平准基金来维护汇率的稳定，即在外汇汇率上升时，出售外汇；在外汇汇率下降时，买入外汇，从而使汇率的波动局限在政府允许的幅度内。在金块本位和金汇兑本位这两种货币制度下，汇率的稳定程度远小于金币本位制下的情况。

比较来看，金币本位制下，各国货币之间的固定汇率通过市场机制自动维持；而在金汇兑本位制下须靠各国政府承担维持固定汇率的义务，若各国政府不愿承担这一义务，将意味着制度的崩溃。此外，金币本位制下，国际收支失衡的调节通过黄金自由输入/输出得到调节；而在金汇兑本位制下，国际收支失衡的调节通过买卖外汇储备进行调节。当国际收支逆差时抛售外汇，购买本币，导致货币供给量下降，价格水平下降，出口上升。但由于纸币制度下，各国政府倾向于过量发行纸币，这会导致通货膨胀，价格水平上升，从而削弱了通过买卖外汇调节国际收支失衡的力度。

经过调整的金本位体系扩大了国际储备，但增添了动荡因素，未能承受住1929—1933年经济大萧条的冲击。1931年由于欧陆金融危机首先使得德奥两国的主要银行破产，德国政府终于放弃了金汇兑本位制，宣布禁止黄金输出，并实行外汇管制。1931年7月，德奥两国的金融危机涉及英国，各国纷纷向英国兑换黄金，掀起黄金抢购的浪潮。由于黄金大量外流，英国也被迫于1931年9月停止实行金本位制，与英镑有联系的一些国家和地区也相继放弃金汇兑本位制。英国脱离金本位制后，开始贬值英镑，使国际金融压力转移至美国。1933年，美国再次掀起货币危机的高潮，大批银行倒闭，大量黄金外流。美国政府不得不宣布银行暂时停业、停止银行券兑现、禁止黄金输出等措施，最后终于也放弃了金本位制。以法国为首的"黄金集团"国家虽力图维持原有的货币体系，但在国际收支恶化、经济危机和英镑美元贬值的压力下，1936年也终于放弃了金本位制。国际金本位制崩溃的原因有很多，但最重要的因素是金本位制赖以存在的基本规则遭到破坏。一方面，各国在国内经济危机尖锐化时期，争相采取外汇管制、限制黄金兑换与限制黄金出口等措施，从而取消了金本位制下"物价与金币流动机制"的自动调节作用；另一方面，各国为了本国利益和转嫁危机的目的，纷纷采取本国通货贬值和外汇倾销的政策，形成愈演愈烈的"货币战"，这对于国际货币秩序产生了巨大的破坏作用。

第三节 布雷顿森林体系

一、建立

"二战"后,资本主义世界建立了一个以美元为中心的国际货币体系,即布雷顿森林体系,这个体系是英、美两国在国际金融领域争夺主导权斗争的产物。

"二战"使资本主义各国的实力对比发生了巨大变化。联邦德国、意大利、日本由于受到战争的毁灭性打击,国民经济陷入崩溃境地;英国、法国等老牌资本主义强国的地位被严重削弱;只有美国发了战争财,通过为盟国提供军火而一跃成为世界第一大国,战后它的工业制成品占世界一半,对外贸易额占世界总额1/3以上,黄金储备占资本主义世界的59%,成为资本主义世界最大的债权国。因此美国积极策划在战后取代英国,建立美元的霸权地位。从英国方面来看,"二战"虽然极大地削弱了英国的实力,但英国作为一个老牌资本主义国家在世界经济中的地位仍不可低估,英镑区和帝国特惠制依然如故,国际贸易的40%还用英镑结算,英镑仍是一种主要的国际货币,伦敦依旧是世界最大的国际金融中心。因此,重建战后国际金融新秩序的重任必然由英美两国共同承担。早在1940年"二战"爆发之初,美国就提出了以财政部部长助理哈里·怀特命名的"怀特计划"。1941年英国财政大臣首席顾问约翰·凯恩斯提出了"凯恩斯计划"。这两个计划充分反映了两国各自的利益以及建立国际金融新秩序的深刻分歧。我们将两种方案的异同之处列于表8-2中。

表8-2 布雷顿森林体系建立前美国方案与英国方案的异同

差异 相同	英国方案——凯恩斯计划	美国方案——怀特计划
建立一个国际性组织	(1)采取透支原则,设立世界性中央银行——国际清算联盟。根据"二战"前3年进出口贸易额的平均额计算各国在该机构中所承担的份额。 (2)成员国无须缴纳黄金和现款,只是开设往来账户。顺差时将盈余存入账户;逆差时可以申请透支。透支额最高为300亿美元。 (3)总部设在纽约、伦敦两地,理事会在英、美两国轮流举行。	(1)采取存款原则,设立国际货币稳定基金,资金总额为50亿美元。认缴份额取决于各国的黄金外汇储备、国民收入和国际收支差额的变化等因素。 (2)由成员国用黄金、本币和政府债券等缴纳,认缴份额决定投票权。基金的主要任务是稳定汇率,提供短期信贷,平衡国际收支。 (3)办事处设在拥有份额最多的国家。
发行国际货币	发行班珂(Bancor)作为清算单位,班珂等同于黄金,各国可以用黄金换班珂,但反过来则不行。	发行国际货币尤尼塔(Unita)作为计算单位,含金量为137.1/7格令,相当于10美元。
稳定汇率	各国汇率以班珂标价,顺差国和逆差国共同承担调节国际收支不平衡的责任。强调汇率弹性。	各国规定本币与尤尼塔之间的法定平价,不经基金同意,不能变动。
维护本国利益	"透支原则"体现的是维护国际收支赤字国英国的利益。	"存款原则"旨在保证美国的霸主地位。

1943年4月至1944年4月,美、英两国展开了激烈的双边谈判,最终迫于美国的势力,英国被迫放弃国际清算联盟计划而接受美国的国际稳定基金方案,美国也作了一些让步。随后在此基础上,1944年发表了《专家关于建立国际货币基金的联合声明》,同年7月在美国新罕布什尔州的布雷顿森林市召开了有44国参加的"联合和联盟国家国际货币金融会议",通过了《国际货币基金协定》和《国际复兴开发银行协定》,总称为"布雷顿森林协定",由此确立了"二战"后以美元为中心的固定汇率体系的原则和运行机制,被称为布雷顿森林体系。

二、主要内容与特征

(一)储备货币与储备资产:以美元作为最主要的国际货币,实行美元—黄金本位制

美元与黄金直接挂钩,规定1盎司黄金=35美元的黄金官价,美国保证各国中央银行可随时用持有的美元按官价向美国兑换黄金,这表明布雷顿森林体系实际上是一种国际金汇兑本位制。同时,其他各成员国根据自身状况确定其货币与美元的平价,这一平价一旦确定下来,就不得随意更改,并且成员国有义务干预市场,以维持汇率稳定。这种制度安排使美元成为一种关键货币,国际储备和国际清算支付手段主要依赖美元,各国中央银行通过持有美元保持国际储备,相当一部分国际储备以美国财政部或美联储发行的债券和美元短期存款形式持有。

(二)汇率制度:实行可调整的钉住汇率制

布雷顿森林体系下的汇率制度安排是一种"双挂钩"制度,即美元与黄金挂钩、各国货币通过与美元挂钩而间接与黄金挂钩。这种双挂钩制度构成了布雷顿森林体系的"两大支柱"。IMF协定规定,成员国中央银行有义务通过外汇市场交易保证汇率波动的幅度维持在平价上下1%以内,只有当成员国出现"根本性国际收支失衡"时,才可以较大幅度地调整汇率。在平价10%以内的汇率变动需通知IMF,超过10%的汇率调整则需IMF批准,所以是一种可调整的汇率制度。在实际运行中,成员国汇率调整的情况很少。偶有变动,也是贬值多于升值。

布雷顿森林体系下的固定汇率制度的特殊之处还在于,由于各国货币的美元价格都由其中央银行固定了,所以除美元之外的任何两种货币之间的汇率也会通过外汇市场的套汇行为自动固定下来。例如,假设法国法郎与美元之间的汇率固定于USD1=FRF5,德国马克与美元的汇率固定于USD1=DEM4,那么法国法郎与德国马克之间的汇率必然固定为DEM4=FRF5,或FRF1=DEM0.8。如果外汇市场上德国马克与法国法郎之间的汇率偏离这一数值,则由于市场汇率与官方汇率的偏差而存在套汇机会,投机者进行套汇的结果将导致市场汇率向官方汇率趋近,最终稳定于官方汇率。如假设市场上德国马克与法国法郎的汇率为FRF1=DEM0.85,假设投机者用100美元进行套汇,可以将100美元以官价换取500法国法郎,再将500法国法郎在外汇市场上按市价换成425德国马克,最后将德国马克按官价换成106.25美元。这样,投机者将赚取毛利6.25美元。众多投机者的套汇活动,将使得外汇市场上德国马克由于购买增加而升值、法国法郎由于

出售增加而贬值,直至市场汇率等于官方汇率。因此,尽管每个国家的中央银行都只将本币汇率与美元挂钩,但市场力量将自动维持所有货币之间的固定汇率——这被称为"交叉汇率决定",所以,布雷顿森林体系实际上是任何两种货币之间的汇率都固定的一种制度。

(三)确定国际收支的调节机制

1. 针对逆差国,制定了两种调节方式

(1)对于短期的暂时性失衡,可通过向IMF进行资金融通来解决。IMF的资金主要来源于成员国上缴的基金,其中,份额的25%以黄金或可兑换货币缴纳,另外的75%则以本国货币缴纳。成员国认缴的份额越高,得到的贷款就越多。成员国发生国际收支逆差时,可用本国货币向IMF购买一定数额的外汇,将来在规定的期限内再以黄金或外汇购回本币以偿还借用的外汇资金,但贷款只限于成员国用于弥补国际收支赤字。这一调节方式存在的主要问题是,IMF信贷资金非常有限,面对大多数发展中国家遇到的巨额国际收支失衡,无法起到太大的作用。

(2)对于国际收支出现的"根本性不平衡",IMF规定可以对平价进行调整,实行法定升值或法定贬值。但由于"根本性不平衡"较抽象,没有明确标准,导致在实际中难以运用。

2. 针对顺差国,制定了"稀缺货币条款"

所谓"稀缺货币",是指当一国国际收支持续盈余,并且该国货币在IMF的库存下降到份额的75%以下时,IMF可以将该国货币宣布为"稀缺货币"。IMF可按逆差国的需要实行限额分配,其他国家有权对"稀缺货币"采取临时性兑换限制,或限制进口该国的商品和劳务。这一条款旨在建立顺差国和逆差国共同调节的责任。但是,这一构想难以真正实现,因为条款中同时规定,IMF在解决稀缺货币而确定采取的办法时,要有"稀缺货币"国家的代表参加。因此,在布雷顿森林体系下,国际收支调节的责任实际上主要是由逆差国来承担的。

(四)取消对经常账户的外汇管制,但允许对国际资本流动进行限制

《国际货币基金协定》第8条规定:成员国不得限制经常账户支付,不得采取歧视性货币措施,要在兑换性的基础上实行多边支付。但下面三种情况例外:

(1)允许成员国对资本项目实施外汇管制。

(2)成员国在战后过渡时期可以延迟履行货币可兑换义务。IMF原本希望经常账户从管制到可兑换的过渡期不超过5年,但实际上直到1958年年末主要工业化国家才取消了经常账户的外汇管制,实现了货币的自由兑换。暂时保留对经常项目支付限制的国家被称为"第14条款国",履行了兑换义务的国家则被称为"第8条款国"。

(3)允许成员国对"稀缺货币"采取临时性兑换管制。

(五)建立一个永久性的国际金融机构——IMF

IMF是战后国际货币体系的核心,它的建立旨在促进国际货币合作,维持国际金融体系的稳定。《国际货币基金协定》赋予IMF以下职能:①监督,即监督成员国遵守《国

际货币基金协定》的各项条款,以维护国际金融秩序;②磋商,定期举行世界经济形势与前景的磋商,并针对个别成员国出现的问题进行磋商;③资金融通,即对成员国提供信贷。

三、布雷顿森林体系下的内外均衡实现问题

(一)内外均衡的表现形式

在布雷顿森林体系下,内部均衡问题成为政府关注的主要经济目标。这是由实践和理论两方面的原因造成的。从实践方面来看,西方国家实行自由市场经济的弊端日益严重,尤其是20世纪30年代资本主义经济大危机发生后,各国经济中失业和通货膨胀问题日益突出,如何实现低通货膨胀下的充分就业成为政府宏观经济政策的主要目标;从理论方面来看,20世纪30年代以来,以凯恩斯主义为基础的宏观经济理论日益成熟,政府对国内经济进行积极干预有了理论上的依据和指导。

在外部均衡方面,由于布雷顿森林体系实行的是固定汇率制度,并且限制国际资金流动,所以外部均衡直接体现为实现经常账户平衡,以维持汇率的稳定。

(二)内外均衡的实现机制

在布雷顿森林体系下,由于货币供给与黄金失去联系,自动调节机制不复存在,内外均衡主要依靠政策调节来实现,而且,外部失衡的调节责任主要由逆差国承担。尤其是,在内外均衡实现问题上,储备货币发行国与非储备货币发行国存在不对称性。

1. 非储备货币发行国

对于非储备货币发行国来说,必须把外部均衡目标置于内部均衡目标之上,外部均衡的获得以国内经济失衡为代价。IMF规定,当一国出现国际收支"根本性不平衡"时,可申请货币法定升值或贬值。由于这一条款的存在,当一国经常账户大量盈余或赤字时,人们会产生该国货币将升值或贬值的预期。由于预期引发的投机行为,导致预期具有自我实现倾向,迫使非储备货币国政府不得不为了维持固定汇率而对外汇市场进行干预,而干预的结果往往造成国内通货膨胀,如英、德两国虽然国际收支失衡分别是经常账户赤字和经常账户盈余,但通过固定汇率机制,国内都出现了严重的通货膨胀。

英国1964年年初出现巨额贸易赤字,英镑持有者预期英镑将贬值而急于将手中的英镑转换成其他货币,进一步造成了英镑贬值的压力。英格兰银行为保持英镑兑美元的固定汇率,不得不在外汇市场上大量回购英镑,抛售储备资产。当外汇储备的损失达到一定程度时,英格兰银行无法获得充足的储备以维持原有的固定汇率,由于英镑贬值预期促成英镑实际贬值。英镑贬值的第二年(1968年),英国的通货膨胀明显加剧。德国在"二战"后随着经济复苏,经常账户出现连年盈余;加上20世纪70年代初期市场对美元贬值的预期,形成了对马克升值的预期。外汇市场上出现抛售美元抢购马克的风潮,造成马克升值压力。德国央行被迫入市干预,抛售德国马克、购买美元,导致1970年德国官方储备激增215.7%,1971年增长36.1%,1972年增长35.8%。3年间货币供给量增长率分别为8.9%、12.3%和14.7%。迅速增长的货币供给导致马克最终贬值,造成德国国内通货膨胀。

2. 储备货币发行国(美国)

对于储备货币发行国——美国来说,在维持内外部均衡方面却具有特殊地位。从内部均衡的实现来看,由于维持固定汇率的责任由非储备货币国承担,美国不必对外汇市场进行干预,这使得美国可以将货币政策完全用于稳定其国内宏观经济,而通过固定汇率机制,美国的货币政策将会对其他国家产生影响。例如,当美国利用扩张性货币政策刺激经济增长时,其货币供应的增加将导致美国的利率低于其他国家的利率,在外汇市场上出现对非储备货币的过度需求和升值压力。非储备货币国为阻止其货币相对于美元升值,央行被迫以本币购买美元,结果导致通货膨胀,就像是"进口"了美国的货币政策和通货膨胀。在实现外部均衡方面,美国也拥有特权。当美国与其他国家交往而出现国际收支逆差时,它可以简单地以输出美元的方式来弥补逆差,而无须采用紧缩的调整政策从而对国内经济造成不利影响。

实际上,美国面临的是另一种类型的外部平衡问题——不是维持国际收支平衡,而是解决维持人们对美元的信心和提供足够清偿力的矛盾,即所谓"特里芬难题":作为储备货币发行国,美国一方面必须为其他国家提供足够的美元作为官方储备和国际清偿手段;另一方面必须保证其他国家能以一盎司黄金 35 美元的官价随时向它兑换黄金,这要求美国必须持有足够的黄金储备。

在黄金产量不能任意增加的条件下,对美元的需求却在不断增加。美国只是简单地通过发行短期政府债券来满足各国对美元的需求。在布雷顿森林体系建立之初,国际社会对美元充满信心,而且持有美元可以生息,各国央行都愿意增加美元储备而放弃兑换黄金。随着美国国际收支逆差不断增加,其黄金储备开始低于短期对外负债,国际社会对美元的信心开始动摇,各国纷纷用本国的美元储备向美国兑换黄金,前后出现了数十次美元危机,最终导致布雷顿森林体系的解体。

四、评价

(一) 贡献

布雷顿森林体系是国际货币合作的产物,它消除了战前资本主义国家之间混乱的国际货币秩序,为世界经济增长创造了有利条件。主要表现在:布雷顿森林体系的固定汇率制度为国际贸易和国际投资提供了极大的便利;解决了世界黄金产量不足的问题,美元增加发行,在一定程度上弥补了国际清偿能力短缺;IMF 的各种短、中期贷款等融资机制使临时逆差国有缓冲的余地;成员国有相对的经济自主权,在国际收支发生根本性不平衡时可以更改汇率;成立 IMF,为各成员国提供相互磋商协调的讲坛。

(二) 缺陷

1. 汇率过于僵化,国际收支失衡调节乏力,且调节责任不对称

美国发生国际收支赤字,可以用增发短期债务的办法来弥补;而汇率调整的责任由其他国家承担,对于短期的临时性逆差,主要通过向 IMF 贷款解决(因为国际收支逆差国自身外汇储备很少),而 IMF 信贷资金有限,而且对于发达国家和发展中国家的贷款安排不

公平,对一些发展中国家巨额的国际收支逆差无法起到太大的作用;此外,通过抛售外汇缓解汇率贬值压力,往往由于货币紧缩导致国内经济停滞、失业增加。对于"根本性"的国际收支失衡,虽然经过 IMF 批准,可通过货币法定升值或法定贬值的方式进行调整,但由于"根本性国际收支失衡"没有一个较为确切的标准,各国根据实际情况进行调整的很少,导致一些国家货币明显高估或低估。总的来看,在布雷顿森林体系运行的 20 多年中,国际收支大面积失衡的问题并未得到真正解决。

2. "特里芬难题"

"特里芬难题"由耶鲁大学教授特里芬在 1960 年出版的《黄金与美元的危机》一书中提出,他指出:要满足世界经济和国际贸易增长的需要,国际储备资产必须相应增长,必须使美国长期国际收支逆差才能完成,但是各国手中持有的美元数量越多,则对美元与黄金按官价兑换越缺乏信心,并且越要将美元兑成黄金,这一矛盾将导致整个体系的瓦解。当时可能的解决办法有下面两种。

(1) 提高黄金对美元以及美元对其他货币的官定价格。其弊端有:①会导致美元及其他国家货币贬值,发生世界性通货膨胀;②使产金国受益;③美元贬值会导致美元进一步贬值预期,加重挤兑黄金的危机。

(2) 由 IMF 发行自己的货币,以供各国中央银行代替美元作为国际储备之用。这是由特里芬本人提出的建议,在这一提议下,1969 年 IMF 创立特别提款权,但由于在各国储备中所占比重过小,难以产生很大影响。

3. 造成储备货币发行国与其他国家之间利益分配的不公平

在布雷顿森林体系下,美国可利用美元的国际储备货币地位牟取高额利润:在布雷顿森林体系建立之初,高估美元价值,从而低价(官价)掠夺他国黄金,以后又使美元贬值以减轻其他国家用美元向美国兑换黄金的压力。另外,美国作为储备货币发行国,可以通过向国外发行美元钞票牟取大量铸币税①;当美国出现逆差时无须纠正,而可以利用增加债务的方法来弥补,这种特权无异于用借条来换取他国物资、劳务等实际资源。此外,作为储备货币发行国的美国不仅在调整外部均衡方面拥有特权,而且在调整内部均衡方面拥有货币政策的自主性,可利用扩张性货币政策刺激经济,而其他国家由于维持固定汇率的义务,不仅丧失了货币政策的自主性,而且被迫进口了美国的货币政策和通货膨胀。

五、运行与崩溃

布雷顿森林体系是在特定历史条件下的一种制度安排:一是美国在世界经济中占据垄断地位,使得美元等同于黄金;二是国际资金流动缺乏,使得可调整的钉住汇率制易于维持。在布雷顿森林体系运行的相当长一段时间里,这两个条件都存在,但随着时间的推移逐步弱化最终消失,布雷顿森林体系的崩溃也难以避免。围绕其不可克服的美元供求这一内在矛盾,以美元为中心的布雷顿森林体系的演变经历了以下几个阶段:"美元荒"—"美元灾"—"美元危机"—崩溃。

---

① 美钞造价很低,却按票面价值出售,差价就是"铸币税",相当于一种税收。

在布雷顿森林体系运行初期,美国是当时最大的出口国,贸易收支连年顺差,国际社会对美元充满信心,各国普遍感到缺乏美元,尤其是欧洲一些国家面临战后重建,更为突出,这便是战后初期的"美元荒"。由于世界各国对美元具有强烈需求,使得美国得以推行对外扩张的政策,通过发行美元短期债券的形式增加对外投资和贷款。1948年,美国政府提出"马歇尔计划",先后对西欧各国提供贷款援助270多亿美元。另外,美国政府庞大的海外驻军开支以及国内的低利率政策也导致美元大量流入其他国家。1950年,美国发动朝鲜战争以后,其国际收支开始转为逆差。1952—1960年间,除1957年外,美国的国际收支连年逆差,黄金储备大量外流,对外短期债务激增。各国持有的美元储备越来越多,大大超过了美国的黄金储备,"美元荒"很快转化成"美元灾"。到1960年,美国累积的短期债务已达210亿美元,而黄金储备只有178亿美元,美国短期对外债务首次超过其黄金储备,美元信用开始动摇。当年10月爆发了"二战"后的第一次美元危机,之后多次爆发美元危机。所谓"美元危机",是指由于美国发生国际收支危机所引起的美国黄金外汇储备额急剧减少,美国的黄金储备不足以偿付不断增长的短期债务,国际金融市场出现抛售美元、抢购黄金和硬货币的风潮,导致美元汇率猛跌和美元信誉跌落,黄金市价暴涨,大量资本从美国流走。此后,至1973年1月布雷顿森林体系崩溃之前,共发生了11次美元危机,其中4次严重威胁到布雷顿森林体系的运行。为了减缓美元危机、维持布雷顿森林体系的运行,美国及IMF先后采取了许多补救措施,旨在共同提供资金,通过在外汇黄金市场上的买卖稳定汇率,但这些措施只具有短期效应,不能从根本上改变特里芬难题所揭示的布雷顿森林体系固有的制度安排方面的内在缺陷。

1971年美国经常账户首次出现巨额赤字,短期债务已高达678亿美元,而黄金储备降至102亿美元。面对巨额国际收支赤字和各国中央银行兑换黄金的压力,1971年8月1日,尼克松政府宣布实行"新经济政策",停止美元兑换黄金,终止每盎司黄金35美元的官方兑换关系,这一措施意味着美元与黄金脱钩,布雷顿森林体系的两大支柱之一已经倒塌。1971年12月,"十国集团"(巴黎俱乐部)在华盛顿的史密森学会大厦召开会议,达成"华盛顿协议",或称"史密森协议"(Smithsonian Agreement),确定美元贬值7.98%,每盎司黄金由35美元提高到38美元,许多主要货币对美元都升值;各国货币对美元汇率的波动幅度也由平价±1%扩大到±2.25%。1973年2月12日美元再次贬值10%,每盎司黄金价格涨至42.22美元。1973年3月美元危机又起,市场金价高达每盎司96美元,各国先后放弃"史密森协议"所规定的美元汇价,实行浮动汇率,这意味着两大支柱之二的倒塌。至此布雷顿森林体系彻底解体。

第四节　牙买加体系

一、现行的国际货币体系:牙买加体系简介

在布雷顿森林体系崩溃后,国际金融形势动荡不安,国际间为建立一个新的国际货币体系进行了长期的讨论和协商。在这个过程中,充满了各种矛盾和斗争,最终各方通过妥协就一些基本问题达成共识,于1976年1月在牙买加首都金斯敦签署了一个协议,称为

"牙买加协议"。同年 4 月，IMF 理事会通过了《国际货币基金协定》的第二次修订案，1978 年 4 月 1 日正式生效。从此国际货币体系进入了一个新的阶段——牙买加体系。

（一）主要内容

一方面，"牙买加协议"继承了布雷顿森林体系下的 IMF，并使其作用得到加强；另一方面，它放弃了布雷顿森林体系下的双挂钩制度。"牙买加协议"的主要内容如下。

1. 浮动汇率合法化

成员国可以自由选择适合本国的汇率制度安排（浮动、固定），但成员国的汇率政策应受到 IMF 的监督，并与 IMF 协商。可见，牙买加协议对 20 世纪 70 年代以后各国实施的浮动汇率制度予以法律认可，同时强调了 IMF 在稳定汇率方面的监督和协调作用。

2. 黄金非货币化

废除了黄金官价，黄金不再作为货币定值标准，各会员国央行可以按照市价自由买卖黄金，取消成员国之间及成员国与 IMF 之间须用黄金清算的义务，IMF 将其持有的黄金总额的 1/6（约 2500 万盎司）按市价出售，另有 1/6 由成员国按官价购回，其余 4/6 根据总投票权的决议另作其他处理。

3. 扩大特别提款权的作用

新条款提出成员国制定本国货币汇率时，可与特别提款权相联系，并使特别提款权逐步代替黄金作为主要的国际储备资产，成员国可用特别提款权来履行对 IMF 的义务和接受 IMF 的贷款，各成员国相互之间也可用特别提款权进行借贷。

4. 扩大 IMF 的份额

各成员国向 IMF 所缴纳的份额由原来的 290 多亿 SDRs，扩大到 390 亿 SDRs，增加了 34.48%。同时各国份额比例有所调整，石油输出国的份额所占比重提高 1 倍，由 5% 升至 10%，其他发展中国家基本不变，主要西方国家除联邦德国和日本略有增加外，其余国家都有所下降，美国的份额比例也略有减少。

5. 扩大对发展中国家的资金融通

（1）用出售黄金超过官价部分的所得收入建立信托基金，以优惠条件对人均收入不足 300SDRs 的发展中国家提供援助，解决其国际收支困难。

（2）改善发展中国家的贷款条件，并扩大 IMF "信用贷款"的额度，由占成员国份额 100% 增加到 145%，信用贷款加储备贷款共计 170%。

（3）提高 IMF "出口波动补偿贷款"，由占成员国份额的 50% 增加到 75%。通过放松贷款条件、延长偿还期限等一系列措施帮助国际收支持续逆差的国家解决困难。

（二）特点

1. 多元化的国际储备体系

（1）美元仍是主导货币，是最主要的国际支付手段和最重要的价值贮藏手段；

（2）欧洲单一货币——欧元，今后将成为美元强有力的竞争对手；

（3）特别提款权的作用得到增强；

（4）黄金的国际储备地位虽有所下降，但世界范围内黄金的总储备量一直较为稳定。

2. 多样化的国际收支调节方式

布雷顿森林体系下,发生国际收支逆差时,主要通过政策调节(支出增减和支出转换政策的配合);而在牙买加体系下,可以通过自动调节机制(汇率浮动)和政策手段相互配合纠正国际收支逆差。国际收支调节方式更多、更加灵活。

3. 多种形式的汇率制度安排

由于不存在维持固定汇率的义务,各国可以根据本国具体国情,自主安排本国汇率制度。

二、牙买加体系下的内外均衡实现问题

(一)内外均衡的表现形式

牙买加体系下,内部均衡成为政府密切关注的首要目标,其地位受到前所未有的重视。在内部均衡目标中,由于20世纪七八十年代各国遭遇严重通货膨胀,这使得价格稳定目标居于突出位置。

牙买加体系下的外部均衡目标的含义也经历了变化。在布雷顿森林体系下,各国对资金流动采取了严格的管制措施,经常账户的逆差很难通过汇率变动或吸引资金流入的方法加以解决,因此当时外部均衡通常被视为经常账户平衡。20世纪70年代以来,汇率可以自由浮动,许多人认为可以依靠外汇市场自发调节或弥补经常账户差额,因此外部均衡问题并不存在,或者说,将外部均衡视为总差额的平衡。80年代以来,一方面,国际资金流动问题日益突出,资金在国际间自发流动过程中出现了导致汇率剧烈变动、诱发债务危机与货币危机等的严重问题,人们发现在国际资金流动的条件下总差额的平衡并不能说明问题,一国仍有必要对经常账户乃至整个国际收支结构进行控制;另一方面,理论研究的深入使人们认识到简单要求经常账户达到平衡是不必要的,一国应利用经常账户可以调节储蓄与投资差额等性质,根据经济的不同特点、不同发展阶段确定相应的经常账户余额目标,进而确定合理的国际收支结构。因此,可以将外部均衡定义为与一国宏观经济相适应的合理的国际收支结构。若不对国际收支中的资金期限结构等问题进行具体分析,对外部均衡的定义可简单表述为:与一国宏观经济相适应的合理的经常账户余额,并在实现这一目标的过程中尽可能保持汇率稳定。

(二)内外均衡的实现机制

牙买加体系是在国际资金流动迅速发展、汇率安排多样化的历史条件下建立起来的。其内外均衡实现机制具有如下特点:第一,在政府通过政策搭配实现内外均衡的同时,经济自发调节机制也发挥着重要作用。与布雷顿森林体系下主要通过财政政策与货币政策的配合、改变一国支出水平而实现内外均衡不同,牙买加体系下可以通过支出增减和支出转换政策的搭配,利用资金流动与汇率变动,非常迅速地对内外均衡进行调整。例如,若一国出现经常账户逆差,这一逆差既可能引起本国货币贬值而通过货币—价格机制得到自动调整,也可能因政府实施紧缩性政策引起本国利率上升吸引国外资金流入而得到融资。这种政府积极调控与自发调整相结合的内外均衡实现机制,无疑比布雷顿森林体系

下过于僵化的汇率机制更为灵活。第二,在内外均衡关系上,内部均衡居于首要地位。在布雷顿森林体系下,各国负有维持汇率稳定的义务,这使各国在实现内部均衡中受到很大的牵制,往往不得不以牺牲内部均衡为代价来实现外部均衡。牙买加体系下,各国基本上不存在维持某一特定汇率的义务,因此可以将更多精力用于内部均衡的实现上。实际上,牙买加体系在运行中(特别是早期)表现出忽视外部均衡,或者说在很大程度上依靠市场机制自发调节外部均衡的倾向。第三,对国际间政策协调的依赖性降低。在布雷顿森体系下,为维持固定汇率,各种形式的国际间政策协调较为多见,这在一定程度上延长了这一体系的寿命。而在牙买加体系下,尽管 IMF 作为在国际间发挥协调作用的组织,其作用得到加强,但国际间政策协调在很长时间内仅限于危机管理等较低层次,各国更加专注于实现内部均衡目标。

三、评价

(一) 优点

牙买加体系在其运行的 20 多年中,对维持国际经济运转和推动世界经济发展起到了积极作用,促进了国际贸易和国际投资。据 IMF 的统计,国际贸易在实行管理浮动汇率制后的 10 年间共增加了 344%;另据世界银行统计,全世界的年国际投资总额在 20 世纪 70 年代后半期比 20 世纪 60 年代后半期增长了近 300%。这与牙买加体系灵活多样的制度安排是分不开的。

(1) 多元化储备体系在一定程度上缓解了"特里芬难题",使信心和清偿能力之间的矛盾有所缓解。当一种储备货币发生信心危机时,这种储备货币的地位下降,而其他储备货币在储备资产中的比重上升;当一个储备货币国国际收支盈余而无法提供足够的国际清偿能力时,又有其他货币可以补充其不足。因此,多元储备体系在世界经济繁荣和衰退期间都具有较强的适应性。

(2) 浮动汇率制度能灵活地随经济状况的变动而作出调整。自由的汇率安排能使各国充分考虑本国的宏观经济条件,各国政策自主性加强,不必为维持汇率稳定而丧失国内经济目标。

(3) 多种国际收支调节机制并行能适应各国不同的经济发展水平和发展模式。市场机制较健全的发达国家可以选择让自动调节机制发挥更大作用,而发展中国家则可以选择政府干预更多的调节机制。

总之,当今货币制度的最大优点是它具有较强的适应性,在世界经济相对动荡时期建立起来的牙买加体系,在运行过程中经受了各种冲击。正是牙买加体系貌似"无体系"的制度安排,才最大限度地消解了各种冲击的震荡,例如,20 世纪整个 70 年代西方国家经历的高通货膨胀,1974 年、1980 年的"石油危机",20 世纪 80 年代的债务危机,1992 年的里拉、英镑危机,1994 年的墨西哥货币和金融危机,1997—1998 年的亚洲金融危机等。牙买加体系的强适应性表明:在动荡时期,选择相对灵活的制度安排是明智的。但是这种适应性从另一个角度看,也是目前货币制度最大的缺陷。

（二）缺点

牙买加体系是国际金融动荡的产物，不可避免地带有缺陷。

（1）多种货币储备体系的不稳定性。在多元化储备体系下，只要对其中某一种货币的信心稍有动摇，其持有者便欲抛出该货币，兑换成其他国际储备货币，因此，国际储备货币间的投机不可避免，这种投机活动加剧了外汇市场的动荡。

（2）汇率波动频繁。浮动汇率在短期内经常波动，长期中也呈现大起大落，这样就增加了汇率的风险，对国际贸易和国际资本流动都产生了消极影响。

（3）国际收支严重失调。一些赤字国长期赤字、盈余国长期盈余且数额越来越大，世界经济增长仍远离协调和均衡的增长路径。而且由于不存在全球性的调节措施和监督机构来督促顺差国减少盈余、逆差国减少赤字，使国际收支失衡局面日趋严重。

专栏

现行国际货币体系存在的问题及改革设想

2008年，美国次贷危机引发了全球性金融危机，暴露出现行的国际货币体系存在如下主要问题。

第一，国际储备货币发行国拥有对世界发行货币的权利，却没有从全局利益出发的约束。美元仍在重复其在布雷顿森林体系下的游戏，而且，由于放弃了美元和黄金挂钩，美元的创造力掌握在美国货币当局手里，货币创造有了更大的自由。通过向外输出仍发挥着世界货币作用的美元，输入其他国家的商品和服务，然后通过输出美元计价的债券、股票等虚拟资本回收通过经常项目逆差流出的美元，造成"利益美国独享，风险全球共担"的局面。1999年欧元成为国际储备货币后，欧元区内部一些国家高速复制着美元的游戏，欧元债券发行量正以比美元还快的速度膨胀。截至2007年，欧元未到期国际债券占世界国际债券的49%，欧元金融资产泛滥的速度大大超出美元，且规模也不逊于美元。欧洲经济在次贷危机影响下迅速恶化也根源于欧元和欧元资产的过度膨胀。欧元的表现充分说明了目前其货币成为国际储备货币的国家都只是通过储备货币地位获得利益，而不考虑储备货币国家的义务。

第二，当欧元迅速扩张的时候，世界货币体系进入了一个"美元、欧元两大货币分享统治权""英镑、日元两大次主要货币瓜分主要储备货币利益"，印度、俄罗斯等国争相将自己的货币推向"国际储备货币"以期获得发行国际货币利益的多元化国际货币体系，现行国际货币体系实际上正在进入"无政府状态"。本位货币的双重化和储备货币的多元化与维持国际货币的基本功能——价值标准——所要求的货币统一性相冲突；而且，这种货币多元化、发行无约束，各国根据自己的利益各行其是的"无政府"货币体系比美国一国提供国际流动性，其他国家跟随的情况更不稳定，美元、欧元和日元三个主要储备货币之间发生的大幅汇率变动，已成为国际金融市场不稳定的主要因素。20世纪90年代，东亚金融危机的爆发在一定程度上与当时美元汇率的不断上升有直接关系,东南亚国家未能及时调整与美元的钉住汇率制,这正是储备货币多元化本身带来的缺陷。钉住一篮子货币,在实践中并不能解决主要国际货币之间汇率大幅动荡引发的冲击。

第三,一些发展中国家面临一种进退两难的状况:如果经常项目逆差,需要借外债来弥补,本币就要贬值,导致债务负担加重,当年的墨西哥,现在的巴基斯坦、乌克兰、巴西等国就是如此;如果经常项目顺差,本币就不断升值,境内积累的外汇储备导致本币境内扩张,产生大量经济泡沫,同时外汇储备还要不断缩水,如当年的日本,现在的中国等。当危机来临时,这些国家通常处于被动地位,或经历资金大规模抽走引起的金融危机,或本国资本市场和货币汇率由于大国货币贬值或升值出现套利机会而被狙击。总之,每次金融危机,非本位货币多数难逃一劫。1997年的东南亚金融危机,2008年10月以来亚洲的巴基斯坦、韩国、印度、印度尼西亚、菲律宾,东欧的乌克兰、俄罗斯,拉美的巴西、阿根廷以及非洲的南非都出现资金抽逃,汇率大幅波动,金融业岌岌可危且实体经济受到严重影响。

第四,在国际储备货币的对外发行缺乏约束的同时,利用国际储备货币创造各类金融资产的行为同样缺乏有效的约束机制,对各种金融衍生物的跨境交易更是缺乏有效监管。这导致了金融投机活动的猖獗。由于美元的过度扩张和流动性泛滥,回流的美元资产往往会超出美国实体经济的吸收能力。美国实体经济吸收不了的资本,必然会通过美国资产价格的膨胀来体现,造成大量资产泡沫,如20世纪90年代末的美国互联网泡沫和2008年的房地产泡沫。无论是美元本位制的国际货币体系还是"可能持续的"欧元—美元本位制的国际货币体系,金融资产和房地产泡沫已代替传统实体经济投资增长,成为国际货币的主要支撑。金融资产和房地产越是膨胀,其虚拟性质就越强,它们可以在很短的时间内大幅缩水,将更多的不稳定因素带给世界货币体系。削弱国际货币体系与虚拟经济联系的密切程度,加强其与实体经济的联系已成为当务之急;超越国界加强国际金融监管和风险防范则是国际货币体系改革面临的另一个重要问题。

改善或重建国际货币体系的目标应是:建立一个顾及全球各国经济利益,特别要顾及中小国家利益的包容有序的国际货币秩序;建立能有效约束国际货币发行、有效监管金融风险,促进世界经济平衡健康增长的更加有效、稳定的国际货币体系。长期以来,美元一统天下、掌控世界经济命脉,而真正公平、合理、科学的国际金融体系,必须有一个超越各个国家的统一货币单位。国际货币金融体系的终极愿景是建立世界中央银行,推出世界单一货币,在全球建立一个超国界甚至超洲界的掌管全球货币金融调控大权的世界中央银行,这个央行拥有一个具有代表性的治理委员会;各会员国必须遵守规定的财政纪律标准。各大洲央行是其分行,各国央行属于其国别分行。由世界中央银行根据全球经济增长情况,在遵循全球信用货币流通规律的基础上发行世界单一货币。随着世界单一货币的使用,市场将不再需要复杂的货币兑换,也不需要为应付汇率波动而进行昂贵的对冲。货币投机、货币失败的风险和收支失衡问题都会消失,货币汇率体系以及汇率制度也将不复存在。这也许不过是一个永远无法实现的梦想,在目前形势下,建立"以美元为主导、多种货币并举"的多元化国际货币金融体系是现实选择,通用一种货币无疑还是必要的,但必须遵循"风险同担、利益共享"的原则。为此,第一,要加强对主要储备货币国的监管,加快推进多元化国际货币体系建设,努力发挥多种货币的作用,共同支撑国际货币体系的稳定。第二,应改革国际金融监管体系,制定合理有效的金融监管标准、预警系统和风险防范体系。第三,完善国际金融组织体系,提升新兴国家及发展中国家的知情权、话语权和规则制定权。一方面 IMF 和世界银行应加快改革其治理框架,包括重新审核基金份额、扩大基础投票权、增加发展中国家投票权比重、废止少数发达国家事实上的否定权等;另一方面 IMF 必须建立与美联储、主要发达经济体之间的监管协调机制,引导金融交易去高杠杆化,并强令其建立对跨境资本的流动性管制和预警,以维护国际金融稳定。

参考资料:
1. 孙时联,刘骏民,张云. 国际货币体系核心问题及中国基本对策
2. 王勇. 国际货币金融体系改革应从长计议
3. 王自力. "取代"美元不如"制约"美元
4. 潘正彦. 发展中国家在国际金融体系改革中有多大空间
5. 刘涛. 金融峰会标志新一轮全球多边主义开始

上述文章见中国社会科学院金融所网站,http://ifb.cass.cn/

第五节　国际协调的区域实践:欧洲货币一体化

"二战"以来,特别是 20 世纪 60 年代起,世界经济尤其是区域经济一体化趋势不断加强。同一地区中两个或两个以上相邻近的国家实行经济联合,采取共同的经济方针、政策和措施,形成地区性经济共同体。欧盟可以说是区域经济一体化最典型的代表。目前,它已经发展到经济一体化的最高层次——经济联盟和单一货币。

一、区域货币一体化的理论与实践

经济一体化从低级向高级发展,其形式大致可分为如下四种:
(1) 自由贸易区。
(2) 关税同盟,即在自由贸易区的基础上,成员国对第三国实行共同关税税率。
(3) 共同市场,即除了要实现关税同盟外,还要求作为生产要素的资本和劳动力能够在经济区内部自由流动。
(4) 经济和货币联盟,即在共同市场的基础上,保持各国经济政策上的步调一致,在这一阶段要求各成员国货币一体化,各成员国的外汇储备联营,设立单一的中央银行,发行统一货币。

随着经济一体化的发展,货币一体化特别是区域性货币一体化,开始引起众多国家的浓厚兴趣,也日益成为国际金融界关注的焦点。对区域性货币一体化的理论研究,不仅丰富和发展了国际金融学的基础理论,而且通过对部分国家和地区的实践,使之成为国际货币体系改革的重要内容和组成部分,对现在和未来的国际货币关系产生了重大影响。

所谓区域货币一体化,是指在一定范围内有关国家和地区在货币金融领域所进行的协调与合作。根据区域内货币合作的不同程度,区域货币一体化可分成三种类型:区域

货币合作、区域货币联盟和通货区。区域货币合作是指有关国家或地区在有关货币金融领域实行的协商、协调乃至共同行动,它在合作形式、时间和内容等方面都有较大的选择余地,往往是相对暂时的、局部的和松散的货币合作;区域货币联盟是区域货币合作的深入发展,是指通过某些法律文件或共同遵守的国际协议就有关货币金融的某些重大问题进行合作;通货区是区域货币联盟的高级表现形式,其特征是成员国货币之间的名义比价相互固定,具有一种占主导地位的货币作为各国货币汇率的共同基础,主导货币与成员国货币相互间可充分地自由兑换,存在一个协调和管理机构,成员国的货币政策主权受到削弱。通货区是区域货币一体化的高级形式,而如果在通货区内实行单一货币,将成为区域货币一体化的最高形式。

与货币一体化密切相关的理论是最优通货区理论(Theory of Optimum Currency Areas,OCA),它主要研究如何给通货区确定一个最佳范围,即具有什么样特性的国家或地区相互之间可以结合成为一个通货区,或者说在什么样的条件下加入通货区利大于弊,在什么样的条件下加入通货区利小于弊。简言之,最适度通货区理论是关于货币一体化的理论,主要研究固定汇率的最佳实行范围。最优通货区理论最早由美国哥伦比亚大学教授罗伯特·蒙代尔于1961年提出。当年他曾表示,由于欧洲国家逐渐走向一体化,因此组成共同货币同盟对欧洲的发展最为有利,这一区域内所有国家将发现,采用单一货币比沿用本国货币更为方便。1999年1月1日欧元正式启动,表明蒙代尔经济理论由理论变为现实,蒙代尔也因此被称为"欧元之父"。

欧洲货币一体化的演进被认为是布雷顿森林体系崩溃后在国际货币安排方面最有意义的发展,是最适度通货区理论最为成功的实践结果。它通过在成员国之间建立一个"货币稳定区域",在区域内实行固定汇率安排,方便了成员国间的经济交往与合作。

建立经济和货币联盟的计划在欧共体成立的纲领性文件《罗马条约》中并没有明确提出,最初加入欧共体的各国对共同体发展的前途莫衷一是,过早涉及牵扯到国家主权的经济与货币政策也不可能,但是,货币一体化是经济一体化发展到一定阶段的必然产物。伴随着欧洲一体化进程(见图8-1),欧元从理想成为现实,这个过程可大体上分为三个阶段:欧洲支付同盟、欧洲货币体系、欧元区。

二、欧洲货币体系

(一)从欧洲支付同盟到欧洲货币体系

西欧各国货币的一体化,最早是从欧洲经济合作组织于1950年成立的"欧洲支付同盟"开始的。1951年4月,法国、联邦德国、意大利、荷兰、卢森堡和比利时六国成立了煤钢联盟;1957年3月在罗马签署成立欧洲经济共同体和欧洲原子能共同体条约,简称《罗马条约》,确定建立欧洲共同市场的目标;1967年三个共同体合并,统称为欧洲共同体。1968年7月实现了关税同盟,取消成员国之间的贸易限制和关税,统一对外关税税率;1969年又实行了共同农业政策,基本取消内部农产品关税,在成员国之间实现农产品自由流通。这两大政策的实施为欧共体实行货币一体化打下了基础;而关税同盟和共同农业政策的实施也迫切需要货币一体化的支持。

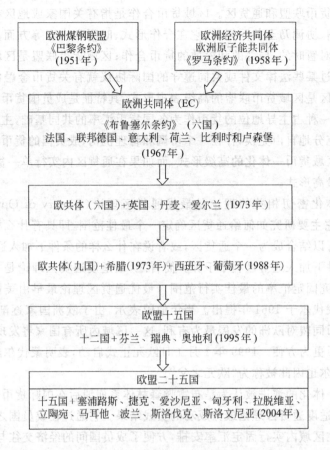

图 8-1 欧洲一体化进程

1969年,布雷顿森林体系瓦解之际,欧洲经济共同体六国在荷兰海牙举行会议,提出建立欧洲货币联盟(European Monetary Union,EMU);1970年2月9日,经欧共体六国部长会议通过,宣告成立"欧洲经济和货币同盟"。以卢森堡首相兼财政大臣魏尔纳为首的委员会于次年提出了"魏尔纳报告"。计划10年内(1971年年初—1980年年底)分三阶段实现货币联盟目标。

(1) 1971—1973年:缩小成员国货币波动幅度,着手建立货币合作储备基金,以支持稳定汇率的活动。

(2) 1974—1976年:汇聚成员国外汇储备,维持固定汇率制度,实现内部资本的自由流动。

(3) 1977—1980年:建立一个商品、货币、劳动、资本自由流动的经济统一体,固定汇率制度向统一的货币发展,货币储备基金向统一的中央银行发展。

"魏尔纳计划"在随后发生的石油危机和金融风暴中搁浅,但是根据"魏尔纳计划",欧共体建立了欧洲货币合作基金、欧洲货币单位,并于1972年开始实行成员国货币汇率的联合浮动。联合浮动汇率制度又称为"可调整的中心汇率制度",参与该机制的内部成员国货币之间保持可调整的钉住汇率,并规定汇率的波动幅度,对外则实行集体浮动汇率。

参与联合浮动的西欧六国,其货币汇率的波动不超过当时公布的美元平价的±1.125%,而 IMF 规定各国货币对美元的波动幅度在 1971 年 12 月举行的"华盛顿协议"后已由平价的±1%扩大到±2.25%。因此,欧共体六国货币汇率对外的集体浮动在 IMF 上下限之内形成一个更小的波动幅度,犹如"隧道中的蛇",故又称为"蛇形浮动"。1973 年布雷顿森林体系崩溃,西欧各国货币与美元脱钩,IMF 规定的±2.25%的幅度不复存在,但欧共体成员国货币的联合浮动依然存在,只是过去对美元的中心汇率被实际上的对马克和以后对欧洲货币单位的平价所取代。

联合浮动极易受到美元汇率波动的冲击。从 1977 年开始,美元对德国马克、英镑、法国法郎连续下跌,特别是德国马克不断升值,使联合浮动汇率制度受到严重威胁。为摆脱美元汇率波动的冲击,1978 年 7 月,当时的联邦德国总理施密特和法国总统密特朗联合在共同体不来梅会议上提出了建立"欧洲货币体系"的建议,得到与会国的积极反应,并就此建议发表了"不来梅宣言"。同年 12 月共同体首脑在布鲁塞尔就欧洲货币体系问题达成一项协议,1979 年 3 月 31 日协议正式生效,欧洲货币体系宣告成立,成员国包括法国、联邦德国、意大利、荷兰、比利时、卢森堡、丹麦和爱尔兰,英国当时未参加欧洲货币体系,但英格兰银行按规定认缴黄金和外汇储备,参加了共同基金。希腊、西班牙和葡萄牙加入共同体后分别于 1985 年、1989 年和 1992 年正式参加欧洲货币体系,英国也于 1990 年加入。瑞典、芬兰、奥地利三国在 1995 年加入欧洲共同体后也加入了欧洲货币体系。这样,欧共体的成员全部被纳入欧洲货币体系的机制之内。

(二) 欧洲货币体系的内容

欧洲货币体系(European Monetary System,EMS)包括三方面内容:欧洲货币单位(European Currency Unit,ECU)、欧洲货币合作基金(European Monetary Cooperation Fund,EMCF)和稳定汇率机制(Exchange Rate Mechanism,ERM)。

1. 欧洲货币单位

其创设是欧洲货币体系与联合浮动汇率制度的最大区别。欧洲货币单位的定值与特别提款权类似,其价值是欧共体成员国货币的加权平均值,每种货币的权数根据该国在欧共体贸易中所占比重和该国国民生产总值的规模而定。德国马克、法国法郎、英镑是欧洲货币单位的组成货币中最重要的三种货币,其中德国马克所占比重最大。组成欧洲货币单位的成员国货币的权数每 5 年调整一次,若其中任何一种货币比重的变化超过 25%,则可随时对权数进行调整。

欧洲货币单位的发行有特定程序。在欧洲货币体系成立之初,各成员国将 20%的黄金储备和 20%的美元储备交付欧共体的欧洲货币合作基金,该基金以互换形式向成员国发行数量相当的欧洲货币单位。

欧洲货币单位的作用主要有下面三种。

(1) 作为欧洲稳定汇率机制的标准。各成员国货币与欧洲货币单位保持固定比价,与其他成员国货币的比价由该中心汇率套算得到。

(2) 作为确定成员国货币汇率偏离中心汇率的参考指标。

(3) 作为成员国官方之间的清算手段、信贷手段和外汇市场的干预手段。

2. 欧洲货币合作基金

欧共体于1973年4月设立了欧洲货币合作基金,集中成员国各20%的黄金储备和美元储备作为发行欧洲货币单位的准备。由于各国储备数量和美元、黄金价格处于变动之中,该基金每隔一段时间就要重新确定金额。

欧洲货币合作基金的主要作用是向成员国提供贷款,以帮助它们进行国际收支调节和外汇市场干预,保证欧洲汇率机制的稳定。1979年4～6月,欧洲货币基金就曾动用500亿美元进行大规模的外汇市场干预,有效地维护了汇率机制的稳定。与此同时,还规定了信贷体制:各成员国中央银行可以相互提供本国货币的短期信贷,作为利用外汇储备干预市场的补充。

3. 稳定汇率机制

稳定汇率机制是欧洲货币体系的核心。该稳定机制有两个组成部分:一是参与国都确定本国货币与欧洲货币单位的(可调整的)固定比价,即中心汇率,并依据中心汇率套算出与其他参与国货币之间的比价。通过各国货币当局在外汇市场上的强制性干预,使各国货币汇率的波动限制在允许幅度内,可以围绕两国的双边中心汇率上下波动±2.25%,意大利的波动幅度可达±6%。各国货币之间的汇率以其与欧洲货币单位的中心汇率为基础,形成一个网状的平价体系,称为"平价网体系",从而为稳定汇率机制规定了运行框架。二是参与国都确定本国货币与欧洲货币单位的偏离指标(divergence indicator),它是在1978年7月的欧共体"不来梅首脑会议"上制定的,该指标表示一国货币汇率与其中心汇率的偏离程度。在欧洲货币单位中所占权数越大的货币,其偏离界限就越小;反之,则偏离界限越大。因此,德国马克的偏离临界值在参加稳定汇率机制的诸货币中是最小的。实施这套偏离临界值指标的目的在于,使主要货币的汇率保持相对稳定,从而实现整个汇率机制的稳定。偏离指标也是稳定汇率机制的重要组成,在欧洲货币体系汇率机制中发挥着预警作用。

最大允许波幅和偏离临界值形成双重限制,使得稳定汇率机制的干预方式可以有两种:一种是边际干预;另一种是边际内干预。边际干预是指成员国货币汇率波幅达到或接近最大允许波幅时,货币当局应该采取强制性的市场干预,使汇率重新接近中心汇率。由于干预点是对称的,边际干预也是对称的。边际内干预,则是指当成员国货币汇率的波幅达到偏离临界值时,有关国家的货币当局进行磋商和采取预警措施。它属于预防性干预,不具备强制性约束力,但能够有效地减少欧洲汇率机制内部的汇率波动,对于推动欧洲货币一体化进程具有重要意义。由于偏离临界值在成员国间的分布不对称,边际内干预也具有不对称的成分,可能当弱币已达到偏离临界值时,强币却还没有收到预警信号;也可能预警信号错误地发向一种"无辜"的货币,而使理应对这种偏离负责的货币未得到警告;此外,还可能由于汇率波动过于剧烈,使波幅提前达到干预点水平,导致偏离临界值的预警作用无从发挥。各国货币当局在实施市场干预时,可以要求欧洲货币合作基金向其提供信贷支持,以帮助它们克服国际收支困难,提高干预市场的能力。

当成员国货币汇率偏离界限,无法通过外汇市场干预和其他相关调节政策加以维持时,必须对整个平价体系作出调整。截至1998年3月,欧洲货币体系的中心汇率和平价体系已调整了55次,较严重的一次是1992年9月中旬,意大利里拉和英镑甚至暂时退出了汇率机制,成为独立浮动的货币,由此酿成欧洲货币体系史上著名的"九月危机"。

"九月危机"是欧洲货币体系成立以来最大的一次危机,造成这次危机的主要原因是各国经济政策内外目标上的差异以及政策上的不协调。这主要是由于德国的高利率政策给其他西欧国家造成很大压力。当时,西欧其他国家为摆脱萧条、刺激本国经济复苏,先后调低利率,结果使资金从这些国家流入利率相对较高的德国,形成马克坚挺的局面。这使这些国家面临两难选择,若要维持其货币与马克和欧洲货币单位的固定比价,进而维持欧洲货币体系的稳定汇率机制,就必须调高利率;若要通过降低利率来刺激本国经济复苏,又必须被迫使其货币对马克贬值。经过一段时间的协商,英国、意大利终于抵挡不住外汇市场的强大压力,于1992年9月宣布英镑和里拉暂时退出欧洲货币体系的汇率机制,由此酿成"九月危机"。危机一直延续到1993年夏天,西班牙比塞塔和法国法郎也先后遭受冲击,被迫暂时退出欧洲货币体系的汇率机制或对马克大幅贬值,使欧洲货币体系的汇率机制遭受沉重打击。

若不考虑1992年发生的欧洲货币体系危机,可以说欧洲稳定汇率机制的运行还是基本成功的。首先,它促进了成员国货币间汇率的稳定。欧洲货币体系下,中心汇率的调整频率要远远低于联合浮动阶段,这一稳定汇率机制的作用为将来货币联盟实施不可调整的固定汇率制度打下了基础。其次,汇率机制的稳定作用有利于成员国之间通货膨胀差异的缩小、经济政策的协调和经济状况的改善。最后,汇率机制的稳定扩大了欧洲货币单位在官方领域与私人领域的使用范围和使用程度,为最终发行单一货币创造了条件。

但是,"九月危机"也说明了,欧共体成员国之间在内外均衡问题上存在很大分歧,如何处理及协调好一国内部均衡与外部均衡的关系,对维持欧共体的稳定和促进欧洲货币一体化进程都是至关重要的。如果成员国不能在经济和货币政策方面让渡更多的主权并进行更有效的协调,欧洲稳定汇率机制就很难维系,更不用说未来的欧洲货币联盟了。

三、欧元的产生

欧洲货币体系的汇率机制虽在一定程度上约束着参加国的汇率政策,但它并不是一个彻底的固定汇率制度。1993年8月以后多数参加国的汇率波动幅度由原来规定的±2.25%扩大到±15%,只有统一货币才能从根本上消除汇率波动。根据蒙代尔三角,在资本自由流动和固定汇率制度下,货币政策的自主性将交给一个单独的机构,不能留给成员国的中央银行,否则很容易导致欧盟货币区内的通货膨胀。

早在1985年6月,欧共体执行委员会通过了《欧洲一体化文件》和《完成内部市场》的决议,决定在1992年年底之前建立欧洲统一大市场,实现商品、劳务、资本、人员四大自由流动,并正式将货币联盟作为其发展目标之一。1986年欧共体12国外长签署了《单一欧洲法案》,修改并补充了《罗马条约》,为建立欧洲统一大市场确立了法律基础,从此,欧洲经济一体化进入新的阶段。1989年4月,欧共体执行委员会主席雅克·德洛尔提出了《欧洲共同体和货币联盟的报告》(又称德洛尔计划),明确指出,货币联盟的最终目标之一就是建立单一欧洲货币,并决定自1990年7月1日实行该计划。

德洛尔计划分三个阶段实现经济与货币联盟。第一阶段的主要任务是加强货币与财政政策的合作,消除阻碍共同体内资本自由流动的一切障碍,为此于1990年6月开始,撤销成员国的外汇管制,尽量避免汇率重组。第二阶段的主要任务是进一步协调各国的经济政策,继续充实欧洲货币基金,将货币决策权由各国逐步移向欧共体,建立欧洲货币机构,集中行使宏观经济政策,减少汇率波动。第三阶段成员国汇率完全稳定,建立单一货币和欧洲中央银行,并由欧洲中央银行统一行使干预外汇市场和公开市场业务的权力。

1991年欧共体12国首脑在荷兰马斯特里赫特签订《马斯特里赫特条约》(又称《欧洲联盟条约》,以下简称《马约》)。《马约》的签订,标志着货币一体化建设的最高目标——货币联盟的启动。相对于欧洲货币体系的建立,它的产生具有更深刻、更广泛的政治经济意义,标志着欧共体从初级的经济一体化向高级的经济与货币联盟迈进。《马约》规定了一个分三阶段实施货币一体化的计划:第一阶段,1990年7月—1993年年底,完成德洛尔计划第一阶段的任务,实现资本的自由流动,使欧共体所有成员国都以同一条件加入欧洲货币汇率机制,扩大欧洲货币单位的应用范围;第二阶段,从1994年开始,成员国要调整经济政策,使一些主要经济指标达到欧共体规定的标准,缩小成员国在经济发展上的差距,建立未来欧洲中央银行的雏形——欧洲货币局,最早于1997年但不晚于1999年1月1日前发行欧洲单一货币——欧元;第三阶段,1999年年初—2000年6月底,建立欧洲中央银行体系,成员国之间实行不可逆转的固定汇率制度,引进欧元,各国货币退出流通。

《马约》还为加入经济货币联盟的国家规定了5项趋同标准:通货膨胀率不能超过情况最好的三个成员国平均数的1.5个百分点;长期利率不能超过通货膨胀率最低的三个国家平均利率的2个百分点;汇率必须在前两年的时间里保持在汇率机制允许的范围内;政府预算赤字不能超过国内生产总值的3%;公共债务不能超过国内生产总值的60%。1998年3月25日欧洲货币局就欧盟各国完成《马约》趋同标准的情况发表报告,认为自欧洲货币局1996年秋天的评估以来,绝大多数国家在完成达标任务方面成绩显著。欧盟委员会认为有11个欧盟成员国已总体达到《马约》所规定的经济趋同标准,成为首批流通欧元的国家,它们是法国、德国、意大利、西班牙、比利时、荷兰、卢森堡、葡萄牙、奥地利、芬兰、爱尔兰。欧盟其余四个成员国中,希腊未能达标,但经过两年的努力经济指标达标;英国、丹麦、瑞典经济已达标,但出于国内政治方面的考虑,不打算成为首批进入货币联盟第三阶段的国家。

1999年1月1日正式启动欧洲货币一体化的第三阶段,发行统一的欧洲货币——欧元。欧元作为11个参加国的非现金交易"货币",以支票、信用卡、股票和债券等方式进行流通,希腊于2001年1月1日正式加入欧元区。2002年3月1日以后欧元区12国各自的货币已全部退出流通,由欧元完全取代。

四、欧元启动对世界经济及政治的影响

(一)欧元问世对欧盟经济的影响及面临的问题

1. 欧元问世对欧盟经济的有利影响

(1)有利于促进成员国贸易、经济的发展。欧盟国家贸易总额的60%是在区内完成的,统一货币后,欧洲内部的外部风险消除了,避免了欧洲内部不同国家的货币交易,由此可节约大量成本。据估计,欧洲每年可以节约外汇交易费用300亿美元;欧盟组成统一的

中央银行,可节约外汇储备金额,将这笔资金用于投资,可拉动经济增长。欧元的问世将使欧洲内部投资决策简化,从而有力地推动了私人投资增长。由于欧元启动后,欧洲内部的商品、劳务、资本流动更加自由,有利于欧洲资源配置和分工。

(2) 有利于增强抵御国际游资冲击的能力。欧盟实施货币统一后,各成员国经济趋同,可以避免或减少货币动荡对经济产生的负面影响,从外部各个击破成员国汇率防线的问题不复存在。

(3) 欧元将成为与美元抗衡的货币和各国主要的储备货币,使欧洲在国际舞台上的地位明显提高。

(4) 从政治上看,欧洲货币联盟的形成可以加速欧洲政治联盟的建立,货币联盟可以作为政治联盟的催化剂加强欧洲的政治稳定。总之,欧元的出现预示着一个更加强大的欧盟的出现。

2. 欧元的诞生以及欧洲经济与货币联盟面临的问题

(1) 欧元币值的稳定性。欧元区12国的生产力发展水平以及经济基础差距悬殊,形式上的达标(低债务比率)不能改变素质上的不同。

(2) 一元化的货币政策和多元化的财政政策相互矛盾。欧元国把货币政策的制定权交给了欧洲中央银行,但各成员国的财政政策仍是独立的,货币政策和财政政策的协调难度很大。如英国、爱尔兰等国通过低税率来吸引投资,给德国、法国等高税率国家造成较大压力。

(3) 欧元区各主权国家政治上的独立增加了区内经济政策协调的难度。

(二) 欧元问世对国际货币体系的影响

1. 欧元的引入将改变全球的外汇储备状况

欧元问世及欧元区的形成,预示着世界上一个经济实力足以与美国抗衡的经济体的崛起,美元—欧元双寡头的国际储备货币格局必将形成。今后各国中央银行将会对外汇储备进行调整,适当减少美元,增加对欧元的需求,国际金融体系很可能出现"两霸多强"的格局。这一格局的形成,一方面可使各国摆脱对美元的过分依赖,避免因美元汇率的波动给其他国家造成较大损失,从而降低各国储备管理难度,避免国际金融被一国所操纵;另一方面可使国际交易中的计价结算支付体系更加简化和便利,促进国际货币合作与政策协调。

2. 欧元产生后国际资本市场将会有较大改观

据预测,世界上以美元为单位的金融资产将降至40%～50%,以欧元为单位的金融资产将达到30%～40%。虽然国际市场上近期内美元仍然是无可争议的主要货币,但欧元的出现必将缩小美国和欧盟之间现存的货币差额,从而使国际金融市场上几种主要货币之间的实力对比发生根本性变化。如欧元自1999年1月1日问世后在三年多的时间内已占到世界货币市场的24%、债券市场的31%、全球资产管理机构投资货币的28%、外汇市场的38%、储备资产的13%,欧元区外已有50多个国家把它们的货币汇率钉住欧元。

3. 欧元区的出现和发展,加剧了全球的货币集团化趋势

欧盟货币一体化和欧元的问世,给世界各地的区域经济组织提供了许多可资借鉴的经验,为其他经济组织的货币合作起到了示范作用。

(三) 欧元对国际金融市场的影响

1. 欧元问世将改善欧洲金融市场的结构，提高欧洲货币市场的地位

欧元的问世促使欧洲货币市场向纵深方向发展，推动金融创新的进一步深入；欧元成为银团贷款、发行国际债券和票据以及从事远期、期权、掉期、套期、利率互换等金融衍生业务的工具；大量资金可以自由地在区内不同国家的债券市场和股票市场之间转移，使欧洲货币资金市场容量迅速扩大，交易量上升，市场的流动性大大提高，资本作为重要的生产要素得到优化配置，可促进经济增长和生产力发展。

2. 欧元问世将使国际金融中心地位发生相对变化

欧元区内各国虽然拥有一些国际金融中心，但一直是一种"众星捧月"的格局：伦敦处于欧洲金融市场的核心，法兰克福、巴黎、米兰、布鲁塞尔等由于所在货币区域的经济金融实力和货币的国际地位不强，历史上也没有独特的地缘优势，所以无缘成为占主导地位的国际金融中心。随着欧元区国家总体经济金融实力壮大，欧元区中央银行总部所在地法兰克福的金融中心地位将得到提高。欧元问世，促使泛欧性质的金融中心得以产生，泛欧清算系统TARGET已经启动，为经营货币批发业务的银行提供了一个高效、安全的资金进出渠道，银行的跨境资金往来同国内支付一样便捷，从而解决了各国货币市场沟通渠道上的一大技术障碍。欧元区内外证券交易所的联合和购并日益高涨，最为典型的是1999年9月，欧洲八大证券交易所的总裁们在布鲁塞尔会议上，一致同意建立一个泛欧洲的、统一的证券市场，通过欧洲金融市场的进一步证券化，逐渐改变过去以间接融资即银行中介为主的局面。统一货币推动了市场惯例规制的协调化和一体化，包括重组、联合和购并，逐渐消除了原来欧洲各国金融市场的分割状态，进一步促使债券市场、股票市场一体化。

(四) 欧元启动对我国经济的影响

1. 欧元启动对我国出口既有机遇又有挑战

中国出口企业有可能丧失以往的竞争优势，如劳动密集型产品将会遭遇南欧国家强大的竞争。但从长期看，欧元启动后，简化了贸易手续，方便了贸易结算，这为出口提供了便利条件。

2. 欧元为促进欧洲企业向中国投资创造了一定条件

欧元启动推动了区内资本市场迈向一体化，使欧洲企业扩大境外投资，寻求市场，短期内欧洲内部的投资将有所增长。从长远看，欧元区将减轻美元动荡对国际金融的冲击，减少欧盟企业在境外经营的风险，这无疑将促进欧盟对外投资。由于欧元中长期可能是一种较稳定的货币，因此欧洲企业有条件考虑长期投资项目，即注重交通、原料工业、基础设施和高技术产业的投资。我国正处于经济结构调整之中，这类行业投资需求较大，支付能力较强，双方具备投资合作的基础。

3. 促进中国加快金融改革与开放

欧元启动将在三个方面给中国金融业带来冲击：欧洲是中国金融跨国经营的中心区

域,中国将在更加强大的金融银行业中参与更为激烈的竞争;欧元促使欧洲金融业向东南亚、美国和中东等区域扩大经营,我国在欧元区以外也会面对激烈竞争;欧元区作为区域集团将进一步发展同中国的金融关系,包括要求中国开放金融市场,外资金融机构的进入将对中国金融业提出挑战,促使中国尽快建立与开放相适应的金融监管制度并完善金融银行体系。另外,欧洲央行的宏观调节已取得一些经验,可为中国金融政策提供借鉴。

本章复习

一、概念

金币本位制　　金块本位制　　金汇兑本位制　　法币
金平价　　　　铸币平价　　　法定平价　　　　黄金输送点
国际货币体系　国际金本位制　布雷顿森林体系　怀特计划
凯恩斯计划　　双挂钩　　　　特里芬难题　　　美元危机
史密森协议　　牙买加体系　　国际货币基金组织　区域货币一体化
通货区　　　　魏尔纳计划　　德洛尔计划　　　《马约》

二、思考题

1. 什么是国际货币体系?它的分类及主要内容是什么?
2. 一个稳定的国际货币体系必须具备哪些条件?
3. 国际金本位制的主要内容是什么?
4. 国际金本位制在实现各国内外均衡目标上有什么特点?
5. 布雷顿森林体系的主要内容是什么?
6. 试分析布雷顿森林体系崩溃的原因。
7. 牙买加体系的根本特点是什么?分析该体系的利弊。
8. 牙买加体系是如何解决内外均衡实现问题的?
9. 什么是最优通货区理论?
10. 试述欧洲货币体系的主要内容。
11. 简述《马约》所规定的经济趋同标准。
12. 简述欧元启动对世界经济的影响。

B&E 下 篇

国际金融实务

第九章
外汇市场与业务

外汇交易是外汇的买卖或兑换活动。由于国际经济交易需求,产生了不同的货币兑换,形成了不同类型的外汇交易。虽然外汇交易是伴随着国际贸易的产生而产生的,但发展到今天,外汇交易已不再仅是国际贸易的一种工具,90%以上的外汇交易是为了回避利率和汇率风险,进行保值和投机。基础性的外汇交易以即期外汇交易和远期外汇交易为主,在此基础上,外汇业务不断创新,又产生了外汇择期交易、外汇掉期交易、外汇期货交易、外汇期权交易等。通过本章的学习,可以了解外汇市场的组成及其作用,掌握不同类型外汇交易的特点。

第一节 外汇市场

一、外汇市场的界定

外汇市场,简单地说,是指进行跨国界货币支付以及货币互换的交易场所或网络。外汇交易已远远超越了最初附属于贸易结算的地位,每天的交易量高达1.5兆美元,而成为目前世界上最大、资金往来最多的市场。国际市场上的所有多边资金借贷关系和融通关系,无论是国际货币市场、资本市场,还是证券市场、黄金市场,都要进行国际资金的转移,都要借助外汇市场这个平台,进行外汇的交易。

(一) 外汇市场的类型

按交易主体划分,可分为批发市场和零售市场。外汇批发市场,是指银行同业(interbank)之间的外汇市场,包括同一外汇市场和不同市场上各银行之间的外汇交易,中央银行同商业银行之间的外汇交易,各国中央银行之间的外汇交易。银行同业之间外汇交易的目的在于弥补银行业务经营过程中产生的外汇短缺头寸,避免汇率风险。中央银行参与外汇交易则是出于对市场的政策性干预或为了减少国际储备币种的风险。外汇市场上95%的交易属于同业交易,其特点是交易额度大,每笔交易最低金额为100万美元,所以称为批发市场。外汇零售市场是银行同一般客户之间的外汇买卖,包括银行同因商品进出口而产生的贸易外汇供求者、一般金融交易者、资金跨国界的汇赠者等进行的外汇交易。相对于银行同业市场而言,这个市场的交易规模较小。外汇批发市场也称狭义外汇市场,外汇批发市场同外汇零售市场构成了广义的外汇市场,一般人们所说的外汇市场多指狭义的外汇市场。

根据组织形态,可将外汇市场分为有形外汇市场和无形外汇市场。有形外汇市场是指有固定交易场所即外汇交易所的外汇市场,它有既定的交易时间和交易规则。在营业时间内,交易各方聚集在外汇交易所进行面对面的外汇交易。历史上,它流行于欧洲大陆国家,所以又称为大陆型外汇交易市场,较典型的有法国的巴黎外汇市场、德国的法兰克福外汇市场、比利时的布鲁塞尔外汇市场、荷兰的阿姆斯特丹外汇市场以及意大利的米兰外汇市场,目前,它逐步被无形外汇市场取代。无形外汇市场是指没有固定交易场所的外汇市场,在这种外汇市场上,交易商们往往坐在世界各主要商业银行的办公室里,通过电子计算机终端、电话、电传和其他通信手段进行联系。例如,纽约某银行的一个外汇交易商同伦敦的一个外汇交易商以美元兑换英镑。他们在电话中定好价格,达成协议,交易过程通过银行计算机系统进行,只需几秒钟的时间。然后两家银行互发载有交易细节的确认书并对交易合同的结算作出安排。纽约银行将一笔美元存款转给伦敦银行指定的银行,伦敦银行则将一笔英镑存款转给纽约银行指定的银行。无形外汇市场最初流行于英国和美国,因此称为英美式外汇市场。现在,它不仅广泛流行于欧洲以外的地区,而且成为欧洲外汇交易的主要组织形式。

按外汇市场的经营范围划分,可分为国际外汇市场和国内外汇市场。国际外汇市场是发达的、基本上完全自由的外汇交易市场,不受所在国金融管制,实行货币自由兑换并容许各国交易方自由参与买卖。交易货币包括多种国际上自由兑换的货币,可以是本国货币和外国货币之间,也可以是外国货币和外国货币之间的自由交易;交易主体可以是本国的供需方,也可以是凭借现代通信设施参与的国外交易方。国际外汇市场通常是无形外汇市场。世界上著名的国际外汇市场有纽约、伦敦、东京、法兰克福、新加坡、苏黎世、香港等。国内外汇市场是指本国金融管制较严的外汇市场。这种市场一般是发展中国家的外汇市场,交易主体限于境内国家允许的金融和非金融机构。世界上重要的外汇市场都是由于本国经济强大,本国货币充当世界贸易的结算货币而逐步发展和壮大起来的。随着本国货币在国际经济交往中作用的加强,更多的国家逐渐放松和解除金融管制,从而使本国外汇市场融入国际外汇市场。目前世界上有30多个主要的外汇市场。

按外汇业务的不同特征,外汇市场可分为即期外汇市场、远期外汇市场、外汇期货市场、外汇期权市场。其中交易量最大的是远期外汇交易,但外汇期货交易和期权交易一直在快速上升。1992年4月伦敦外汇交易量中,即期交易占47%,远期交易占50%,期货和期权交易占3%。有关这几种外汇业务的详细内容将在本章后面讲解。

(二) 外汇市场的一体化特征

外汇市场一体化是指全球各地的外汇市场日益紧密联系起来的趋势。从空间上看,它表现为各外汇市场横向联系的加强、外汇管制的取消或放宽、跨国银行的大量涌现以及现代化电信网络的完善,使外汇交易商能够突破地理界线,迅速完成跨地区的外汇交易。这使得各外汇市场的汇率趋于一致,即使非常微小的套汇机会也会被计算机自动交易程序发现,并实现资金的迅速跨地区移动。从时间上看,它表现为外汇交易的连续化。澳洲、亚洲、欧洲、北美的外汇市场分处不同时区,其开市、闭市时间既有交错,又能首尾衔接,外汇交易商进行外汇交易可以不受时间限制,在任何时间都能找到某一外汇市场执行其交易指令,而处于不同时区的各国中央银行也能够在干预外汇市场汇率方面采取联合行动。

二、外汇市场的参与者

外汇交易市场的参与者主要有外汇银行、外汇经纪人、个人和公司(顾客)和中央银行。

(一) 外汇银行

外汇银行是指中央银行指定或授权经营外汇业务的外汇指定银行,是外汇市场的主要参与者,外汇交易大部分都是通过外汇银行进行的。外汇银行有三种类型:专营外汇业务的本国专业银行;兼营外汇业务的本国商业银行;外国银行在本国设立的分行及本国在国外的分行。其主要业务有:外汇买卖、汇兑、外汇存贷、外汇担保、咨询及信托等。大多数国家对银行经营外汇业务采用"许可制"。外汇银行都在国外分支行或代理行开立外汇账户。银行卖出外汇,即从该行的外汇账户支付;银行买入外汇,即存入该行的外汇账户。在中国,外汇指定银行是办理外汇结售汇业务的银行,包括16家国内银行及外资银行;美国则无限制,所有银行都可经营外汇业务;在英国,外汇指定银行须由英格兰银行推荐并得到财政部的批准。

外汇银行在两个层次上从事外汇业务。一是零售层次,属于代客交易。外汇银行通过增减其在海外分支行或国外代理行里有关币种存款账户上的营运资金余额,代客户买卖外汇,收取一定的手续费。此外,它也直接收兑不同国家的货币现钞。二是批发层次。银行为了自身利益,主动参与银行同业市场上的外汇买卖以调节"多""缺"头寸。由于银行在柜台上与客户的外汇交易原则上是以自己的账户进行的,若客户出售外汇、银行买进,银行的外汇余额就会增加;反之,若客户购买外汇、银行卖出,银行的外汇余额就会减少。这样,在某一时点必然会出现银行买进与卖出外汇之间的不平衡。卖出多于买进,即为"空头"(缺头寸);买进多于卖出,即为"多头"(长头寸)。不论"多""空",银行都会承担汇率波动风险,因此银行一般会遵循"买卖平衡"原则而进入银行同业市场,通过抛售或补进交易轧平头寸,以消除风险。当然,银行在同业市场上进行买卖并不一定都是为了"头寸管理",有时银行还会积极制造头寸,这实际上是一种外汇投机。在西方,银行因巨额外汇投机失败而倒闭的事件层出不穷。鉴于此,各国政府都对银行投机性的外汇头寸进行限制。中国规定,金融机构每日交易总额不得超过其外汇实有资本的20%,进行外汇投机交易的头寸,必须进行每日平仓,只有经最高层授权后,才可保留少量的隔夜敞口头寸,但不得超过实有外汇的1%。

(二) 外汇经纪人

绝大多数外汇银行相互之间都不是直接面对面地打交道,而是由经纪人作中介安排成交的。外汇经纪人是介于外汇银行之间或外汇银行与客户之间,为交易双方接洽外汇交易而收取佣金的中间商。外汇经纪人的作用是为买进和卖出外汇提供中介,他们自己不需要持有交易所涉及的外汇存货,所以一般不承担外汇风险。他们根据成交额向交易双方收取佣金,其佣金率一般很低(如每英镑 0.001 美元),但由于批发交易金额较大,因此佣金额度相当可观。外汇经纪人必须经中央银行批准才能取得经营中介业务的资格。外汇经纪人一般分为两类。

(1) 一般经纪人,也称大经纪人,是公司或是合伙的组织,他们往往垄断了介绍外汇买卖成交的业务,利润十分可观。有时,他们还拿自己的资金参与外汇买卖,赚取利润,承担风险。

(2) 外汇掮客,也称小经纪人,或称"跑街"(running broker)。他们利用电信设备和交通工具,奔走联络于银行、进出口商、贴现商①(discount house)等机构之间接洽外汇交易,专门代顾客买卖外汇,以获取佣金,不需垫付资金,不承担风险。

外汇经纪人的作用主要是提高外汇交易的效率,同时使交易双方保持匿名。外汇经纪商面临同行间的激烈竞争,并且一些大的商业银行为了节省手续费,越来越倾向于供需双方直接洽谈成交。如外汇银行同国外的金融机构进行外汇交易,一般就不通过经纪人作为中介而是直接成交。

(三) 个人和公司(顾客)

公司包括从事国际贸易的进出口商和在多个国家进行生产经营活动的跨国公司以及专门从事外汇买卖的外汇投机商。他们或为生产、流通等经营性目的进行外汇交易,或为保值和防范风险的目的而进入外汇市场,抑或单纯为牟利而买卖外汇,后者的活动往往会引起外汇市场行情的短期波动,也是国际短期资本大幅移动的一个主要原因。个人同样有机会进入外汇市场,如国际旅游者、出国留学生、汇出或收入侨汇者。个人和公司通常通过外汇银行进行交易,因为几乎所有的外汇交易者实际上都是对不同货币的银行存款进行转换,都涉及在不同汇市的银行存款账户上的借记或贷记。

(四) 中央银行

作为一国货币政策的制定者和实施者,中央银行参与外汇市场交易的目的是干预市场,使外汇市场上由供求关系自发决定的汇率相对地稳定在某一水平上,减少由于国际间短期资本流动造成的本国货币汇率的剧烈波动。随着国际经济联系的日益紧密,越来越多国家的中央银行对外汇市场进行联合干预。此外,中央银行有时为了外汇储备管理而参与外汇交易;或者同普通的外汇银行一样,参与一些日常交易,如为政府机构和一些重要的国有企业所需外汇进行交易。中央银行的市场干预活动通常通过外汇经纪人或外汇银行进行。例如,美国财政部和联邦储备委员会为阻抑或平缓美元汇率的下跌,会向一家或多家外汇经纪人发出抛售外币的指令。

一般情况下,中央银行在外汇市场上的交易量相对而言并不是很大,但它对汇率走势的影响却举足轻重。这是因为外汇市场上其他参与者都密切关注央行的举动,以便能及时获取政府宏观经济决策的有关信息。央行的一举一动都会影响外汇市场的各参与者对

---

① 贴现商也称贴现公司,是指以经营各种票据的贴现为主要业务的公司。其经营的票据以外国汇票为主,因为这类汇票一般经大银行承兑,信用与流动性都相对较高。贴现商还可将这些汇票再贴现,以解决对资金的需要。

汇率的预期。

三、世界主要外汇市场概述

国际外汇市场统一体是由各个国际金融中心的外汇市场构成的。目前世界上有30多个外汇市场，其中最重要的有伦敦、纽约、东京、新加坡、苏黎世、巴黎、香港等，它们各具特色并分别位于不同的国家和地区，相互联系，形成了全球统一的外汇市场。

（一）伦敦外汇市场

伦敦外汇市场是久负盛名的国际外汇市场。"二战"前，由于英国经济和银行、保险等都居于世界领先地位，英镑是当时最主要的国际货币，大量的外汇业务使伦敦外汇市场在世界上独占鳌头。"二战"后英国虽然衰落了，但由于在历史上建立起来的国际金融关系和信誉，以及长期积累的业务经验和技术，伦敦仍是世界上最重要的外汇市场。

伦敦外汇市场是一个典型的无形市场，没有固定的交易场所，只是通过电话、电传、电报完成外汇交易。伦敦外汇市场包括英格兰银行指定的250多家外汇银行、10多家英格兰银行批准的外汇经纪人，并建有伦敦外汇银行公会和外汇经纪人公会。前者的任务是：制定参与外汇市场的交易规则，维护外汇银行的利益，协调外汇交易有关方面的关系，规定业务手续费的标准；后者的任务是：代表外汇经纪人的利益，负责外汇业务各方面的联系，以及统一规定手续费等。在英国实行外汇管制期间，外汇银行间的外汇交易一般都通过外汇经纪人进行。1979年10月英国取消外汇管制后，外汇银行间的外汇交易就不一定要通过外汇经纪人了。

伦敦外汇市场的外汇交易分为即期交易和远期交易，对每笔交易的金额没有具体规定和限制。汇率报价采用间接标价法，交易货币种类众多，最多达80多种，常用的有三四十种。伦敦外汇市场上，外汇交易十分活跃，外汇交易量已从1989年的1870亿美元上升到1995年的4640亿美元，在国际外汇市场上居于首位。自从欧洲货币市场发展以来，伦敦外汇市场上的外汇买卖多与"欧洲货币"的存放有着密切联系。

（二）纽约外汇市场

纽约外汇市场的日交易量仅次于伦敦，是当今世界上最大的外汇市场之一。"二战"以后美国经济实力大增，对外经贸关系迅速发展，英镑被美元取而代之，美元成为世界上最主要的储备货币和清算手段。由于美国没有外汇管制，对经营外汇业务没有限制，政府也不指定专门的外汇银行，几乎所有的美国银行和金融机构都可以经营外汇业务，因此，纽约外汇市场不仅是美国国内的外汇交易中心，也是世界各国外汇结算的枢纽。

纽约外汇市场也是一个无形市场。外汇交易通过现代化的通信网络与电子计算机进行，所有的货币结算都可以通过纽约地区银行同业清算系统和联邦储备银行支付系统进行。纽约外汇市场包括50余家美国银行和200多家外国银行在纽约的分支机构、代理行及代表处。纽约外汇市场上的外汇交易分为三个层次：银行与客户间的外汇交易；本国银行间的外汇交易；本国银行和外国银行间的外汇交易。其中，银行同业间的外汇买卖大都通过外汇经纪人办理。纽约外汇市场有9家经纪商，虽然有些专门从事某种外汇的买卖，但大部分同时从事多种货币的交易。外汇经纪人的业务不受任何监督，对其安排的交易不承担任何经济责任,只是在每笔交易完成后向卖方收取佣金。

纽约外汇市场交易活跃,但和进出口贸易相关的外汇交易量较小,相当一部分外汇交易与金融期货交易密切相关。纽约外汇市场是一个完全自由的外汇市场,汇率报价既采用直接标价法(指对英镑、欧元)又采用间接标价法(指对欧洲各国货币和其他国家货币),交易货币主要有欧元、加拿大元、日元等。

(三)东京外汇市场

日本在"二战"后实行的是"贸易立国"发展战略,国际贸易是日本经济的生命线。东京外汇市场是随着日本对外经济的发展而发展起来的。20世纪80年代以来,日本政府积极推动日元国际化策略,国际收支长期顺差,外汇储备迅速扩大,这些年一直居于世界首位。这些都促进了东京外汇市场的发展,同时亚太地区的快速增长也使东京外汇市场的地位日益提高。现在东京外汇市场已成为世界第三大外汇市场。

东京外汇市场是一个无形市场,交易者通过现代化通信设施联网进行交易。东京外汇市场的参加者有五类:一是外汇专业银行,即东京银行;二是外汇指定银行,指可以经营外汇业务的银行,共340多家,其中日本国内银行243家、外国银行99家;三是外汇经纪人8家;四是日本银行;五是非银行客户,主要是企业法人、进出口企业商社、人寿财产保险公司、投资信托公司、信托银行等。

东京外汇市场上,银行同业间的外汇交易既可以通过外汇经纪人进行,也可以直接进行。日本国内的企业、个人进行外汇交易必须通过外汇指定银行进行。汇率有两种。一是挂牌汇率,即包括了利率风险、手续费等的汇率。每个营业日上午10点左右,各家银行以银行间市场的实际汇率为基准各自挂牌,原则上同一营业日中不更改挂牌汇率。二是市场联动汇率,以银行间市场的实际汇率为基准标价。由于日本进出口多以美元结算,所以90%以上的外汇交易是日元和美元之间的买卖,日元对其他货币的交易较少。交易的种类有即期、远期和掉期交易。即期外汇买卖分为银行对客户的当日结算交易和银行同业间的次日结算交易。

(四)新加坡外汇市场

新加坡原是亚洲转口贸易的集散地。20世纪60年代中期以后,新加坡政府引进外资,发展本地工业,扩大出口,改变单纯依赖转口的经济结构;同时,发展国际金融服务业,增加无形收入;在政策上取消外汇管制,免除外汇存款的利息所得税,允许发行外币债券。在这种完全自由的金融环境下,各种外资纷纷涌进新加坡,形成了以新加坡为中心的亚洲美元市场。在亚太地区经济高速增长的背景下,新加坡外汇市场与亚洲美元市场相辅相成,互相促进,逐渐发展成为世界第四大外汇市场。

新加坡地处欧亚非三洲的交通要道,时区优越,上午可与香港、东京、悉尼进行交易,下午可与伦敦、苏黎世、法兰克福等欧洲市场进行交易,中午还可与中东的巴林,晚上可与纽约、加拿大等地市场进行交易。新加坡外汇市场除了保持现代化通信网络外,还直接与纽约的 CHIPS 系统和欧洲的 SWIFT(环球银行金融电信协会)系统连接,货币结算十分方便。新加坡外汇市场的参加者由经营外汇业务的本国银行、经批准可经营外汇业务的外国银行和外汇经纪商组成。其中,外资银行的资产、存放款业务和净收益都远远超过本国银行。

新加坡外汇市场是一个无形市场,大部分交易由外汇经纪人办理,并通过他们把新加坡与世界各金融中心联系起来。交易以美元为主,约占交易总额的85%。大部分交易都是即期交易,掉期交易及远期交易合计占交易总额的1/3。汇率均以美元报价,非美元货币间的汇率通过套算求得。

(五)苏黎世外汇市场

瑞士是永久中立国,政局稳定,两次世界大战均未遭受创伤,长期处于债权国地位,且始终实行货币自由兑换制度,加之实行严格的银行存款保密制度,为其赢得了世界性的声誉,吸引了大量外来资金,从而使苏黎世外汇市场比较活跃。其交易量原先居世界第四位,但近年来被新加坡外汇市场超过。

在苏黎世外汇市场上,所有银行间的外汇交易都是银行通过电话或电传直接进行的,并不依靠经纪人或中间商。主要业务是瑞士法郎对美元的交易,对其他货币的交易通过美元进行交叉买卖,所以瑞士法郎对美元的汇率是苏黎世外汇市场的主要汇率,瑞士法郎对其他货币的汇率通过美元套算得出。除现汇市场外,远期外汇市场也比较发达。瑞士中央银行除利用即期外汇交易干预外汇市场外,有时还用远期外汇交易的办法来维持市场汇率的稳定。

由于瑞士法郎一直处于硬货币地位,汇率坚挺稳定,并且瑞士作为资金庇护地,对国际资金有很大的吸引力,同时瑞士银行能为客户资金严格保密,吸引了大量资金流入瑞士,所以苏黎世外汇市场上的外汇交易大部分是由于资金流动产生的,只有小部分是出自对外贸易的需求。

(六)巴黎外汇市场

巴黎外汇市场历史悠久,但真正发展成为世界重要的金融中心之一还是20世纪60年代以后的事情。随着法国对外贸易的发展、欧洲货币市场的形成和扩大以及20世纪70年代以来外汇管制的放松、法郎地位的加强,巴黎外汇市场的地位才不断提高起来。

随着现代通信技术的发展和计算机技术的应用,巴黎"大陆式"的有形外汇市场逐步变成与无形市场相结合的方式。有形市场主要是指在巴黎交易所内进行的外汇交易,其交易方式和证券市场买卖一样,每天公布官方外汇牌价,外汇对法郎汇价采用直接标价法,但大量的外汇交易是在交易所外进行的。在交易所外进行的外汇交易,或是交易双方通过电话直接进行,或是通过经纪人进行。在巴黎外汇市场上,名义上所有的外币都可以进行买卖,但实际上,目前在巴黎外汇市场标价的只有美元、英镑、马克、比利时法郎、意大利里拉、荷兰盾、瑞士法郎、瑞典克朗、奥地利先令、加元等17种货币,且经常进行交易的货币只有前7种。原则上,所有银行都可以中间人身份为它本身或客户进行外汇买卖,但实际上,巴黎仅有较大的约100家银行积极参加外汇市场的活动。外汇经纪人约有20名,参与大部分远期外汇交易和交易所外的即期交易。

（七）香港外汇市场

我国香港是个自由港,与内地和东南亚有着紧密联系,与世界各地有着良好的业务往来,加之良好的地理位置填补了欧洲与北美洲之间的时差,自1973年取消外汇管制以后,国际资本大量流入,经营外汇业务的金融机构不断增加,外汇市场越来越活跃,逐步发展成为国际性的外汇市场。

香港外汇市场是一个无形市场,地理位置和时区条件与新加坡相似,可以十分方便地与其他国际外汇市场进行交易。市场参加者主要是商业银行和财务公司。外汇经纪人有三类：当地经纪人,其业务仅限于香港本地；国际经纪人,即20世纪70年代后将其业务扩展到香港的其他外汇市场的经纪人；香港本地成长起来的国际经纪人,即业务已扩展到其他外汇市场的香港经纪人。

20世纪70年代以前,香港外汇市场的交易以港币和英镑的兑换为主。20世纪70年代以后,随着该市场的国际化及港币与英镑脱钩而与美元挂钩,美元成了外汇市场上交易的主要外币。香港外汇市场上的交易可以划分为两大类：一类是港币和外币的兑换,其中以与美元的兑换为主；另一类是美元兑换其他外币的交易。香港外汇市场与伦敦、纽约外汇市场保持着密切的联系。欧美外汇市场上所有新的外汇业务很快会传到香港。因此,香港外汇市场上金融创新品种较多。

第二节 即期外汇业务

一、即期外汇交易的概念

即期外汇交易,也称现汇交易,是指交易双方以当天外汇市场上的价格成交,并在当天或在两个营业日内进行交割的外汇交易形式。成交汇率称为"即期汇率"(spot rate),即期外汇交易主要是为了满足机构与个人因从事贸易、投资等国际经济活动而产生的外汇供求,它是外汇交易的重要组成部分。下面介绍几个与即期外汇交易相关的概念。

1. 交割

交割是指买卖成交后"钱货两清"的行为。交割日(value date)也称起息日,在该日外汇买卖双方互相交换货币。交割日为成交当天的,称为当日交割(value today)；交割日为成交后的第一个营业日的,称为翌日或明日交割(value tomorrow)；交割日为成交后的第二个营业日的,则称为即期交割(value spot)。

2. 营业日

营业日是指两个清算国银行都开门营业的日期。交割日必须是双方都营业的时间,一国若遇到节假日,交割日按节假日天数顺延,但交割日顺延不能跨月。

3. 交易员

交易员是指外汇市场的经办人。其基本职责是每天将企业、公司或私人客户买卖外汇的命令集中起来,按各种外汇将这些用书面或电话方式陆续发给银行的交易命令进行登记,然后按头寸和价格决定买进或卖出,使银行之间很快找到对象而成交。

4. 基本点

基本点简称点,是表示汇率的基本单位。一般情况下,一个基本点为万分之一货币单位,相当于小数点后的第四个单位数,即 0.0001。极少数货币会因为面额较大,其基本点有些不同。以日元为例,日元的价格变动主要在小数点后的两位数上,因此它的基本点为 0.01 单位。

二、即期外汇交易的报价

(一) 报价方法

1. 采用双向报价,即同时报出买价和卖价

报价排列是"前小后大"(在直接标价法下为：买入价/卖出价;间接标价法下为：卖出价/买入价)。不论直接标价还是间接标价,斜线上面为买入标准货币价格,斜线下面为卖出标准货币价格。除特殊标明以外,所有货币的汇率都是针对美元的,即采用以美元为中心的报价方法。

对于外汇银行来说,贱买贵卖是它们的经营原则,买价卖价之间的差额为 1‰～5‰,买卖价的差额是银行经营外汇业务的利润。差价幅度一般随外汇市场的稳定程度、交易币种、交易地点以及外汇交易量的不同而发生波动。外汇市场越稳定、交易额越大、越常用的货币,差价越小;市场越不稳定、交易量越小、外汇市场位置相对于货币发行国越远,则差价幅度越大。

2. 交易用语规范化

为节约交易时间,交易者们常使用规范化的简语,交易额是 100 万美元的整数倍。例如,在银行同业交易中,"one dollar"表示 100 万美元,"six yours"表示"我卖给你 600 万美元","three mine"表示"我买入 300 万美元"。

3. 通过电话、电传等报价时,报价银行只报汇率的最后两位数字

汇率的标价通常为 5 位有效数字,由于银行的外汇交易人员很清楚各种货币对美元的汇率,银行间报价时,只报最后两位数字。例如,德国某银行打电话向日本某银行询价时,日本银行的即期汇率为 USD1＝JPY(118.30～118.60),该行回答询价时只报 30/60。如果英镑兑美元的汇率为 GPB1＝USD(1.5510～1.5520),报价行交易员只报 10/20。

(二) 报价行报价的依据

每天开盘前,各报价银行都对以下因素进行分析,以确定本行的开盘汇价。

1. 目前市场行情

外汇市场的最新行情是最关键的报价依据。报价行要考虑其他外汇市场,尤其是刚刚收市的市场价格。报价一方面应尽可能使自己的报价具有竞争力,促使客户与自己成交;另一方面要保护银行自身的利益,尽可能获取利润,并防止风险和损失。

2. 国内外经济、政治及军事的最新动态

报价行所在国及西方主要国家的经济状况,如财政状况、国际收支状况、外汇储备、货

币供给量、通货膨胀率、利率的最新变化等。

3. 报价行现时的买卖头寸

报价行现时持有的各种货币头寸情况：若本行某种货币多头，可偏低报价；若某种货币空头，则提高该币种的价格。例如，在法兰克福外汇市场上，A 银行急于购买欧元，以弥补其欧元现汇头寸的不足。当时外汇市场上的汇率为 EUR1＝USD1.2710/20，则 A 行的报价为 EUR 1＝USD 1.2809/29，买卖价都比市场汇率高（买入价格高，可刺激客户或同业向 A 银行卖出欧元；卖价高，可阻止同业或客户向 A 银行收购欧元）。随着头寸的变化，银行报出的即期汇率要不断修订和调整。

三、交叉汇率的计算

由于目前主要国际外汇市场和大银行的外汇汇率报价采用的都是美元标价法，因此，非美元货币之间的买卖就需要通过美元汇率进行套算。通过套算得出的汇率叫作交叉汇率。交叉汇率的计算方法如下。

（1）如果两个即期汇率同为直接标价，汇率的套算是交叉相除。

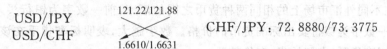

(2) 如果两个即期汇率同为间接标价，汇率的套算也是交叉相除。

(3) 如果一个是直接标价法，另一个是间接标价法，汇率的套算应为同边相乘。

四、套汇

（一）概念

套汇交易是交易者利用不同的外汇市场存在的汇率差异，进行贱买贵卖从中牟利的外汇交易活动。由于世界各地的外汇市场是密切联系的，各个市场的汇率通常也十分接近。但有时在不同的外汇市场上，外汇汇率在很短暂的时间内会因为种种原因而出现较大差异，从而引起外汇买卖者追逐外汇差价的活动，这就是套汇活动。在世界各地，无论是机构还是个人，套汇活动都是很普遍的行为。从事套汇业务的大多数是资金雄厚的大银行或设有专门外汇交易的大公司，它们能在很短时间内运用大笔资金，由于买卖外汇的数额很大，即使汇差很小，它们也可以获得丰厚的利润。

实际上，套汇业务与商品市场的商品套购原理是类似的，最终，由于套汇活动将使汇差很快消失或减至极小。套汇业务都是利用电汇，因为汇差的存在是短暂时间内的事。套汇分为两种：一是地点套汇；二是时间套汇。即期外汇交易主要用于地点套汇；时间套汇将在远期外汇交易中介绍。

（二）地点套汇

地点套汇是指套汇者利用不同地点的外汇市场之间的汇率差异，同时在不同的地点进行外汇买卖，以赚取汇率差额的套汇交易。地点套汇又可分为两角套汇和三角套汇。

1. 两角套汇

两角套汇又称双边套汇、直接套汇，是指利用两个不同地点的外汇市场之间某种货币的汇率差异，在两个市场上买卖同一种货币，从中牟利的行为。其交易准则是：在汇率较低的市场买进，同时在汇率较高的市场卖出，即"贱买贵卖"。

例 9-1 某日同一时刻，外汇市场行情如下：

纽约汇市：1 英镑＝1.6780/90 美元

伦敦汇市：1 英镑＝1.6720/30 美元

套汇步骤如下：

第一步：比较汇差贵贱。

比较在不同外汇市场上的相同两种货币之间的汇率，前一数字为银行买入标准货币的价格，后一数字为银行卖出标准货币的价格。数字越大，表明标准货币在该汇市越贵。显然英镑（标准货币）在纽约贵，在伦敦贱。

第二步：确定套汇路线和计算毛利。

客户卖出标准货币相当于银行买入标准货币；客户买入标准货币等同于银行卖出标准货币。根据"贱买贵卖"的原则，显然客户应在纽约卖出英镑，在伦敦买入英镑。若动用 100 万英镑进行套汇，则可获毛利为：100 万×1.6780/1.6730－100 万＝2988.6（英镑）。

从经济生活中的实际情况来看，纯粹为了赚取汇差的套汇很少，大多数套汇活动往往是因为资金国际转移的需要或以此为目的而利用两地不平衡的市场汇率，在一定程度上降低汇兑成本。例如，某客户因业务需要，需向伦敦电汇 10 万英镑，当日伦敦外汇市场上美元电汇买入汇率为 GBP1＝USD1.72，纽约外汇市场上的汇率为 GBP1＝USD1.70。该银行有两种方法供选择：一是在伦敦当地买入以伦敦为付款地的 10 万英镑，即卖出 17.2 万美元，买进 10 万英镑；二是电告在伦敦的分支机构或代理机构出售以纽约为付款地点的美元并在伦敦买进 10 万英镑，即卖出 17 万美元，买入 10 万英镑。两种不同的方法都可以达到在国际间转移资金的目的，但它们各自的资金汇兑成本不同，其中后者的汇兑成本低一些。

2. 三角套汇

三角套汇又称多边套汇或间接套汇，是指利用三个或多个不同地点的外汇市场中三种或多种货币之间汇率的差价，同时在这三个或多个外汇市场上进行套汇买卖，以赚取汇率差额的一种套汇交易。

例 9-2 （1）单报价时的套汇计算

情况一：纽约 USD1＝FRF5.00

巴黎 GBP1＝FRF8.54

伦敦 GBP1=USD1.72

情况二：纽约 USD1=FRF5

巴黎 GBP1=FRF10

伦敦 GBP1=USD2

上述两种情况是否存在套汇机会？若存在套汇机会，用100万美元进行套汇，确定套汇路线和毛利。

单报价时套汇步骤如下。

无论是用间接标价法还是直接标价法，将各个外汇市场上的汇率首尾相连后连乘。若乘积等于1，表明不存在套汇机会；若乘积大于1，套汇路线与连乘方向相同，从手中持有货币为基础货币的市场开始，依次卖出基础货币；若乘积小于1，则套汇路线与连乘方向相反。

情况一：乘积 $5 \times (1/8.54) \times 1.72 = 1.007\,026 > 1$，可套汇。

套汇路线为：纽约→巴黎→伦敦，将手中所持有货币依次卖出，直到换回初始持有的币种。

套汇毛利为：$(1.007\,026-1) \times 100 \times 10\,000 = 7026$（美元）

若乘积小于1，则套汇路线与连乘方向相反。套汇毛利的计算公式为

套汇毛利＝(连乘积的倒数－1)× 套汇金额

情况二：乘积 $5 \times (1/10) \times 2 = 1$，无套汇机会

（2）双报价的套汇计算

某日某一时刻，外汇市场的行情如下：

伦敦汇市：GBP1=USD1.6980/95

巴黎汇市：GBP1=EUR1.4731/62

纽约汇市：USD1=EUR0.7854/94

判断是否存在套汇机会。若存在，确定套汇路线，并计算用100万英镑套汇的毛利。

双报价时套汇步骤如下。

用持有货币作为基础货币，将各个外汇市场上的汇率首尾相连后，分别用买入价和卖出价(买卖基础货币)连乘，若两个乘积同时大于1或同时小于1则存在套汇机会，若一个大于1另一个小于1则不存在套汇机会。

伦敦汇市：GBP1=USD1.6980/95

纽约汇市：USD1=EUR0.7854/94

巴黎汇市：EUR1=GBP(1/1.4762)/(1/1.4731)

三地基础货币买入价乘积：$1.6980 \times 0.7854 \times 1/1.4762 = 0.9034$

三地基础货币卖出价乘积：$1.6995 \times 0.7894 \times 1/1.4731 = 0.9107$

（若两个乘积同时小于1，卖出价乘积一定大于买入价乘积，为什么？）

存在套汇机会，套汇路线与上述连乘方向相反为：巴黎→纽约→伦敦。套汇毛利的计算公式为

套汇毛利＝(三地基础货币卖出价连乘积的倒数－1)× 套汇金额

本例中，$[(1/0.9107)-1]\times 10^6 = 98\,029$（英镑）。

理论上多边套汇的市场可有三个以上，而事实上，由于外汇市场瞬息万变，情况复杂，套汇困难，套汇机会的比较和把握是复杂而困难的，四角套汇极为罕见。

（三）说明

（1）套汇交易涉及一些成本，如获取信息的费用、通信费用、付给外汇经纪人的佣金等，因而套汇的净利取决于汇差与套汇成本的比较。实际上当汇差较小，等于或小于套汇成本时，套汇活动不会发生。

（2）不同的外汇市场处于不同的时区，只有营业时间重叠的汇市之间才能开展套汇活动。

（3）过去由于外汇市场上金融工具发展不够充分，各外汇市场之间信息传递不够迅速和通畅，套汇投机机会较多。现在，由于现代通信手段的采用，世界外汇市场渐趋一体化，不同的外汇市场之间的汇差很小，套汇机会日趋减小，即使存在也是转瞬即逝，套汇活动逐渐被新的交易方式所取代。

第三节 远期外汇业务

一、远期外汇交易概述

（一）远期外汇交易的界定

远期外汇交易又称"期汇买卖"，即预约购买或出售外汇的业务。外汇买卖双方事先签订外汇买卖合约，但当时并不实际进行支付，而是到了规定的交割日，才按规定的币种、数量、汇率办理货币交割的外汇交易方式。远期外汇合同约定的汇率就是远期汇率，它是双方在签订远期外汇买卖合同时所规定的，到交割日即按此汇率办理交割，不受交割日即期汇率变动的影响。在交割日的即期汇率很可能高于或低于所规定的远期汇率，由此所产生的收益或损失由交易人自行享受或负担。

例如，3个月后需从美国进口货物，为避免美元升值遭受损失可与银行签订远期外汇买卖，使3个月后购买美元的汇率固定。若3个月后美元果然升值，则远期外汇交易达到了保值避险的作用；若3个月后美元贬值，则客户由于签订了外汇合同而遭受亏损。

（二）远期外汇交易交割日的确定

远期外汇到期的交割日，在大部分国家是按月而不是按天计算的，一般为1个月、2个月、3个月、6个月、1年，通常为3个月，个别的可达1年以上，也有短至几天的。交割日的确定应以即期交割日为基准，确定法则如下。

（1）日对日。日对日是指远期外汇的交割日与成交时的即期交割日（即成交后的第二个营业日）相对。如果远期交易的成交日是2月8日，2月10日为即期交割日，则标准远期交割日为3月10日、4月10日、5月10日、6月10日、7月10日、8月10日等，但它们必须是有效的营业日,即相关币种国家共同的营业日。

(2) 节假日顺延。与即期交易日中的"节假日顺延"含义相同。

(3) 不跨月。不跨月是指远期外汇交割日遇上节假日顺延时,不能跨过交割日所在月份。例如,即期交割日为5月30日,2个月远期交割日为7月30日,但7月30日、31日均不是营业日,则远期外汇的交割日应退回到7月29日。如果即期交割是月份的最后一个营业日,则标准的远期交割日是相关币种国家每个月的共同最后营业日。例如,1月30日是即期交割日,则1个月远期交割日为2月的最后一个营业日,可能为2月25日至28日之间的某一天。

(三) 远期外汇交易的类型

远期外汇交易按交割日是否固定分为下面两种。

1. 固定交割日的远期外汇交易

固定交割日的远期外汇交易又称标准交割日的远期外汇交易,即事先具体规定交割日的远期交易,交割日不能提前,也不能推迟,到交割日,按对方要求,将货币转入对方指定的银行账户内。如果一方提前交割,另一方既不用提前交割也无须因对方提前交割而支付利息;但如果一方推迟交割,则必须向对方缴纳滞付利息。

2. 选择交割日的远期外汇交易

选择交割日的远期外汇交易又称非标准交割日的远期外汇交易或择期远期交易,其主要特点是买卖双方在签订远期时,事先确定交易数量和汇率,但具体交割的日期不固定,只规定交割的期限范围,交易的一方可在成交日的第三天起至约定期限内的任何一个营业日,要求交易的另一方按双方约定的远期汇率进行交割。

完全择期交易是指客户可以自由选择日期进行交割;部分择期交易,则是指事先确定交割的月份。

二、远期汇率的标价方法及计算

(一) 标价方法

1. 直接标明远期汇率

直接标明远期汇率也称"全额报价",报出买卖价的全部数字,或称直接远期汇率、完全远期汇率。瑞士、日本采用这种方法。

例如:某日东京外汇市场:USD/JPY

    即期汇率   103.60/70
    1个月远期汇率 103.37/49
    3个月远期汇率 102.82/96
    6个月远期汇率 101.01/18

2. 间接标明远期汇率

标明远期汇率与即期汇率的差价,简称远期差价。远期差价用升水、贴水、平价表示,升水与贴水是相对概念,在一个标价中,如果标准货币升水,标价货币就是贴水。升贴水合称远期汇水。远期汇水可用点数或币值表示。

(二) 远期汇率与即期汇率的关系

由于标价方法不同,计算远期汇率的原则也不同。
(1) 直接标价法下:远期汇率=即期汇率+升水
　　　　　　　　　远期汇率=即期汇率-贴水
(2) 间接标价法下:远期汇率=即期汇率-升水
　　　　　　　　　远期汇率=即期汇率+贴水

在实际交易中,如果同时标出买入价/卖出价,远期汇水也有两个数值,而没有说明远期是升水还是贴水,则根据如下规则计算远期汇率:如果远期汇水前小后大,表示标准货币的远期汇率呈升水,计算远期汇率时应把即期汇率和远期汇水相加;如果远期汇水前大后小,表示标准货币的远期汇率呈贴水,计算远期汇率时,应用即期汇率减去远期汇水。此规则,不论直接标价法还是间接标价法都适用。即期汇率、远期汇水和远期汇率的关系如下:

即期汇率　　远期汇水　　远期汇率
小/大　 ＋　小/大　 ＝　小/大
小/大　 －　大/小　 ＝　小/大

符合实际交易的规律是:无论即期汇率还是远期汇率,前一数字总小于后一数字,即标准货币的买入价总是小于标准货币的卖出价;与即期汇率相比,远期汇率的买入价与卖出价之间的汇差总是更大。

例9-3　即期汇率　　　　　　　　　USD/CAD　　1.5369/79
　　　　6个月远期　　　　　　　　　　　　　　300/290
　　　　12个月远期　　　　　　　　　　　　　 590/580
则　　　6个月直接远期汇率　　　　USD/CAD　　1.5069/89
　　　　12个月直接远期汇率　　　　USD/CAD　　1.4779/99

例9-4　即期汇率　　　　　　　　　USD/HKD　　7.7930/7.7948
　　　　3个月远期　　　　　　　　　　　　　　100/88
则　　　3个月直接远期汇率　　　　USD/HKD　　7.7830/7.7860

三、远期汇率升贴水的计算

造成远期汇率升贴水的因素很多,但主要是由有关的两个国家的利率高低决定。当然还有其他因素,如国际政治、经济形势的变化,国际经济交易的消长,国际收支的变化,一国的政策等。

在正常的市场条件下,远期汇率的升贴水主要取决于两国货币短期市场利率的差异,而大致与利率差异保持平衡。一般情况下,利率较高的货币的远期汇率表现为贴水,利率较低的货币的远期汇率表现为升水。远期汇率的升贴水大约等于两种货币的利率差。这是我们已经学过的"利率平价理论"的内容,它又被称为"远期汇率决定理论"。

例如,美国某商业银行卖出远期美元较多即超卖,不能平衡。为了避免汇率波动的风险,它用英镑买进即期美元,准备在远期交易到期时办理交割。该银行以即期英镑换取即期美元,如果存放于纽约的美元存款利率低于伦敦的英镑存款利率,则该银行将在利息上蒙受损失。因此,该银行将把由于远期外汇业务所引起的利息损失转嫁到远期美元的购买者身上,那么客户购买远期美元的汇率应高于即期美元的汇率。升贴水的数额原则上等于两种货币的利率差,若两国利差发生变化,则远期差价也会相应变动。远期汇率、即期汇率、利息率之间存在的内在联系,可以通过即期汇率两种货币的利差计算。

一种货币对另一种货币升贴水的数值,其公式为

$$外币升贴水数值 = 即期汇率 \times 两国利差 \times 月数/12$$

或

$$外币升贴水数值 = 即期汇率 \times 两国利差 \times 天数/360$$

若交割期为一年,上式实际为利率平价公式:$f=(F-S)/S=i-i^f$,$F-S=$升贴水数,式中,汇率用直接标价法表示。一种货币对另一种货币升水(或贴水)的具体数字不便于比较,不能直接指明其高于(或低于)即期汇率的幅度,折成年率则可方便地进行比较。

$$SFP_M = (F_M - E)/E \times 360/M \times 100\%$$

或

$$SFP_m = (F_m - E)/E \times 12/m \times 100\%$$

式中,SFP_M(SFP_m)表示标准货币 M 天(m 个月)远期汇率升/贴水折年率;SFP_M(SFP_m)为正表示标准货币升水,SFP_M(SFP_m)为负表示标准货币贴水;F_M(F_m)表示 M 天(m 个月)远期汇率;E 表示即期汇率,用直接标价法表示。

例 9-5 伦敦外汇市场即期汇率 GBP1=USD1.5500,伦敦市场利率为 9%,纽约市场利率为 7.5%,问:3 个月后,美元远期汇率是升水还是贴水?3 个月后,美元远期汇率的升/贴水值是多少?

方法一:将美元视为外币

解 (1) 因为 $i_\$ < i_£$

所以美元远期升水

(2) 美元升水值=1/1.5500×(9%-7.5%)×100%×3/12=GBP0.0024

(3) 3 个月美元远期汇率为

$$USD1 = 1/1.5500 + 0.0024 = GBP0.6476$$

或 GBP1=USD1.5442

方法二:将英镑视为外币

解 (1) 因为 $i_\$ < i_£$

所以美元远期升水

(2) 英镑贴水率=1.5500×(9%-7.5%)×100%×3/12=USD0.0058

(3) 3 个月美元远期汇率为:GBP1=1.5500-0.0058=USD1.5442

例 9-6 美国某公司因进口用汇,从远期外汇市场购入 1 个月远期瑞士法郎。已知即期汇率 USD1=CHF1.5341,1 个月后美元贴水 50 点,问该公司因进口用汇(瑞士法郎)升值而遭受的损失折成年率是多少?

解 美元贴水 50 点,即瑞士法郎升水 50 点(CHF0.0050)

则瑞士法郎升水值折年率为:0.0050/1.5341×12×100%=3.91%

四、远期外汇交易的应用

远期外汇买卖,就其本身而言是一种合同交易,在外汇交易尚不活跃时,当需要外汇

时能否买入外汇,或者有外汇收入时能否顺利卖出,完全没有把握。因此人们通过这种合同交易以保证能按时买进所需的外汇,或者把将来取得的外汇顺利卖出,就像商品合同交易一样,其作用主要是稳定销售(卖方)和货源(买方)。

随着国际经济交易和外汇市场的发展,人们不再担心能否卖出或买入外汇,而随着浮动汇率制度的实行,按什么汇率买卖外汇则成为外汇交易的核心问题。于是,人们开始主要为防范风险或从汇率的变动中赚取风险收益而进行远期外汇交易。这样,远期外汇交易就在传统的外汇市场上迅速发展起来,在其发展过程中派生出以下三个主要作用。

(1) 套期保值:主要用于防范各种国际经济交易(国际贸易、国际投资、借贷、外汇银行轧平头寸)中的外汇风险。

(2) 投机:根据对远期汇率的预测进行外汇投机。

(3) 抛补套利:交易者在现汇市场上将低利率货币兑换成高利率货币,并进行投资,同时在期汇市场上将高利率货币本利和卖出,从而在获得利差收益的同时完全避免汇率风险。

(一) 套期保值:成本最低的保值方式

远期合同是进行套期保值的传统方式,但并不是唯一的方式,货币市场工具、期货、期权等也可用于相同的目的。远期合同的优越之处在于:交易成本低,市场流动性相对较大,可以不涉及现金流动。套期保值主要用于以下情况。

1. 避免交易风险

(1) 客户为避免未来外汇收支风险而进行远期外汇交易。客户在未来一定日期,有一笔确定的外汇收入或支出时(如进口付汇、出口收汇、对国外投资或所欠国外债务到期等),利用远期外汇固定汇率,从而无论到期日汇率如何变化,当事人支付或收到的本币数量是确定的。例如,美国公司从加拿大进口价值 1150 万加元货物,两个月后付款。美国公司应从加拿大银行买进 1150 万两个月远期加元,使加元价格固定,以防止加元升值的风险。到交割日(两个月又两天),美国公司按远期合同约定的固定汇率向加拿大银行购买 1150 万加元,用于支付进口货款。在此期间若加元升值,则远期交易使美国公司避免了损失;若加元贬值,则美国公司将因签订远期外汇而多支付美元。可见,远期合同在避免交易中的外汇风险的同时,也排除了从汇率变动中获利的可能性。

进口商利用远期合同,实际是将汇率变动的风险转嫁给了银行,但银行也不愿承担风险。为了避免损失,加拿大银行在卖出一笔两个月 1150 万加元的远期合同后,可向其他银行买进一笔两个月 1150 万加元远期,价格小于或等于远期加元的卖出价。

例 9-7 英国从美国进口

9 月 12 日即期汇率: GBP1=USD(1.5880~1.5890)

30 天远期汇率为: GBP1=USD(1.5820~1.5840)

9 月 10 日两公司签订贸易合同,10 月 12 日支付货款 200 万美元。选择远期买入美元,需要英镑 200/1.5820=126.42(万)。如果 10 月 12 日的即期汇率为 GBP1=USD(1.5700~1.5710),即英镑贬值,支付货款需要英镑 200/1.5700=127.39(万)。说明远期交易是合算的。如果 10 月 12 日的即期汇率为 GBP1＝USD(1.5900～1.5910)，即英镑升值，支付货款需要英镑 200/1.5900＝125.79(万)。此时，远期交易要多支付英镑，虽不合算，但仍可保值。

(2) 银行为平衡其远期外汇持有额而进行远期外汇交易。银行与客户进行各种交易后，产生了"外汇持有额"不平衡的现象，即现汇和期汇超买或超卖情况，虽然汇率变动有时对"外汇持有额"不平衡的情况有利，银行可获得汇率变动的收益，但各国经营外汇业务的银行大部分只起着代客户买卖外汇的中介作用，本身并不承担风险，其从事外汇业务的目的主要是通过业务赚取买卖差价和营业收入，所以一般银行的外汇持有额要有意识地处于平衡状态。当然，少数进行外汇投机的银行会有意识地根据对汇率的预测持有多余头寸。银行调节远期外汇持有额的办法是与其他银行进行远期外汇交易：当银行超买远期外汇时，则出售一部分远期外汇；当超卖时，则买进同额远期外汇。

2. 避免账面风险

跨国公司在国外的子公司，其资产负债表中的内容是以当地货币计价的，但其年度财务报告却需用本国货币为计价单位。如果上一报告期到本报告期之间，有关汇率发生变化，则原来以外币表示的资产、负债、收入、支出等转化为本币的数值可能并不反映真正的资产损益情况，账面风险由此产生。例如，加拿大的约克公司在纽约曼哈顿地区拥有一些房地产，在会计账面上，它们是用美元计值的资产，因此当美元贬值时，约克公司将发生一笔账面损失。为避免损失，约克公司卖出 3 个月远期加元。当合同到期时，如果加元升值，则约克公司从远期外汇交易中获得一笔收益，可抵销该公司在纽约房地产的账面损失；如果加元贬值，约克公司从该笔远期外汇交易中招致损失，但约克公司在纽约的房产升值。可见无论何种情况，远期加元的损益恰可抵销在美国的房地产的账面收益或损失。

3. 避免经济风险

不同于交易风险和账面风险，经济风险是指汇率变动对公司总体营利性或长期现金流的影响，因而对经济风险的度量也较为复杂，必须考虑多种因素，如汇率变动后客户的反应、所涉及货币的相对通货膨胀率变化等。

总之，通过远期外汇合同套期保值的条件能使当事人对汇率变动的方向甚至幅度作出正确判断。由于现实中人们并不能精确地预测汇率变动，因而利用远期合同并不能对风险进行完全的防范。

(二) 投机

1. 概念

投机者根据对有关货币汇率变动趋势的分析预测，通过买卖现汇或期汇的方式故意建立某种货币的开放性头寸(open position)，或故意保留其在对外经济交往中正常产生的外汇多缺头寸，以期在汇率实际变动之后获取风险利润的一种外汇交易。从事现汇投机时，买卖双方必须持有本币或外汇资金，交易额受持有资金额的限制。而远期外汇投机不涉及现金和外汇的即期收付，仅需少量保证金，无须付现，而且大多数远期外汇投机在到期前已经平仓，因此，不持有巨额资金也可进行巨额交易。

2. 基本操作

投机的基本操作有两种：一是"买空"或"做多头"，即在预测外汇汇率将上涨时，先买后卖的投机交易；二是"卖空"或"做空头"，即在预测外汇汇率将下跌时，先卖后买的投机交易。

例9-8 [买空]假设东京外汇市场上6个月的远期汇率USD1＝JPY104，某投机者预计半年后即期汇率将是USD1＝JPY124，若该预测准确的话，在不考虑其他费用的前提下，该投机者买进6个月的远期美元100万，可获多少投机利润？

投机者买进6个月的远期美元100万，到期后支付1.04亿日元；将100万美元按即期汇率USD1＝JPY124卖出，可得1.24亿日元，可获利(1.24－1.04)亿日元＝0.2亿日元，若预计不准确，就会蒙受损失。

例9-9 [卖空]法兰克福汇市，3个月期汇率为EUR1＝USD1.2809，一个投机商预测欧元兑美元汇率下跌，他就卖出10万欧元3个月期汇，3个月后，欧元跌至EUR1＝USD1.2710，他可买入10万欧元，交割抵轧可获投机利润(128 090－127 100)＝990(美元)。

若两个月后，欧元即期汇率就跌至预期的低点，远期汇率也下跌，如果一个月远期欧元汇率为EUR1＝USD1.2710，投机者可按此远期汇率买入一个月远期10万欧元，到期后，两份相抵，提前获利990美元。如果该投机者预期错误，两个月后欧元升值，当时一个月远期欧元汇率也上升，他的第一笔远期合同会使他遭受损失，第二笔合同当然就不会做了。

3. 说明

(1) 投机不一定是主动的行为，如果商人并没有主动进行外汇交易，以建立某种外汇的多缺头寸而只是对其在正常涉外经营业务中所产生的外币债权(如出口的预期外汇收入)，或外币债务(如进口的预期外汇支出)不做任何抛补，这种做法实际上也属于一种外汇投机，因为这种貌似消极的态度是建立在预期有关货币的汇率将要朝着有利方向变动的心理基础上的，也涉及外汇风险的承担。

(2) 投机是一种建立在预期心理基础之上，通过主动承担风险以获得利润的理性行为。市场上的投机活动具有正反两方面的作用，有时能起到稳定市场的作用，有时又会动摇市场的稳定。

(3) 就经济整体而言，风险只能转移而不能消除。从某种意义上说，正是由于外汇市场上存在大量投机活动，风险回避者的保值目的才能实现。因此，适当数量的投机者对市场的存在与发展是至关重要的。

(三) 套利

1. 概念

套利也称"利息套汇"，是指交易者利用不同国家之间存在的利率差异，将资金从利率较低的国家转移到利率较高的国家进行投资，以获取利差收益的交易活动。

2. 类型

(1) 抵补套利。又称"时间套汇"，是指在现汇市场上买进一国货币进行对外投资的同时，在期汇市场上出售与投资期限相同、金额相当的该国货币的远期，借以规避风险的套汇活动。具体操作是借入低利率货币，在现汇市场上将这笔资金转变为利率较高的另一种货币并进行投资（存入该国银行）；同时订立一份远期外汇，在到期日按商定的汇率卖出高利率货币的本利和以偿还借款。

假定美国年利率为 5%，英国年利率为 10%，某日即期外汇市场上 GBP1＝USD2.000，一个美国投资者持有 100 万美元闲置资金，有两种投资选择：第一种是在美国投资，一年后收益 100×5%＝5（万美元）；第二种是在英国投资，先按即期汇率 GBP1＝USD2.000，将 100 万美元在即期外汇市场上换成 50 万英镑，再将 50 万英镑投资于英国银行存款，一年后收益 5 万英镑，本利和共为 55 万英镑。

但美国投资者选择到英国投资的套利活动存在外汇风险，因为 1 年后美元兑英镑的汇率是不确定的。当两种投资方案收益相同时，可计算出 1 年后的即期汇率为 GBP1＝USD1.909 09。当 1 年后即期汇率大于 1.909 09 时，应在英国投资；当 1 年后即期汇率小于或等于 1.909 09 时，应在美国投资。由于汇率变动是不确定的，在英国投资进行套利的损益也是不确定的，为了确保套利的预期收益，应进行抵补套利。

进行抵补套利的条件是，外汇市场上的即期汇率和远期汇率差异小于当时这两种货币的利率差异。具体而言则是：高利率货币贴水率（或低利率货币升水率）＜利差。现实中，有利可图的抛补套利机会是很少的，因为在国际外汇市场上，远期汇率就是根据抛补套利条件决定的。

（2）未抵补套利。是指交易者将资金从利率低的国家转移到利率较高的国家进行投资，以获取利差，而不采取保值措施的套利交易。未抵补套利仅涉及即期外汇交易。由于这种套利没有确定投资期满后的兑换价格，投资期满收回套利资金时，外汇市场汇率变化会有两种：一种情况是汇率向有利于套利者的方向发展，此时套利者还将得到汇率变动方面的好处；另一种情况是汇率向不利于套利者的方向发展，此时套利者套利的利润不仅会因为汇率的下跌被抵销，而且会出现套利亏损。因此一般认为未抵补套利具有极强的投机性。

3. 说明

套利活动以有关国家对货币的兑换和资金的转移不加任何限制为前提，实施外汇管制和金融管制的国家之间不会发生套利活动。抵补套利虽然能够获得无风险利润，但也涉及一些交易成本，如外汇经纪人在接受客户委托而做即期和远期外汇交易时所收取的佣金，资金借贷中除了利息还会涉及管理费、手续费等其他费用，投资国外货币存款和投资本国货币存款在税收上存在差异等。这些费用应与高利率货币贴水率（低利率货币升水率）加在一起再与两国利差进行比较。

五、择期远期外汇交易

（一）概念

择期远期外汇交易，又称"择远期外汇交易"或"择期交易"，是指进行外汇远期交易时，不规定具体的交割日期，只规定交割的期限范围。也就是说，客户对交割日在约定期限内有选择权。

由于进行择期外汇交易的顾客对具体交割日期拥有选择的主动权,而银行则处于被动地位,受到汇率变动损失的可能性大,因而使用的汇率对顾客不利而对银行有利,这既是对银行承担风险的一种补偿,也是顾客在选择交割日拥有主动权而应付的代价。总的来说,银行将选择从择期开始到结束期间最不利于顾客的汇率作为择期交易的汇率。由于

$$远期汇率 = 即期汇率 + (-)升贴水$$

对客户最不利的汇率是选择期的第一天或最后一天的汇率。银行关于择期交易的定价原则是:银行买入基准货币、卖出标价货币时,如果基准货币升水,按择期第一天的远期汇率计算;如果基准货币贴水,按最后一天的远期汇率计算。银行卖出基准货币、买入标价货币时,如果基准货币升水,按择期最后一天的远期汇率计算;如果基准货币贴水,按择期第一天的远期汇率计算。

(二) 类型

1. 完全择期交易

完全择期交易是指从成交日起的第三个营业日至到期日的任何一个营业日,客户都可选择某一日期要求交割。

2. 部分择期交易

客户可以将交割定于有效期内某两个具体日期之间或某个具体月份。

(三) 应用

例 9-10 某日市场汇率如表 9-1 所示。

表 9-1 某日市场汇率

	GBP/USD	USD/JPY	USD/ITL	起算日
即期汇率	1.5180/90	124.75/85	1535.0/1536.0	4月6日
1个月	39/36	60/57	27/33	5月6日
2个月	80/77	115/110	58/65	6月6日
3个月	125/119	165/161	77/85	7月6日

问:(1)客户用英镑向银行购买期限为5月6日—6月6日的择期远期美元银行应用哪个汇率?

(2)客户用美元向银行购买期限为5月6日—7月6日的择期远期日元,银行应采用哪个价格?

(3)如果该客户向银行出售期限为5月6日—7月6日的择期远期日元、买入远期美元,银行应采用哪个价格?

(4)客户要向银行出售期限为6月6日—7月6日的择期远期里拉,银行应采用哪个汇率?

(5)如果客户向银行购买4月6日—7月6日的择期里拉,银行应采用哪个汇率?

解 为了便于识别,首先计算具体的远期汇率值,如表 9-2 所示。

表 9-2　具体的远期汇率值

	GBP/USD	USD/JPY	USD/ITL	起算日
即期汇率	1.5180/90	124.75/85	1535.0/1536.0	4月6日
1个月	1.5141/54	124.15/28	1537.7/1539.3	5月6日
2个月	1.5100/13	123.60/75	1540.8/1542.5	6月6日
3个月	1.5055/71	123.10/24	1542.7/1544.5	7月6日

(1) 客户用英镑向银行购买期限为5月6日—6月6日的择期远期美元,是银行买入择期英镑,英镑贴水,银行应选用择期最后一天的英镑买入价:1GBP=1.5100USD。

(2) 客户用美元向银行购买期限为5月6日—7月6日的择期远期日元,是银行买入择期美元,美元贴水,银行应采用择期最后一天的美元买入价汇率:1USD=123.10JPY。

(3) 客户向银行出售期限为5月6日—7月6日的择期远期日元、买入远期美元,是银行卖出远期美元,美元贴水,银行应采用择期第一天的美元卖出价:1USD=124.28JPY。

(4) 客户向银行出售期限为6月6日—7月6日的择期远期里拉,是银行卖出远期美元,美元升水,银行应采用择期最后一天的美元卖出价:1USD=1544.5ITL。

(5) 客户向银行购买4月6日—7月6日的择期里拉,是银行买入远期美元,美元升水,银行应采用择期第一天的美元买入价:1USD=1535.0ITL。

第四节　掉期交易

一、概念和特点

掉期交易(swap transaction)是指外汇交易者在外汇市场上买进(或卖出)某种外汇时,同时卖出(或买进)相等金额,但期限不同的同一种外国货币的外汇交易活动。例如,以A货币交换B货币,并约定未来时日,再以B货币换回A货币。可见,掉期交易的特点是:买进和卖出的货币数量相同;买进卖出的交易行为同时发生;唯其交易方向相反、交割期限不同。

掉期点是指两笔交易所使用的汇率差价。例如,即期卖出美元100万,即期汇率为USD1=DEM1.7339,远期买入美元100万,远期汇率为USD1=DEM1.7629,则掉期点=1.7629-1.7339=0.0288(288点)。

二、类型

1. 即期对即期的掉期交易

即期对即期的掉期交易又称"一日掉期",是指两笔交易都是即期外汇交易,但两笔交易数额相同,交割日相差1天,交易方向相反。分下面三种安排。

(1) 今日对次日掉期(today-tomorrow swap),也称隔夜掉期(one night),即把第一个交割日安排在成交的当天,并把第二个反向交割日安排在次日。

(2) 明日对后日掉期(tomorrow-neat swap),即把第一个交割日安排在明日,第二个反向交割日安排在后天。这种方式较为常见。

（3）即期对次日掉期(spot-neat swap)，即把第一个交割日安排在即期交割日(后天)，第二个反向交割日安排在交割日的次日。

一日掉期主要用于银行同业的隔夜资金拆借，其目的在于避免进行短期资金拆借时因剩余头寸或短缺头寸的存在而遭受汇率变动的风险。

2. 即期对远期掉期(spot-forward swap)

即期对远期掉期是指一笔为即期交易，另一笔为远期交易，是最常见的掉期交易形式。主要用于外汇资产到期时外币即期汇率下降，或外币负债到期时即期汇率上升而带来的损失，也可用于货币的兑换、外汇资金头寸的调整。

3. 远期对远期掉期(forward-forward swap transaction)

远期对远期掉期是指两笔均为远期交易，但远期交割期限不一致的掉期交易。这种形式分为两类：一类是"买短卖长"；另一类是"卖短买长"。这种形式的掉期交易可以利用有利的汇率变动机会从中获利，所以越来越多地受到重视和使用。

三、应用

（一）客户掉期业务的操作

进口商、投资者、借贷者及投机者等通过掉期交易以实现下列目的。

1. 套期保值

进出口商等外汇保值者同时拥有不同期限、数额相当的外汇应收款和应付款时。

例 9-11 新加坡进口商根据合同进口一批货物，1个月后须支付货款10万美元；他将这批货物转口外销，预计3个月后收回以美元计价的货款。为避免风险，应如何操作？

新加坡外汇市场汇率如下：

1个月期美元汇率： USD1＝SGD(1.8213～1.8243)

3个月期美元汇率： USD1＝SGD(1.8223～1.8253)

[操作]为避免美元汇率波动的风险，该商人做以下掉期操作。

第一步：买进1个月期远期美元10万，应支付18.243万新加坡元。

第二步：卖出3个月期远期美元10万，收取18.123万新加坡元。

付出掉期成本 18.243－18.123＝0.12（万新元），此后无论美元如何波动，该商人均无汇率风险。

例 9-12 某公司2个月后将收到100万英镑的应收款，同时4个月后应向外支付100万英镑。该公司应如何进行保值操作？

假定市场汇率行市如下：

2个月 GBP1＝USD(1.6500～1.6550)

4个月 GBP1＝USD(1.6000～1.6050)

[操作]卖出2个月期英镑100万（用2个月后的应收款交割），收到美元165万。

买入4个月期英镑100万（用以支付4个月后的应付款），付出美元160.5万。

通过掉期业务，该公司盈利4.5万美元。

例 9-13 中国银行从国外借入一笔加元,并准备将这笔加元转借给国内的一家企业,而这家企业不需要加元,希望使用美元。该企业应如何操作?

[操作]企业卖给银行即期加元,买进美元,同时买进远期加元,用于归还银行的加元贷款。

2. 投机

(1) 利用汇率变动进行掉期交易获取投机利润。例如,若预期某种货币将贬值,可先以较高价格卖出较短期限的远期外汇,再以较低价格买进较长期限的外汇。利用不同期限的远期外汇的价格变动,买低卖高,从中获利。

(2) 与套利相结合来盈利,即抵补套利。买进即期高利率货币,同时卖出远期高利率货币本利和。例如,从低利率国家银行借入该国货币,在现汇市场上兑换为高利率国家货币,并存入高利率国家的银行;同时,在期汇市场上将预期的高利率货币本利和卖出,换回低利率货币。只要高利率货币贴水率小于两国利差,投机者就可稳获利差收益。

3. 使远期外汇交易展期或提前到期

例 9-14 某美国公司 3 个月后有一笔 800 万欧元的货款收入,为避免欧元下跌,该公司卖出 3 个月的远期欧元,但 3 个月到期时,并未收到该货款,预计货款将推迟 2 个月收到。如何操作?

[操作]买入即期欧元,了结原先的远期合约,再卖出 2 个月的远期欧元。这样,该公司通过掉期交易对原远期欧元合约进行展期,达到保值目的。保值效果只受掉期点的影响,若欧元贴水,该公司要付出掉期成本;若欧元升水,该公司在这笔交易中反而获利。

如果该公司提前 1 个月就收到货款,原签订的卖出远期合约还有 1 个月才到期。

[操作]卖出即期欧元,买入 1 个月远期欧元。后者用于了结原远期合约。损益由掉期点决定。

(二) 银行掉期业务操作

银行每天与客户交易后,会出现外汇头寸的超买/超卖、多头/空头等现象,这将使银行遭受汇率变动风险;也可能发生外汇与本币资金过多或不足的情况,从而影响外汇业务的发展。银行的外汇头寸调整及资金调整(包括资金结构和资金期限调整)都是通过掉期交易完成的。

1. 利用掉期交易调整银行外汇头寸

银行每日应编制外汇头寸报表,包括即期存款账户余额、即期外汇买卖余额、远期外汇买卖余额,统称外汇综合头寸。这其中又分为买入金额和卖出金额,客户的交易额与同业的交易额,本币和各种外币币种的交易额。

选择外汇头寸调整方法时,应从资金使用效率和买卖损益立场考虑,比较哪种方法较为有利。针对外汇头寸不平衡,如果采取单独每笔的即期或远期交易进行调整,成本很高;而如果采用掉期交易,则操作简单,不仅成本低,还可以保值,可同时达到外汇头寸调整和外汇资金调整的目的。

例 9-15 某银行收盘时发现,3 个月远期英镑空头 200 万,6 个月远期英镑多头 200 万;同时,3 个月远期港币多头 2400 万,6 个月远期港币空头 2390 万。应如何进行调整?

[操作]若该银行对空头与多头分别进行抛补,需安排多笔交易,成本很高。可通过掉期交易进行外汇头寸的调整。买入3个月远期英镑200万(卖出3个月远期港币2400万),同时卖出6个月远期英镑200万(买入6个月远期港币2400万)。这样,只一笔掉期交易,就可使英镑和港币头寸达到平衡。

例9-16 某银行在一天营业快结束时,外汇头寸出现了以下情况:即期美元多头300万,3个月远期美元空头300万;即期日元空头12 010万,3个月远期日元多头12 020万;即期加元空头328万,3个月远期日元多头12 020万。当时市场汇率如下:

	USD/JPY	USD/CAD
即期汇率	120.10/20	1.6400/10
远期汇率	30/20	10/20

[操作]第一笔:卖出即期美元100万(买入日元)　　　　汇率120.20
　　　　买入3个月远期美元100万(卖出日元)　　汇率119.80

在这笔交易中,银行收益40万日元。

第二笔:卖出即期美元200万(买入加元)　　　　汇率1.6410
　　　　买入3个月远期美元200万(卖出加元)　　汇率1.6410

在这笔掉期中,银行不盈不亏。

2. 利用掉期交易调整银行资金

资金调整包括结构调整和期限调整。

(1) 利用掉期交易改变外汇币种,调整资金结构

例9-17 假设某银行的客户要求取出欧元贷款,但该行吸收的欧元存款很少,难以直接提供该贷款。这时,该银行可用美元在外汇市场上买入即期欧元,同时卖出远期欧元。这样,银行通过掉期交易,使自己原来的美元头寸变成了欧元头寸。为了防止欧元贷款收回时欧元贬值,在买进即期欧元时,将其远期卖出,从而既改变了外汇币种,又达到了保值的目的。

例9-18 某银行对澳元有某种需要,但由于种种原因,市场上很难借到澳元。这时,银行可借入美元,并卖出即期美元(买入澳元),同时买入远期美元(卖出远期澳元)。

(2) 利用掉期交易改变外汇期限

例9-19 当A银行日元头寸暂时多余时,银行可通过即期交易将日元卖给B银行,同时以远期交易买回相同金额的远期日元。这样不仅可以确保手头资金,而且可以避免外汇风险。

3. 银行利用掉期交易避免与客户进行单独的远期交易所承受的风险

如果银行单独进行一笔远期外汇交易,对外汇头寸和资金进行调整,往往很难找到承接对手。而利用即期/远期掉期,通过用即期作为掩护,就很容易找到交易对手,因为掉期交易对交易双方均无外汇风险。在国际金融市场上,做掉期交易十分普遍,并形成了国际掉期市场。

例9-20 某银行在买进客户3个月远期美元500万之后,就拥有了500万美元的"风险敞口"。为了避免风险,该银行必须卖出同等数量、交割期限相同的远期美元。但在银

行同业市场,直接卖出单独的远期美元,往往很难成交。因此,银行的通常做法是首先卖出即期美元 500 万,然后再做一笔即期/远期掉期:买入即期美元 500 万的同时,卖出 500 万的 3 个月远期美元。这样,即期的 500 万美元经过一卖一买相互抵销,银行实际上只卖出一笔 3 个月期美元 500 万,正好与从客户手中买进的 3 个月远期美元 500 万相抵销,轧平了银行的美元头寸。

第五节 外汇期货业务

金融期货合约(financial futures contracts)是指协议双方同意在约定的将来某个日期按约定条件(包括价格、交割地点、交割方式)买入或卖出一定标准数量的某种金融工具的标准化协议,合约中规定的价格就是期货价格(futures price)。实际上,期货合同到期后真正需要实际交割资产的现象很少见,通常不到合同金额的 3%,绝大多数交易都是在合同到期之前采用对冲交易的方式,或采用到期买卖双方相互划拨资金头寸的方式来结算。这是因为期货合同的买卖双方一般都不是为了买卖实物资产,而是要利用期货市场来分散投资风险,或投机牟利。在国际金融期货市场上,期货交易的类型主要有外国货币期货、利率期货、股票指数期货和贵金属期货交易,本节将详细介绍外币期货交易。

一、外汇期货交易的概念与发展

(一)外汇期货交易的概念

外汇期货,又称"货币期货"或"外币期货",是指在有形的交易市场,通过结算所(clearing house)的下属成员清算公司(clearing firm)或经纪人,以公开叫价的方式,买卖一定数量、交割时间标准化的远期外汇的一种业务。外汇期货合同到期时,外汇购买者(或出售者)可以根据合同要求进行交割,也可作出一个与合同方向相反的合同来冲销(offset)原合同的权利和义务。签订外汇期货合同时,顾客要向清算公司或经纪人交付定额保证金。在外汇期货合同有效期间内,随买(卖)外币期货汇价的每天涨落,与原定汇价相比,顾客可能发生盈亏。

(二)外汇期货交易的发展

1. 商品现货(spots)和期货(futures)

现代市场经济存在两种交易方式:现货交易与期货交易。现货交易发展到一定程度,出现了远期交易行为,这种远期交易进一步发展,产生了期货市场。

现货交易是以实现实际商品所有权的转移为最终目的的交易方式,可分为两种形式:①即期交易,即通常所说的"即买即卖""一手交钱,一手交货"的交易形式。②远期交易,通常是以合同的形式规定下来,并在未来某个时间交收实物。远期交易与即期交易虽有较大差异,但两者都是以实现实际商品所有权的转移为最终目的,即买者通过交易获得商品,卖者通过交易出让商品。

期货交易的产生,是以远期交易合同到期前的转让行为的出现为源头的。期货交易是指集中在法定交易所内以公开竞价方式进行的期货买卖,并以获得价差为目的。

2. 外汇期货的出现

商品期货有着悠久的历史,而金融资产、金融工具进入期货市场还只是1972年以后的事。20世纪70年代布雷顿森林体系崩溃后,固定汇率制度转换为浮动汇率制度。同时,西方国家金融管制放松,金融自由化迅速发展,利率水平变动剧烈。汇率与利率频繁而剧烈的波动给国际投资和国际贸易带来了很大的不便,贸易商、投资者避免外汇风险的愿望越来越强烈;同时,利用利率、汇率的波动谋取风险利润的投机活动也日趋活跃。

为了适应这种情况,西方发达国家开始将农矿产品期货交易的成功经验运用于金融领域。1972年5月16日,芝加哥商品交易所专设了一个部门——国际货币市场(IMM),推出了货币期货。以后,又先后开办了其他许多金融期货交易,如黄金期货、利率期货、股票指数期货等。

目前,世界主要金融中心都建有金融期货市场,交易的品种、范围不断扩大,交易日趋活跃。但总的来说,全球外汇期货业务主要是在芝加哥国际货币市场和伦敦国际金融期货交易所进行的。

二、外汇期货市场及交易操作

(一) 外汇期货市场的结构

1. 期货交易所(futures exchange)

外汇期货市场是一个有形市场,所有的外汇期货交易都必须在规定的交易场所内进行。外汇期货交易所实行会员制。会员资格的取得是通过向有关部门申请,并经其批准。会员每年必须交纳会费。在交易所内会员可以进行两类交易:一是代客买卖,充当经纪人,收取佣金;二是作为交易商,进行自营,赚取利润。

外汇期货交易所的中心是交易厅。交易厅周围一圈设有众多的交易亭。会员代表在这里通过电话、电传等先进通信工具时刻与总部或客户保持联系:传递信息、接受指令或报告执行情况。交易所的经纪人和场内交易员在交易场内通过喊价和固定的手势进行交易。

外汇期货交易所的主要功能是为交易提供场所和各种交易设施;收集和传播最新的市场行情及影响市场行情的重要信息;制定并监督执行有关的交易规则;仲裁交易活动中发生的争执和纠纷。

2. 清算机构(clearing house)

交易所下设清算机构,又称清算所、清算公司、结算公司等,是负责期货合约清算的营利性机构,拥有法人地位。清算机构可以是一个独立的组织,也可以是交易所的附属公司。清算所充当交易双方的最后结算者。交易所会员要想成为结算会员必须单独申请,非结算会员的交易所会员通过结算会员清算,并交纳佣金。

3. 经纪公司(futures commission company)

经纪公司又称期货佣金商,是期货交易所中起中介作用的法人实体,是代表金融商业机构或一般公众进行期货和期权交易的公司或商行。其基本职能是代表不具有会员资格的客户利益,代表客户下达交易指令,征收客户履约的保证金,处理账户,管理资金,为客户传递市场信息和市场研究报告,充当交易顾问,为客户提供设施和人员。经纪公司收取客户一定比例的佣金作为其基本收入。经纪公司要经过指定部门审核批准。

外汇经纪人应具有较高的智商、较丰富的业务知识及其他相关知识。客户盈利与否与经纪人有很大关系。一些国家经纪人可用自有资金参与期货交易。

4. 市场参与者

参与外汇期货的交易者,主要是企业、银行和个人。任何单位和个人只要交纳保证金,都可以参与外汇期货交易。

(二) 外汇期货交易的基本规则

1. 保证金制度(margin)

客户进行交易时,必须存入一定数额的履约保证金,开立保证金账户,经纪商再按规定的比例将客户的部分保证金转存于清算所。保证金又可以分为初始保证金和维持保证金。初始保证金是指客户在每一笔交易开始时交纳的保证金;维持保证金则是保证金允许下降的最低水平,为初始保证金的 2/3 或 3/4。若保证金数额下降到维持保证金,客户必须追加保证金至初始水平,否则经纪公司和清算所将立即代替客户对冲合约。期货交易实际上是保证金交易。

2. 每日清算制

每日清算制又称逐日钉市(market-to-market)制度。清算公司负责清算交易双方每日的盈亏,凡未平仓的每笔期货交易均要按当日市场的收盘价逐日清算。盈余时,客户可把超过初始保证金的部分提走;亏损时,从保证金账户扣除。若保证金低于维持水平,经纪商将通知客户补足,使之回升至初始水平。

例 9-21 星期一早晨,某投资者持有一份星期三下午到期的英镑期货合同的多头寸,约定价格是 GBP1＝USD1.77,数量是 62 500 英镑。星期一收盘时,价格上升到 GBP1＝USD1.79;星期二收盘时,价格进一步上升到 GBP1＝USD1.80;星期三收盘时,价格下降到 GBP1＝USD1.785。合同到期,投资者按当时的即期汇率 GBP1＝USD1.796 进行对冲。计算每天的清算结果,投资者的盈利(损失)是多少?

每天的清算结果如下。

星期一收盘时：$(1.79-1.77) \times 62\,500 = 1250$(美元),投资者盈利;

星期二收盘时：$(1.80-1.79) \times 62\,500 = 625$(美元),投资者盈利;

星期三合同到期时：$(1.796-1.80) \times 62\,500 = -250$(美元),投资者亏损。

投资者投资的这份期货合同最终盈利：$1250+625-250=1625$(美元);

或使用最终交割价与最初买入价计算得：$(1.796-1.77) \times 62\,500 = 1625$(美元)。

3. 限价交易

每份期货合同都规定了最小价格波动和最高限价。"最小价格波动"是指在买卖货币期货合约时,由于供求关系使合约的货币价格产生波动的最小幅度。在交易场内,出价和叫价只能是最小变动额的倍数。如瑞士法郎期货合约的最小价格波动为 0.0001(一般称为 1 个点或者说是 0.01%),如果瑞士法郎当前的交易价格为 0.6756 美元,则上涨和下跌的下一个最小报价是 0.6757 和 0.6755。每个点代表一定的美元价值。因为瑞士法郎的期货合约金额是 125 000,则每"点"最小波动价值应为 125 000×0.0001=12.5(美元)。"最高限价"是指每日交易价格波动的最高限制,价格波动超过该限价,这种货币的期货交易就停止。如瑞士法郎最高限价 150 个点(0.0150),以美元换算,则最高限价为 125 000×0.015=1875(美元)。最高限价是一种保护措施,交易者不致因价格的暴涨暴跌而蒙受巨大损失。

(三) 外汇期货交易流程

一笔外币期货交易从发出指令到清算公司记录完毕一般为 30 秒到 10 分钟。任何企业和个人都可以通过外汇期货经纪人或交易商买卖外汇期货。具体而言,客户欲进行外汇期货交易,首先,必须选定代理自己交易的经纪公司,开设账户存入保证金。然后,客户即可委托经纪公司替他办理外汇期货合约的买卖。在每一笔交易之前客户要向经纪公司发出委托指令(下单),说明他愿意买入或卖出的外汇期货、成交的价格、合约的种类和数量等。经纪人在接到客户的指令后,立即将指令用电话或其他通信工具通知场内交易厅经纪人,由他执行。成交后,交易厅经纪人一方面将交易结果通知经纪公司和客户;另一方面将成交的订单交给清算所,进行记录并结算。每个交易日末,清算公司计算每个清算会员的外汇头寸,并根据未平仓的合约,按每日收盘价结算盈亏。若期货价格发生不利变动,要通知客户追加保证金。直到进行了一笔反向交易,将合约对冲后,客户对这笔期货交易的每日结算才结束。

三、外汇期货交易与远期外汇交易的异同

外汇期货业务与远期外汇业务极其相似,它们的相同点是:首先,都是通过合同的形式,把购买或出售外汇的汇率固定下来;其次,都是一定时期内以后交割,而不是即期交割;最后,目的都是保值(防范和转移外汇风险)或投机。但外汇期货交易与远期外汇交易毕竟是两种不同的外汇交易方式,彼此在诸多方面存在很大差异。

交易的主要目的是保值避险和投机,而不是满足外汇交易者对不同货币头寸的需要,因而,外汇期货交易一般不进行最后交割,而是在期货合同到期前通过一笔反向交易进行对冲,最终进行实际交割的市场参与者不到总数的 1%。

外汇期货合约对交易币种、合约金额、最小价格变动和最高限价、交割月份和日期、交割方式、交割地点等内容均有统一的规定,只是没有规定成交价格(即期货合约中的外币汇率),它是在交易所通过公开竞价方式形成,从而完成外汇期货交易合约的买卖。外汇期货交易与远期外汇交易都有预定的交割日和交割金额,两者有着密切的联系,都为外汇投机者和套期保值者提供了适当的交易工具。但是,这两个市场是受不同规则和要求支配的存在许多差异的市场。下面通过比较外汇期货交易与远期外汇交易的异同,来介绍外汇期货交易的特点。

1. 市场组织形式

外汇期货市场是一个完全按拍卖方式组织的市场,因而是一种有组织、有场所、有规

则的有形市场,并采取公开竞价的方式进行;远期外汇市场则主要是按柜台方式组织的,基本上是一种抽象的无形市场,其交易通常是银行同业之间、银行与经纪人之间以及银行与客户之间通过电讯往来或电话方式报出买入价和卖出价的方式进行的。

2. 参加者及相互关系

外汇期货市场实行会员制。只有交易所的会员才能进入交易所执行交易,非会员客户只有通过会员单位才能进行外汇期货交易。远期外汇交易则无上述限制,交易双方既可直接进行交易,也可以通过经纪人进行。因此,外汇期货市场的参与者(可以是银行、非银行金融机构、实业公司、政府部门甚至自然人)不必考虑交易对方的信用是否可靠。而远期外汇业务是以"一对一"方式进行的,每笔交易的参与者都必须考虑对方的信用程度,个人一般难以参与。

3. 报价方式

远期外汇合约的买卖价格由交易双方各自报出两种价格,既报买入价,又报卖出价。而外汇期货合约的交易价格由交易所公布,一般是在规定的时间一方只报出一种价格,即买方只报买入价,卖方只报卖出价。

4. 合同内容

远期外汇合同是非标准化合同,合同金额不定,通常在 5 000 000 美元以上。交易涉及 50 多种货币。交割日可以是任何一个营业日。外汇期货合同是标准化合同,每份期货合同的外汇金额都是固定的,不同的货币有不同的标准金额,合同金额通常为 50 000～100 000 美元,金额较小,具有更大的流动性。交易币种限于几种主要的流动性强的货币。交割日固定,如国际货币市场(IMM)到期日只有每年的 3 月、6 月、9 月和 12 月的第三个星期三。但是,期货合同的敞口头寸在任何时候都可以通过一个相反方向的期货合同得到抵消,而不必等到到期日再进行外汇交割。芝加哥国际货币市场上最为活跃的外汇期货合约的主要内容如表 9-3 所示。

表 9-3 IMM 外汇期货标准化合约内容(2000 年)

币　种	英镑	日元	欧元	瑞郎	加元	澳元
标准代码	GBP	JPY	EUR	CHF	CAD	AUD
合同规模	62 500	12 500 000	125 000	125 000	100 000	100 000
汇价最小变化	0.0002	0.0001	0.0001	0.0001	0.0001	0.0001
代表价值(美元)	12.5	12.5	12.5	12.5	10	10
初始保证金(美元)	1620	2835	2430	1688	642	1317
维持保证金(美元)	1200	2100	1800	1250	475	975
交割月份	3月、6月、9月、12月及"交割月"					
交割日期	交割月份的第三个星期三					
最后交易日	从交割月份的第三个星期三往回数的第二个营业日					
交割地点	由清算中心指定的货币发行国的银行					

5. 现金流动的时间模式

在远期外汇业务中,不论要交割的是两种货币的全额还是差额,货币流动只在交割日发生一次,因此利润或亏损要到交割日才发生,存在较大的违约风险。而对外汇期货业务来说,在合同到期之前,资金每天都要易手,利润或亏损每天都必须结算,这就避免了远期市场上在交割日出现的违约风险。

6. 实际交割

远期外汇业务,约有90%以上的交易在交割日进行实际交割。以掉期形式进行的远期交易,类似期货交易,买卖的是远期合约,以"贱买贵卖"为原则,赚取差价,而不是合约上所规定的货币数量。在外汇期货业务中,实际交割的合约不足总量的1%,绝大部分合约在到期前通过反向交易抵消原来的期货头寸,这使期货交易具有很高的流动性,交易者可以在任何时刻通过对冲合同离开期货市场。

外汇期货价格实际是预期的现货市场价格,在投机者的参与下,期货价格会朝预期的现货价格趋同,因此期货价格与现货价格具有平行变动性(变动方向相同,变动幅度大致相同),且差价越来越小。因为在外汇期货合约临近到期时,卖方可以从现货市场购入即期外汇,交给买方以履行交割义务。因此,在期货合约的最后交割日收盘时,现货与期货之间的"差价"必然等于零,若不为零,套利者会套取两者之间的差价。

四、应用

外汇期货的参与者主要有两类:套期保值者(hedger)和投机者(speculator)。前者是未来有外汇收入或支出的单位或个人,希望固定风险;后者在未来没有具体的外汇需要保值,而是在预测汇率变化趋势的基础上,低买高卖,赚取利润。

(一) 利用外汇期货套期保值

套期保值的客观基础在于,期货市场价格与现货价格存在平行变动性和价格趋同性。前者是指期货价格与现货市场价格的变动方向相同、幅度接近;后者是指随着到期日的临近,两者的价格差额越来越小,在到期日两者相等。套期保值的原理是利用基差,基差是指期货价格与现货价格之间的差额。

操作步骤:交易者首先根据自己的需要,通过买进(将来有外汇支出)或卖出(将来有外汇收入)外汇期货合约,建立第一个期货部位;然后在期货合约到期前对冲合约。

1. 卖出套期保值:空头套期保值

用于将来有外汇收入或拥有外汇债权的情形,目的是防止外汇贬值。

例9-22 美国向日本出口商品,收到3个月到期的日元远期汇票2500万日元。

方法一:使用远期外汇合同进行套期保值。卖出3个月远期日元,合同金额2500万日元,3个月后,以到期的汇票交割3个月远期日元。若日元升值,远期交易将减少收益;若日元贬值,远期交易可避免损失。

方法二:使用外汇期货合同进行套期保值。预期日元贬值,则先卖后买。因为日元期货合约的合同规模为1250万日元,需日元期货合约2500/1250=2份。交易过程如表9-4所示。

表9-4 交易过程

	现货市场	期货市场
6月1日	收到日元远期汇票2500万 USD/JPY=120.1 理论上折2500/120.1=20.82(万美元)	卖出两份9月到期的日元合约 价格JPY1=USD 0.008 400 合同价值2500×0.0084=21(万美元)
9月1日	汇票到期卖出2500万日元 USD/JPY=125.00 实际上仅换得2500/125.00=20(万美元)	买入两份日元合同,进行对冲 价格JPY1=USD 0.007 900 合同价值19.75万美元
盈亏计算	亏损20.82−20=0.82(万美元)	盈利21−19.75=1.25(万美元)
	现货市场和期货市场抵补后净盈利(1.25−0.82)=0.43(万美元)	

在例9-22中,美国出口商由于担心日元贬值,在期货市场上进行卖出套期保值交易,如果预期正确,日元果然贬值,美国出口商在期货市场盈利,从而弥补了在现货市场上的损失,最终净盈利为4300美元,达到了套期保值的目的。但如果预期错误,期货交易将亏损,从而抵销现货市场的盈利。

2. 买入套期保值:或多头套期保值

用于将来有外汇支出或拥有外汇债务的情形,目的是防止外汇升值。

例9-23 美国公司从澳大利亚进口价值300万澳元的农产品,3个月后付款。

方法一:使用远期外汇合同进行套期保值。签订一份远期合约,约定在3个月后,按照固定的远期汇率买进300万澳元,用于支付进口货款。这种方法虽可保值,但存在亏损风险(3个月后澳元即期汇率贬值)。

方法二:使用外汇期货合同进行套期保值。预期澳元升值,则先买后卖。若预期正确,期货市场的盈利可弥补现货市场的亏损。因为澳元期货合约的合同规模为100 000AUD,共需购买3 000 000/100 000=30份澳元合同。交易过程如表9-5所示。

表9-5 交易过程

	现货市场	期货市场
6月1日	AUD/USD=0.5100 需要300×0.5100=153(万美元)	合约价格AUD1=USD 0.5160,买入30份澳元合同,合约价值300×0.5160=154.8(万美元)
9月1日	AUD/USD=0.5180,需要付出 300×0.5180=155.4(万美元)	合约的价格AUD1=USD 0.5190,卖出30份澳元合同,进行对冲 合同价值300×0.5190=155.7(万美元)
盈亏计算	多付出155.4−153=2.4(万美元)	盈利155.7−154.8=0.9(万美元)
	现货和期货市场套做净亏损2.4万−0.9万=1.5万美元	

若美国进口商不在期货市场上做澳元期货多头套期保值,将在现汇市场上损失2.4万美元,由于该进口商在期货市场上通过先买入澳元期货,然后再卖出进行对冲,结

果获利 0.9 万美元，部分抵销了澳元升值带来的损失。但是，进行期货交易要付出一定成本，包括佣金费、保证金利息和其他费用等，因此，在实际业务操作中，要对保值的成本和回避的风险进行评估，如果保值的成本较高，超过了避险的意义，就没有必要进行保值和对冲。可见，套期保值虽然能避免汇率风险，但并不是每笔交易都适合进行套期保值。若预期错误，澳元实际贬值，则美国公司在现货市场盈利，而在期货市场将亏损，期货交易将抵销在现货市场上的盈利。

所以，远期外汇合约只能固定风险，不能完全避免风险；期货套期保值只能分散风险，却不能获得额外的好处。此外，两种交易都建立在预期基础上，不能完全达到保值，都存在净风险暴露部分。

（二）外汇期货的投机（投资）

由于外汇期货交易实质是一种保证金交易，只要投小额的保证金就可以买卖大额的外汇期货合约，因此利用外汇期货投机具有以小搏大的特性，既可能获得高收益，也必须承担高风险。保值者是尽量回避汇率风险的，而投机者则愿意承担风险，正是由于大量投机者的介入，才使期货市场更加活跃，使保值者不会因找不到交易对手而难以对冲手中的合约。因此投机者不仅促进了市场的流动性，提供交易资金，而且有助于确保市场的稳定性，有利于缓和价格的波动幅度。但是，当投机者数量过多时，特别是大投机者介入期货市场时，期货价格可能被扭曲，使正常的市场经济秩序受到破坏。

外汇期货投机分为两类：一类是买空卖空；另一类是套期图利。

1. 买空卖空投机

买空卖空投机又称头寸交易策略。投机者根据自己对未来期货价格变动趋势的预测，来决定持有多头或空头，以赚取期货价格差额收益。预测期货价格上升，就先买后卖（买空、做多头、多头投机）；预测期货价格下跌，就先卖后买（卖空、做空头、空头投机）。买空卖空投机是利用同一种类期货价格的变动，谋取某种货币汇率绝对水平变动的利益。根据持有头寸时间的长短，该策略又可分为下面几种。

（1）抢帽子法：投机者根据自己对短期价格走势的预测，及时买进或卖出，尽管利益微薄，但由于一进一出数量很大，最终利润也很可观。

（2）日交易法：投机者从某个营业日内的价格波动中套利，当天轧平头寸，在市场收盘前进行对冲。运用此法者常常一天交易 3~4 次，交易成本较高，仅限于交易商。

（3）头寸交易法：投机者根据自己对较长期的价格走势的预测，持有外汇期货合约，数日、数星期或数月后，才对冲手中的多头或空头部位。

例 9-24 某投机者 2001 年 6 月预计半年后日元将贬值，就利用 IMM 卖出 10 份日元期货合约。第一步：存入保证金 22 000 美元（每份 2200 美元），卖出 10 份日元期货合约，每份 12 500 000 日元，合约价值 125 000 000 日元，交割月份为 12 月，成交价 JPY1＝USD 0.009 615。第二步：若预计正确，在每日的结算中已获利。于 12 月第三个星期三之前对冲日元期货合约，即买进 10 份日元合约，当天即期汇率为 JPY1＝USD 0.008 065。投机所获利润为 (0.009 615－0.008 065)×125 000 000＝193 750（美元）。保证金宣告解除(退还投资者)。在本例中该投资者只交纳 22 000 美元的保证金,就可获利 193 750 美元,但其前提是预测必须准确。

汇率预测是非常困难的,投机者往往需要对各种政治、经济因素进行分析,此外,须结合利用各种技术图形和技术指标来分析预测。

2. 套期图利

套期图利即赚取差价法,是根据两种期货价格(相对价格)关系的变动,而不是某一种期货价格的绝对水平变动赚取利润。套期图利要在同一时间进行买进和卖出两种操作,并要通过至少两种对冲的头寸,即一个多头另一个空头,来赚取差价。套期图利交易的履约保证金率比单纯做多头或空头小,使得交易者在融通资金方面更为灵活,加上这种交易方式风险较小,大多数投机者愿意选择套期图利交易。其形式有下面几种。

(1) 跨期套利:同时买进和卖出相同币种但不同交割月份的外汇期货合约,假设某种外汇汇率趋于上升,则一般而言,期限较长的期货价格的上升幅度将大于期限较短的期货价格的上升幅度。因此,当交易者预测某种外汇看涨时,他可以买进期限较长的该种货币期货,同时卖出期限较短的该种外汇期货,进行对冲后,长期限合约赚,短期限合约赔,但赚多赔少,因此为净赚。当然若只持有多头,可能会赚取更多利润,但如果判断失误,其损失也很大。

(2) 跨市套利:在期货价格较低的交易所买进外汇期货,同时在期货价格较高的另一交易所卖出同一种外汇期货。它主要是利用不同市场之间期货价格的暂时扭曲而进行交易,因此风险较小。

(3) 跨品种套利:在买进一种外汇期货合约的同时,卖出另一种外汇期货合约。交易的价格变动方向此时并不重要,重要的是这段时间内,价格变动幅度的宽与窄。只要是两种相互关联的外汇期货合约的价格呈同一方向变动,但变动幅度不同,其中一种外汇期货合约的上涨幅度或下跌幅度比另一种合约大,就可能通过同时买进和卖出相同交割月份但不同种类的外汇期货合约进行套利。

五、其他金融期货交易简介

1. 利率期货

市场利率的波动会引起债券价格的起伏,这会给债券的持有人带来投资风险。利率期货合同通常以固定利率的长短期债券作为基础,但是它们只是作为计算利率波动的基础,通常在合同期满时并不需要实际交割金融资产,而只是通过计算市场利率的涨落来结算利率期货合同的实际价值。利率期货合同有以国库券、大额可转让存单(CDs)或欧洲美元定期存款利率为基础的短期利率期货合同,还有以政府长期债券利率为基础的长期利率期货合同。短期利率期货合同和长期利率期货合同的计价方法有所不同,具体的方法,尤其是长期利率合同,比较复杂。但是总的说来,都是采用特定的方法把利率的波动幅度分成等份计价。例如,在伦敦国际金融期货市场上,短期利率期货合同报价的最小利率波动幅度是 0.01%,相应的美元利率合同的最小价格变动是 25 美元,英镑利率合同的最小价格变动是 12.50 英镑;而长期利率期货合同报价的最小利率波动是 0.03%,相应的最小价格变动美元利率合同是 31.25 美元,英镑利率合同是 15.265 英镑。

2. 股票指数期货

股票价格的剧烈波动，会使许多不愿冒风险的投资者望而却步，股票指数期货合同的出现就使拥有大量股票的人得以套期保值，分散或抵补投资风险。同时，股票投机者也可以利用股票指数期货交易，在股票价格波动中获利。世界上第一个股票指数期货合同是芝加哥的国际货币市场于 1982 年推出的，所运用的股票指数是标准普尔 500 种股票指数。目前股票指数期货交易在世界上已很普遍，其中交易量最多的是美国芝加哥期货市场，其次是英国伦敦的各个期货市场。在不同的市场上，股票指数期货的报价方式不尽相同，但一般都是直接利用股票指数来表示期货合同价格的变动，每一个百分点值若干货币单位。例如，在伦敦国际金融期货市场的股票指数期货交易中，股票指数每变动一个百分点的价格是 25 英镑；而在芝加哥国际货币市场上，指数每变动一个百分点的价格是 500 美元，就是说期货合同的价格等于期货购买或出售时股票指数的 500 倍。股票指数合同一般都是按季度清算交割，即 3 月、6 月、9 月和 12 月循环，到期时买卖双方以现金清算，而不是现实股票的买卖。

3. 黄金期货

金融期货的交易方式来源于传统的商品期货的交易方式，黄金等贵金属的期货交易方式就更与商品期货相同了。黄金期货合同的标准规模是 100 盎司，在世界许多期货市场都有交易，其中规模最大的市场包括纽约商品交易所（COMEX）、芝加哥的国际货币市场（IMM）、芝加哥贸易委员会（CBT）、地中海商品交易所（MCE）、伦敦国际金融期货交易所（LIFFE）、香港股票交易所和新加坡国际货币交易所（SIMEX）。

第六节　外汇期权业务

无论是外汇远期交易还是外汇期货交易，在汇率变动方向与预测相反时，都无法预知汇率的风险损失到底有多大，也无法以确定的风险成本获取较大收益，于是就产生了外汇期权。外汇期权是以一定的可预知的损失来换取一种可执行也可放弃的权利。

金融期权，是指赋予其购买者在规定期限内按双方约定价格（简称协议价格）或执行价格购买或出售一定数量某种金融资产的权利的合约。期权交易在 20 世纪 70 年代首先出现于美国，但将它引入外汇交易则是在 1982 年才开始的。1982 年 12 月美国费城交易所推出第一笔英镑期权和德国马克期权，并获得了美国证券交易委员会的批准，标志着外汇期权交易成为一种正式的投资工具。可见，外汇期权交易是一种相对较新的外汇交易方式。

一、外币期权的概念、类型及报价

(一) 概念

外汇期权（foreign exchange option），又称外币期权，是一种选择权合约，其持有人，即期权买方享有在合约期内，可以按照协定汇率向卖方购入或卖出一定数量外汇的权利；卖方收取期权费，并有义务应买方要求卖出或买入该笔外汇。期权的买方获得的是一种权利而不是义务,如果到时对买方不利,他可以不行使期权,使期权到期作废。需要说明的是,期权一旦被执行,该期权便不再存在,因此,一个期权最多只能被执行一次。

目前主要西方国家都有规范化的交易所进行货币期权交易;另外,主要的大商业银行也提供场外交易。场外交易的币种主要集中在美元同英镑、马克、日元、瑞士法郎和加元等货币之间。1982年12月,美国费城股票交易所率先推出了标准化的货币期权交易合同。随后,芝加哥商品交易所及其他一些美国股市也立即效仿,不久标准化的交易方式又传到其他西方国家。

(二) 类型

1. 按执行时间划分

欧式期权(European-style option):期权的持有者(期权买方)只能在期权到期日当天,向期权卖方(期权签发人)宣布决定执行或不执行期权合约。

美式期权(American-style option):期权的持有者(期权买方)可在期权到期日之前的任何一个工作日,向期权卖方(期权签发人)宣布决定执行或不执行期权合约。

当到期日相同时,美式期权比欧式期权更为灵活,所以一般情况下,美式期权的保险费比欧式期权高。

2. 按交易场所不同划分

场内期权(exchange traded option),又称交易所期权,是在外汇交易中心和期货交易所内进行交易,期权合约标准化,流动性强。期权的各项内容如到期日、协定价格、保证金制度、交割地点、合约各方头寸限制、交易时间等都由交易所制定,交易者只需考虑合约的价格和数量,遵守交易所的规定。有资格进入交易所的都是交易所的会员,非交易所会员要通过交易所会员进行交易。期权合同买卖成交后,由期权清算公司(OCC)来保证交易的执行。清算公司要对购买者支付期权费和开立者履行合同负最终责任。这样,期权的持有者就不必对开立者的信用状况进行烦琐的调查。对于期权购买者来说,需要注意的是期权清算公司的财力状况。清算公司的资金有严格的保证金制度支持。与期货交易中要交易双方都开设保证金账户不同,场内期权交易要求期权开立者交纳保证金,而对期权持有者无保证金要求,因为后者在支付了期权价格(期权费)后不承担履行合同的义务。场内期权是外汇期权交易的主体。

场外期权(over the counter, OTC),又称柜台期权。其产生要早于交易所期权,它通过电子通信网络进行交易,交易比较灵活,不必像场内期权那样标准化,可以协商,根据客户的需要对期权进行特制,合同涉及的金额至少上百万美元,因而柜台期权交易只对大公司开放。期权合同的持有者与开立者之间的权利义务不对称,开立者违约的风险完全落在持有者身上。因此,签发场外期权的往往是一些资信较好的大公司和银行,以伦敦和纽约为中心的银行同业外汇期权市场为代表。目前场外期权交易也有向标准化发展的趋势,其目的是提高效率、节约时间。

目前世界主要外汇期权市场基本上由两大部分组成:一是以费城、芝加哥和伦敦为所在地的交易所外汇期权交易市场;二是以伦敦和纽约为中心的银行同业外汇期权市场。

场外每一笔交易额要比场内交易额大得多,但交易总量和交易频率小于场内交易,也不限于几种货币,更适合那些有特殊需要的客户。

3. 按期权购买者获得的是买权还是卖权划分

看涨期权(call option),又称买入期权或多头期权。期权购买者支付保险费,取得以执行价格从期权卖方手里购买特定数量外汇的权利。看涨期权的购买者一般是因预期外汇价格上涨而对其所负外汇债务进行保值,也可以进行外汇投机,即在外汇价格上涨期间有权以较低价格(执行价格)买进外汇,同时以较高价格(市场价格)抛出,以赚取利润。

看跌期权(put option),又称卖出期权或空头期权。期权购买者支付保险费,取得以执行价格向期权卖方出售特定数量外汇的权利。看跌期权购买者或为了使其所持有的外汇债权在外汇价格下跌期间得以保值,或为了以较低的市场价格买入外汇,以较高的价格(执行价格)卖出而进行投机。

(三) 报价

下面以美国费城股市的货币期权行情为例,说明货币期权合同的报价方式。

表9-6是美国《华尔街日报》刊登的费城股市的英镑期权交易的行情,该报每天都刊登前一天的期权交易行情。表中的字母 r 意为该种合同在当日没有交易。第一栏标题(option & underlying)为期权与交易币种,本例中为英镑期权,每份合同规模为1.25万英镑,价格以每单位若干美分表示。第一栏的数字是当天交易结束时,英镑与美元的即期汇率,为168.31美元,或USD 1.6831/GBP;第二栏(strike price)为合同协议价格,即合同成交时规定的行使合同时必须支付的价格。在该交易日,有五种不同协议价格的期权合同。从USD 1.6250/GBP至USD 1.7250/GBP不等。其余各栏均为期权合同的购买价(premium),都以每英镑多少美分表示。calls-last 是买权的购买价,puts-last 是卖权的购买价,合同到期日是在11月、12月和3月。例如,11月到期的协议价为165美分的买权,购买价为每英镑3.30美分。由于每份合同的规模是1.25万英镑,那么合同的购置价为 GBP 12 500×USD 0.0330/GBP＝USD 412.5。

表9-6 外国货币期权的报价

option & underlying	strike price	calls-last			puts-last		
		Nov	Dec	Mar	Nov	Dec	Mar
12 500 British Pound-Cent Per Unit							
B pound							
168.31	162	r	4.00	6.90	r	0.90	r
168.31	165	3.30	4.35	5.60	0.65	1.50	r
168.31	167	2.70	3.10	4.10	r	2.50	r
168.31	170	1.20	1.55	3.45	r	r	r
168.31	172	0.20	1.05	r	r	r	r

二、外汇期权交易的特点

(一)期权交易双方的收益风险不对称

期权交易是在期货交易的基础上发展起来的。期权合同和期货合同在概念上很相似,所交易的金融工具也很相近,但是两者最明显的或最根本的区别在于期货合同赋予合同买方的是一种义务,无论合同到期时市场形势对他有利还是不利,他都必须如约履行合同买卖金融工具,如果预期错误,只能承受损失。而期权交易恰恰避免了这一点,如果合同成交后形势一直对合同买方不利,则买方可以不行使合同,让合同自然过期失效,损失的仅是签订合同时付出的期权价格。因此购买期权合同很像为自己持有的金融资产买保险,若没有发生意外,损失的仅是付出的保险费(期权价格)。可见,期权交易双方的收益与风险是不对称的。期货交易的买卖双方面对同样的潜在风险,当市场价格变动时,买卖双方都有可能遭受同等的收益与损失,因此,期货交易被称为"双刃剑",期权交易则是"单刃剑"。

对于期权买方(也称合约持有人),其承受的最大风险是事先就确知的期权保险费,而他可能获得的收益从理论上说则是无限的,但由于汇率变动受到市场供求影响,对于竞争性很强的外汇市场,某种货币的汇率一般不会单方向无限增大。对于期权卖方(也称合约承做人),他所能实现的收益是事先确知的、有限的,即为期权保险费收入,而他因签发期权所承担的风险却是无限的,因为期权是否执行、何时执行是不确定的,一旦期权被执行,不管当时的行情对期权卖方多么不利,他都有义务履行合约,因此期权卖方须交纳保证金,而期权买方在交纳期权费后无须交纳保证金。

(二)保险费无追索权

保险费(premium)又称期权费、期权价格、权利金,是买方购买期权的费用,在期权合约成交时,一次付清,不论期权购买者在有效期内是否执行该权利,都不能索回。

(三)外汇期权风险小、灵活性强

外汇期权交易是在远期外汇交易和期货交易基础上的延伸,但其保值功能与远期交易和期货交易存在明显区别。远期外汇合约订立后,若汇率出现有利变化,也必须按合约预定的价格成交,从而坐失本可得到的汇率变动的利益。外汇期货合约订立后,虽在汇率出现有利变动时,可通过反向交易对冲原合约,而不至于坐失汇率变动利益,但期货合约须交纳保证金,并且每日计算盈亏,必要时需追加保证金,否则已进行的期货合约会被拍卖掉。外汇期权购买者无须交纳保证金,不必每日清算盈亏,而且有执行或不执行的选择权,灵活性大,常常作为可能发生但不一定实现的资产或收益的最理想的保值工具。表9-7对远期外汇、外汇期货和外汇期权进行了比较。

表 9-7 远期外汇、外汇期货、外汇期权的比较

项　　目	远期外汇	外汇期货	外汇期权
交易方式	通过电话、电传等方式直接进行交易	在交易所内以公开竞价方式进行	场内期权以公开竞价方式进行；场外期权自由交易
合约	自由议定	标准化	场内期权为标准化的；场外期权合约非标准化、自由议定
履约义务	交易双方都有履约义务	交易双方都有履约义务	卖方有履约义务；买方则只拥有权利而不必承担履约义务
交割日期	自由议定	标准化	在到期前任何时间交割（美式）
保证金	无保证金，但银行对客户都保留一定的信用额度	买卖双方都需交纳保证金，每日计算盈亏，不足时需补交，多余部分可退回	买方只支付期权费；卖方需交纳保证金。不必每日计算盈亏，到期前无现金流动
价格波动	无限制	对各类合约有每日价位最高限幅	无限制
参与者	银行和大公司为主	交易所会员或在其开户的任何投资者	场内期权交易参与者类似期货交易；场外期权交易参与者类似远期交易
信用风险	大	小	由外汇期权清算公司保证
转让性	不可转让	可转让	可转让
主管当局	银行内部自行监控	商业期货交易委员会	证券交易委员会

三、影响期权费高低的因素

在外汇期权交易中，期权买方要向期权卖方交付期权费，通常以执行价格的百分比或直接以单位外汇的美元数表示。影响保险费高低的因素包括以下几种。

（1）期权的类型。欧式期权由于期权买方行使期权的时间严格，保险费较低；美式期权由于期权买方行使期权的时间灵活，选择余地大，保险费较高。

（2）到期日。一般来说，合同到期日越远，合同有效期越长，期权卖方承担的风险越大，保险费就越高；反之保险费就越低。但有时也有例外，合同有效期越长，保险费反而越低，这主要是受市场预期的影响。

（3）汇率的易变性。期权交易相关币种汇率的变化是否剧烈。一般来说，交易相关币种的汇率变动剧烈，期权卖方的风险大，则保险费高；反之，则保险费就越低。

（4）利率走势。如果其他条件不变，交易相关币种利率上升，并高于其他币种，保险费就高；反之，保险费就低。

（5）协定价格。对看涨期权来说，协定价格越低，期权买方获利的可能性越大，其行使期权的可能性越大，因而保险费就越高；协议价格越高，则保险费就越低。对看跌期权来说，情况与看涨期权恰好相反。

（6）供求状况。外汇期权供过于求，保险费就低；供不应求，保险费就高。

四、外汇期权的损益分析及应用

(一) 损益分析

1. 看涨期权（买权）

预期汇率上涨时，可买入看涨期权。若有远期外汇支出，可以达到避险保值的目的；若没有则可达到投资牟利的目的，称为"买方牛市"投资技巧。

在汇率上涨时，买方盈利无限；汇率不变或下跌时，买方的最大损失为已支付的期权费（见表 9-8、图 9-1 和图 9-2）。记：期权费 P（单位外汇美元数）；市场汇率 F；约定价格 K；交易数量 Q。

表 9-8 看涨期权损益分析

损益分析	市场汇率 F	$F<K$	$F=K$	$K<F<K+P$	$F=K+P$	$F>K+P$
期权购买者	履约选择	不行使期权	行使期权	行使期权	行使期权	行使期权
	购买期权损失	PQ	PQ	PQ	PQ	PQ
	行使期权收益	0（未行使）	$0(FQ-KQ=0)$	$(F-K)Q$	$(F-K)Q$	$(F-K)Q$
	净收益	$-PQ$	$-PQ$	$(F-K-P)Q<0$	0	$(F-K-P)Q>0$
期权出售者净收益		PQ	PQ	$(K+P-F)Q>0$	0	$(K+P-F)Q<0$

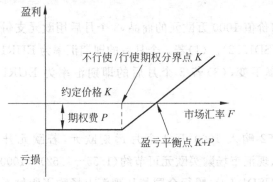

图 9-1 看涨期权买方损益图

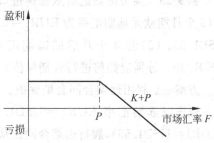

图 9-2 看涨期权卖方损益图

2. 看跌期权（卖权）

预测市场汇率将下跌可买入看跌期权（卖权）。如有对等现货或期货多头部位（即有远期外汇收入），可达到避险保值的目的；若没有则可以单独投资期权而牟利，称为"买方熊市"投资技巧。在市场汇率下跌时，买方盈利无限，在市场汇率不变或上涨时，买方损失最大不超过已付期权费（见表 9-9、图 9-3 和图 9-4）。

记：期权费 P（单位外汇美元数）；市场汇率 F；约定价格 K；交易数量 Q。

表 9-9　看跌期权损益分析

损益分析	市场汇率 F	$F>K$	$F=K$	$K-P<F<K$	$F=K-P$	$F<K-P$
期权购买者	履约选择	不行使期权	行使期权	行使期权	行使期权	行使期权
	购买期权损失	PQ	PQ	PQ	PQ	PQ
	行使期权收益	0(未行使)	$0(FQ=KQ)$	$(K-F)Q$	$(K-F)Q$	$(K-F)Q$
	净收益	$-PQ$	$-PQ$	$(F-K-P)Q<0$	0	$(K-F-P)Q>0$
期权出售者净收益		PQ	PQ	$(F+P-K)Q>0$	0	$(F+P-K)Q<0$

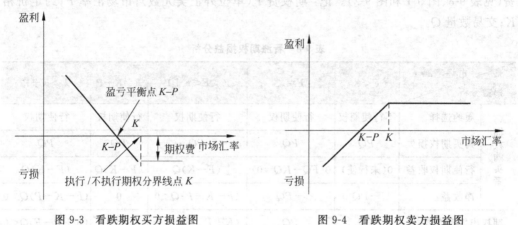

图 9-3　看跌期权买方损益图　　　　图 9-4　看跌期权卖方损益图

（二）应用

例 9-25　某美国制造商从德国进口价值 1000 万欧元的商品，3 个月后用欧元支付货款（3 个月期欧元远期汇率为 EUR1＝USD1.52）。(1)若 3 个月后的即期汇率为 EUR1＝USD1.55；(2)若 3 个月后的即期汇率不变；(3)若 3 个月后的即期汇率为 EUR1＝USD1.49。分别应如何进行套期保值？

方案一：利用远期合同套期保值。

假设以远期汇率 EUR1＝USD1.52 购入 1000 万 3 个月远期欧元，若欧元升值（EUR1＝USD1.55），履行远期合同比从现汇市场购买欧元可节约(1.55－1.52)×1000＝30（万美元）；若欧元汇率不变(EUR1＝USD1.52)，履行合同与从现汇市场购买所付美元数相同；若欧元汇率贬值(EUR1＝USD1.49)，则履行合同比从现汇市场购买多支付 30 万美元。

方案二：利用外汇期权合同套期保值。

由于存在远期外汇支付，购买买入期权（看涨期权）。假设协定汇率为 $K=1.52\text{USD/EUR}$，期权费 $P=0.005\text{USD/EUR}$，则执行/不执行期权临界点为 $F=K=1.52\text{USD/EUR}$，当市场价格 $F>0.52\text{USD/EUR}$ 时，执行期权。

当 $F<1.52\text{USD/EUR}$ 时，不执行期权。盈亏平衡点为 $K+P=1.525\text{USD/EUR}$，当市场价格 $F>1.525\text{USD/EUR}$ 时，期权购买者盈利。若欧元升值到 EUR1＝USD1.55，

执行期权可节约(1.55－1.525)×1000＝25(万美元);若欧元汇率不变(EUR1＝USD1.52),执行期权与不执行相同,损失期权费 0.005×1000＝5(万美元);若欧元贬值到 EUR1＝USD1.49,不执行期权,按市场价格买入欧元。相比执行期权,放弃期权可节约:520－490－5＝25(万美元)。

结论:对于已确定的外汇金额,利用远期合同套期保值,在消除了汇率不利变动造成的损失的同时,也丧失了汇率发生有利变动而获利的可能性。而外汇期权合同则无论汇率朝哪个方向变动都给其持有者留有获利机会。

例 9-26 某美国企业参加瑞士电力部门举行的国际公开招标,2 个月后公布结果。中标者将获得 200 万瑞士法郎。

分析:该企业参加投标的结果有如下三种:

(1) 企业中标,获得 200 万瑞士法郎,而瑞士法郎贬值;
(2) 企业中标,获得 200 万瑞士法郎,而瑞士法郎升值;
(3) 企业未中标。

方案一:利用远期合同规避风险。按固定汇率卖出 200 万瑞士法郎,只有上述第一种情况可以使企业获利,后两种情况都将使企业非常被动。第二种情况下企业将损失由于瑞士法郎升值而本可获得的收益。第三种情况下企业需在现汇市场买进 200 万瑞士法郎,以了结远期合同,造成计划外的资金头寸变动。

方案二:利用外汇期权合同套期保值。由于存在不确定的远期外汇收入,所以购买瑞士法郎卖出期权(看跌期权),总额为 200 万。第一种情况下,执行期权,按协定价格出售瑞士法郎;第二种情况下,不执行期权,按市场价格出售瑞士法郎;第三种情况下,放任期权作废,或将期权在市场上转让出去,从而收回部分期权费。

结论:对于不确定的外汇流量,外汇期权合同是一种更为理想的套期保值手段。

例 9-27 投机功能比较。

外汇市场上日元投机者 A 认为,日元在今后 3 个月将非常不稳定,发生大幅贬值或升值的可能性都存在,且贬值或升值的幅度会超过当时期权市场上日元卖出期权的期权费(即市场低估了日元汇率变动的幅度,从而低估了期权价格),于是投机者 A 决定购买 3 个月到期的日元卖出期权。

这样,无论日元升值还是贬值,只要汇率波动的幅度足够大,A 都是有利可图的。而此时利用远期合同对投机者则会造成不利,因为一旦汇率变动方向与投机者的预期不一致,履行合同将使投机者遭受很大损失。

结论:当外汇市场上的投机者既要在某种货币汇率的变化方向上,又要在这种货币汇率的不稳定及波动幅度上进行投机时,外汇期权合同将是最优选择。

五、其他金融期权交易

(一)股票期权和股票指数期权

目前世界上的很多股票交易所中,股票的买卖可以用期权方式进行,特别是交易十分活跃的股票,以及目前企业规模较小、但增长迅速、股票增值预期良好的企业股票。股票期权为不愿冒风险的投资者提供了有效工具,因为他有权到期不行使合同。实际上在美国,股票期权交易在20世纪20年代就已出现,目前在纽约股市上通过期权交易进行的股票交易量常常要超过普通的股票交易。股票指数期权为投机者提供了方便,它是买卖股票指数变动率的期权合同。与股票指数期货合同类似,它也是按股票指数变动的百分点计价,合同到期日如买方行使合同,则买卖双方互拨现金头寸,以结盈亏。期权合同的买方有权不行使合同,而让其自然过期失效。目前股票指数期权还不像其他期权交易那么普及,只在北美、欧洲和亚洲的部分股票交易所或期权交易市场有这种交易。

(二) 利率期权

在欧美等主要发达国家的金融市场上,国库券、政府债券以及CDs等金融工具都可以用期权方式买卖交易。然而近年来,利率期权交易也像利率期货交易一样,合同到期时买卖双方并不真的移交金融资产,而是用现金来结算双方盈亏。例如,利率期权合同的买卖双方可能商定在未来的特定时期内,如果指定的市场利率(如LIBOR或欧洲美元CDs等)超过或低于合同中约定的水平(协定价格),那么期权合同的卖方将向买方支付利息增加的金额。所以利率期权合同可以为发行浮动利率票据的筹资人提供利率波动增加借款成本的保险。

(三) 贵金属期权

黄金和白银等贵金属在各类期权交易中也相当活跃,方式与传统的商品期权交易相同。世界上主要的贵金属期权交易市场有位于荷兰的欧洲期权交易所以及纽约商品交易市场、芝加哥贸易委员会,而伦敦、蒙特利尔、悉尼、香港等股票交易所也开设了贵金属期权交易。其中欧洲期权交易所、蒙特利尔股票交易所和悉尼股票交易所还共同出资筹建了国际期权清算公司,将各自的黄金期权交易报价系统互相联网,从事横跨欧洲、北美和大洋洲的昼夜不间断的黄金期权交易。

此外,各种期权合同还可以与期货合同相结合,即所谓的期货期权(futures option)交易,这种交易合同赋予合同持有者在未来约定的时期内以协定价格买卖一定标准数量期货合同的权利。这种合同到期后,若卖方要求行使合同,一般也无须实际转让期货合同,而是由合同的买方向卖方支付期货合同的现价与期权合约中协定价格的差额。

本 章 复 习

一、概念

基本点	交割日	套汇	套利
掉期交易	多头	空头	升水
贴水	平价	初始保证金	维持保证金
逐日钉市制度	外汇期货	外汇期权	保险费
美式期权	欧式期权	场内期权	场外期权
看涨期权	看跌期权		

二、练习题

1. 一位客户希望买入日元,要求外汇银行报出即期 USD/JPY 的价格,外汇银行报出如下价格,哪一组使外汇银行获利最多?

  A. 102.25/35   B. 102.40/50   C. 102.45/55   D. 102.60/70

2. 下列银行报出了 USD/CHF、USD/JPY 的汇率(见下表),你想卖出瑞士法郎,买进日元,请问:

银行	USD/CHF	USD/JPY
A	1.4247/57	123.74/98
B	1.4246/58	123.74/95
C	1.4245/56	123.70/90
D	1.4248/59	123.73/95
E	1.4249/60	123.75/85

(1) 你向哪家银行卖出瑞士法郎,买进美元?

(2) 你向哪家银行卖出美元,买进日元?

(3) 用对你最有利的汇率计算的 CHF/JPY 的交叉汇率是多少?

3. 外汇市场即期汇率如下:

伦敦市场:GBP1=USD(2.0040~2.0050)

纽约市场:GBP1=USD(2.0070~2.0080)

是否存在套汇机会?如何操作?

4. 外汇市场上的即期汇率如下:

香港市场:USD1=HKD7.7804/14

纽约市场:GBP1=USD1.4205/15

伦敦市场:GBP1=HKD11.723/33

是否存在套汇机会?用 1 美元怎么套汇?

5. 某日,欧洲货币市场的外汇行情如下:

纽 约:USD1=DEM(1.9100~1.9110)

法兰克福:GBP1=DEM(3.7790~3.7800)

伦 敦:GBP1=USD(2.0040~2.0050)

某投资者准备投入 1000 万美元套汇,试分析:

(1) 在这三个市场套汇,可行否?

(2) 如果可行的话,该怎么运作?收益如何?

6. 在美国外汇市场上,即期汇率为 1GBP=USD1.4802,3 个月美元升水 0.34 美分,则 3 个月的远期汇率是多少?美元升水折年率为多少?

7. 设法国某银行的外汇牌价为即期汇率:USD/FFR=6.2400/30,3 个月远期:360-330,请计算美元 3 个月远期汇率。

8. 设英国某银行的外汇牌价为

      即期汇率   3 个月远期

美元 1.5800/20   贴水 0.7～0.9 美分

问：(1) 美元 3 个月远期汇率是多少？

(2) 如果某商人卖出 3 个月远期美元 10 000，届时可换回多少英镑？

9. 假定 A 公司按 CHF1＝USD0.83 的价格购买了瑞士法郎期货合同，数量为 125 000 瑞士法郎。如果按到期日的即期汇率进行实际交割，若即期汇率为 CHF1＝USD 0.825，A 公司需购买多少份期货合同（瑞士法郎期货合同的规模为 125 000 瑞士法郎）？其盈利或损失是多少？

10. 3 月初，美国某进口商从加拿大进口一批农产品，价值 500 万加元，6 个月后支付货款。为防止 6 个月后加元升值，进口商购买了 IMM 期货，进行多头套期保值，汇率如下所示，试计算套期盈亏。

	现货市场	期货市场
3 月 1 日	CAD 1＝USD 0.8460	CAD 1＝USD 0.8490
6 月 1 日	CAD 1＝USD 0.8450	CAD 1＝USD 0.8489

11. A 公司购买了 1 250 000 欧元的卖出期权合同，期权费为每欧元 0.01 美元。如果约定价格为 EUR1＝USD0.22，到期日即期汇率为 EUR1＝USD0.21，则 A 公司需购买多少份期权合同（欧元期权合同规模为 62 500 欧元）？其利润/损失是多少？

12. 在 PHLX，9 月英镑卖出期权的交易价格是 3.1 美分，协议价格是 GBP1＝USD1.6800，合约的交易单位是 31 250 英镑。请问：

(1) 买进 15 份合约要支付多少期权费？期权买方在何种情况下会放弃期权？

(2) 合约到期时，期权买方在什么情况下才可以实现净利润？

第十章
外汇风险防范

外汇风险是经济主体在从事与外汇有关的经济活动时必须面对的一个现实问题,是经济主体在持有和运用外汇的经济活动中,因汇率变动而蒙受损失或获取收益的可能性。

通过本章的学习,应熟悉外汇风险的概念与内涵以及外汇风险的构成要素、种类和外汇风险的管理战略,重点掌握外汇风险的防范手段,了解我国对外贸易、对外债务以及国家外汇储备中外汇风险的防范。

第一节 外汇风险概述

一、外汇风险的概念

外汇风险(exchange risk)又称汇率风险,是指经济主体在持有和运用外汇的经济活动中,因汇率变动而蒙受损失或获取收益的可能性。

我们应当从以下几个角度来理解外汇风险这一概念的内涵。

第一,外汇风险只是一种可能性,既有可能蒙受损失,也有可能获取收益。风险损失是由汇率变动引起的:

(1) 外币债权人以外币计值的资产或应收账款价值下降;
(2) 外币债务人以外币计值的负债或应付账款价值上升;
(3) 账面上的资产损失;
(4) 预期收益减少;
(5) 决策中的不确定性增强。

风险报酬是指汇率变动给经济主体带来的利益。如果汇率变动使外币债权人蒙受损失,那么它会相应地使外币债务人得到好处。正是由于风险报酬的存在,所以在现实经济生活中某些经济主体才愿意承担外汇风险。但在一般情况下,人们提到外汇风险时更重视风险损失这一面,而理性的经济主体在面对风险时,常常会坚持趋利避害的原则,追求与风险相对应的收益。

第二,外汇风险针对的是经济主体持有外汇的敞口头寸(exposure position),而并非其全部资产或负债。例如,某银行买入100万美元资产且卖出其中的80万美元资产,两者期限相同,那么只有超买的20万美元资产将承受外汇风险。敞口头寸是指经济主体所持有的外汇资产与负债差额,即暴露于外汇风险之中的那一部分资产或负债。在现实经济生活中,外汇头寸表现为以下三种基本状态。

（1）头寸轧平（square），即经济主体所持有的外汇资产等于外汇负债；

（2）多头（long position），又称超买（overbought），即经济主体所持有的外汇资产大于外汇负债；

（3）空头（short position），又称超卖（oversold），即经济主体所持有的外汇资产小于外汇负债。

在经济主体所持有的外汇头寸轧平的情况下,它并不会面临外汇风险。这是因为汇率变动对资产的影响可以被其对负债的反向影响抵消。但这里需要注意时间因素的作用。例如,某银行买入2个月期限的100万美元资产,卖出1个月期限的100万美元资产,在1个月内,它并不存在综合性的敞口头寸。但是1个月后,这种平衡不复存在,它的100万美元资产暴露于外汇风险之中。

第三,外汇风险不仅涉及直接从事国际经济交易的单位和个人,某些不直接参与国际经济交易的单位和个人由于其在日常经济活动中将会涉及外币的兑换和使用,同样面临外汇风险。

二、外汇风险的构成要素

从理论上讲,外汇风险的形成涉及三个基本要素,即本币、外币和时间。

凡是涉足国际经济交易的经济主体,其在经营活动中所发生的应收账款、应付账款以及货币资本的借出或借入等外币收付活动,均需与本币进行折算,并考核其经营成果。本币是衡量一个企业经济效果的共同指标。如果一个国际性企业在其对外交易中未使用外币而使用本币计价收付,那么这个国际性企业就不存在外汇风险,因为它不涉及本币和外币的折算问题,从而不存在汇率变动的风险。外币是指经济主体在其经营活动中流转使用的各种货币。时间是指从一笔经济交易达成后,到应收账款的实际收进、应付账款的实际付出、借贷资本的最后偿还这中间的期限。这个期限越长,在此期间汇率波动的可能性就越大,外汇风险也越大,因此时间的长短与外汇风险呈正相关。但改变时间结构,如缩短一笔外币债权债务的收取或偿付时间,可以减缓外汇风险,然而却不能消除外汇风险。因为在这个时间段内,本币与外币折算所面临的汇率波动的可能性仍然存在。

经济主体在其正常的经营活动中只要缺少上述任何一个因素,便不会面临外汇风险。例如,涉外业务可能不使用本币,如美国贸易商使用出口中得到的英镑购买等额的英国出口商品。再如,涉外业务中可能不使用外币,如美国出口商要求对方用美元支付。另外,涉外业务中也可能排除时间因素,如美国出口商要求对方在签订贸易合同时预先支付外币。前两种情况下企业无须进行货币兑换,第三种情况下企业按即时汇率进行兑换。所以,企业都未面临外汇风险。但是,一方不存在外汇风险,并不意味着另一方也不存在外汇风险。例如,使用本币计价时,本国可摆脱外汇风险,但是本币对外国人来说是外币,外国企业仍面临外汇风险。

三、外汇风险的管理战略

不同的经济主体在涉外业务中,根据自身对外汇风险的承受能力可能采用不同的外汇风险管理战略。

(一) 外汇风险管理战略

总体上说,外汇风险的管理战略可以分为三大类:完全避免外汇风险的管理战略、消极的外汇风险管理战略和积极的外汇风险管理战略。

1. 完全避免外汇风险的管理战略

完全避免外汇风险的管理战略是指经济主体在涉外业务中,会尽可能地阻止外汇风险的形成,通过各种套期保值手段消除实际业务中发生的一切敞口头寸,以避免汇率波动可能给其带来的风险损失。

完全避免外汇风险的管理战略,意味着经济主体是风险厌恶者。采取这种战略是由经济主体自身的行业性质所决定的。例如,养老基金等经济实体对风险的承担能力十分有限,哪怕是微小的风险损失也会使企业丧失信誉,经营中出现严重困难。这样的企业常常将稳定经营作为衡量经理人能力的首要标准,因此经理人十分厌恶风险。这种风险管理战略的第二项理论基础是,企业经理人是生产和经营方面的专家,但是他们并不了解未来汇率的变动趋势。因此,采用这种风险管理战略可以扬长避短,使企业经理人集中精力做好本职工作。此外,采用这种风险管理战略也可能是因为企业的支出计划受客观条件的限制而缺乏灵活性,难以承担汇率波动对生产和经营计划的冲击。

完全避免外汇风险管理战略的实施,要求具备两项客观条件:第一,有关的风险管理措施对企业生产和经营的消极影响很小。例如,尽管在企业的生产经营活动中,采用本币计价法可以通过消除外币因素而阻止外汇风险的形成,但这是以对方能够接受本币计价并且不提出任何附加条件为客观前提的。如果交易的对方也是风险厌恶者,那么采用完全避免外汇风险的管理战略就可能丧失贸易机会,或者导致交易中价格上的让步。第二,风险管理中的交易成本较低。从理论上讲,各种避免外汇风险的工具都会发生某种形式的交易成本,区别只在于表现形式和量上的差异。如果有关的交易成本较高,那么采用这种风险管理战略的企业就会在国际竞争中处于不利地位。

2. 消极的外汇风险管理战略

消极的外汇风险管理战略是指经济主体在面对外汇风险时采取听之任之的态度。如果未来的汇率变动对其有利,它将获取风险报酬;如果未来的汇率变动对其不利,它将承担风险损失。

这种风险管理战略的理论基础是,从长期来看购买力平价和利率平价能够成立,汇率波动只是暂时性的,且其上升和下降的机会相等。这样,即使在某段时间汇率波动给企业带来风险损失,但是在另一段时间内汇率波动会给企业带来风险报酬。从长期来看,风险损失和风险报酬可以相互抵销,使企业在无为而治的过程中获得节约风险管理费用的好处。

消极的外汇风险管理战略的实施,要求具备下列三项客观条件:第一,外汇风险管理措施的交易成本较高,风险管理明显影响企业的国际竞争能力;第二,经济主体具有很强的抵御汇率风险的能力,短期汇率波动所带来的风险损失不会影响企业正常的生产和经营计划的实现;第三,涉外业务在企业经营中只占据次要地位,外汇风险对企业的影响较小,从而建立外汇风险管理机构和采取避险措施将得不偿失。

3. 积极的外汇风险管理战略

积极的外汇风险管理战略是指经济主体通过客观地预测未来汇率的变动趋势,根据不同的预测结果对不同的涉险项目分别采取不同措施的风险管理战略。在预期未来汇率变动对其不利时,便采取完全或部分避免风险的管理手段;在预期未来汇率变动对其有利时,便通过承担外汇风险以期获取风险报酬。

这种风险管理战略的理论基础是,汇率的短期或长期变动都有某种规律性,能够在一定程度上被人们所认识。只要经济主体能够在大多数情况下正确判断汇率的变动方向,并以积极的态度对待外汇风险,那么它就可以有效地把握汇率变动带来的盈利机会,同时可以在相当程度上避免汇率变动给企业带来的消极影响。

积极的外汇风险管理战略的实施,要求具备下列两项客观条件。第一,经济主体有很强的预测未来汇率变动方向的能力,并且在多数情况下能够做到准确预测。这就要求企业拥有完善的信息网络和高素质的专业人才等内部条件以及经济环境相对稳定等外部条件。第二,经济主体具有较强的抵御未来汇率波动冲击的能力,具有较强的控制敞口头寸规模的能力。否则,大企业也无法承受汇率剧烈波动所带来的风险损失。

(二) 选择外汇风险管理战略应遵循的原则

上述三种外汇风险管理战略各有利弊。现实经济生活中,由于各国国情不同,各经济主体的生产经营情况各异,不同时期的汇率波动情况也存在差别,因此我们很难说哪一种外汇风险管理战略是最好的。一般来说,经济主体在选择外汇风险管理战略时应遵循下列原则。

1. 根据不同的客观情况选择不同的外汇风险管理战略

例如,在汇率相对稳定时期,选择消极的外汇风险管理战略,可以获得节约风险管理成本的好处;在汇率剧烈波动时,选择完全避免外汇风险的管理战略,可以保证生产和经营活动的正常进行。预测能力较强的企业可以选择积极的外汇风险管理战略,预测能力较差的企业可以选择消极的或完全避免外汇风险的外汇风险管理战略。同一企业可以在不同时期针对不同情况调整自身的风险管理战略,如流动资金较多的企业,其抗御风险的能力较强,可以选择较为积极的风险管理战略。

2. 外汇风险管理战略应服从企业的总目标

在一般情况下,企业的总目标表现为追求利润最大化。在外汇风险管理中,要实现该目标就要求企业对外汇风险报酬、风险损失和管理成本进行比较,不能只考虑其中某一方面。但是在某一时期,企业的总目标可能表现为在维持令人满意的利润率的前提下追求生产和经营计划的顺利实施,这样企业便更加重视风险损失而相对忽视风险报酬,这时企业自然会选择积极的外汇风险管理战略。

3. 全面筹划企业的生产经营活动

经济主体在其正常的生产经营活动中,会同时从事多种业务活动,如制定规划、采购原料、销售产品、国际筹资、对外投资、买卖外汇、会计折算等,这些业务活动所引起的外币债权债务关系可能相互抵消,也可能造成相当大的敞口头寸。如果企业能够将某项业务中的外汇头寸与另一项业务中的外汇头寸相互抵消,便能够部分消除外汇风险。

4. 根据特定的约束条件采取不同的避险措施

每一项外汇风险管理措施都有其特定的长处和短处,有些措施能完全消除外汇风险,有些措施只能部分地消除外汇风险,经济主体应根据现实经济生活的特定条件,在不同情况下选择不同的外汇风险管理工具。

第二节 外汇风险的种类及区别

一、外汇风险的种类

按照外汇交易发生的时间,经济主体所面临的外汇风险可分为三类,即交易风险、会计风险和经济风险。

(一) 交易风险

交易风险(transaction risk)是指经济主体在其以外币计值结算的国际经济交易中,从合同签订之日到其债权债务得到清偿这段时间内,因该种外币与本币间的汇率变动而导致该项交易的本币价值发生变动的风险,是一种流量风险。这种风险起源于已经发生但尚未结清的以外币计值的应收款项或应付款项,与国际贸易和国际资本流动有着密切关系,主要表现在三个方面。

(1) 在进出口业务中,从签订合同到实际支付货款为止这段时间内,因汇率变化而产生的交易结算风险。例如,美国某出口商向日本出口一笔货款为 90 万日元的商品,签约时的汇率为 1 美元折合 90 日元。在 6 个月后发生实际货款支付时的汇率为 1 美元折合 100 日元。那么,在半年时间内,汇率变动给他带来的风险损失是 0.1 万美元(90 万÷100－90 万÷90),即该美国出口商用半年后收到的 90 万日元只能换回 0.9 万美元。

(2) 在国际信贷业务中,存在因汇率变动而产生的资产减少或负债增加的风险。例如,日本某一银行向国外借入一笔为期 1 年的 100 万美元资金,签约日的汇率为 1 美元折合 100 日元,银行用该借款向国内企业提供 1 亿日元贷款。如果 1 年后的汇率为 1 美元折合 125 日元,那么在不考虑利息的情况下,银行将蒙受 20 万美元(1 亿÷125－100)的经济损失。即在 1 年后,1 亿日元本金只能换取 80 万美元。

(3) 在外汇买卖中,由于签约日到交割日的汇率变动,使经济主体面临交易风险。例如,日本某银行在某日分别买入和卖出同样期限的 10 万美元和 8 万美元,当日汇率为 1 美元折合 100 日元。若 1 个月后的汇率为 1 美元折合 90 日元,那么,该银行因保有 2 万美元多头,美元汇率下降使其损失 20 万日元[2 万×(90－100)]。

交易风险的典型特征是它将导致现金的流动,即部分财富因汇率变动转移给其他经济主体,使企业承担真实的经济损益。

(二) 会计风险

会计风险(accounting risk),又称折算风险(translation risk),是指经济主体在将各种外币资产或负债折算成记账货币（通常是母国货币）的会计处理中，因汇率变动而出现账面损益的可能性。它是一种存量风险。这种风险的产生有两个前提条件：一是将要合并的会计报表原来是用不同货币表示的；二是将各种外币资产或负债折算成记账货币的汇率不同。例如，美国某跨国公司年初会计账面上拥有 10 万英镑存款。如果年初时每英镑可兑换 1.70 美元，那么这 10 万英镑的存款就可折合为 17 万美元。如果在年末时每英镑可兑换 1.50 美元，那么这 10 万英镑的存款就可折合为 15 万美元。即由于英镑的贬值，这家美国跨国公司会计账面上凭空出现了 2 万美元的损失。这就是典型的会计风险。只不过这里的会计风险是由这笔 10 万英镑存款的美元值先后按照"历史汇率"和"现行汇率"折算为美元而产生的。但如果在汇率发生变动的情况下，会计制度强行规定这笔 10 万英镑的存款仍然按照"历史汇率"进行折算，那么这笔 10 万英镑存款的美元价值就不会发生任何变化。所以，会计风险在很大程度上是由人们的主观意愿决定的。

由于不同经济主体资产负债表中的不同项目性质各异，人们对不同项目是否面临折算风险的看法也不一致，由此便产生了不同的折算方法。历史上西方各国曾先后出现过四种折算方法。

(1) 流动—非流动法(current/non-current method)。这种方法是将海外分支机构的资产负债划分为流动资产负债和非流动资产负债。流动资产是指可以迅速变现的资产，包括库存现金、应收账款和存货等；流动负债是指期限在一年以下的短期负债，包括应付账款、应付税金、应付利息红利、短期票据等；非流动资产主要是指不能迅速变现的持有期在一年以上的资产，主要包括固定资产和长期证券投资等；非流动负债是指不要求在一年内偿还的长期负债，如长期票据、长期债券和抵押负债等。这种方法要求对流动性资产和负债使用现行汇率（即编制资产负债表时的汇率）折算，对非流动性资产和负债使用历史汇率（即交易发生时的汇率）折算。所以在这种方法下，流动性资产和负债将面临折算风险，而非流动性资产和负债则不会面临折算风险。

(2) 货币—非货币法(monetary/non-monetary method)。这种方法是将海外分支机构的资产负债划分为货币资产负债和非货币资产负债。货币资产包括现金和应收账款；货币负债包括应付账款和长期负债；非货币资产负债是指真实资产，包括存货和固定资产。该方法要求对货币性资产和负债使用现行汇率折算，对非货币性资产负债使用历史汇率折算。

(3) 时间度量法(temporal method)。这种方法是货币—非货币折算法的变形，它们的区别仅在于对真实资产的处理。如果真实资产以现行市场价格表示，则按现行汇率折算；如果真实资产以原始价格表示，则按历史汇率折算。

(4) 现行汇率法(current-rate method)。该方法对海外分支机构的所有资产和负债项目都按现行汇率折算。在这种方法下，海外分支机构的所有资产和负债项目都会面临折算风险。

需要指出的是，会计风险并不涉及现金的流动或财富的转移，因为在折算过程中并未发生现实的外汇交易。但是，它涉及企业效益的评估、企业管理和税收等一系列方面，因此企业领导人也十分重视这种外汇风险。

(三) 经济风险

经济风险(economic risk),又称经营风险(operating risk),是指意料之外的汇率变动通过影响企业的生产销售数量、价格、成本,而引起企业未来一定期间收益(税后利润)或现金流量(收益+折旧额)变动的一种潜在风险。之所以说它是一种潜在风险,是因为这一概念通常是人们在计划和决策过程中所使用的风险概念,即这种风险只会对企业未来的经营业绩产生影响。汇率的变动通过影响企业未来的生产成本、销售价格,将引起销售数量的调整,并由此最终带来获利状况的变化。

需要说明的是,经济风险定义中的汇率变动仅指意料之外的汇率变动,而不包括意料之中的汇率变动。这是因为企业在预测其未来获利状况时,已经将预料到的汇率变动对未来获利状况的影响考虑进去了,已经将这一情况融入对企业未来经营成果和市场价值的评估结果中,因此这种预料到的影响并不构成一种风险。

对于一个企业来说,经济风险比折算风险和交易风险更为重要,因为其对企业经营结果的影响是长期的,而折算风险和交易风险对企业经营结果的影响则是一次性的。

下面举例说明经济风险。

某公司是一家利用国外原料进行加工生产的企业,其产品部分内销、部分外销。2003年,人民币与美元之间的汇率为 USD1=CNY8.2,该公司生产某种产品的单位成本为9.4元,其中单位产品原料耗费8.2元,工资支付1.2元;产品单位售价20元;销售总量为300万单位,产品销往国内外各半。假定企业年所得税税率为33%,如果汇率在2004年不出现意外变动,预计2004年该公司将与2003年保持同样的业绩(见表10-1)。

表 10-1　预计的 2004 年某公司损益和现金流量表　　　　单位:万元

项　　目	金　　额
销售收入(300万单位,单位售价20元)	6000
销售成本(300万单位,单位成本9.4元)	2820
营业费用	200
折旧	100
税前利润	2880
税后利润(收益)	1929.6
年现金流量(收益+折旧)	2029.6

然而,2004年年初,人民币对美元的汇率出现了意外的贬值,人民币与美元之间的汇率由 USD1=CNY8.2 变为 USD1=CNY8.5。汇率的这一变化将通过对该公司生产成本、销售价格、销售数量的影响而影响该公司的收益和现金流量的变化。

在生产成本方面,如果进口原材料的外币价格保持不变,单位产品的原材料耗费仍为1美元,但由于人民币贬值,单位产品原材料耗费以人民币表示提高到了8.5元,致使单位生产成本也相应提高到9.7元。

在销售价格方面,国内售价保持不变,但以美元表示的国外售价由于人民币对美元汇率贬值,由原先的2.3529美元降至2.2989美元。

在销售数量方面,国内销售量不变,国外销售量由于以美元表示的价格下降而增加了5万单位。

2004年,在生产成本、销售价格、销售数量发生变动的情况下,该公司的最终业绩状况可由表10-2来说明。

表10-2 2004年某公司损益和现金流量表　　　　单位:万元

项　　目	金　　额
销售收入(305万单位,单位售价20元)	6100
国外(155万单位,单位售价20元)	3100
国内(150万单位,单位售价20元)	3000
销售成本(305万单位,单位成本9.7元)	2958.5
营业费用	200
折旧	100
税前利润	2841.5
税后利润(收益)	1903.8
年现金流量(收益+折旧)	2003.8

从表10-1、表10-2中的税后利润和年现金流量可以看出,由于人民币对美元的汇率贬值,该公司的税后利润减少了25.8万元人民币,而年现金流量也减少了25.8万元人民币。当然,汇率变动后,销售量、销售价格和成本变化之间有很多种组合情况,而经济风险的结果,既可能是损失,也可能是获利。

二、三种类型的外汇风险之间的区别

对一个国际性企业而言,尽管在其生产经营活动中可能面临交易风险、会计风险和经济风险,但是这三种类型的外汇风险之间却是有区别的。

(一)风险发生的时间不同

交易风险是在企业的生产经营活动中产生的风险;会计风险是在企业的生产经营活动结果中产生的风险;经济风险是在企业预期未来生产经营活动的收益时产生的风险。交易风险和会计风险的损益突出的是企业过去已经发生的交易的受险程度,而经济风险突出的是企业在未来发生的交易的受险程度。

(二)风险损益的特点不同

从损益的计算结果来看,交易风险和会计风险均可根据会计程序进行,两者都可用一个确切的数字来表示,具有静态性和客观性的特点;而经济风险则需要建立在对企业未来的生产经营活动进行预测的基础上,从企业整体经营的角度进行分析,它具有一定的动态性和主观性特点。

（三）风险衡量的角度不同

交易风险既可以从每笔经济业务的角度来衡量，也可以从整个企业经营的角度来衡量；经济风险只能从整体企业经营的角度来衡量，既可以是跨国公司的整体，也可以是子公司的整体；会计风险一般只能从母公司的角度来衡量。

（四）风险损益的真实性不同

由于交易风险涉及经济主体之间的现金流动，因此它会造成风险承担者实实在在的损益；会计风险主要影响有关企业的资产负债表，而与现金流动无关，因此它造成的损益不是真实的，只是一种账面上的损益；经济风险由于是建立在对企业未来经营状况预测的基础上，所以这种风险既可能是真实的，也可能是不真实的。

第三节 外汇风险防范

外汇风险的防范主体主要是企业和银行。本节我们将首先介绍企业防范外汇风险的技术，然后在此基础上简单介绍商业银行外汇风险的管理。

一、企业防范外汇风险的技术

由于企业的外汇风险在签订进出口合同时就已产生，因此企业在签订进出口合同时，应该通过各种避险工具或技术，使其未来所面临的外汇风险降到最低程度甚至完全消失。一般来说，可供企业选择的防范外汇风险的技术工具主要有汇率预测法、货币选择法、货币保值法、远期合同法、利用国际信贷法、早付迟收或早收迟付法、对销贸易法、调整价格法、货币互换或利率互换、保付代理业务法和投保货币风险保险等。

（一）汇率预测法

由于外汇风险产生的理论根源是未来汇率的不确定性，所以，准确预测汇率的变动趋势是经济主体避免外汇风险的首选方法。然而，要准确预测汇率却不是一件很容易的事。迄今为止，还没有一种理论或模式可以准确预测未来汇率的变动程度。但是，一些经济理论却可以通过各个经济变量之间的关系来解释现实经济生活中汇率变动的原因。掌握这些经济变量和汇率之间所存在的关系，对于我们把握未来汇率的变动趋势无疑是大有裨益的。

1. 决定未来汇率变动的几个基本经济关系

（1）购买力平价理论。购买力平价理论有两种表现形式，即绝对购买力平价和相对购买力平价。

绝对购买力平价用来说明在某一时点上汇率是如何决定的。它认为在某一时点上，汇率随两国商品和劳务价格的变动而变动。当两国货币间的汇率不是购买力平价理论所暗示的均衡汇率时，汇率被高估的国家的居民就会使用本国货币换取被低估国家的货币，然后在这个国家购买商品,再将其运回国内销售,这种商品套购行为会导致外汇市场对汇率低估国家货币的需求增加,使其汇率上升,最终使均衡汇率得以恢复。绝对购买力平价用公式表示为

$$P(t) = S(t) P^f(t)$$

或

$$S(t) = P(t) / P^f(t) \tag{10-1}$$

式中,$P(t)$,$P^f(t)$ 分别表示本国与外国的价格水平;$S(t)$ 表示汇率(直接标价法)。

例如,一组商品的价格在美国为 1 美元,在德国为 2 欧元,根据购买力平价理论,两种货币之间的汇率应是 USD1=EUR2,或 EUR1=USD0.5。如果外汇市场实际汇率是 USD1=EUR4,那么美元被高估,欧元被低估。此时,美国人就会用 1 美元兑换 4 欧元,在德国就可以购买到 2 组这样的商品,运到美国后可换回 2 美元,结果净赚 1 美元。美国人在外汇市场上不断将美元换成欧元,这将导致外汇市场上对欧元的需求上升,从而使欧元对美元的汇率上升,直到市场恢复 USD1=EUR2。

相对购买力平价用来说明在两个时点内汇率的变动。它认为在两个时点内,汇率会随着两国相对通货膨胀率和货币升值或贬值率的变化而变化。用公式可表示为

$$S(t+1) = S(t) \frac{1+\pi}{1+\pi^f} \tag{10-2}$$

式中,$S(t+1)$,$S(t)$ 分别表示下一期与本期两国货币之间的汇率水平;π,π^f 分别表示本期国内外通货膨胀率。

由式(10-2)可得

$$\Delta = \frac{S(t+1) - S(t)}{S(t)} = \frac{\pi - \pi^f}{1+\pi^f} \approx \pi - \pi^f \tag{10-3}$$

式(10-3)表明,一种货币相对于另一种货币的升值率或贬值率,大体上等于两国相对通货膨胀率之差。这就是相对购买力平价理论最常见的表达式。

例如,德国的预期通货膨胀率为 5%,美国的预期通货膨胀率为 10%,则欧元的预期升值率为:$\Delta = (10\% - 5\%)/(1+5\%) = 4.76\%$。假如两种货币的期初汇率为:EUR1=USD1.10,那么,两种货币的期末汇率为:EUR1=1.10+1.10×4.76%=USD1.1524。

(2) 费雪效应。费雪效应表明,一国名义利率等于投资者所要求的实际收益率与通货膨胀率之和。各国资产的实际收益率应趋于一致。

如果以 i 表示一国的名义利率,r 表示一国的实际收益率,π 表示一国的通货膨胀率,则费雪效应的表达式为

$$1+i = (1+r)(1+\pi) \tag{10-4}$$

式(10-4)反映了通货膨胀对利率的影响程度。

例如,德国投资者所要求的实际收益率为 5%,德国的预期通货膨胀率也为 5%,则德国的名义利率 i_G 应满足

$$1+i_G = (1+5\%)(1+5\%)$$
$$i_G = 10.25\%$$

费雪效应的另一个推论是,世界各国的名义利率由于通货膨胀率的存在而有所差异,但实际收益率均相等。或者说,世界上只有一个实际收益率。因此,两国物价水平的相对

变动必然反映在两国名义利率的相对差异上；反之，两国名义利率的相对差异则体现了两国物价水平的相对变动。

承上例，德国投资者所要求的实际收益率为 5%，根据费雪效应的推论，美国投资者所要求的实际收益率也应为 5%。在美国的通货膨胀率为 10% 的情况下，美国的名义利率 i_{US} 应满足

$$1+i_{US}=(1+5\%)(1+10\%)$$
$$i_{US}=15.5\%$$

如果以 i 表示国内的名义利率，i^f 表示外国的名义利率，π 表示国内的通货膨胀率，π^f 表示外国的通货膨胀率，那么，两国名义利率和通货膨胀率的关系是

$$\frac{1+i}{1+i^f}=\frac{1+\pi}{1+\pi^f} \tag{10-5}$$

式(10-5)可以近似地表示为

$$i-i^f \approx \pi-\pi^f \tag{10-6}$$

式(10-6)表明，两国名义利率之差大体上等于两国预期通货膨胀率之差。这就是费雪效应最常见的理论表达式。

(3) 国际费雪效应。由上面的式(10-2)和式(10-5)，可得

$$\frac{S_{t+1}}{S_t}=\frac{1+\pi}{1+\pi^f}=\frac{1+i}{1+i^f} \tag{10-7}$$

式(10-7)各项同时减去 1，可得

$$\frac{S_{t+1}-S_t}{S_t}=\frac{\pi-\pi^f}{1+\pi^f}=\frac{i-i^f}{1+i^f}$$

即

$$\Delta \approx \pi-\pi^f \approx i-i^f \tag{10-8}$$

式(10-8)即为国际费雪效应的理论表达式。国际费雪效应表明，两国名义利率之差等于两国货币升值或贬值率。

它意味着利率较高的国家，其预期通货膨胀率也较高，这预示着该国的货币即将贬值。

(4) 利率平价说。利率平价说表明，两国名义利率之差大体上等于远期外汇市场上两国货币的升水或贴水数。

利率平价说是基于这样一种假设：套利保值的资金流动最终使得两国投资的收入趋于一致。假定国内金融市场上的利率水平为 i，外国金融市场上的同期利率水平为 i_f，两国货币的即期汇率为 S，两国货币的一年期远期汇率为 F。那么，当资金在两国间可以完全流动时，现实经济生活为投资者提供了两种可供选择的投资机会：或是将资金投资于国内，或是将资金投资于外国。若投资者将 1 单位本国货币资金投资于国内，那么一年的收入为 $1+i$；若投资者将资金投资于国外，那么 1 单位本国货币一年前可折合成的外币数量是 $1/S$，一年后在外国金融市场的同期利率水平为 i^f 的情况下可获得的外币收入是 $1/S(1+i^f)$，这些外币收入按一年期两国货币的汇率水平可折合为本币的数量是 $F/S(1+i^f)$。在利率平价说成立的条件下，国内投资的收入应等于外国投资的收入，即

$$1+i=(1+i^f)\frac{F}{S} \tag{10-9}$$

对式(10-9)进行整理,可得

$$(1+i)/(1+i^f) = F/S \tag{10-10}$$

式(10-10)两边同时减去1,可得

$$(F-S)/S = (i-i^f)/(1+i^f)$$

式(10-11)可近似地表示为

$$(F-S)/S \approx i-i^f \tag{10-11}$$

式(10-11)即为利率平价说最常见的表达式。它表明远期外汇汇率升水或贴水的百分比大体上等于两国货币利率的差异。

例如,德国的名义利率为10.25%,美国的名义利率为15.5%,若两国货币的期初汇率为 EUR1=USD1.10,那么,按照利率平价说,两国货币的期末汇率为 $1.10\times(1+15.5\%)/(1+10.25\%)=1.1524$,即 EUR1=USD1.1524。欧元对美元的升水率应为 $\Delta=(F-S)/S=(1.1524-1.10)/1.10=4.76\%$,或者 $\Delta=(i-i^f)/(1+i^f)=(15.5\%-10.25\%)/(1+10.25\%)=4.76\%$。这个例子表明,在美国投资的收益率15.5%大体上等于在德国投资的收益率10.25%加上欧元对美元的升水率4.76%,即所谓利率差异,汇水补贴。

2. 汇率预测的方法

汇率预测的方法,在不同的汇率制度下是不同的。

在固定汇率制度下,汇率的预测主要是对官方汇率的预测,它包括对汇价变动方向、变动时间和变动数量的预测。

一般来说,汇价变动的方向容易预测。如果一国预期的通货膨胀率较高,国际储备大量流失,进口大于出口,货币供给增加等,则表明该国货币将出现贬值趋势。如果该国政府不立即采取行动,那么货币投机将导致资本外逃,迫于这种压力,该国政府最终将调整本币的对外汇率。而官方汇价调整的时间则较难预测,这是因为在固定汇率制度下,人们普遍存在对汇率稳定的偏好,汇价的调整时间往往被拖延,同时,汇价调整也会因政府运用储备而推迟。因此,汇价的调整时间实质上是一个政治问题,而汇价变动幅度的预测则要依据影响汇率变动的各因素的变动程度而确定。此外,在固定汇率制度下,对汇率的预测还必须密切关注某一国家的经济、政治环境。因为在这种制度下,汇率的调整往往与政府权力的转移以及政府主要领导人的变更有关。

在浮动汇率制度下,汇率预测的具体方法主要包括计量经济学方法、图表曲线法和主观分析法。

(1) 计量经济学方法。通过数学模型来测量各种经济变量对汇率变动的影响。其具体步骤是运用过去的统计数据把决定汇价的各种因素之间的关系通过公式表示出来,然后将各种因素的预期值代入公式,求出汇价的预测数据。

假定某银行应某跨国公司的要求,准备预测下个月欧元与美元之间汇率变动的百分比。为方便起见,我们假定这种预测只包括两个变量:美德两国通货膨胀率的差异和美德两国的利率差异。银行的具体预测步骤如下。

第一步,收集以前美德两国通货膨胀率和利率的资料。

第二步,确定回归方程式。在这个回归方程中,因变量是欧元价值变动的百分比即

EUR。自变量包括两个:一个是以前各月两国通货膨胀率差异变动的百分比即 P;另一个是以前各月两国利率差异变动的百分比即 I。其回归方程式为

$$E^w = b^0 + b^1 P + b^2 I + \mu \tag{10-12}$$

式(10-12)中,b^0 为常数,b^1 表示 E^w 对 P 变动的反应程度,b^2 表示 E^w 对 I 变动的反应程度,μ 表示误差。

第三步,求 E^w 受自变量影响的方向和程度,即系数 b^0, b^1, b^2。将收集的有关 E^w, P, I 的资料代入回归方程式可得各系数之值。如果 E^w 与 P 和 I 同方向变动,则系数 b^1 和 b^2 应为正值;反之,如果 E^w 与 P 和 I 反方向变动,系数 b^1 和 b^2 应为负值。

第四步,利用回归方程预测未来的即期汇率。一旦上述系数被估计出来,就可利用这些系数预测欧元对美元的未来即期汇率。假设通过第三步求得 $b^0 = 0.002, b^1 = 0.8, b^2 = 1$,即在其他因素不变的条件下,两国通货膨胀率差异每变动 1%,欧元汇率将同方向变动 0.8%;两国利率差异每变动 1%,欧元汇率将同方向变动 1%。另假设下个月,P 预期将变动 6%,I 预期将变动 4%,则欧元汇率变动的百分比估计如下:

$$E^w = b^0 + b^1 P + b^2 I + \mu = 0.002 + 0.8 \times 6\% + 1 \times 4\% = 9\%$$

上式说明,如果下个月两国通货膨胀差异变动 6%,利率差异变动 4%,欧元下个月将升值 9%。

上例仅包括两个经济变量,更复杂的计量经济模型将包括更多的经济变量,但预测原理相同。如 10 个变量的回归方程式为

$$E^w = b^0 + b^1 S^1 + b^2 S^2 + \cdots + b^{10} S^{10} + \mu \tag{10-13}$$

与汇率变动相关的经济变量主要有:通货膨胀率、利率、国民收入、消费、投资、贸易量、资本流动量、货币供给量和劳动生产率等。

采用计量经济学方法对未来汇率进行预测的优点是能够将一些复杂的经济因素引入汇率预测的模式,并能够用数字明确地表示过去汇率变动中各种因素的影响程度。但它也存在下列几方面的局限。

第一,各经济变量影响汇率的时间不确定。如通货膨胀率可能要 3 个月或 4 个月后才能对汇率产生影响。

第二,经济变量本身预测的准确性。从计量经济模型预测中可以看出,汇率预测的准确性在很大程度上取决于对各经济变量预测的准确性,而经济变量是不易准确预测的。

第三,虽然计量经济模型可以包括许多与汇率变动相关的变量,但仍有一些影响汇率变动的因素无法计量。

第四,汇率变动对经济变量变动的反应程度,因时间条件的改变而改变。如有关国家采取新的贸易限制或放宽原有的贸易限制等。

(2) 图表曲线法。将汇率每天的变化、1 个月的平均值或 3 个月的平均值的变化画成曲线,然后从各个数值的位置来预测现时汇价的趋势,并确定其变动方向。例如,预测者通过观察过去一段时间某一货币的汇率变动后发现这样一个规律,某货币连续 3 天贬值后,第四天便升值。如果这一货币出现同一种情况,即连续 3 天贬值,汇率也将按同一方向变动,即第四天将升值。

图表曲线法是一种非常短期的预测。其主要优点是在短期内预测的准确性较高。但

这种方法也存在局限性：一是由于这种方法预测的时间短,对于跨国公司来说,不利于其制定长期发展战略,因此跨国公司并不经常采用；二是这种方法没有涉及汇率变动点的估计或将来汇率变动可视范围的估计。

(3) 主观分析法。在分析未来汇价变动基本趋势时,主要考虑国内外通货膨胀率的差异、经常项目收支的动向、国内外利率的差异三方面的因素,另外还注意到不同时期市场人士的心理因素。在此基础上,依据个人的经验对未来汇价的变动趋势做出预测。显然这种方法的主观成分较多。

(二) 货币选择法

货币选择法是指经济主体通过对涉外业务中计价货币的选择来减小外汇风险。它在国际储备、对外贸易及利用外资的汇率风险防范中具有十分重要的作用。

在具体选择计价货币时,有下列几种方法。

(1) 本币计价法。选择本币计价可以使经济主体避开货币兑换问题,从而可以完全避免外汇风险。但是,由于本币对外国人来说是外币,这等于将汇率风险完全推给了对方,所以该方法的前提条件是对方能够接受本币计价,否则,经济主体将会丧失贸易机会。

(2) 可兑换货币计价法。经济主体采用可兑换货币计价本身并不能减少外汇风险,但是它使企业在预测汇率变动于己不利时,能够通过外汇交易将此后的外汇风险转嫁出去。

(3) 硬币计价法。硬币(hard money)是指未来汇率具有上升趋势的货币。出口商或外币债权人使用硬币计价,可以使自己得到汇率变动带来的利益。

(4) 软币计价法。软币(soft money)是指未来汇率具有下降趋势的货币。进口商或外币债务人选择软币计价,可以使自己避免汇率波动可能带来的损失。

但是,硬币和软币是相对的,硬币的汇率并非永远呈上升趋势,软币的汇率也并非永远呈下降趋势。因此,采用硬币或软币计价法是建立在经济主体对汇率的走势有比较准确预测的基础上。但这种方法并不能完全避免外汇风险。

(5) 多种货币计价法。在经济合同中规定以多种货币计价,是因为未来某种货币汇率上升的影响在一定程度上会被未来其他货币汇率下降的影响所抵消,交易双方可以借此减轻外汇风险。

一般来说,货币选择主要应遵循以下三个原则：第一,争取使用本国货币作为合同货币。这是因为以本币进行结算,清偿时不会发生本币与外币之间的兑换,因而外汇风险无从产生。这一原则的实质是将汇率风险转嫁给交易对方。然而,这一方法主要适用于实行货币自由兑换的国家。尽管我国早在1968年就开始使用人民币对外计价结算,但由于人民币不能自由兑换,交易对方往往难以接受,人民币计价结算一般仅限于一些双边记账贸易的场合。第二,出口、借贷资本输出争取使用硬币,进口、借贷资本输入争取使用软币。出口商或债权人如果能以硬币作为合同货币,那么当合同货币的汇率在结算或清偿时升值,就可以兑换回更多数额的本国货币或其他外币。同样,进口商或债务人如果能以软币作为合同货币,那么当合同货币的汇率在结算或清偿时下降,就可以少支付一些本国货币或其他外币。这一方法的实质是将汇率变动所带来的风险完全转嫁给对方。但由于各种货币的"软"或"硬"并不是绝对的,其软硬局面往往会出现转变,所以严格来说,这种方法并不能完全保证经济主体免遭汇率变动的损失。第三,选择可自由兑换的货币。这样做的目的是便于外汇资金的调拨和运用,有助于转移汇率风险。但是,实践中由于货币选择涉及交易双方的利益,因此在执行货币选择的上述原则时,应根据实际的交易情况以及交易双方所处的地位,权衡利弊得失,制定相应的策略。尤其是在国际贸易中,选择使用哪种货币,在策略上要与商品的购销意图、国际商品市场的价格、购销情况等结合起来全面考虑。

在国际储备中,储备货币的选择直接关系一国国际储备中外汇储备价值的增减。由于一国国际储备中的外汇储备主要是存放在外国银行的各种形式的外汇资产(如存款、有价证券等),汇率变化必然会影响这些储备资产的价值。如果一国外汇储备中90%是美元资产,一旦美元对其他货币贬值,国家外汇储备的实际价值就会减少,从而影响其对外支付能力。因此,当今世界各国的外汇储备都是一种多元化货币储备的格局。

在对外贸易中,货币的选择也具有十分重要的意义。例如,国家批准某企业从日本进口设备,以日元计价结算需用24亿日元,批准时日元和美元之间的汇率为1美元=240日元,日元和人民币之间的汇率为10万日元=1333元人民币,同时国家批准给该企业1000万美元的外汇额度。因此该企业支付24亿日元,共需3199.2万元人民币买汇资金。但支付时,日元升值到1美元=200日元,10万日元=1600人民币,此时,该企业需要1200万美元才能买到24亿日元;同时需要3840万元人民币才能把1200万美元额度买回来。这就必须向国家追加外汇额度和人民币预算,或者向银行多借人民币资金。但如果在签订合同时不用日元计价结算,而是用美元计价结算,情况就会大为不同。现在1000万美元相当于20亿日元,比用日元计价结算时所需24亿日元少4亿日元。

与国际储备和对外贸易中货币的选择不同,利用外资时,货币的选择要同时考虑利率的高低和未来汇率发展趋势两个因素。由于存硬货币的利率低,存软货币的利率高,与此相适应,使用硬货币的利率低,使用软货币的利率高。但是软硬货币的利率高低并不能成为利用外资中货币选择的唯一标准,必须考虑软硬货币未来汇率的变化。

例如,假定美元是软货币,英镑是硬货币,我国某企业利用外资的数额是200万美元,资金的使用期限是3年,在借入200万美元时,美元与英镑的比价是1英镑=2美元,3年后,美元与英镑的比价是1英镑=2.3美元。

下面我们分两种情况来讨论这一问题。

第一种情况,我们暂且不考虑利息因素,仅考虑本金。这意味着按3年前1英镑=2美元计算,200万美元本金折合100万英镑;3年后归还这笔200万美元本金,按1英镑=2.3美元计算,200万美元本金仅折合87.4万英镑。所以,借美元更合算。

第二种情况,我们不仅要考虑本金因素,还要考虑利息因素。由于软货币利率一般较高,而硬货币利率一般较低,而且两者有时差距很大,因此,在利用外资时就不能只看货币的软硬,而是应结合利率因素,综合分析是否合算。假设美元年息为12%,英镑年息为3%,3年后在美元与英镑的比价是1英镑=2.3美元的情况下,若3年前借入200万美元本金,则3年期满时,共要支付本息272万美元本金,而3年前的200万美元本金相当于

100万英镑,这100万英镑3年期满后应归还本息109万英镑,而109万英镑本息按3年后1美元=2.3英镑的汇率折算,仅合250.7万美元。显然在这种情况下,借英镑比借美元可少支付272－250.7=21.3万美元,因此借英镑更为合算。所以,在利用外资时,并不能绝对地说借软货币合算、借硬货币吃亏,而应将即期汇率、借贷利率以及未来汇率的发展趋势结合起来综合考虑。

(三) 货币保值法

货币保值法是指贸易双方通过在合同(一般是长期合同)中订立适当的保值条款,来防止未来汇率变动的风险。常用的保值条款有黄金保值、硬货币保值和"篮子"货币保值。

黄金保值是指贸易双方在订立合同时,按当时的黄金市场价格将支付货币的金额折合为若干盎司的黄金,到实际支付日,若黄金市场价格上涨,则支付货币的金额相应增加;若黄金市场价格下跌,则支付货币的金额相应减少。例如,某项经济交易合同在签约时的黄金市场价格是1盎司黄金=300美元,合同的交易金额是300 000美元,相当于1000盎司黄金。在货款支付日,若黄金的市场价格是1盎司黄金=600美元,则合同的支付金额为600 000美元(600×1000)。

硬货币保值是指在合同中注明以硬货币计价,以软货币支付,并标明两种货币当时的汇率。在执行合同时,如果支付货币的汇率变动,则支付金额要按支付日的货币汇率等比例进行调整。这样,实收的计价货币金额与签约时相同,从而可以避免支付货币汇率变动的风险。例如,某项经济交易合同在签约时,合同注明以美元计价,以日元支付,当时日元和美元的汇率为1美元=200日元,货款金额为10 000美元。那么按签约时的汇率计算,货款的金额可折合2 000 000日元,若支付货款时日元和美元的汇率为1美元=250日元,那么以日元表示的合同支付金额为2 500 000日元(10 000×250)。

"篮子"货币保值是指在订立合同时确定支付货币与"篮子"保值货币之间的汇率,并规定各种保值货币与支付货币间汇率变化的调整幅度,到实际支付时,如果汇率的变动超过规定的幅度,则按当时的汇率调整,以达到保值的目的。目前,在国际支付中,特别是对于一些长期经济合同,较多地使用特别提款权及欧洲货币单位等"篮子"货币保值。

(四) 远期合同法

远期合同法是指经济主体在拥有未来一笔外汇资产或外汇负债的情况下,通过卖出或买进一定数量的远期外汇合同,预先将汇率固定下来,从而避免日后汇率波动的风险。例如,美国出口商向英国进口商出口一笔价值10万英镑的商品,双方商定以美元结算,预计3个月后收到这笔货款,按签约时的即期汇率1英镑=1.25美元计算,该笔货款共计12.5万美元。但美国出口商担心3个月后英镑汇率下跌,于是按3个月后的远期汇率1英镑=1.20美元将10万远期英镑卖出,到期将收进12万美元。这样,美国出口商在付出5000美元的远期贴水成本后,就可以避免3个月后英镑对美元的汇率下降到1.20美元以下而给其带来更大损失。上例中美国出口商通过支付5000美元的成本,既拥有一笔10万英镑的资产(应收货款),又拥有一笔10万英镑的负债(应付期货交易款),故其外汇风险可以得到避免。但若该交易以美元计价英镑结算,则英国进口商为防止美元汇率上升而作远期交易,也将获得远期汇率升水的好处。

(五) 利用国际信贷法

利用国际信贷法是指经济主体在拥有远期外汇收入的情况下,通过向银行借入一笔与其远期外汇收入相同金额、相同期限、相同货币的贷款,以达到防止外汇风险和改变外汇风险结构的方法。在中长期的国际经济交易中,利用国际信贷法,既可获得资金融通,又可避免外汇风险。国际经济交易中通常使用的国际信贷方式主要有外币出口信贷和福费廷(forfaiting)交易。

外币出口信贷分为卖方信贷(出口商的开户银行先向出口商垫付货款,然后出口商再以分期付款的方式偿还)和买方信贷(由出口方银行直接向进口商或进口方银行提供贷款)两种。以卖方信贷为例,出口商在将商品出口后,可向其开户银行借入一笔与其出口商品相同金额、相同期限、相同货币的资金,然后将该外币款项在即期外汇市场卖出换成本国货币,以补充和加速本币资金的周转与流通。之后出口商用进口商所欠货款偿还向银行所借的外币资金。这样,出口商的外币负债(向开户银行的借款)为其外汇资产(出口商应收货款)所轧平,即使未来汇率有变动,出口商也不会承担风险。

需要说明的是,以出口信贷方式利用外资时,要注意出口信贷的利率受"君子协定"约束,它一般是固定的。应尽量争取使用软货币,因为在欧洲金融市场上软货币的利率要比出口信贷的利率高,而硬货币的利率则可能相反。如以硬货币计价结算,则借款人要吃两方面的亏:一是汇价上浮的损失;二是利率上浮的损失。当然,对于贷款人来讲,则是使用硬货币为好。在此情况下,最低也应争取风险由双方承担。

福费廷交易是指在延期付款的大型设备贸易中,出口商将经进口商承兑的、期限在半年以上的远期汇票,无追索权地售予出口商所在地银行或大型金融公司,由此提前取得现款,并免除一切风险的一种资金融通方式。

福费廷交易起源于20世纪50年代后期,20世纪60年代初期随着世界经济结构的变化广泛应用于西欧国家尤其是瑞士、德国以及众多发展中国家和东欧国家的设备贸易中。

需要指出的是,福费廷交易与一般的票据贴现业务不同。两者的主要区别在于以下方面。

(1) 追索权不同。一般的票据贴现,到期若遭到拒付,银行有权对出票人行使追索权,要求出票人付款;而办理福费廷业务所贴现的票据,银行无权对出票人行使追索权,出口商通过福费廷交易将票据拒付的风险完全转嫁给了贴现银行。出口商在贴现这种票据时是一种"断卖"。

(2) 贴现的票据不同。一般的贴现业务中贴现的票据多为贸易往来中的一般票据;而福费廷业务中贴现的票据多为同设备出口有关的票据。

(3) 担保人不同。一般的票据贴现不经银行担保;而福费廷业务必须有信誉卓著的银行担保。

(4) 费用高低不同。一般票据的贴现费用通常仅按市场利率收取贴现利息;而福费廷业务的费用,除按市场利率计收贴现利息外,还要收取管理费、承担费(从出口商银行承做福费廷之日起,到实际买进票据之日止,按一定费率和天数收取)和罚金(出口商因故取消原定的福费廷业务,银行还要收取罚金)等。

(六)早付迟收或早收迟付法

早付迟收或早收迟付法是指国际支付中,在预测支付货币汇率变动趋势的前提下,通过更改外汇资金的收付日期,来避免外汇风险或获取风险报酬。在国际贸易中,如预测计价货币的汇率将升值或上浮,进口商以早付为宜,而出口商则以迟收为宜;如预测计价货币的汇率将贬值或下浮,进口商以迟付为宜,而出口商则以早收为宜。这一做法的实质是通过延长或缩短支付的信用期来抵补外汇风险。但就防范外汇风险而言,早付迟收或早收迟付法的作用并不相同。提前结汇可以提前消除外汇风险,但是,错后结汇具有投机性质。如果企业汇率预期发生失误,采用早付迟收或早收迟付法就会蒙受更大的外汇风险损失。

(七)对销贸易法

对销贸易法是一种将进口与出口相互联系起来,进行货物交换的贸易方法。这种方法之所以能较好地避免外汇风险,是因为它不涉及货币的实际支付。由于交易双方事先定好了互换商品的价格,所以交易双方都不承受汇价波动的风险。对销贸易法通常分为易货贸易、清算协定贸易和转手贸易三种形式。

易货贸易是指贸易双方直接地、同步地进行等值货物的交换。

清算协定贸易是指两国政府之间事先签订一种协定,对于两国进出口贸易所发生的债权债务,通过双方指定的银行账户相互抵销,而不用逐笔结算支付外汇。清算协定贸易中的计价货币不论是软货币还是硬货币,由于双方事先都把货价敲定而且不用支付现汇,因此不存在外汇风险。

转手贸易是在清算协定贸易的基础上,利用多边货物交换、双边结算账户进行结算的贸易方式。例如,甲国与乙国有清算账户,甲国向乙国出口后,乙国没有合适的商品向甲国出口,于是甲国账户上出现了盈余,与此同时,丙国欲对甲国出口一批甲国需要的货物和从乙国进口一批国内需要的货物。甲国提出没有现汇从丙国进口,但可以使用对乙国结算账户的盈余支付丙国货款。丙国在利用甲国的账户盈余向甲国出口等值货物的同时从乙国进口了等值的货物。这样,一笔转手贸易在三方事前相互协商,确定好三方相互交换的货物数量及同一货币单价的情况下就完成了。

(八)调整价格法

在国际贸易中,坚持"收硬付软"的原则无疑是正确的。然而,在实际经济交易中,由于受到交易意图、市场需要、商品质量、价格条件等因素的制约,往往使上述原则不能实现。出口有时不得不用软币交易,进口有时不得不用硬币成交。这样就存在潜在的外汇风险,为了消除这种外汇风险,可以采取调整价格法。

调整价格法主要有加价保值法和压价保值法两种。

加价保值法主要用于商品出口交易,是出口商在接受软币计价成交的情况下,将汇价损失摊入出口商品价格,以转嫁外汇风险。

压价保值法主要用于商品进口交易中,是进口商在接受硬币计价成交的情况下,将汇价损失从进口商品价格中剔除,以转嫁外汇风险。对进口商来说,除压价保值外,还有其他方法可供选择,如要求对方同时以硬币和软币两种货币报价,进行比较后,确定双方可以接受的货价;缩小支付条款中的预付定金比例;推迟或减少每次付款的比例;减少其他费用开支等。

需要说明的是,调整价格法只能减轻外汇风险,而不能消除外汇风险。另外,价格调整法的运用还需要考虑购销意图、市场需求、商品质量等其他条件。

例如,我国向美国出口一批货物,出口商品的美元报价为 1000 万,假设报价时美元和人民币之间的汇率为 USD1＝CNY8.20,现美元贬值,USD1＝CNY8.0。原报价 1000 万美元的出口商品价格,要维持贬值前的外币价值水平,就必须在原出口价格基础上加价,其加价率的计算公式为

加价率＝(贬值前汇率÷贬值后汇率－1)×100％＝(8.20÷8.0－1)×100％＝2.5％

于是,按加价率调整后的美元价格＝1000×(1＋2.5％)＝1025(万美元)。这样,贬值前 1000 万美元相当于 8200 万元人民币(1000×8.20),而加价后的 1025 万美元也相当于 8200 万元人民币(1025×8.0)。

(九) 货币互换或利率互换

货币互换或利率互换之所以能达到防范外汇风险的目的,是因为经济主体通过这种互换,不仅能获得较低的筹资成本,而且能建立与自有未来的外币资产负债相匹配的负债资产结构。

货币互换是两个独立的筹资者,在各自筹集到货币价值相等、期限相同,但不同货币不同计息率的债务或不同货币相同计息率的债务后,通过中介人进行包括货币和利率的互换。货币互换常常出于以下原因:①进口商获得的优惠条件下的出口信贷,其币种并不是进口商所需要的;②投资人认为用本币调换外币比直接购买外币的效益更好;③借款人套取低利率的资金。

例如,A 企业获得 5 年期固定利率的美元贷款 3500 万,该企业准备将其转换成浮动利率的瑞士法郎,以改变不同货币之间的贷款结构。同时,B 企业正好发行了 5 年期 1 亿瑞士法郎的浮动利率债券,该企业正寻求将其转换成固定利率的美元负债,以固定其筹资费用并与自己的应收美元相匹配。在这种情况下,两个企业便可进行货币互换。这时,货币最初将以 USD1＝CHF2.857 15 的现行即期汇率互换。然后 A 企业将向中间商支付 3500 万美元,而获得 1 亿瑞士法郎,相反 B 企业将向中间商支付 1 亿瑞士法郎,而获得 3500 万美元。这时两个企业各自得到它们想要的货币。在整个贷款期间,A 企业将向中间商支付浮动利率的瑞士法郎贷款利息,而从中间商处获得固定利率的美元利息,以支付固定利率的美元贷款利息,B 企业将向中间商支付固定利率的美元贷款利息,而从中间商处获得浮动利率的瑞士法郎利息,以支付浮动利率的瑞士法郎贷款利息。贷款到期时,两种货币余额再以最初的 USD1＝CHF2.857 15 的即期汇率互换回去。于是,A 企业向中间商支付 1 亿瑞士法郎以获得 3500 万美元,并归还美元贷款本金,B 企业向中间商支付 3500 万美元以获得 1 亿瑞士法郎,并归还瑞士法郎债券本金。

从上述过程可知，整个货币互换包括如下三个过程：

(1) 最初的货币互换；

(2) 整个贷款期间的利息支付；

(3) 到期日的本金换回。

利率互换是两个独立的筹资者，根据各自的筹资优势，在分别借到币种一致、名义本金和期限相同，但付息方法不同(通常有固定利率与浮动利率之别)的债务后，双方通过中介人对利率部分进行调换，以期获得贷款成本较低的利率种类。利率互换的双方一般是银行与企业或者企业与企业，少数情况下是银行与银行。

例如，某建筑公司筹集了4000万美元5年期的浮动利率债务，以投入将来的工程，并打算固定与该项工程有关的远期利息支出。相反，某商业银行发行了4000万美元5年期的固定利率欧洲债券，以为其浮动利率贷款的投资筹集资金。于是，这家建筑公司和某商业银行便可通过中介人的媒介达成一项利率互换协议，使双方得到各自所寻求的负债类型。具体的互换过程如图10-1所示。

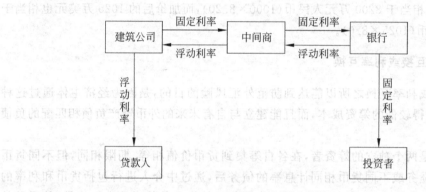

图10-1 利率互换交易示意图

上例说明，通过利率互换，可使一个拥有固定利率债务却需要浮动利率债务的借款人，与另一个拥有浮动利率债务却需要固定利率债务的借款人，得到各自所需要的负债类型。

又如，A公司在市场上容易借到某种货币11%的固定利率贷款，但举债浮动利率贷款时需要支付LIBOR+0.25%的利息；而B公司则能以LIBOR借到较为优惠的同种货币浮动利率贷款，而举借固定利率贷款时则要支付11.5%的利息。即A、B两家公司所面临的借款利率如表10-3所示。

表10-3 A、B两家公司的借款利率

公司名称	固定利率	浮动利率
A公司	11%	LIBOR+0.25%
B公司	11.5%	LIBOR

但是A公司需要借入浮动利率贷款，而B公司则需要借入固定利率贷款，债务的名义本金数额相同。于是，A公司与B公司便利用各自的相对优势，在分别借入固定利率和浮动利率债务后通过中介银行，互相交换支付利息的利率种类。根据利率互换的基本

原理,具体的互换过程如图10-2所示。

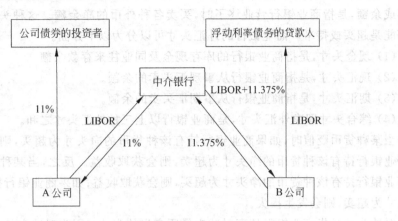

图10-2 A、B公司利率互换过程示意图

利率互换的结果是:

A公司实际支付的利率为浮动利率LIBOR(LIBOR+11%-11%),比直接筹集浮动利率借款节约成本0.25%(LIBOR+0.25%-LIBOR)。

B公司实际支付的利率为固定利率11.125%[11.375%+LIBOR-(LIBOR+0.25%)],比直接筹集固定利率债券的成本节约0.375%(11.5%-11.125%)。

中介银行可取得0.125%[LIBOR+11.375%-(LIBOR+0.25%)-11%]的手续费收入。

(十)保付代理业务法

保付代理业务,又称保理业务或客账融资业务,是一种贸易信贷管理技术和融资方法。出口商在争取不到以进口商银行开立信用证的方式收取货款,而对收汇无把握的情况下,可向保付代理商提出保付代理业务,即出口商将进口商应付货款的单证转卖给保理商,立即得到发票应收金额的80%~90%的货款,其余部分到期收回。在这种业务中,由于出口商能够提前得到大部分货款,因此可以起到减轻外汇风险的作用。

(十一)投保货币风险保险

有些国家的保险机构为防止进出口商因汇率变动遭受损失而提供货币贬值或汇率波动保险。一般的做法是:投保者应向保险公司提交有关单据证明,缴纳一定比例的保险费,由保险公司对投保货币汇率的波动幅度加以规定,如汇率波动在规定的幅度内,保险公司对投保者遭受的损失负责赔偿,对超过规定幅度的损失,保险公司则不负有赔偿责任。因汇率变动超过规定幅度而产生的收益,则归保险公司所有。

二、商业银行外汇风险的管理

商业银行外汇风险的管理主要包括汇率风险、信用风险和流动性风险三个方面。

汇率风险是指商业银行在日常的外汇业务中因外汇汇率的变动而蒙受损失或获取收

益的可能性。它包括净外汇头寸风险和对冲头寸风险。商业银行的外汇头寸又称外汇持有额或余额,是指商业银行营业终了时,买卖各种外币的净余额。这种头寸可能是超卖,也可能是超买或持平。商业银行的外汇头寸可以分为以下方面。

(1) 现金头寸,是指商业银行的库存现金及同业往来存款余额。

(2) 现汇头寸,是指商业银行从事现汇买卖的余额。

(3) 期汇头寸,是指商业银行从事期汇买卖的余额。

(4) 综合头寸即净外汇头寸,是商业银行以上三种外汇头寸之和。

当某种货币贬值时,如果商业银行持有该种货币的净头寸为超买,则会发生损失;如果商业银行持有该种货币的净头寸为超卖,则会获取收益。反之,当某种货币升值时,如果商业银行持有该种货币的净头寸为超买,则会获取收益;如果商业银行持有该种货币的净头寸为超卖,则会发生损失。

对冲头寸是指商业银行从事对冲交易所产生的头寸。因为对冲交易中净外汇头寸不变,所以对冲头寸不受现汇汇率变动的影响。但对冲汇率的升水或贴水发生变化,则会使银行获利或蒙受损失。如果对冲汇率降低,那么商业银行买入长期卖出短期可获利,而卖出长期买入短期会蒙受损失;反之,如果对冲汇率上升,那么商业银行买入长期卖出短期则会蒙受损失,而卖出长期买入短期则会获利。

汇率风险管理主要包括以下内容。

(1) 对各种外国货币分别制定头寸额度,这包括对净外汇头寸、现汇头寸及期汇头寸,分别制定头寸额度。

(2) 对所有外国货币制定头寸总额度。

(3) 设置头寸记录员,及时编制头寸表,随时了解各种货币的头寸状况。

信用风险是指商业银行从事外汇交易时,由于对方履行合约的能力有限而产生的风险。它包括对方爽约风险和对方破产风险。爽约风险是指在交易合同到期后,对方不能或不愿履行期汇合约的交割;破产风险是指由于交易对方在合约到期日破产,而造成交易合约无法履行。

信用风险管理主要包括以下内容。

(1) 对交易对手制定信用额度。

(2) 商业银行总行制定全球总额度,各分支行相应制定分额度。

(3) 对每个营业交易员制定头寸额度。

流动性风险是指商业银行在外汇市场上,能否获得预期外国货币所具有的不确定性。例如,商业银行对某种货币为超卖,而该国政府突然对外汇市场进行管制,致使商业银行无法买入该种外币。对于流动性风险的管理,其对象常常是市场性不大的外国货币,其净头寸可能有流动性风险,在浮动汇率制度下,商业银行应利用隔日头寸限额予以控制。

第四节 我国的外汇风险防范

从国家整体角度出发,我国的外汇风险防范主要分为对外贸易中外汇风险的防范、对外债务中外汇风险的防范和国家外汇储备风险的防范三个方面。

一、对外贸易中外汇风险的防范

一般来说,从货币上看,外汇风险在我国对外经贸活动中主要表现为下列三个方面。

(1) 外币与外币之间。这主要是指各种外币与美元之间汇价的变化。由于美元是国际上的中心货币,我国对外往来(进口、出口、利用外资、非贸易外汇收支)也以美元为基本的计算货币和统计货币,所以,其他外国货币的汇价风险往往表现在其他货币对美元汇价的变化上。如近年来,我国从日本进口技术设备增加,经常要用日元支付,但国家批准的进口外汇指标往往是美元。在日元与美元之间的汇价发生波动时,就会产生外汇风险。

(2) 外币与人民币之间。这主要是指各种外币与人民币之间汇价的变化。从理论上讲,人民币汇价除了政策性调整外,还要经常随国际市场上西方货币汇价的变化而变化,这些政策性调整以及人民币汇价与国际市场上西方货币汇价之间的联系所引起的外币与人民币之间汇率的变化,也会产生外汇风险。

(3) 先是外币与外币之间,后是外币与人民币之间。例如,某企业向银行申请 100 万美元外汇贷款,从日本用日元购进一批设备。原来预计设备投产后,可以将产品出口换取美元以归还银行外汇贷款。但由于市场变化,产品不能出口,只能内销,企业只得用人民币买进美元归还,这样,该企业就得先承担日元和美元之间的外汇风险,然后再承担美元对人民币之间的外汇风险。

对外贸易中外汇风险的防范措施,除可以采用我们在上面所讲的企业防范外汇风险的一切技术手段外,还要看国家批准给进口企业的是哪种货币的外汇额度,在此基础上企业主要可通过开展远期外汇买卖来防范外汇风险。例如,如果国家批准企业从日本进口设备,用日元支付。假如国家批准给企业的是日元外汇额度,企业可根据当时的合同金额,用人民币买进日元,存入中国银行,中国银行可以帮助企业购买一笔远期日元。这样企业在支付时,就可以避免人民币对日元汇价变化的风险。但如果国家批准给企业的是美元额度,企业也可以通过中国银行先用美元买进一笔远期日元,这样,企业只要承担一笔远期费用,到支付日,不管美元对日元的汇价发生什么变化,原来的美元额度完全可以支付所需的日元。对于有美元现汇,但使用其他货币用于支付的进口业务,为了避免外汇风险,企业可要求中国银行按其进口付款的货币和时间购进一笔远期支付货币,从而达到保值目的。

二、对外债务中外汇风险的防范

对外债务中的外汇风险,是指在对外负债(引进外资、发行债券等)中由于汇率变化所产生的风险。例如,我国某信托投资公司在日本发行了一笔 5 年期日元债券,构成日元负债。该公司将筹集到的日元资金马上折合成美元,贷放给某企业用于技术改造,5 年后企业仍以美元还贷,而投资公司则要将收到的美元再兑成日元以清偿日元债券。但在此期间如果日元升值美元贬值,投资公司用企业还贷的美元将不足以折成最初的日元债券数额,从而使我方蒙受汇率变动所造成的损失。在这种情况下,通常的对策如下。

(1) 借什么货币,存什么货币;用什么货币,还什么货币。

(2) 如果借日元之后,再转成美元使用,最好通过远期交易将汇率固定下来,从而把风险转嫁出去,这样就不会影响日元的归还。

（3）在币种、借款期限和利率费用上,预先制定一整套措施,以保证日后借款本息的及时偿还。

三、国家外汇储备风险的防范

国家外汇储备风险是指由于储备货币汇率的变化而影响储备货币价值的增减。汇率变化对于国家外汇储备的风险不同于企业的外汇风险。企业主要关心本币与某外币的汇率变化,而且往往集中分析本币对美元汇率的变化。而一国货币当局重点关注的则是其全部外汇储备和外债货币构成的变化及本币与这些外国货币之间汇率的变动。由于国家外汇储备管理的中心任务是保值而不是盈利,所以国家外汇储备风险的防范对策是:①实行储备货币多元化以分散风险。②根据进口支付所需货币确定该种货币在储备资产中的比例。如果进口支付中日元支付达到30％,那么日元在储备资产中的比例就不应低于30％。③在进行储备货币资产选择时,既要考虑资产的流动性,又要考虑资产的收益性。④做好汇价趋势预测,适当调整各种储备货币的比例,切忌大幅度脱离支付比例。

本 章 复 习

一、概念

外汇风险	交易风险	折算风险	经济风险
费雪效应	国际费雪效应	汇率预测法	货币选择法
货币保值法	远期合同法	利用国际信贷法	福费廷交易
对销贸易法	调整价格法	货币互换	利率互换
保付代理业务法			

二、思考题

1. 你是如何理解"外汇风险"这一概念的？
2. 外汇风险包括哪些构成要素？
3. 企业应如何防范外汇风险？
4. 商业银行应如何有效地避免外汇风险？

第十一章
国际金融市场

在经济全球化背景下,国际金融市场日益成为全球市场的重要组成部分,尤其是20世纪80年代以来,随着生产和投资的国际化,国际金融市场在世界经济的发展中发挥着越来越显著的作用,不但推动了货币信用的国际化,反过来也促进了国际资本、国际贸易乃至整个世界经济的日趋国际化。通过本章的学习,应熟悉国际金融市场的概念、类型和作用,重点掌握国际货币市场、国际资本市场、欧洲货币市场的概念、特点和作用,了解国际金融市场创新的内涵及方式、金融创新工具的特点及应用等。

第一节 国际金融市场概述

一、国际金融市场概念

(一)金融市场

金融是指资金的借贷、融通和头寸的调剂,即货币的流通和信用活动;市场是买卖双方或供需双方交易的场所。由于经常发生多边资金借贷关系而形成的资金供求市场就是金融市场。金融市场与其他市场(如商品市场)的区别主要表现在:从交易对象来看,金融市场交易的是资金或货币,形态较为单一;由于借贷资金的存在,反映了资金特殊的使用价值,即当它转化为资本时能够增值,带来利息。从市场参与者之间的关系来看,市场参与者之间不是单纯的买卖关系,而是一种借贷关系,它体现了在信用这一前提下资金所有权和使用权之间的暂时分离。从市场形态来看,金融市场是包括各种金融机构在内的所有资金供给者和需求者借助各种通信工具联络而成的网络,大多是无形市场。

金融市场可分为国内金融市场和国际金融市场。凡资金融通在一国范围内进行,且发生在本国居民之间,就是国内金融市场;当资金融通范围从国内扩大到国家之间,成为国际性的资金借贷时,便属于国际金融市场的范畴。

(二)国际金融市场

国际金融市场是指资金融通或金融产品的买卖在国际间进行的场所,也就是居民与非居民之间,或者非居民与非居民之间进行国际性金融业务活动的场所。国际金融市场与国内金融市场的显著不同之处在于:资金借贷关系涉及非居民;业务活动范围跨越国境;交易中使用的货币为多国货币;业务活动比较自由开放,较少受某一国政策、法令的限制。

国际金融市场有广义和狭义之分。广义的国际金融市场,是指进行各种国际金融业务活动的场所,这些业务活动包括资金的借贷、外汇与黄金的买卖。因而传统上的国际金融市场包括货币市场(一年以内短期资金的借贷)、资本市场(一年以上中长期资金的借贷)、外汇市场、黄金市场。另外,20世纪70年代以来形成和发展起来的国际金融期货和期权市场也是国际金融市场的组成部分。上述几类国际金融市场是紧密联系的。狭义的国际金融市场,仅指从事国际间资金借贷活动的市场,又称国际资金市场,包括国际货币市场和国际资本市场。

二、国际金融市场的发展

国际金融市场是随着国际贸易的发展与扩大而产生和发展的。从最早的国际清算中心,到国际金融市场的出现,直至今天的欧洲货币市场,这个过程持续了几个世纪。

(一)国际金融市场的发展历程

1. 国际金融市场的萌芽

在资本主义的原始积累时期,重商主义曾经是主导的经济思想,其主要经济政策就是发展国际贸易。随着资本主义各国对外贸易的不断拓展,国际间的债权债务、国际汇兑和清算业务也随之增长。16世纪末,荷兰阿姆斯特丹为了适应国际清偿的需要产生了国际清算中心,这种新的机制曾经推动了各国对外贸易的发展。但是,由于当时的国际经济交易仅仅是贸易往来,还不存在国际经济技术合作,资本在国际间的移动极其有限,而且当时资本积累也不太多,因此,真正的国际金融市场并未产生。

2. 国际金融市场的形成

17世纪末,随着美洲大陆的发现,资本主义全球市场体系逐步形成。在这个过程中,英国成为世界经济的主要力量。为了适应资本主义经济增长对资金的需求,为迅速发展的对外贸易提供国际汇兑和国际清算,英格兰银行于1694年正式成立。伦敦在成为世界经济中心、国际贸易中心的同时,也成为国际汇兑、国际结算和国际信贷中心,这标志着现代国际金融市场开始形成。

伦敦国际金融中心建立以后,随着世界各国对外贸易和投资的快速增长,英国以外的主要资本主义国家的国内金融市场也相继发展成为国际金融中心,如瑞士的苏黎世、法国的巴黎、意大利的米兰、德国的法兰克福、美国的纽约等。

3. 国际金融中心的发展

伦敦作为世界最主要的国际金融中心的时间长达200多年。"一战"后,伦敦作为国际金融中心的地位开始衰落,"二战"的爆发加速了这种衰落。"二战"后,全球国际金融市场发生了重大的演变,基本经历了三个阶段。

(1)纽约、苏黎世和伦敦的"三足鼎立"。"二战"后,在伦敦国际金融中心地位不断下降的同时,美国的经济实力迅速增强,以压倒性优势成为世界经济的"领头羊",其经济实力主要表现在:占资本主义世界工业生产的1/2,占出口贸易额的1/3,占黄金储备的2/3,占发达国家资本输出额的1/3。美元因此成为最主要的国际结算货币,纽约成为世界最大的国际金融中心。因得益于"永久中立国"的特殊地位,瑞士避免了"二战"战火的洗礼,瑞士法郎成为西欧国家中唯一保持自由兑换的货币,这一优势加速了苏黎世国际金融中心的发展。

(2) 欧洲货币市场的形成和发展。欧洲货币市场是对离岸金融市场的概括和总称,离岸市场是从事境外货币存贷的市场,代表了国际金融市场新的发展阶段。20世纪60年代,西欧经济迅速崛起,美国的经济地位相对下降,其国际收支出现持续的巨额贸易逆差,美元大量外流。流出的美元主要集中在伦敦,成为"欧洲美元",伦敦也因此成为最大的欧洲美元市场。同时,随着西欧国家货币自由兑换和资本自由流动的恢复,境外货币的种类不断增加,出现了欧洲英镑、欧洲德国马克、欧洲法国法郎,于是,欧洲美元市场演变成欧洲货币市场。欧洲货币市场逐步演变成国际金融市场的核心。

(3) 发展中国家和地区国际金融市场的建立。"二战"后,不少发展中国家取得了政治独立,走上了发展本国经济的道路,建立和发展金融市场成为发展国民经济的重要条件。经过较长时期的发展,部分国家和地区的金融市场已具备了相当规模,并逐步成长为新兴的国际金融中心,如新加坡、巴林、科威特、中国香港地区等。发展中国家和地区国际金融市场的建立促进了国际金融市场的全球化进程。

(二) 国际金融市场形成的条件

从国际金融市场的发展历程中可以看出,国内金融市场、国际金融市场和离岸金融市场之间既有联系,又有区别。一方面,三者在业务发展上存在延续性,传统国际金融市场是各国国内金融市场的延伸和发展,离岸金融市场又是传统金融市场的新发展;另一方面,三者在市场交易主体、使用货币和受当地政府的管制程度方面有所不同。三者之间的关系如图11-1所示。

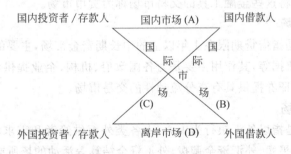

图 11-1 国际金融中心交易概览①

一般来说,国际金融市场的形成必须具备以下条件。

1. 稳定的国内政局

稳定的政局是国际金融市场顺利发展的前提条件,动荡的社会环境只能吓跑投资者,而经济的持续稳定发展是推动离岸金融市场的巨大动力。"亚洲奇迹"中的新加坡和中国香港地区就是典型的例证。

---

① [美]Emmanuel N. Roussakis. 国际银行学[M]. 上海:远东出版社,1992:52.

2. 优越的地理位置

优越的地理位置首先意味着良好的时区,使国际金融中心能够与主要金融中心实时进行各种金融交易。优越的地理位置还意味着在地理上与具有强大经济活力的国家或地区保持适当的距离:既要与大陆国家在地理上隔离开来,又要接近一个强大的经济体系。

3. 健全的金融制度

无论是发达国家的国际金融市场,还是发展中国家建立的国际金融市场,其金融法律和法规都十分健全,并且与国际标准相统一。在此基础上,还需要发达的金融机构,因为量少质弱的金融机构没有能力担负从事国际金融业务的职责。

4. 优惠的政策

优惠的政策是导致金融机构云集各离岸金融市场的重要原因。无须缴纳存款准备金和存款保险金可以使融资成本大大降低,较低的税率则降低了金融机构的经营成本。

5. 训练有素的国际金融人才

各国际金融中心都拥有大批金融专业人才,他们既具备现代国际金融知识,又具有丰富的实际经验。拥有这些人才,才能为国际金融市场提供高质量、高效率的各种服务。

三、国际金融市场的类型

(一) 按市场功能分类

1. 国际货币市场

国际货币市场是指以短期金融工具为媒介进行的期限在 1 年内的融资活动的交易市场,是短期资金市场或短期金融市场,主要交易对象是商业票据、国库券、银行承兑票据、短期可转让存款单等准货币。因其流动性好、变现能力强、偿还期短、风险性小,与货币有差不多的性质,所以将这些金融工具的交易市场称为货币市场。

2. 国际资本市场

国际资本市场是指借贷期限在 1 年以上的中长期资金市场,主要的交易对象有股票、债券、国债、中长期票据等,其作用主要是为各国政府、机构、企业提供经济建设所需要的资金,为已经发行的证券提供具有充分流动性的交易市场。

3. 国际外汇市场

国际外汇市场是指以外汇银行为中心,由各类外汇供给者和需求者以及中间机构组成的,专门从事外汇买卖、外汇资金调拨、外汇资金结算等活动的场所或网络。

4. 国际黄金市场

国际黄金市场是指专门从事黄金买卖的市场。虽然 IMF 在 1976 年已开始了黄金非货币化的过程,但由于黄金与货币的传统联系以及人们的传统观念,黄金市场还是被广泛地看作金融市场的一个组成部分。伦敦、苏黎世、纽约、芝加哥和香港的黄金市场是世界上最重要的黄金市场。

黄金市场可以分为实物黄金市场和期货期权市场两部分。实物黄金主要以金条和金块形式进行买卖,官方或民间铸造的金币、金质奖章、珠宝首饰也在市场上买卖。实物黄金市场基本上是即期市场,为套期保值而作的远期交易是它的补充。市场参与者由三部分组成：黄金交易商在市场上买入和卖出黄金；经纪人从中牵线搭桥，赚取佣金和价差；银行为这些活动融通资金。黄金期货交易是指在合同规定的某个时间内，承诺交割或者接受和购买特定数额的黄金；黄金期权交易是指期权购买者按照协议价格（或实施价格）买卖实物黄金或黄金期货合同的权利。

（二）按融资渠道分类

1. 国际信贷市场

国际信贷市场是指在国际金融市场上以金融机构为媒介融通资金的市场，是各国资金需求者通过银行进行资金融通的场所，它是早期融资的主要渠道。目前，国际信贷市场以银行同业拆借为主体，形成了多个国际信贷中心。

2. 国际证券市场

国际证券市场是指发行和交易各种有价证券的市场，包括国际债券和国际股票市场。20世纪80年代后，国际金融市场的证券化趋势形成，国际证券市场的融资规模超过了信贷市场，成为国际筹资的主要渠道。

（三）按交易对象所在区域和交易币种分类

1. 在岸国际金融市场

在岸(on-shore)国际金融市场是指居民与非居民之间进行资金融通及相关金融业务的场所，其中居民主要是国内投资者，非居民主要是外国筹资者，经营的货币是市场所在国货币，市场的资金来源一般由市场所在国提供。市场所在国是资本净提供国，它受市场所在国政府政策与法令的管辖。一般是由地方性和区域性市场逐步发展成为全球性的市场，是国内金融市场的延伸。它是传统的国际金融市场。

2. 离岸国际金融市场

离岸(off-shore)国际金融市场又称为"境外市场"(external market)，经营对象(交易货币)包括除市场所在国货币以外的西方主要货币；借贷关系涉及非居民与非居民之间的借贷；业务活动不受任何国家政府政策法令管辖。所有离岸市场结合成整体，就是通常所说的欧洲货币市场，它是"二战"后形成并发展起来的新兴国际金融市场。20世纪60年代以来，原来的一些传统国际金融中心出现了脱离当地法规管理的倾向，而一些以前并没有国际金融服务设施基础的地区，由于政府为繁荣本地经济，实行了非常宽松的金融管制政策，或者根本不加管制，征税较低或者免税，加上地理位置适中，往往能吸引大批金融实业家的大量资金流入，而迅速发展成为新兴的国际金融市场。离岸市场是目前最主要的国际金融市场，它是既不受货币发行国政府法令管制，又不受市场所在国政府法令管制的金融市场。

四、国际金融市场的新趋势

20世纪70年代，世界经济形势发生了重大变化，主要资本主义国家的经济在不同程度上陷入了滞胀的困境，国际金融形势也变得动荡不定。1973年布雷顿森林体系解体，主要国家的货币纷纷自由浮动，外汇市场开始起伏波动。1973年和1979年的两次石油危机,使发达国家和部分非产油发展中国家的经济受到严重影响。进入 20 世纪 80 年代以后,虽然主要发达国家的通货膨胀得到抑制,但是美国、英国、加拿大等西方国家在治理通货膨胀的过程中相继发生了"二战"后最为严重的经济衰退,其影响波及整个资本主义世界。20 世纪 80 年代初,爆发了以巴西、墨西哥等拉美国家为代表的发展中国家的债务危机。此外,20 世纪 90 年代以来金融危机不断,如欧洲货币体系危机、墨西哥金融危机和东南亚金融危机等。这都意味着国际银行业以及国际金融市场的风险程度急剧升高。

世界经济形势的巨大变化,必然对国际金融形势产生重大影响。从 20 世纪 70 年代开始,尤其是 20 世纪 80 年代以来,国际金融市场发生了巨大变化。这不仅表现为量的扩大,更重要的是发生了重大的质的改变。

(一)国际金融市场的规模不断增长

20 世纪 70 年代,特别是 20 世纪 80 年代以来,随着国际资本流动的扩展,国际资本市场和与之伴随的世界外汇市场的规模空前增长。据国际清算银行等机构的估计,国际银行贷款的存量(扣除银行之间再存款),1973 年为 1750 亿美元,1981 年为 9450 亿美元,1991 年为 36 150 亿美元,不到 20 年增长了 19.7 倍。国际债券(包括欧洲债券与外国债券,未清偿存量),1982 年为 2590 亿美元,1991 年为 16 514 亿美元,10 年间增长了 5.4 倍。国际股票交易额在 1979—1991 年平均每年增长 15%,到 1991 年达到 1.5 万亿美元。此外,与国际资本流动密切相关的世界外汇市场全球交易额增长也很快。1989—1998 年的近 10 年间,全球外汇市场日均交易额由 5900 亿美元增至 1.5 万亿美元,增长了 1.54 倍。虚拟经济在不断扩张。1990 年,美国股市总值为 3.5 万亿美元,是当年 GDP 的 63%,而 1997 年达到 14.5 万亿美元,是当年 GDP 的 180% 左右。1983 年,全球外汇交易量与国际贸易额的比例为 10∶1,而目前达到 60∶1。

(二)国际金融市场的一体化不断加强

西方国家的政府和金融管理当局为了增强各类金融机构的竞争能力和金融制度的活力,20 世纪 70 年代以来纷纷采取放松金融管制的措施,主要包括下列几个方面。

(1) 放松对金融机构的控制,取消或放宽各类金融机构经营的业务领域的限制,允许各类金融机构之间业务领域的交叉,取消各类金融机构的存放款利率限制,允许金融机构自由设立分支机构,可以兼并其他种类的金融机构,从而组成混合经营的金融联合体等。

(2) 取消外汇控制。如英国于 1979 年取消了所有外汇交易控制。此后,绝大多数西方工业国家也纷纷效仿,使国际间的交易和投资不再因通货流通的种种限制而受阻。

(3) 开放国内资金市场,允许外国银行在本国自由建立分行,放宽外国银行的业务经营范围,取消外国居民在本国金融市场筹集资金的限制等。这些措施旨在加强本国金融机构之间的竞争,从而促进本国银行和非银行金融机构向海外扩张。

(4) 放松对本国证券市场的控制,允许商业银行等金融机构或外国金融机构控股本国的证券投资机构,从而自由进入证券交易市场。

(5) 税收优惠。许多国家取消了原先向外国投资者征收的投资收入所得税(如利息预扣税),这使美国等市场对外国投资者更具有吸引力。

总之,主要西方国家为放松金融管制而采取的一系列政策措施,促进了国际金融市场的加速扩展和资本流动,同时使国际银行业和国际金融市场上的竞争更加激烈。

1997年12月12日,世界贸易组织(WTO)宣布达成全球金融服务贸易协议,70个国家和地区做出了56个开放金融服务市场的新承诺,该承诺于1999年3月生效。上述协议生效后,将使全球金融服务中95%的贸易纳入自由化准则,涉及全球17.8万亿美元的证券投资交易、38万亿美元的银行借贷和2.5万亿美元的保险金。

(三)国际金融市场的证券化趋势不断发展

证券化是指金融业务中证券业务的比重不断增大,信贷流动的银行贷款转向可买卖的债务工具。证券化发展在国际金融市场上表现出两个较为明显的特征。

(1) 20世纪80年代上半期开始,新的国际信贷构成从主要是辛迪加银行贷款转向主要是证券化资产。传统的通过商业银行筹措资金的方式逐渐让位于通过金融市场发行长短期债券的方式,商业银行在吸收存款、发放贷款方面的优势逐渐削弱,这就是融资手段的证券化,也称为非中介化趋势。1981年,在全部1415亿美元的国际信贷中,辛迪加贷款为965亿美元,国际债券与票据只占440亿美元;到1985年,在全部2338亿美元的国际信贷中,辛迪加贷款仅占216亿美元,而国际债券和票据的发行量增加到1628亿美元。两者对比从1981年的7∶3变为1985年的1∶9。20世纪90年代以来,虽然国际贷款比重有所上升,但是除个别年份外,也只占到总融资份额的30%左右。

(2) 银行资产负债的流动性增加。银行作为代理人和投资者直接参与证券市场,并且将自己传统的长期贷款项目进行证券化处理。例如,将住宅抵押贷款转给专门机构,并以此为基础发行长期证券融资。通过出售部分或全部债权来收回资金,加速资金周转。除了国内资产外,银行国际资产的可买卖性也增大了。这主要是指20世纪80年代为解决发展中国家债务危机而创造的债权股权转换、债务证券化等。

(四)衍生金融工具市场的增速快于现货市场

目前衍生金融工具市场已经取代了现货市场的传统优势地位,互换、远期合同、期货和期权交易额的增加都极大地超过了现货交易额的增加。根据国际清算银行(BIS)的统计,到1995年4月,全球衍生产品市场日均交易额达到1.45万亿美元,其中场外交易日均交易量为8800亿美元,占总量的61%;而同期全球外汇市场日均交易量为1.26万亿美元,其中又有56%为衍生产品交易。衍生产品市场从规模上已经超过了其所依靠的基础市场。另据国际互换与衍生产品协会(ISDA)的统计数据,交易所衍生产品的名义价值在1989—1994年5年间增加了5倍,年均增长率为100%。在场外市场上,利率互换在1987—1994年7年间增长了11.7倍,年均增长率为167%;货币互换在同期增长了7.6倍,年均增长109%。

衍生金融工具市场的增长带来场外交易工具的增长。因为场外交易工具很少受管制的约束,从而具有传统交易难以匹敌的灵活性。例如,交易所只能交易特定合同,而场外交易经营者除能提供来自任何交易所的产品外,还能设计新产品。他们能按照客户特定需要裁剪所提供的场外交易衍生产品,也能使用金融工程技术来发展新衍生产品。又如,标准化的交易所合同通常不一定符合客户需要的特定期限,许多外国通货合同都以美元标价,股票指数衍生产品可能没有投资者所寻求的特定产业特点等;而场外交易经营者却能灵活变动到期时间,以及复制投资者所寻求的特定资产组合。

(五)机构投资者的作用日益重要

20世纪80年代以后,机构投资者(养老金基金、保险基金,互惠基金以及对冲基金等)在跨国资本流动中,尤其是跨国证券交易中的重要性迅速增强,这也是近年国际金融市场发展的重要特征之一。

机构投资者的主要职能是为个人投资者管理资产。与个人投资者相比,机构投资者拥有独到优势,如使资产多样化、降低中介费用、分散风险等,机构投资者在这些方面享有比个人投资者较优的利益,个人投资者只有参加集体投资组织才有可能实现其上述意愿。这是更多个人投资者愿意让这类中介来管理其金融资产的重要原因,并由此促进了机构投资者的长足发展。另外,相对于银行,机构投资者一般享受更加宽松的管制与监督约束。它们不直接接受中央银行的再融资,从而对中央银行的依赖性较小。此外,就跨国业务而言,工业国普遍取消资本控制,放松对机构投资者投资外国资产的份额限制,从而刺激了机构投资者持有更多外国资产的意愿。此外,养老金基金很早就在美国及日本的证券市场上充当主要角色,随着西方发达国家人口老龄化趋势的加强,其重要性也日益增强。

五、国际金融市场的作用

在市场经济条件下,金融往往是一国国民经济的命脉和血液,这同样适用于国际金融与世界经济的关系。

(一)国际金融市场促进了世界经济的发展

国际金融市场是世界各国资金的集散中心。国际金融市场上的各种贸易融资方式为国际贸易提供了充足的资金融通,也为资金短缺国家利用外资扩大本国生产提供了便利。如欧洲货币市场促进了当时的联邦德国和日本经济的复兴;亚洲美元市场对亚太地区的经济建设也起了积极作用。发展中国家的大部分资金也都是在国际金融市场上筹集的。可以说,某些国家或地区就是通过在国际金融市场上的借贷来筹集资金、推动经济发展的。

(二)国际金融市场推动经济全球化的发展

"二战"以后,世界经济一体化程度不断发展,在这个过程中,跨国公司扮演了重要的角色。跨国公司的典型特征就是在世界范围内实现资源的有效配置,包括生产组织形式、经营活动方式和市场营销手段的国际化。跨国公司的所有这些活动都或多或少地依赖于国际金融市场的存在。因此,国际金融市场是跨国公司在全球范围内获取外部资金的最重要来源,并由此推动了世界经济全球化的巨大发展。

(三) 国际金融市场有利于调节各国国际收支

国际收支既是一国经济对外开放程度的客观反映,又会反作用于一国的经济发展与稳定。各国的国际收支总是处于一种不均衡状态。国际金融市场的产生与发展,为国际收支逆差国家提供了一条调节国际收支的渠道,即逆差国可以在国际金融市场上举债或筹资,能在很大程度上缓和国际收支失衡造成的压力,从而更灵活地规划经济的发展。

(四) 国际金融市场提供规避风险的场所

随着国际金融市场自由化趋势的发展,利率、汇率和股票价格的波动越来越剧烈,由此导致各种金融资产的价格也在不断波动。国际金融市场以及实体经济市场的参与者为了管理各种金融风险,必然寻求规避风险的新途径。国际金融市场中的期货、期权等衍生产品为投资者提供了有效的风险管理手段。

(五) 国际金融市场促进了全球资源的合理配置

国际金融市场是一个高度竞争的市场,资金总是流向经济效益最好、资金收益最高的国家或地区,这就使国际金融市场上的资金利用效率大大提高。国际金融市场上的各种金融资产的价格,如利率、汇率等的形成,是基于众多的交易者对未来市场走势的预期,这些价格信息不仅充分反映了金融资产的供求关系,而且对全球真实资源的最优配置发挥了重要的调节作用。

当然,国际金融市场同样不可避免地存在一些消极影响。国际金融市场在缓和国际收支严重失衡的同时,向广大逆差国家提供了大量的贷款,埋下了国际债务危机的隐患。近年来,拉丁美洲、墨西哥的债务危机给国际信贷带来了强烈冲击。巨额短期国际游资的投机性流动也会对有关国家独立执行货币政策产生较大的制约作用,常常会造成一国宏观经济的失调和汇率的大幅波动,进而导致世界外汇市场的剧烈波动。日益加强的国际金融市场的一体化趋势,使国际间不稳定因素的传播更加迅速,增大了加深世界经济动荡的可能性。这些问题需要我们在积极利用国际金融市场的同时加强防范。

第二节 国际资金市场

国际资金市场(international capital market)又称为狭义的国际金融市场,是指在国际间经营长短期资金业务的市场,包括货币市场和资本市场。

一、国际货币市场

(一) 国际货币市场的概念

国际货币市场是指以短期金融工具为媒介进行的期限在一年以内的融资活动的交易市场,是短期资金市场或短期金融市场。国际货币市场的参与者主要有商业银行、中央银行、保险公司、金融公司、证券经纪商、证券交易商、工商企业及个人。它们既是资金供给者,又是资金需求者。

国际货币市场的利率包括银行同业拆放利率、短期信贷利率、短期证券利率和贴现率等,均为短期利率。由于短期利率灵活多变,波动幅度大,因而与直接取决于经济周期状况的长期利率相比,它更多地被用作调节货币流通、国际收支和汇率的杠杆。国际货币市场的利率以伦敦同业拆放利率或优惠利率为基准。

(二) 国际货币市场的组成

国际货币市场是许多独立市场的集合,按照借贷关系的不同,国际货币市场可分为三个市场。

1. 银行短期信贷市场

银行短期信贷市场主要包括银行同业拆放业务和银行短期信贷业务。

(1) 银行同业拆放业务是指商业银行(不包括中央银行)之间相互借贷短期资金的行为。它主要表现为银行同业之间买卖在中央银行存款账户上的准备金余额,用于调剂准备金头寸的余缺。中央银行为了控制货币流通量,以及控制银行的信用扩张,规定所有接受存款的金融机构都必须按存款的一定百分比在中央银行存入准备金(无利息),即法定准备金。法定准备金加上商业银行库存现金,构成了银行准备金。因此,银行吸收的存款按法定准备金率存入中央银行的法定准备金账户,剩余部分全部贷放出去,如果贷不出去,则形成超额准备金,导致资金闲置和利息损失;相反,如果法定准备金不足,必须用"立即可用的资金"补足,"立即可用的"资金既可来自向中央银行借款,即以贴现的票据向中央银行再贴现,也可来自向同业拆借超额准备金。通过贴现窗口向中央银行借款,容易被误认为财务状况有问题,因此银行更多地采用同业拆借的形式。同业拆借的期限不一,最短1天(日拆,day-to-day loan 或 day call),最长1年,也可以是3天、1周、1个月、3个月、6个月,绝大部分是日拆到3个月。最主要的银行同业拆放利率是伦敦银行同业拆放利率(London Inter-Bank Offered Rate,LIBOR)。LIBOR 因期限、货币不同而不同,形成一个系列。其他国际贷款经常把它作为基准利率,在此基础上,根据借款人的信誉和借款期限,增加一定幅度的附加利率(margin 或 spread)。伦敦银行同业拆放利率有两个价:一是贷款利率(offered rate);一是存款利率(bid rate)。两者一般相差 0.25%~0.5%。银行同业拆放通常以批发形式进行。交易形式简便,不需要任何担保或抵押,完全凭借信誉,通过电话、电传、互联网进行。

(2) 银行短期信贷业务是指商业银行为各国政府和外国工商企业提供的短期信贷。商业银行在吸收工商企业、跨国公司等客户的闲散资金的同时,也向这些客户发放短期贷款。各国政府的短期信贷主要用于弥补收支赤字,工商企业则通常是为了满足短期流动资金的需要。使用的利率一般为伦敦银行同业拆放利率加上一个附加利率。

2. 贴现市场

贴现市场(discount market)是对未到期的票据按贴现方式进行资金融通的场所。所谓贴现,就是票据持票人把未到期的票据按照贴现率扣除贴现日到票据到期日的利息后,向贴现行换取现金的一种方式。对于持票人而言,等于提前取得未到期的票款(扣除支付给贴现行的利息);对于贴现行而言,等于为持票人提供了一笔相当于票据金额的贷款。

贴现的票据包括国库券、商业票据、公司票据等。贴现率通常低于银行贷款利率。贴现行或从事贴现业务的机构可以持贴现过的票据向中央银行办理再贴现。中央银行利用再贴现调节信用、利率,进而调控宏观金融。

3. 短期证券市场

短期证券市场(short security market)是进行短期证券发行和买卖的市场。短期证券是指各种期限在1年以内的可转让流通的信用工具。根据信用工具不同可分为下面几种。

(1) 国库券(treasury bills)。它是各国政府为满足季节性财政资金需要而发行的短期政府债券。国库券的发行一般不记名、不附息票、不载明利率,以折扣方式发行,到期按票面金额偿还,差额即为利息。其特点是:①低风险。期限短,且以国家信用为担保(政府具有税收能力)。②高流动性。由于风险低,可销性强,二级市场发达。③投资收益免缴所得税。

国际上较为著名的有美国政府国库券、英国政府的"金边"债券和德国政府的"堤岸"债券。

(2) 商业票据(commercial bills)是指具有较高信誉等级的大企业和非银行金融机构凭自身信用发行的短期借款票据,属于本票。本票是指由债务人向债权人发出支付承诺书,承诺在约定的期限内支付一定数额给债权人。商业票据往往用于补充银行短期贷款的不足,其期限不超过270天,以30~90天为多,面值一般为10万美元。商业票据的利率一般稍高于国库券,低于银行优惠利率,取决于市场供求、发行人信誉、银行利率、期限及面额等,交易一般按票面金额贴现的方式进行。

(3) 银行承兑汇票(bank acceptance bills)和商业承兑汇票。汇票是债权人向债务人发出的付款命令,汇票须经债务人银行承兑后才有效。"承兑"是指债务人在汇票上签上承兑字样,表明愿意到期支付。如果对汇票承兑的是银行,就成为一张银行承兑票据。即使汇票的付款人到期无力支付,承兑银行也有责任对它进行付款,因此银行承兑汇票是以银行信用为担保的,通常由出口商签发,进口商银行为受票人。这种汇票的发行促进了国际贸易的发展,方便了信誉等级低的中小企业进入货币市场,汇票到期之前,还可在二级市场交易转售。期限一般为30~180天,90天为多,面额一般没有限制。商业承兑汇票由银行以外的付款人承兑。无论是银行承兑汇票还是商业承兑汇票,承兑后可以"背书"转让,到期可持票向付款人取款。由于银行信用较高,所以银行承兑汇票的流动性比商业承兑汇票强,既可以在承兑银行贴现,又可以在二级市场流通;承兑汇票多以贴现方式交易,差额即为持票人的利息。

(4) 银行定期存单(certificate of deposit, CD)。它是商业银行和金融公司吸收大额定期存款而发给存款者的存款单。它的期限不超过1年,通常为3~6个月;存单的利率与伦敦银行同业拆放利率大致相同,到期后方可向银行提取本息。这种存单不记名并可在市场上自由出售,因此也称为"可转让大额存单"。可转让是它与一般存款的不同之处,解决了定期存款缺乏流动性的问题。通过发行这种存单,银行可以获得稳定的短期资金。对于投资者而言,既可以获利,又可以转让,是短期投资的理想方式。1961年2月,美国第一花旗银行首先发行,当时市场利率普遍提高,而银行存款利率受到金融当局的严格管制(限定上限),致使银行存款大量流失,银行为吸收存款开发了这种新的金融产品。最初,存单均系大额,面值最少为 10 万美元,最多达 100 万美元。为吸收更多资金,20 世纪 60 年代末开始,银行也发行面值为数十、数百美元的存单,存单的利率也从只有固定利率一种增加了浮动利率的存单。中国 1986 年开始发行这种存单,面向个人发行的存单面额为 50 元、1000 元和 5000 元,面向单位发行的存单面额为 5 万元、10 万元。

二、国际资本市场

(一)国际资本市场的概念

国际资本市场是指借贷期限在 1 年以上的中长期资金市场。通常 1~5 年为中期,5 年以上为长期。国际资本市场上中长期资金的主要供应者是各种金融机构,如商业银行、储蓄银行、信托公司、投资公司、人寿保险公司、跨国公司和各国中央银行、跨国银行、国际金融组织、私人投资者等;中长期资金的主要需求者是国际金融机构、各国政府和工商企业。

国际资本市场利率是中长期利率,有固定利率和可在借贷期间内定期调整的浮动利率两种形式。利率水平取决于借贷期限长短、资金供求状况、通货膨胀率、金融政策及借款人资信状况等各种因素。所有利率均采用复利计算,其基准利率为伦敦银行同业拆放利率,再加上一个附加利率。

(二)国际资本市场的构成

按业务构成,国际资本市场分为中长期信贷市场和中长期证券市场。

1. 中长期信贷市场

这是各国政府、国际金融机构和国际银行业在国际金融市场上向客户提供 1 年以上资金融通的市场,它由政府贷款、国际金融机构贷款和国际商业银行贷款组成。政府贷款的基本特征是期限长,一般为 10~20 年,期限最长可达 30 年,贷款期限约为 15 年;利率很低,年利率一般为 1%~3%,甚至无息,仅收取适量手续费;但是提供贷款时往往附带一些约束条件,如规定贷款只能用于购买授贷国的商品,受贷国必须在经济或外交政策上作出某些调整或承诺等,因此政府贷款大多属于约束性贷款。银行贷款一般是无约束贷款。中期贷款通常为 1~5 年,长期贷款为 5 年以上。贷款方式之一是独家银行贷款,即一国的商业银行对另一国的客户贷款,这种贷款手续比较简便。对于数额较大的贷款,一般采用银团贷款(consortion loans)或辛迪加贷款(syndicate loans)方式,由一家银行牵头,数国的多家银行参加,组成银团,共同提供贷款以分散风险。银团贷款的特点如下:

(1) 贷款规模大,可以达到几亿或几十亿美元;

(2) 贷款期限长,一般为 7~10 年,或 10 年以上;

(3) 贷款由一家银行负责组织,借款人只需将借款要求委托给牵头银行即可;

(4) 风险分散;

(5) 可灵活选择不同币种,采用软币和硬币搭配的方式。

辛迪加贷款在 20 世纪 80 年代上半期因债务危机而一度下降,但自 1986 年以后逐步好转,并得到迅速发展。

2. 中长期证券市场

证券市场是从事股票、公司债券和国家公债券等有价证券交易的场所。它通过发行各种证券的形式吸收国内中长期资金,提供政府和工商企业所需的中长期资金。

(1) 中长期证券市场的信用工具。证券是各类财产所有权或债券凭证的通称,债券、股票、票据和提单都是证券,其中最重要的两大类是债券和股票。

债券是政府或企业为筹集资金而直接向投资者出具的债务凭证,是对债权的证明,体现借贷关系。债券的收入是债息,债息的多少一般与发行人筹集资金的经营状况无关,是固定的。债券有期限,到期必须偿还本金。债券可分为政府债券、公司债券和银行债券,以前两者为主。政府债券又称为公债,以政府信誉作保,信用度高、风险小,又被称为"金边债券"。按照流动性,可以将之分为可转让债券和不可转让债券两种。前者是指可在市场上转让,但未到期不得要求政府偿还本金的债券,包括国库券、中期债券和长期债券;后者是指持票人不能转让,但在一定条件下可以要求政府提前偿还的债券,包括储蓄债券和投资债券两种。公司债券为法律要式证券,有规定的格式,其内容必须符合本国有关法律的规定,可自由转让,一般分为记名和不记名两种。一般公司债券风险较大,而收益率也较高。国际债券(international bonds)是指一国借款人或国际金融机构,在国外债券市场(通常称为发行市场)发行的,以债券发行市场所在国的货币或某一欧洲货币标价的债券,如日本人在美国发行的美元债券。比较典型的有外国人在美国发行的美元债券,称为"扬基债券"(Yankee Bond),以及在日本发行的日元债券,称为"武士债券"(Samurai Bond)。美国是最大的外国债券市场,1997年占国际债券市场的份额达到47.2%。

股票是股份公司为筹措资本而发行的一种所有权凭证,体现所有权关系,代表对公司净收入和资产的要求权。股票收入为股息,股息收入的多少是由公司盈利水平决定的,一般不固定。股票本金除非公司破产、重组、解散,一般不归还。股票分为普通股、优先股和后配股,以前两种为主。普通股是收益随着企业利润变动而变动的一种股票。普通股的股东有许多权利,包括直接参加经营管理的权利:可参加股东大会,拥有投票表决与选举权;拥有财产分配权:可参与分红,红利视公司一年的纯收益而定,风险大;公司解散时,拥有对剩余资产的分配权。此外,普通股流动性强,可以进行买卖,具有充分的变现能力。优先股是优先享有某些特定权利的股票。其特点是:股息固定,不论盈亏,均按规定支付,但不参与分红;在公司解散时享有剩余财产的优先分配权,但没有投票表决的权利,无权参与公司的经营管理和重大决策。所谓国际股票,是指外国公司在本国发行的,以本币或境外货币为面值,由本国投资人持有的股权凭证。国际股票市场就是筹措国际股票的国际金融市场。它是各国股票市场自身不断发展并走向国际化的一种必然结果。

(2) 中长期证券的发行和流通市场。按照交易的层次和阶段,可以将证券市场分为证券发行市场和证券流通市场。

证券发行市场又称初级市场或一级市场。新证券的发行包括从策划到由中介机构承销直至全部由投资者认购完毕的过程。政府或企业通过发行市场上的银行或证券商(通常作为证券发行中介,承销债券的发行),将新证券销售给投资者,以达到筹措资金的目的,所以它是专门经营证券发行和分销业务的市场。证券发行市场一般没有固定场所。

初级市场的参与者包括：发行人，承销商（投资银行、证券商），投资人，证券监管机构，公证服务机构（会计、审计、律师、资信评估）。发行方式有公募和私募两种，前者是指通过证券发行中介机构（投资银行、证券商等）向广大投资者普遍推销发行，又分为代销、助销、包销等方式；后者是指不向一般投资者公开发行，而是通过私人直接销售给投资者。

证券流通市场又称二级市场，是证券发行后上市流通交易的市场，包括场内交易市场和场外交易市场。场内交易市场即证券交易所，有固定的交易场所和标准化的买卖规则，在交易所内买卖经批准上市的证券，只有作为交易所会员的经纪人才能从事交易活动。场外交易市场无固定场所，包括在证券商柜台进行交易的店头市场或柜台市场以及通过网络进行交易的市场，买卖不上市证券。1971年全美证券商协会建立了全美证券商协会自动报价系统（NASDAQ），连接6000多家证券投资机构，通过终端可迅速、准确地报出场外交易行情。

第三节 欧洲货币市场

一、欧洲货币和欧洲货币市场的概念

"二战"后，欧洲货币市场的崛起是国际金融关系中最重要的问题之一。欧洲货币市场发端于欧洲美元市场，欧洲美元是指在美国境外的美元存款或美元贷款，由于这种存款业务开始于欧洲（伦敦），因此称为欧洲美元市场。

欧洲美元并不是一种特殊的美元，它与美国国内流通的美元是相同的，具有相同的价值和购买力，所不同的是，欧洲美元不在美国境内金融业经营。在银行业务中，若一家美国公司把1000万美元从一家美国国内银行以电汇的方式转到一家欧洲（如伦敦）的银行，那么美国公司存放在欧洲银行的美元与原来存放在美国国内银行的美元相比，已发生了质的变化，它将不再受美国联邦储备系统规章制度的约束而成为欧洲美元。由于欧洲美元具有这种特性，欧洲美元业务迅速扩大。随着市场规模和经营范围的不断扩大，欧洲美元市场的范围和含义也在发生变化。在区域范畴上，市场范围由欧洲扩展到亚洲、拉美甚至美国境内，如新加坡的亚洲美元市场、开曼群岛和巴哈马的拉丁美洲美元市场、美国境内的国际银行设施。在经营的货币上，也不只限于欧洲美元，而扩展到各种可自由兑换的货币，如欧洲马克、欧洲英镑、欧洲日元等。这样欧洲美元市场渐渐变为欧洲货币市场。在欧洲货币交易中，欧洲美元占有相当高的比重，约为60%。

欧洲货币并非欧洲国家的货币，"欧洲"不是一个地理概念，而是"境外""离岸"的含义，只是由于境外存放和借贷业务开始于欧洲，故习惯上称为欧洲货币。欧洲货币又称境外货币，是指在货币发行国境外流通的货币。欧洲货币市场（Eurocurrency-market）也称为离岸金融市场，是指在一国境外进行该国货币的流通、投资、借贷、证券发行等业务的市场。但需要注意的是，"在岸金融市场"和"离岸金融市场"的区别主要不在于境内和境外，而是市场管理体制的区别，即欧洲货币市场的经营活动可以不受任何国家金融法规条例的制约。例如，为了适应欧洲货币市场发展的趋势，美国于1981年在境内设立了"国内银行设施"（International Banking Facilities，IBFs），开办欧洲货币业务。虽然在国际银行设

施里存贷的美元在美国境内,但是,它按欧洲货币市场的规则运行,因而又称为欧洲美元。IBFs 不是一个具有实体的独立的银行体系,而是在美国境内的美国或外国银行开立的用于经营欧洲货币和欧洲美元的账户,此体系的资产独立,与总行的账户分开。IBFs 准许上述银行吸收非居民存款,同时准许贷款给非居民,因此国际银行设施也属于离岸金融市场。设立 IBFs 的意义在于吸引巨额资本流入美国,改善美国国际收支状况。

欧洲货币市场是国际金融的核心和主体,是一个真正意义上的国际金融市场,它向全世界各国的政府、企业、居民开放。市场内可以经营各种自由兑换货币,开展各种类型的金融业务,不受任何政府、法令的限制。欧洲货币市场有如下特点。

(1)"欧洲"不是地理意义上的欧洲,欧洲货币市场分布于全世界,是通过现代化的通信手段,将各个国际金融中心的经营活动结成不可分割的统一整体,由经营境外货币的国际银行网络构成。经营欧洲货币的银行称为"欧洲银行",通常是大型的跨国银行,除了经营欧洲货币借贷业务,也经营国内银行业务。欧洲货币市场的最大特点是其经营活动可以不受任何国家金融法规条例的制约。

(2)通常意义上的货币市场是短期资金借贷市场,而欧洲货币市场不仅经营短期资金借贷,也经营中长期资金借贷,具有很强的信贷创造机制。人们常认为欧洲货币市场具有明显的创造大量信用的能力,不仅是信贷中介机制,而且是信贷创造机制。进入该市场的存款,经过银行之间的辗转放贷使信用得到扩大。据美国学者弗雷德·克劳普斯托克估计,欧洲美元的扩张倍数约为 1.05~1.09[①]。

(3)具有独特的利率结构。一般来说,国际金融市场利率是以该货币国内金融市场利率为基础的。但是,欧洲货币市场的存款利率略高,而贷款利率略低,存放款利率差额较小。这是因为不受法定准备率的限制,银行可以减少准备金的负担;同时,税费负担少,可以降低融资者的成本。

(4)具有调拨方便和选择自由的特点。在欧洲货币市场上存在大量的跨国银行,且境外货币的调拨不受市场所在国外汇管制的约束。人们可以非常方便地利用这个跨国银行网将借取的资金调换成其他国家货币并转移到其他国家。在这里,资金供应充足,人们可以借取高达数亿美元的巨款。由于它很少受到管制,这里迅速出现各种各样的金融工具创新,使人们可以根据自己的需要,更为灵活地选择借贷方式。

二、欧洲货币市场的形成与发展

"二战"以后,科学技术迅速发展,世界经济日益国际化,由于生产、市场和资本的国际化发展,传统的国际金融市场已不能满足需要,客观上要求创造一个更发达、更有效的国际金融市场,这是欧洲货币市场形成和发展的根本原因。

(一)欧洲美元的出现

1950 年 6 月 25 日美国发动朝鲜战争,美国政府冻结了中国存放在美国的所有资产,

[①] 参见《欧洲货币市场的货币创造——评弗里德曼教授的观点》,纽约联邦储备银行《每月评论》,1970 年 1 月,第 12~15 页。

苏联、东欧等社会主义国家纷纷将其存放于美国的美元存款转存到美国境外银行,主要是伦敦各大银行,而当时英国正需大量资金支持国内经济的发展,所以允许各银行接受美元存款并向外贷放,这就是最初的欧洲美元。

(二) 美国的国际收支逆差和金融法规的管制刺激了这一市场的形成和发展

美国国际收支长期赤字为欧洲货币市场的发展提供了大量资金。1958年后,美国国际收支开始出现赤字,并且规模逐渐扩大,于是美元不断流向国外,主要存放在欧洲的商业银行,为欧洲美元市场提供了大量资金。为了改善国际收支逆差状况,美国从20世纪60年代起采取了一系列限制美元外流的措施。

1. Q项条例

20世纪30年代西方大危机后,银行大量倒闭,为了限制银行竞争,保证银行经营安全,美国联邦储备法案颁布了Q项条例(1933年制定,1955年废止),即对活期存款不付息,对定期存款利率规定上限,以使美国利率水平保持在较低水平,从而避免银行为了吸引存款而竞争性地提高利率,进而导致还款困难,对银行经营安全构成威胁。

1961年肯尼迪政府执行扩张政策,造成美国国内严重的通货膨胀,市场利率不断上升,但受Q项条例的限制,美国银行吸收存款能力下降,大笔美元资金转存到了欧洲美元市场,而美国银行为了国内信贷业务的正常进行,又不得不到欧洲美元市场筹集资金,再调回国内使用,从而提高了集资成本。

2. M项条例

这项条例规定美国商业银行吸收国外存款及其分行在总行账面的存款要向联邦储备银行缴纳累进的存款准备金,而该条例不适用于外国银行和美国银行国外分行,这样,欧洲的银行就能以较小的利差进行借贷,高息揽存、低息放贷。美国的商业银行为逃避此条例,纷纷在欧洲设立分支机构,在国外吸收营运存款。

3. 限制资本外流的政策

20世纪60年代后,美国国际收支赤字不断增加,不得不采取措施予以调整。1963年7月美国实行"利息平衡税",规定美国居民购买外国居民在美国发行的有价证券所获利息一律要纳税(0.71%~11.25%);1965年1月出台"自愿限制对外贷款指导方针",要求美国的银行和跨国公司限制对外贷款及对外直接投资规模;1968年,自愿限制变成了强制性限制。

这一系列措施迫使美国银行和跨国公司纷纷将资金调至海外分支机构,或将筹集资金的重点放在欧洲美元市场,这对欧洲美元市场的发展起到了很大的推动作用,并为这个市场注入了中长期信贷资金来源。

(三) 西欧国家金融政策措施的推动

1957年爆发了"英镑危机"(1956年10月英法联合侵略埃及,英国国际收支困难,英镑汇率大跌),英格兰银行为了保卫英镑,宣布提高利率至7%,同时加强外汇管制,禁止英国银行向英镑区以外国家的居民发放英镑贷款。伦敦的各大商业银行为了逃避外汇管制,维持其国际金融中心地位,开始系统地吸收美元存款并向海外贷放。这样,在美国境外大规模经营美元存贷款业务的短期资金市场就在伦敦出现了。

1958年年底，西欧各国基本取消了外汇管制，恢复货币自由兑换，允许资金自由流动，对非居民的外币存款更加不加限制，为欧洲美元和其他欧洲货币市场的顺利发展提供了条件。

20世纪60年代末70年代初，一些西方国家通货膨胀严重，投机性的国际游资流动频繁。联邦德国、瑞士等国为维持外汇市场稳定，遏制通胀，限制资本流入，规定对非居民的本币存款不付利息，甚至倒收利息，或强制性地将新增存款转移至央行冻结，但如果用外币开户则不受此限制，这使非居民纷纷改用外币开户，或将资金转存至欧洲货币市场。

（四）石油美元为欧洲货币市场注入巨资

20世纪70年代，石油价格大幅度上涨，1973—1979年发生了两次石油冲击，石油输出国获得巨额盈余资金，积累了大量的石油美元，而非石油输出国出现了巨额的国际收支逆差。大量的石油美元又投入了欧洲货币市场，通过欧洲货币市场贷给国际收支逆差的石油进口国和国际收支不平衡的国家。

（五）欧洲货币市场自身的特点和优势促使其进一步发展

欧洲货币市场打破了传统国际金融市场的界限，是一种真正意义上的国际化金融市场。由于它经营的是境外货币，因此具有许多与国内金融市场和对外金融市场不同的经营特点。

1. 交易币种繁多

交易涉及所有可兑换货币，除了美元、英镑、日元等传统币种外，还包括瑞士法郎、加拿大元、欧元等币种，以发展中国家货币为交易币种的也并不少见，甚至出现了以特别提款权和欧洲货币为标价币种的交易。

2. 交易的主体是非居民

交易主体包括外国公司、政府和非居民，其借贷关系是外国放款人和外国借款人的关系。

3. 交易品种繁多

有银行短期贷款，也有中长期贷款；有固定利率贷款，也有浮动利率贷款；有短期证券交易，也有长期证券交易。

4. 利率结构独特

存款利率略高于国内金融市场，而放款利率略低于国内金融市场，利差较小，比其他金融市场更富有吸引力和竞争力。

5. 市场范围广阔

由一个世界性的、广泛的银行网构成，是由现代通信网络联系而成的全球化市场，业务活动主要通过电话、电传、电报进行，不受地理范围限制。欧洲货币市场还包括世界上主要的国际金融中心，如伦敦、纽约、东京等，它们由传统的金融中心城市发展而来。

6. 不受任何法规管制

其业务活动既不受货币发行国的限制，也不受市场所在国的法律、法规和税制的限制,还不受当地是否有发达的国际贸易中心以及国内资金力量是否雄厚的限制,是完全自由的金融市场,这也使欧洲货币市场的风险日益加剧。为此,国际间采取了以商业银行为具体目标的监管方法,并于1975年2月在国际清算银行的主持下,成立了巴塞尔委员会,就银行的国际业务制定了一系列规则,其中最重要的是《巴塞尔协议》(1988年制定)。该协议规定:经营国际业务的银行的资本与风险资产的比率至少要达到8%,其中核心资本与资产之比至少为4%。《巴塞尔协议》的签订,在各国协调对欧洲货币市场的监管方面迈出了重要一步。

7. 资金规模大,调度灵活,手续简便

欧洲货币市场的资金来自世界各地,数额极其庞大。1957年只有15亿美元,1969年年底达到900亿美元,1979年年底为12 450亿美元,1988年年底更达45 610亿美元。绝大多数单笔交易金额都超过100万美元,几亿美元的交易也很普遍。而且市场资金周转较快,调度灵活,手续简便,借款条件宽松。

因此欧洲货币市场是一个成本低、效益高、方便灵活的市场,对资金供求者均有吸引力。

三、欧洲货币市场的类型

(一)根据是否从事实质性的融资活动划分

1. 功能中心

功能中心(functional center)是指集中诸多的外资银行和金融机构,从事具体的存储、贷放、投资和融资业务,可分为一体化中心(integrated center)和分离性中心(segregated center)两种。一体化中心,是指内外融资业务混在一起,金融市场和非金融市场对非居民同时开放,在经营范围的管理上比较宽松,对经营离岸业务并没有严格的申请程序,境内资金和境外资金可以随时互相转换。如某香港居民将一笔美元资金存于香港A银行属于在岸业务,当A银行将这笔资金转贷给新加坡时,则属于离岸业务。伦敦与香港国际金融中心属于这种类型。分离性中心则限制外资银行和金融机构与居民往来,是一种内外分离的形式,只允许非居民参与离岸市场业务,管理上把境外欧洲货币与境内欧洲货币严格分账,目的是防止离岸金融交易冲击本国货币政策的实施。典型代表是美国的国际银行设施、新加坡离岸金融市场上设立的亚洲货币账户,以及日本东京离岸金融市场上的涉外特别账户。

2. 名义中心

名义中心(paper center)纯粹是记载金融交易的场所,这些中心不经营具体的金融业务,只从事借贷投资业务的转账或注册等事务手续,因此又称为"记账中心"。其目的是逃避税收和金融管制。许多跨国金融机构,在免税或无监管的城市设立"空壳"分支机构,以将其全球性税务负担和成本减至最低。目前最主要的名义中心有开曼、巴哈马、泽西岛、安的列斯群岛、巴林等。它们也常被称为"铜牌中心"(brass-plate centers),比喻该处的金融机构仅仅挂上招牌而已,并无真正的金融业务或活动。

（二）按境外货币来源和贷放重点划分

1. 基金中心

基金中心（funding center）主要吸收境外资金，贷放给本地区的借款人。以新加坡为中心的亚洲美元市场属于此类，它的资金来自世界各地，而贷放对象主要是东盟成员国或邻近的亚太地区国家。

2. 收放中心

收放中心（collectional center）主要筹集本地区多余的境外货币，贷放给世界各地的借款人。比较典型的是亚洲的巴林，该金融中心的重要功能是将中东地区富余的石油美元吸收起来贷给其他地区的资金需求者。

四、欧洲货币市场的业务

欧洲货币市场按其业务可分为欧洲货币短期信贷市场、欧洲货币中长期信贷市场和欧洲债券市场。

（一）欧洲货币短期信贷市场

欧洲货币短期信贷市场是指接受短期外币存款并提供期限在1年以内的短期贷款的市场。欧洲货币存款分为两种：一种是通知存款，即隔夜至7天期存款，可随时发出通知提取；另一种是定期存款，分7天、1个月、2个月、3个月，最长可达5个月。另外，它还通过发行可转让定期存单吸收资金。短期贷款多数为1～7天或1～3个月，少数为半年或一年。这个市场是欧洲货币市场的基础部分，它形成最早、规模最大，其中又以银行间同业拆放为主。欧洲中长期资金借贷市场和欧洲债券市场都是在这个市场的基础上发展起来的，具有下列主要特点。

（1）借贷期限短。欧洲短期信贷市场的交易大部分是按日计算的短期存贷款。存贷期限最长不超过1年，一般为1天、7天、30天、90天、半年，其中，3个月以内的借贷业务最多，隔夜拆放的比例相当大。

（2）借贷数额大。这个市场属于"批发市场"，每笔短期借贷资金的起点为25万美元和50万美元，一般为100万美元，更有高达1000万美元、1亿美元的交易，因而欧洲市场的参与者大多为大银行、跨国公司等，很少有个人参加。

（3）存贷利差较小。欧洲货币短期借贷市场对任何期限的存款都支付利息。由于不受管制，免缴税收，并可免交存款准备金，因此，其存款利率可略高于国内金融市场，贷款利率则略低于国内金融市场。存贷款利差较小，一般为0.25%～0.5%，具有很强的吸引力和竞争力。由于存贷数量大，总体上银行利润仍很丰厚。

（4）条件灵活、手续简便。短期借贷的期限、金额、币种、交易地点、交易方式以及利率均由双方协商确定，客户可根据自身需要，灵活选择。双方交易主要通过电话、电报、电传方式进行，方便快捷。短期借贷通常发生于交往有素的银行与企业或银行与银行之间，双方彼此了解，信贷条件相沿成习，双方均明悉各种条件的内涵与法律责任，不需签订书面贷款协议，凭信誉进行借贷。

(5) 市场规模大。在欧洲货币市场上,欧洲银行的负债约95%是期限不超过1年的短期存款,80%左右的资产的期限也在1年以下,这种格局至今并无多大变化,因此欧洲短期信贷市场的规模较大。

(二) 欧洲货币中长期信贷市场

信贷期限在1年以上的信贷业务统称为中长期信贷。中长期信贷的资金来源绝大部分是短期存款,少许是长期存款。借款人有银行、公司、政府机构、国际机构等。

1. 欧洲货币中长期信贷市场的特点

(1) 信贷期限长。期限一般为1~10年,大部分为5~7年,最长可达10年以上。
(2) 信贷额度大。贷款数额多为1亿美元以上,多者可达2亿美元甚至10亿美元。
(3) 银团贷款居多。一般由数家银行联合起来组成银团提供贷款。
(4) 多采用浮动利率。由于贷款期限长,不确定性大,信贷数额巨大,所以中长期信贷市场普遍采用浮动利率,根据市场利率变化情况,定期进行调整。
(5) 须签订贷款协议。由于中长期信贷期限长,金额巨大,变数较多,所以每笔交易都要签订合同,确定贷款条件,并要求借方进行担保,有时还需经借款方的官方机构或政府担保。

2. 国际银团贷款

国际银团贷款的组织方式有两种:直接银团贷款和间接银团贷款。直接银团贷款是指参加银团的各成员银行直接向借款人提供贷款,贷款的具体工作由各贷款银行指定一家代理银行统一管理。更多的贷款是间接银团贷款,即辛迪加贷款,由牵头银行、代理银行和参加银行三部分组成。牵头银行负责与借款人谈判,项目确定后,由牵头银行向借款人贷款,然后将参加贷款份额转售给其他参加银行。牵头银行一般由资金雄厚、提供贷款份额较多的银行承担。代理银行是贷款银行的代理人,负责监督管理这笔款项的具体事项。参加银行是指参与贷款银团,并提供一部分贷款的银行。

与直接银团贷款相比,辛迪加贷款的优点是明显的:可扩大银行的信用规模,使银行贷款不再受制于单个银行的实力,也使无力单独从事国际贷款业务的较小银行加入进来;可便利借款人的筹资,对于巨额借款,单个银行无力承担或不愿承担,而与不同的银行打交道,交易成本较高,辛迪加贷款不仅手续简便、只需与牵头银行打交道,而且可以满足借款人对额度、期限等方面的要求;可分散贷款银行的信用风险,也减少了同业之间的竞争,实现风险共担、利润共享。

采用辛迪加贷款须支付的费用包括三部分:管理费、代理费和承担费。管理费是借款人支付给牵头银行的佣金,是对牵头银行组织辛迪加贷款所支付的补偿;代理费是支付给代理行的费用,作为对代理银行提供服务的酬金;承担费是借款人未能按期使用银团根据协议准备的资金,给贷款银行造成了影响和损失,因而支付的赔偿性费用。辛迪加贷款的利率一般采用浮动利率,每隔3个月或6个月就要参照市场利率进行调整。

(三) 欧洲债券市场

欧洲债券市场(Euro-Bond Market)是欧洲债券发行和交易的市场。它产生于20世纪 60 年代初期,1961 年 2 月 1 日在卢森堡发行了第一笔欧洲美元债券。1963 年 1 月欧洲债券市场正式形成,到 20 世纪 70 年代后半期才得以迅速发展。1974 年,欧洲债券仅发行了 21 亿美元,占国际债券发行比重的 30% 左右。20 世纪 80 年代以来,欧洲债券占国际债券的比重一直超过 80%,发行额远远超过外国债券。

1. 欧洲债券的概念

欧洲债券是指在欧洲货币市场上发行的以市场所在国以外的货币(境外货币)表示票面和利息的债券。如法国人在伦敦市场上发行的美元债券,美国人在法国市场上发行的英镑债券。它由各国银行和金融机构组成的国际承销辛迪加出售,并由有关国家对投资人提供担保。

欧洲债券是在 20 世纪 60 年代初才出现的。1963 年 7 月,由一个国际银行辛迪加为一个意大利政府机构发行的美元债券,在伦敦证券交易所上市,从此便形成了欧洲美元债券初级市场。20 世纪 60 年代末,又形成了欧洲美元债券的二级市场。20 世纪 70 年代,由于美国国际收支逆差而流往欧洲的大量美元,以及 1973 年石油提价以后流往欧洲的巨额石油美元,为欧洲美元债券市场的发展提供了丰富的资金来源。20 世纪 80 年代以来,特别是 1982 年出现国际债务危机以来,整个欧洲债券市场发展更为迅速,1980 年起至今,欧洲债券的发行量就一直超过外国债券的发行量。如表 11-1 所示,20 世纪 90 年代,欧洲债券的发行量一直占到国际债券总发行量的 80% 左右,表明欧洲债券市场已经成为国际资本市场的重要组成部分。

表 11-1 欧洲债券和外国债券的发行比例　　　　　　　　　　单位:%

品　种	1990 年	1991 年	1992 年	1993 年	1994 年	1995 年	1996 年	1997 年
欧洲债券	78.4	83.6	82.7	82.0	86.0	79.5	83.2	88.4
外国债券	21.6	16.4	17.3	18.0	14.0	20.5	16.8	11.6
国际债券总计	100.0	100.0	100.0	100.0	100.0	100.0	100.0	100.0

资料来源:根据经合组织《国际资本市场统计 1950—1995》第 16 页和《金融市场趋势》1998 年 2 月第 108 页有关数据整理计算。

2. 欧洲债券的特点

(1) 发行人、发行地点和货币单位分属不同国家。如 A 国机构在 B 国债券市场以 C 国货币为面值发行的债券,称为欧洲债券。与之不同的是,外国债券的发行地点与货币单位属于同一国家,是发行人在外国发行的以该国货币为面值的债券。

(2) 欧洲债券的发行不需向有关国家申请批准,不受任何政府法律管辖。

(3) 不记名,可自由转让,流动性高。

(4) 可以同时在几个国家发行,发行数量和期限没有限制,市场容量大。

(5) 对于发行人而言,不需发行前的注册和信息披露手续,不需缴纳注册费和发行费,因而发行成本低;对于投资者而言,债券持有人的利息收入不需缴纳利息税和所得税。因此,既有利于发行者筹资,又对投资者有较强的吸引力。

(6) 欧洲债券的发行人近一半是西方工业发达国家信誉卓越的公司和国际金融机构,或是西方国家政府和一些超国家机构,如世界银行、欧洲投资银行等。这些发行机构实力雄厚、信誉优良,所以欧洲债券的安全性较高。

3. 欧洲债券的发行程序

(1) 选定牵头经理银行。债券发行人要选定一家与自己有业务往来、关系密切的银行作为牵头的经理银行。有条件充当牵头经理银行的,多数为实力雄厚的大型跨国银行或国际联合银行。牵头经理银行的职责是带头认购一部分债券,要有能力组织一个经理银行集团来承销全部债券。经理银行集团的职责是与借款人共同商定债券发行条件,包括定价、承购包销、推向市场等。

(2) 组织承购辛迪加。由于欧洲债券的发行金额较大,不是一家经理银行可以包销的,要经过辛迪加银行集团的承购包销。辛迪加的成员可能有商业银行、信托公司等非银行金融机构,以及证券经纪人、自营商等证券投资机构。在此期间,牵头经理银行与债券发行人应将债券发行条件最后确定下来。

(3) 发行人与承购辛迪加签订债券包销总合同,牵头经理银行代表承购辛迪加与各包销成员签订包销合同。最后,各包销成员根据自己的推销份额向与自己有业务联系的投资者推销欧洲债券。

4. 欧洲债券的类型

按发行期限长短可分为短期债券(一般为 2 年)、中期债券(2～5 年)和长期债券(8 年或 8 年以上);按利率规定可分为固定利率债券、浮动利率债券和混合利率债券(即把债券的还本期限分为两段,一般前一段按浮动利率计息,后一段按固定利率计息);按销售方式可分为公募债券和私募债券。前者是指公开发行,在证券交易所挂牌出售,并可上市自由买卖或转让的债券;后者则是不公开发行,不在市场上自由买卖或转让的债券。更详细的介绍如下:

(1) 固定利率债券(straight bonds)。固定利率债券也称普通债券,其利率在债券发行确定后不再变更,利息按固定的利率每年支付一次。固定利率债券是传统形式的债券,它在欧洲债券市场上占的比重最大。例如,在 1991—1995 年的 5 年间欧洲债券发行的总额中,固定利率债券发行额分别占到 77.4％、77.4％、74.7％、65.3％和 72.7％。

(2) 浮动利率债券(floating-rate notes)。这是一种定期根据市场情况调整利率的债券。通常是每隔 3 个月或半年,按 LIBOR 或其他基准利率进行调整。由于利率适时调整,所以可使投资者免受利率波动带来的损失,在利率动荡的时期特别有吸引力。浮动利率债券自 1970 年问世以来,发行量增长很快,成为仅次于固定利率债券的第二大类欧洲债券。1991—1995 年的 5 年间,浮动利率债券分别占整个欧洲债券发行量的 6.9％、15.5％、17.2％、25.6％和 20.7％。

(3) 可转换债券(convertibles)。这是公司债券的一种,可以在指定日期,以约定价格转换为债券发行公司的普通股票,或其他可转让流通的金融工具(如浮动利率票据),或转换债券货币面值,等等。可转换债券的优点是:对投资者来说,首先是这种债券的换股特权对投资者具有一定的吸引力,有助于利息、费用的降低;其次是有利于解除公司的债务,当可转换债券转换成股票时,公司可以在只是增加股票数目而不发生支出的情况下减少债务。

(4) 附认购权证债券(bonds with warrants)。这也是一种由公司发行的债券,其特点是附有认购权证。债券持有者可凭该证按规定价格购买发行公司的股票。这种债券是可转换债券的一种发展形式,它与可转换债券的不同之处是,持有者不能直接用债券兑换股票,而必须另外用资金购买。认购权可以与债券分离,在市场上单独出售,其价格依市场利率水平或股票价格行情而定。

(5) 选择债券(option bonds)。这种债券在欧洲债券市场很流行,债券的持有人有权按自己的意愿,在指定时期内,以事先约定的汇率将债券的面值货币转换成其他货币,但是仍按照原货币的利率收取利息。这种债券大大降低了债券持有人的汇率风险。有些选择债券有双重或多重选择,除了选择转换面值货币外,还可以选择同时兑换成其他货币并转换成普通股票。此外,还可能有选择转换成普通固定利率债券,或使债券到期后自动延期的权利。

(6) 零息债券(zero coupon bonds)。这是欧洲债券市场20世纪80年代的创新,这种债券没有票面利率,自然也不需要分期偿付利息,而是到期一次还本,出售时以折价方式,类似国库券的发行。但它是长期的债券,由于出售时要打很大的折扣,到期有很大的增值,因此对投资者有较大的吸引力。另外,这种债券的收益不是来自利息,而是来自债券的增值,并且是到期后实现的,所以这可能给资本增值不作为收入纳税的国家的投资者带来抵税或逃税的机会。

(7) 双重货币债券(dual currency bonds)。这种债券于1983年下半年起在瑞士货币市场上推出,是欧洲债券市场上日趋活跃的一种新形式。其特点是购买债券以及付息时使用的是同一种货币,而在到期日归还本金时使用的是另一种货币。由于双重货币债券的两种货币折算的汇率早已确定,可以减少汇率变动的风险。

(8) 全球债券(global bonds)。这是国际债券市场出现的一种新型国际债券,它由世界银行于1989年5月首次发行。全球债券被定义为在全世界各主要资本市场上同时大量发行,并且可以在这些市场内部和市场之间自由交易的一种国际债券。它有以下三个特点:①全球发行。外国债券仅仅局限于一个国家发行,欧洲债券的发行范围实际上也很有限,而全球债券则强调在全球范围内发行,一般是在一个以上的主要资本市场上发行,往往能覆盖全球的主要资本市场。②全球交易和高度流动性。③借款人信用级别高而且多为政府机构。全球债券自1989年首次发行以来,规模增长十分迅速,由最初的15亿美元猛增到1994年的490亿美元,5年间扩大了将近32倍,发展潜力很大。

五、欧洲货币市场的作用

随着欧洲货币市场的产生和发展,它在国际金融市场中的重要性越来越强,给世界经济带来了重大影响。

(一) 积极作用

1. 使国际金融市场联系更紧密,促进了生产、市场、资本的国际化

随着生产国际化的发展,国际经济关系不断扩大,这就要求加强各国之间的货币金融联系。过去由于国界的分割,传统上国际金融市场实际上是相互隔绝的。欧洲货币市场在很大程度上打破了这种隔绝状态,将大西洋两岸,甚至全球的金融中心联系在一起,从

而促进了国际资本的活动。

2. 促进了一些国家的经济发展

欧洲货币市场作为最大的国际资金市场,对发达国家和发展中国家,特别是发展中国家的经济发展做出了巨大贡献。据世界银行统计,20世纪七八十年代,发展中国家从国际货币市场上借入的资金,绝大部分是从欧洲货币市场借来的。依靠欧洲货币市场的资金,很多国家解决了国内生产建设资金不足和外汇短缺的难题,使经济得到迅速恢复和发展,而且外资的流入往往伴随着一些先进技术和生产设备的引入,对发展中国家加快发展意义重大。

3. 促进了国际贸易和国际投资活动的开展

从世界各国经济发展的历史看,对外贸易是刺激经济增长的重要途径。"二战"后,工业国家国民生产总值与对外贸易额都有较大幅度的增长。而欧洲信贷的支持、对外贸易融通资金的便利,是国际贸易迅速发展的重要推力。

4. 帮助一些国家解决国际收支逆差问题

欧洲货币市场方便了短期资金的国际流动,特别是促进了石油美元的再循环。据国际货币基金组织统计,1974—1981年,世界各国经常项目逆差总额达8100亿美元,而各国通过国际金融市场筹集的资金总额达7530亿美元,在此期间,欧洲货币市场所吸收的石油输出国的存款达1330亿美元。可见,在解决国际收支失衡问题上,欧洲货币市场发挥着重要的媒介作用。

(二)消极作用

1. 使国际金融变得更加脆弱,导致国际金融市场的动荡

欧洲货币市场的借贷业务有一个突出特点,就是"存短放长"。欧洲货币存款绝大部分是一年以下的短期资金,有时比例高达95%。但自20世纪70年代以来,借贷期限却趋于长期,跨国公司和其他国际客户对中长期资金的需求增加很快,使得欧洲货币放款多半是中长期的。这种信贷结构的不平衡是明显的。金融市场一有风吹草动,就会造成资金周转不灵的问题,而且这些资金通过银行的多次转存,形成锁链式的借贷关系,特别是辛迪加贷款涉及的银行很多,加上欧洲货币市场是高度自由的市场,缺乏中心领导机构,不像国内金融系统有中央银行做后盾,一旦客户纷纷挤兑存款,就会造成许多银行出现流动性危机,很可能会引发金融灾难。

2. 使外汇投机增加,对外汇市场产生重大影响

由于欧洲货币市场的大部分短期资金几乎全部用于外汇投机交易,套汇套利相互结合,规模庞大,大量资金通过这类活动在几种货币之间频繁移动,往往使汇率发生剧烈波动,甚至造成大规模的国际金融动荡。1995年以来,美元兑日元大幅度贬值,就与国际金融市场抛售大量美元、抢购日元及其他硬通货有关,欧洲美元对金融危机起了推波助澜的作用。

3. 破坏了各国金融政策的推行

如西方国家为了控制国内通货膨胀而采取紧缩政策,提高利率、限制货币投放、紧缩信贷,但由于欧洲货币市场的存在,该国的银行、工商企业可以在这个市场上借到利息较

低的欧洲货币,从而削弱或抵消了政府所实行的紧缩货币政策效果。20世纪60年代,美国政府曾通过提高利率来抑制通货膨胀,但美国银行却大量借入欧洲美元贷给工商企业,使得政府的紧缩政策效果不明显。一些国家为刺激经济而放松银根,但大量国内资金又会追求高利率而流向欧洲货币市场,导致金融当局为了防止资本外流不得不提高利率、收缩银根。

4. 加剧了世界性的通货膨胀

欧洲货币市场为一国的闲置资金转化为另一国的经营资金提供了大量新增的信贷扩张手段,增加了货币流通速度。一些国家由于大量输入资金,而扩大了国内的货币供给,因此引起所谓的"输入性通胀"。此外,欧洲银行的贷款条件往往很宽松,导致借款人因较容易借得款项往往借贷过多,造成经济过热,使通货膨胀加剧。因此,有人指责欧洲货币市场是20世纪60年代后期70年代初期世界性通货膨胀的重要原因之一。

六、欧洲货币市场的管制问题

由于欧洲货币市场本身存在上述消极影响,许多西方国家金融当局和有关人士为此忧心忡忡。前美联储主席米勒曾说:欧洲美元市场使我们深感忧虑,那里存在大量以美元为主的货币,而中央银行对它们又无能为力。20世纪60年代末,西方一些国家不断发出要求管制这个市场的呼声,随着时间的推移,这种呼声愈益强烈,所提出的管制方案与措施包括:

(1) 规定欧洲货币存款需缴纳准备金;
(2) 规定欧洲银行的资本—放款比率,限制欧洲货币市场的扩张;
(3) 由一些国际金融机构采取公开市场活动,调节资金的供求规模;
(4) 各国合作和协调金融政策,以保证政策目标的全面实现;
(5) 通过签订国际协定的形式,限制各国央行在欧洲货币市场的活动。

在一系列管制措施中最重要的举措是1975年国际清算银行主持成立的"银行管制和监督常设委员会"(巴塞尔委员会),该委员会经过多年努力,于1988年7月通过了《巴塞尔协议》,使各国央行对商业银行的监管更为具体、明确、严格。这一协议的产生被视为"奠定了国际性监管合作的基础"。1997年9月巴塞尔委员会发布《银行业有效监管核心原则》,以对银行业的全方位风险监控为核心,其影响是深远和巨大的。但时至今日,尚无任何一个国家的金融当局能真正对欧洲货币市场进行有效管制,这主要是由于下面三个问题。

(1) 由谁负责管理这个市场。虽然银行所在国对其境内的银行活动有法律上的权力,欧洲货币发行国对其货币的交易拥有重大利益,银行总行所在国对其国外分行拥有直接管辖权并承担责任,但事实上,由于各国央行之间、商业银行之间、跨国公司之间及私人之间相互借贷的作用,欧洲货币市场具有极为复杂的国际间连锁关系,要分清责任、严格管制是相当困难的。

(2) 如何控制资本流动。在浮动汇率制度下,巨额资金在不同金融中心的迅速频繁移动是造成国际金融市场动荡的主要原因,欧洲货币市场增加了国际金融市场的一体化程度,加剧了资金移动的速度和频率,而资本流动主要是由汇价变动、利率调整的预期引起的,这种预期的产生则与政治、经济等各方面的因素密切相关,因此,造成资本流动不稳定的根本原因在欧洲货币市场之外,任何控制市场的尝试只是治标而不能治本。

(3) 如何步调一致地进行控制和管理。由于利害关系不同,各国对于管制的态度迥然不同:美国强烈要求管制,因为欧洲货币市场上的投机活动对美元冲击最大;英国虽承认管制的必要性,却反对控制的扩大,它害怕严格管制会使欧洲货币交易转至其他市场而丧失获利场所;日本也主张管制,但很不积极;依靠欧洲货币市场融通资金的发展中国家及一些非产油的发达国家则反对管制。在这种情况下,如果步调不一致,控制不全面,结果只能是把欧洲货币业务赶到管制松的金融中心,反而增加了管制的复杂性。

第四节 亚洲货币市场

亚洲货币市场(Asian Currency Market)是指亚太地区的银行经营境外货币的借贷业务所形成的市场,是亚太地区发展起来的区域性离岸金融市场,它实际上是欧洲货币市场的一个重要分支和延伸。由于这个市场最初进行借贷的货币中美元约占 90%,故又称亚洲美元市场(Asian Dollar Market)。

一、亚洲货币市场的形成与发展

亚洲货币市场仅有 30 多年的时间,但其发展速度却非常之快。从地区分布来看,它从新加坡扩展到香港,再到东京、巴林、马尼拉和曼谷等地。从市场规模来看,虽然它在离岸金融市场中所占份额不大,但是呈逐年上升之势。

亚洲货币市场的迅速发展与亚洲金融中心具有良好的客观条件是分不开的。以新加坡为例,1965 年独立后的新加坡一直保持着稳定政局,谋求经济的快速发展,直到 20 世纪 70 年代中期,都保持着两位数的增长率,物价和汇率也相当稳定。而且,新加坡战略位置重要,一直是亚太地区的主要贸易中心,它地处太平洋和欧洲之间,时区上可以联系美洲与欧洲金融中心,从而可以实现欧洲货币 24 小时不间断交易,具有作为一个国际金融市场必须具有的地理优势。此外,新加坡拥有完整健全的金融体系,完备的交通通信设施和优良的港口,能够提供各种高效率、专业化的服务。

亚洲货币市场的形成始自 20 世纪 60 年代后半期,当时,亚洲的许多国家和地区从"二战"的破坏中恢复过来,开始了经济的迅速发展,同时西方跨国公司也加强了在东亚地区的投资活动。随着外国直接投资的迅速增长,亚洲各国生产国际化的程度大为提高,亚太国家的经济也获得了巨大发展。亚太一些国家的中央银行和私人公司开始拥有闲置资金,私人手中也有了大量游资,在本地区金融市场不发达的情况下,盈余资金只能投向遥远的欧洲货币市场生息,而不能流向亚太地区资金匮乏的产业,这在根本上要求能够有一个经营美元业务的金融中心为之服务。恰在此时,美国银行策划建立一个境外美元借贷中心。1968 年 10 月,美洲银行新加坡分行首先获准设立"亚洲货币单位"账户,专门办理非居民的外币存放款业务。1970 年年底,花旗、麦加利、华侨、汇丰等 16 家银行纷纷获准在新加坡设立分支机构并经营境外货币存贷业务,至此,亚洲货币市场正式建立。

在亚洲货币市场从建成到发展和成熟的过程中,各国政府推出的积极措施起到了很大的诱导和推动作用。如"二战"后才从殖民地附属国转变为独立主权国家的新加坡,从其建国伊始,政府就选择了结合传统贸易中心的特点,通过建立金融中心,以发展金融业促进经济发展的战略。新加坡政府采取了下列积极的鼓励措施:

(1) 1969年,取消非居民外币存款利息税;

(2) 1971年,新加坡离岸市场开始经营亚洲美元债券业务,并免除非居民存款的利息预扣税和非居民持有亚洲美元债券的所得税,实行利率自由化;

(3) 1972年,取消亚洲货币经营单位外币存款20%存款准备金的要求;

(4) 1973年,允许新加坡居民和公司投资于亚洲货币市场;

(5) 1977年,将亚洲货币单位经营境外业务的利润所得税从40%降到10%,直至最后完全取消;

(6) 1978年,取消外汇管制。

上述措施推动了亚洲货币市场的迅速发展。

1971年,新加坡开发银行成功发行1000万美元债券后,1973年东方租赁公司(Orient Lease)发行了亚洲美元债券1.1亿美元,1976年又有东京银行债券、日本兴业银行债券等第8次发行成功。到20世纪70年代中期,新加坡的亚洲货币市场已形成了相当规模。在1978年取消外汇管制后,亚洲货币市场进一步拓展,新加坡首先成为亚洲货币市场的中心。与此同时,亚洲货币市场的范围也在延伸,随着东京、香港、马尼拉、巴林等地离岸业务的开展,亚洲货币市场的规模日益扩大。

香港很早就存在免税的境外货币借贷市场,但由于担心离岸市场冲击香港金融业和政府财政收入,因而实行外汇管制。迫于新加坡美元市场的快速发展,香港采取了一系列措施,与新加坡展开了亚洲美元的争夺战。香港于1973年取消外汇管制,1974年开放黄金市场,1978年又放松了外国银行进入香港的限制,银行总数与外资银行逐年增加,并开设了金融期货市场,使美元存款迅速增加,从而使香港迅速成为亚洲货币市场的重要组成部分。

马尼拉离岸金融业务到1977年7月才正式开放。菲律宾政府放宽了外汇管制,对外币存款免征所得税;只对离岸金融业务征收15%的所得税,1981年4月降为5%,比新加坡还要低5个百分点。这些优惠政策促使马尼拉亚洲货币市场迅速发展。

日本作为境外货币市场起步较晚,随着20世纪六七十年代的经济起飞,其经济实力和经济地位大大提高,日元成为重要的世界货币。日本在1984年逐步放松了金融管制,并推行了日元国际化政策,其国际金融中心的地位迅速上升。1986年12月1日,东京离岸金融市场设立,并随之得到迅速扩展,从而一跃成为亚洲最重要的境外货币市场。东京离岸金融市场并无实体,经营离岸金融业务的银行需得到大藏省批准,离岸金融业务需另立账户来处理,从而与国内金融业务完全分离。由于日本经济实力位居世界前列,同时日本又是资本主义世界最大的债权国,加之政府放松了对金融市场的管制,鼓励中小银行参与离岸金融业务,所以东京离岸市场的发展较为迅速。

亚洲货币市场虽然发展历史较短,但发展迅速,这一市场的发展有力地推动了亚太地区经济的发展,同时大量外汇资金流入亚太地区,进一步加强亚太地区发展中国家与世界经济的联系,提高了亚太地区工业化的程度。亚洲与北美、欧洲时区相互衔接,从而大大提高了国际金融服务的效率和能力,对国际金融业产生了重大影响。

二、亚洲货币市场的业务

亚洲货币市场的主要功能与欧洲货币市场基本一致,即为国际资本需求者提供短期或中长期贷款,或是为其发行证券提供亚洲场所。

(一)亚洲货币市场的资金来源与运用

亚洲货币市场的主要资金来源有:亚太地区跨国公司的调拨资金或闲置资金;外国中央银行的部分储备资产或财政结余;欧洲货币市场的同业存款;外国侨民、进出口商或个人等非银行客户的资金。从地区分布上看,来自欧洲和北美的资金占亚洲美元存款的大部分比例,说明欧洲货币市场是亚洲美元市场资金的重要来源。

亚洲货币市场的资金主要用于以下两个方面。一是贷给银行同业。从1975年以后,贷给银行同业的款项一直占贷款总额的72%左右,从未低于70%,所以亚洲货币市场主要是一个银行同业市场。二是贷给非银行客户。主要贷给亚洲各国的政府用以弥补赤字,或是贷给企业以及其他金融机构,很少贷给个人。可见,亚洲货币经营单位从银行同业获得资金,转而贷给非银行客户,起到了中介桥梁的作用。

(二)亚洲货币市场的业务活动

亚洲货币市场分为亚洲货币信贷市场和亚洲证券市场。其中,亚洲货币信贷是亚洲货币市场的主要组成部分,尤其是以短期信贷业务为主。

1. 亚洲货币短期信贷

亚洲货币市场的存款分为定期存款和通知存款两种。定期存款是指期限为1~6个月、9个月、1年的存款,通知存款是指1天、2天、7天的存款。亚洲美元存款的起点非常低,仅为5000美元。贷款期限在1年以内,以银行间同业贷款占主导地位,占到70%以上。利率以伦敦市场利率为基础,在存款利率和贷款利率之间的差额比欧洲货币市场略高1%~3%。1975年以前,亚洲货币市场仅办理短期信贷,从1976年开始,发展了中长期信贷业务。

2. 亚洲货币中长期信贷

贷款期限为1~5年的属于中期信贷,5年以上的属于长期信贷。中期资金的来源主要是美元可转让存款单,1977年开始发行,采用浮动利率,每隔3个月或6个月根据市场变化作相应调整。其特点是面额较大、期限较长,可以自由转让和流通。银行发售可转让存单主要是为了防止利用短期存款进行长期放款可能出现的风险,化解存短放长的矛盾。长期资金的借贷活动主要采用银团贷款的形式,其特点是贷款规模大、期限长、贷款方便灵活、风险分散。新加坡于1972年第一次组织国际银团贷款,香港则是在1974年组织第一次美元银团贷款。现在,香港银团贷款已发展成为亚洲第一、世界第四大国际银团贷款市场。亚太地区银团贷款资金的主要来源是美国银行,主要借款者是印度尼西亚、韩国、马来西亚、菲律宾和中国香港地区。银团贷款的利率是以伦敦银行同业拆放利率为基础,再加上1%左右的附加利率,近年来由于同业竞争激烈,附加利率有时降到0.5%,甚至更低。

3. 亚洲债券

亚洲债券(Asian Bonds)是以美元和其他可兑换货币作为面值的国际债券,由亚洲地区的银行和金融机构牵头、认购。它有两种类型:一种是在亚洲挂牌,在亚洲销售;另一种是同时在亚洲和欧洲的证券交易所挂牌和销售。亚洲债券是筹措长期亚洲货币资金的主要途径,债券的期限可长达十几年,利率视发行期限和发行单位而定。1971年,新加坡开发银行发行第一批亚洲美元债券,亚洲美元债券此后经历了缓慢的发展过程,并于1993年以后取代银团贷款成为亚洲美元市场长期交易的重要形式。

第五节 国际金融市场创新

一、金融创新的含义及发展

金融创新最早可追溯到20世纪60年代末,20世纪70年代得到快速发展,到了20世纪80年代,新的金融工具和融资技术已经风靡全世界各主要国际金融中心。金融创新的概念在广义上可以包括如下方面:

(1) 新的金融工具,如浮动利率债券和票据、大额可转让存单的发行。

(2) 新的市场,如金融期货和期权交易市场的产生和不断扩展。

(3) 新的交易技术,如票据发行便利(NIFs)、货币与利率互换(Swap)、远期利率协议(FRAs)的产生,而这三方面创新又是互相联系,不可分割的。

金融创新经常是在市场竞争与经营实践中实现的。总的来说,金融工具在收益、风险、流动性、数额和期限等方面具有不同的特性,任何金融工具都可以说是其中若干特性的结合。创新不过是把金融工具原有的特性予以分解,然后重新安排组合,使之能够适应新形势下汇率和利率波动的风险,满足套期保值的需要。1986年4月,国际清算银行在一份综合报告中将名目繁多的金融创新归纳为下列四种类型。

(1) 风险转移型创新。包括能在各经济机构之间相互转移金融工具内在风险的所有新工具和新技术,如期权交易、期货交易、货币与利率互换交易、远期利率协议等。

(2) 增加流动性型创新。包括所有能使原有的金融工具提高变现性或可转让性的金融工具和交易技术,如长期贷款的证券化。另外,还包括创造本身流动性就很高的新金融工具,如大额可转让存单(CDs)。

(3) 信用创造型创新。能使借款人的信贷资金来源更为广泛,或者使借款人从传统的信用资金来源转向新的来源。例如,NIFs实际是用短期信用来实现中期信用,并且分散了投资者独家承担贷款的风险,从而使资金需求者的信用资金来源更为广泛、更为稳定。此外,还有零息债券、垃圾债券(junk bonds)等。

(4) 股权创造型创新。包括使各类经济机构股权资金来源更为广泛的金融创新。例如,可转换债券或附有股权认购书的债券等,能使金融工具由债权变为股权。

促成国际金融市场金融创新浪潮的原因是多方面的。具体来说,20世纪70年代以来,国际金融市场上汇率、利率的动荡不定及主要西方国家国内通货膨胀的起伏使金融资产的市价波动不已。现代化的信息处理和通信技术的迅速发展与广泛应用,以及各主要西方国家金融制度放松管制形成的金融机构之间的业务相互交叉和激烈竞争等,都是促进金融创新的原因。在新的形势下,一方面,投资者和借款人需要分散或回避风险,需要增加金融资产的流动性,还需要不断扩大信贷资金和股权资金的来源或提供方式;另一方面,从金融机构的角度看,在国际金融市场日趋一体化和金融制度放松管制的形势下,国内外商业银行以及不同类型的金融机构之间的业务相互交叉和激烈竞争,再加上融资手段的证券化趋势影响,必然使商业银行及一些非银行金融机构的某些传统业务领域的利润率大幅下降。这就迫使跨国银行和一些积极参与国际金融市场的非银行金融机构必须面对新的形势,积极开拓新的业务领域,应用新的技术,发展新的交易方式,从而最大限度地扩充新的利润来源。

对于多数金融机构来说,在传统的业务领域中,利润主要产生于资金来源和资金运用的过程。然而在融资方式证券化趋势和金融创新的浪潮中,许多新产生的业务领域和交易方式几乎不涉及资产负债表的记录,而是以提供服务和收取佣金或服务费的形式获得利润,从而形成了银行业务"表外化"(off balance sheet)的趋势,进一步加剧了金融机构之间的竞争。总之,金融创新可以说是风险和竞争的产物,但同时创新也使竞争和风险进一步升级。

二、金融创新工具

20世纪80年代以来,国际金融市场上的金融创新层出不穷、日新月异,其中最主要的创新工具是票据发行便利、互换交易和远期利率协定。

(一)票据发行便利

票据发行便利(Note Issuance Facilities,NIFs),又称票据发行融资安排,是一种融资方法,借款人通过循环发行短期票据,达到中期融资的效果。它是银行与借款人之间签订的在未来的一段时间内由银行以承购连续性短期票据的形式向借款人提供信贷资金的协议,协议具有法律约束力。如果承购的短期票据不能以协议中约定的最高利率成本在二级市场上全部出售,承购银行必须自己购买这些未能售出的票据,或者向借款人提供等额银行贷款,银行为此每年收取一定费用。

票据发行便利约定期限一般为3~5年,在期限内,短期票据以循环周转的方式连续发行,票据的期限从7天到1年不等,但最常用的是3个月或6个月的,所以票据发行便利实际上是用短期票据借取了中期信贷。例如,某跨国公司准备以票据发行便利方式从欧洲货币市场筹集总额为1亿美元的资金,并与欧洲银行签订了合约,合约期限为5年,短期票据金额为50万美元,期限是6个月。根据合约,由承购包销银行每半年为该公司安排发行面额50万美元的欧洲票据20张。

大多数欧洲票据以美元记值,面额一般为10万~50万美元,其发行主要面向机构投资者而非个人投资者。欧洲票据的持票人将票据视作一种资产并在资产负债表中显示出来;而对于安排票据发行的机构或承购银行来说,这种承购属于表外业务的一种,并不在资产负债表中反映。

票据发行便利的优越性在于把传统的欧洲银行信贷的风险由一家机构承担,转变为由多家机构分担。其中安排票据发行便利的机构或承购银行在正常情况下并不贷出货币,而是在借款人需要资金时提供机制把发行的短期票据转售给其他投资人,并且保证借款人在约定时期能以同样的方式连续获得短期循环资金。这样就分散了风险,投资人或票据持有人只承担短期风险,即短期票据到期无力偿还的风险;而承购银行则承担中长期风险,即投资者不愿购买继续发行的短期票据,银行必须履行提供贷款的义务。票据发行便利对借款人和承购银行双方都有好处,借款人据此可以稳定地获得连续的资金来源,而承购包销的银行则无须增加投资就增收了佣金费用。

票据发行便利自1981年问世以来发展很快,特别是1982年债务危机之后,由于分散风险的特点,受到贷款人的青睐,目前已成为欧洲货币市场中期信用的主要形式。

(二) 互换交易

互换交易(swap transaction)是指交易双方同意在预先约定的时间内,直接或通过一个中间机构来交换一连串付款义务的金融交易,主要有货币互换和利率互换两种类型。

货币互换是指交易双方互相交换不同币种、相同期限、等值资金债务的货币及利率的一种预约业务。交易双方在期初交换两种不同货币的本金,然后按预先规定的日期,进行利息和本金的分期互换。通常两种货币都使用固定利率。在某些情况下,期初可以不交换本金;在另一些情况下,到期日也不交换本金。

例如,某跨国公司A获得一个7年期、固定利率的3500万美元贷款。该公司打算将其转换为浮动利率的瑞士法郎,以改变其贷款结构,并利用预期下降的利率水平。与此同时,另一个跨国公司B正好发行了一个7年期、浮动利率的1亿瑞士法郎的票据,并且寻求将其转换成固定利率的美元负债,以固定其筹资费用并与公司的应收美元相匹配。

在此情况下,两种货币最初以2.8571瑞士法郎/美元(0.3500美元/瑞士法郎)的现行即期汇率互换,A将向中间商支付3500万美元而获得1亿瑞士法郎。相应地,B将向中间商支付1亿瑞士法郎而获得3500万美元。由此,A和B均得到了各自想要的货币。

在两项贷款的整个7年期间,A将向中间商支付浮动利率的瑞士法郎利息,并从中间商处获得固定利率的美元利息,以担负固定利率的美元贷款;B则向中间商支付固定利率的美元利息,并以此从中间商那里获得浮动利率瑞士法郎款项,以担负浮动利率的瑞士法郎贷款。

两项贷款到期时,两种本金货币金额再以期初的0.3500美元/瑞士法郎的即期汇率互换。A、B两家公司通过中间商得到各自的美元和瑞士法郎还款(如图11-2所示)。

利率互换是指交易双方在债务币种相同的情况下,互相交换不同形式利率的一种预约业务。利率互换由于双方交换的利率币种是同一的,故一般采取净额支付的方法来结算。利率互换有两种形式:①息票互换(coupon swaps),即固定利率对浮动利率的互换;

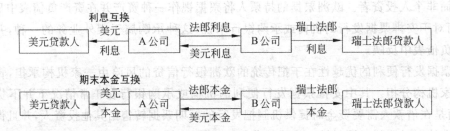

图 11-2 A、B 两家公司货币互换流程图

②基础互换（basis swaps），即双方以不同的参照利率互换利息支付（如美国优惠利率对 LIBOR）。

举例来说，假如两个公司都希望借入 5 年期 1000 万美元资金。A 公司由于信用等级较高，在市场上无论借入固定利率资金，还是借入浮动利率资金均比 B 公司优惠，即 A 公司在两个市场上都有绝对优势。A 公司计划借入浮动利率美元资金，而 B 公司打算借入固定利率美元资金。从表 11-2 可以看出，A 公司直接到市场借入浮动利率美元资金的成本是 6 个月期 LIBOR+0.30%，相对 B 公司的绝对优势是 0.7%，而借入固定利率资金的成本是 10.00%，相对 B 公司的绝对优势是 1.2%。可见，B 公司在浮动利率市场上拥有相对优势（见表 11-2）。

表 11-2 市场提供给 A、B 两家公司的借款利率

市场	固定利率	浮动利率
A 公司	10.00%	6 个月期 LIBOR+0.30%
B 公司	11.20%	6 个月期 LIBOR+1.00%

通过利率互换，A 公司就可以按照 6 个月 LIBOR+0.05% 的浮动利率得到资金。同样，B 公司如果直接筹措固定利率美元资金（11.20%），就比先借入浮动利率资金（6 个月期 LIBOR+1.00%）随后与 A 公司进行利率互换得到的 10.95% 固定利率高出 0.25%。所以，A、B 两家公司各自利用筹资的相对优势，通过利率互换，就能比直接进入市场降低 0.25% 的筹资成本。

我们假定双方各分享一半的互换利益，则其流程图可参见图 11-3。

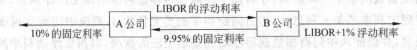

图 11-3 A、B 两家公司利率互换流程图

互换交易曾被西方金融界誉为 20 世纪 80 年代最重要的金融创新。1982 年始创时，金融互换市场成交额约 30 亿美元，1985 年为 800 亿～1000 亿美元，到 1995 年，仅货币互换交易额就达到 7770 亿美元。目前许多大型的跨国银行或投资银行机构都提供安排互换交易的服务。互换交易之所以受到如此欢迎，是因为通过互换，交易双方可以利用各自

的筹资优势,达到降低双方筹资成本的目的。通过互换,筹资者可以比较容易地筹措到任何期限、币种和利率的资金。借款人可以根据外汇汇率及各种货币的利率变化情况,不断调整资产和负债的货币结构,使其更加合理,避免外汇汇率和利率变化带来的风险。互换交易额不增加举债总额,而且不计入资产负债表,被称为受欢迎的表外业务。另外,就其对国际金融市场的影响而言,互换交易的发展使浮动利率与固定利率,以及不同币种金融工具之间的差别趋于缩小,同时对国内和国际金融市场的一体化起着加速作用。

(三) 远期利率协定

远期利率协定(Forward Rate Agreements, FRAs)是一种远期合约,是买卖双方同意从未来某一商定时期开始在某一特定时期内按协议利率借贷一笔数额确定、以具体货币表示的名义本金的协议。远期利率协议的买方是名义借款人,卖方则是名义贷款人。为了规范远期利率协议,英国银行家协会(British Banker's Association)于 1995 年颁布了远期利率标准化文件(以下简称 FRABBA),作为市场实务的指导原则。目前世界上大多数远期利率协议都是根据 FRABBA 签订的。该标准化文件使每一笔 FRA 交易仅需一个电传确认就可以成交,大大提高了交易速度和质量。远期利率协定中一些常用的术语包括:合同金额、合同货币、交易日、结算日、确定日、到期日、合同期、合同利率、参照利率、结算金。其流程图参见图 11-4。

图 11-4 远期利率协议流程图

FRAs 主要用于银行机构之间防范利率风险,它可以保证合同的买方在未来的时期内以固定的利率借取资金或发放贷款。例如,两家银行之间就未来 3 个月期限的 3 个月欧洲美元存款利率达成协定,从目前算 6 个月后开始,9 个月结束。这种协定在业内称为"6 对 9"(6 against 9)。FRAs 开始时,合同以现金清算,如果市场利率高于协定利率,合同的卖方将向买方支付其间的差额;如果市场利率低于协定利率,卖方将向买方收取其间的差额。其计算公式为

$$
结算金 = \frac{(r_r - r_k) \cdot A \cdot \dfrac{D}{B}}{1 + \left(r_r \cdot \dfrac{D}{B}\right)} \tag{11-1}
$$

式中,r_r 表示参照利率;r_k 表示合同利率;A 表示合同金额;D 表示合同期天数;B 表示天数计算惯例(如美元为 360 天,英镑为 365 天)。

式(11-1)的分子是支付的市场利率与协定利率的差额,但由于是在 FRAs 开始时支付,所以需用分母加以折现。下面再看一个实例。

某银行购买了一份"3 对 6"的 FRAs,金额为 USD1 000 000,期限为 3 个月。从当日

起算,3个月后开始,6个月后结束。协定利率为9.0%,FRAs 期限确定为91天。3个月后,FRAs 开始时,市场利率为9.5%,市场利率高于协定利率,于是银行从合同卖方收取现金,数额为

$$\text{USD}1\,000\,000 \times \frac{(9.5\% - 9.0\%) \times 91/360}{1 + 9.5\% \times 91/360} = \text{USD}1234.25$$

这里已将现金支付额按 FRAs 91 天期限,以市场利率加以折现。

远期利率协议最重要的功能在于通过固定将来实际交付的利率而避免利率变动风险。远期利率协定的作用就在于将未来的利率锁定,这与利率期货合同的作用很相似,但远期利率协定的优越之处在于客户能够视自己需要的期限和利率种类来签订合同,而不像期货合同都是标准化的。

另外,由于远期利率协议交易的本金不用交付,利率是按差额结算的,所以资金流动量较小,这就给银行提供了一种管理利率风险而无须改变其资产负债结构的有效工具。

与金融期货、金融期权等场内交易的衍生工具相比,远期利率协议具有简便、灵活、不需支付保证金等优点。同时,由于远期利率协议是场外交易,故存在信用风险和流动性风险,但这种风险又是有限的,因为它最后实际支付的只是利差而非本金。

目前 FRAs 合同主要以美元标值(超过 90%),但也有用其他货币如英镑、欧元、瑞士法郎、日元等标值的。合同的期限都采用欧洲货币存款的标准期限,如 3 个月、6 个月、12 个月等,但也有非标准期限的。目前伦敦和纽约国际金融市场是 FRAs 合同的主要交易中心。

三、金融工程

金融工程(financial engineering)是指将工程思维融入金融领域,综合采用各种工程技术方法(主要有数学建模、数值计算、网络图解、仿真模拟等)设计、开发新型的金融产品,创造性地解决金融问题。这里的新型和创造性指的是金融领域中思想的跃进、对已有观念的重新理解与运用,或者是对已有的金融产品进行分解和重新组合。

金融工程的动力来自 20 世纪 70 年代以来社会经济制度的变革和电子技术的进步,在 20 世纪 80 年代达到高潮。金融工程是金融创新发展到成熟阶段的产物,它挟西方"金融革命"之势,将尖端的数理分析技术、电脑技术、电信技术、自动化及系统工程等全面导入金融领域,使金融乃至整个经济领域出现了更广阔的外延与内涵。

(一)金融工程的内涵

最早提出金融工程学概念的美国金融学教授 J.芬纳蒂,他在 1988 年发表的《公司理财中的金融工程综观》一文中将金融工程的概念界定为:"金融工程包括创新金融工具与金融手段的设计、开发与应用,以及对金融问题进行创造性的解决。"[1]这个定义最重要的一点是创新性与创造性。它具有三种含义:一是金融领域中思想的跃进,其创造性最高,如创造出第一个零息债券、第一个互换合约等;二是指对已有的观念做出新的理解和应

---

[1] J.芬纳蒂.公司理财中的金融工程综观[J].金融管理,1988年冬季号.

用,如将期货交易推广到以前未能涉及的领域,发展出众多的期权及互换的变种等;三是指对已有的金融产品和手段进行重新组合,从而创造出新的金融工具,如远期互换、期货期权、互换期权的出现等。芬纳蒂由此将金融工程学的研究范围分成三个方面:一是新型金融工具的设计与开发,这部分内容相当广泛,也是目前金融工程学研究的主要领域,互换、期权、票据发行便利、远期利率协议、指数期货、兑权证、证券存托凭证、零息债券、可转换债券、合成股票等皆属此列;二是为降低交易成本的新型金融手段的开发,包括金融机构内部运作的优化、金融市场套利机会的发掘和利用、交易清算系统的创新等,目的是充分挖掘盈利潜力、降低"管制成本";三是创造性地为解决某些金融问题提供系统完备的解决办法,包括各类风险管理技术的开发与运用、现金管理策略的创新、公司融资结构的创造、企业兼并收购方案的设计、资产证券化的实施等。

1992年,国际金融工程师学会执行主席、美国圣约翰大学教授马歇尔(J. Marshall)与助手 V. K. 班塞尔在其出版的《金融工程》一书中,从实务的角度出发,认为金融工程应当包括如下几方面的内容:公司理财、金融工具(包括基础工具和衍生工具)交易、投资与货币管理以及风险管理。其中风险管理被认为是金融工程最重要的内容,原因在于近些年公司理财、衍生工具开发、投资与货币管理的核心内容便是风险管理。一些专家甚至将金融工程视为风险管理的同义词。

洛伦兹·格立茨(L. Galitz)于 1994 年所著的《金融工程学——管理金融风险的工具和技巧》一书,被认为是另一本金融工程学经典著作。他认为金融工程是"应用金融工具,将现在的金融结构进行重组以获得人们所希望的结果"。这本书基于金融工程的狭义定义,即风险管理,集中介绍了衍生工具的定价和风险管理技术。

(二)金融工程的功能及应用领域

就目前金融工程学在西方发达国家金融市场上的应用目的来看,可以分为四大类,即套期保值、投机、套利和金融结构化。可以运用金融工程工具进行货币风险、利率风险和证券风险的管理;也可以把金融工程的各种工具和技巧以各种方式结合起来,从而形成一些新型的、能够创造特殊作用的金融结构,即结构化(structuring),以满足市场上各种各样的需要。

金融工程主要被用来解决以下几方面的问题:

(1) 特殊、尖端金融产品的设计与开发;

(2) 金融活动的安排,即如何根据客户提出的经济目标来设计与安排各种金融市场活动以供客户筛选,并对选出的方案进行优化;

(3) 金融机构内部运作的优化,主要包括推动金融机构资产负债管理方法体系的进步及其业务上的创新;

(4) 金融机构组织形式的优化,如采取拆分、业务剥离、股权出让、购并等形式;

(5) 发掘套利机会,增强市场有效性。

金融工程化的趋势为人们创造性地解决金融风险提供了空间。金融工程的出现标志着高科技在金融领域的应用,大大提高了金融市场的效率。

本 章 复 习

一、概念

国际金融市场　　国际货币市场　　国际资本市场
国际证券市场　　在岸国际金融市场　离岸国际金融市场
欧洲货币市场　　国际债券　　　　欧洲债券
外国债券　　　　亚洲货币市场　　金融创新
互换交易　　　　票据发行便利　　远期利率协定
金融工程　　　　金融衍生工具

二、思考题

1. 国际金融市场的形成和发展经历了哪几个阶段？
2. 简述国际金融市场发展的最新趋势。
3. 简述国际金融市场的分类。
4. 什么是欧洲货币和欧洲货币市场？
5. 离岸金融市场的功能中心和名义中心有什么不同？
6. 促进欧洲货币市场形成的原因有哪些？
7. 简述欧洲短期信贷市场和中长期信贷市场的业务特点。
8. 简述国际债券的概念和分类。
9. 举例说明几种金融创新工具的特点。
10. 简述金融工程的内涵及功能。

参 考 文 献

[1] 黄志强. 国际金融[M]. 北京:清华大学出版社,2013.
[2] 刘铁敏,张锦宏. 国际金融[M]. 北京:清华大学出版社,2013.
[3] 单忠东,綦建红. 国际金融[M]. 3 版. 北京:北京大学出版社,2011.
[4] 孙睦优,黄娟. 国际金融[M]. 北京:清华大学出版社,2012.
[5] 滕昕. 国际金融[M]. 西安:西安电子科技大学出版社,2011.
[6] 王晓光. 国际金融[M]. 北京:清华大学出版社,2011.
[7] 陈雨露. 国际金融[M]. 4 版. 北京:中国人民大学出版社,2011.
[8] 蓝发钦. 国际金融[M]. 上海:上海远东出版社,2010.
[9] 刘思跃,肖卫国. 国际金融[M]. 2 版. 武汉:武汉大学出版社,2006.
[10] 牛晓健,姜波克. 国际金融学:简明本[M]. 3 版. 上海:立信会计出版社,2007.
[11] 赵治辉. 国际金融[M]. 北京:中国计量出版社,2011.
[12] 原雪梅. 国际金融[M]. 济南:山东人民出版社,2010.
[13] 叶蜀君. 国际金融[M]. 2 版. 北京:清华大学出版社,2009.
[14] 钱荣堃. 国际金融[M]. 天津:南开大学出版社,2002.
[15] 于研. 国际金融[M]. 4 版. 上海:上海财经大学出版社,2011.
[16] [美]巴特勒(Butler,K.C.)著. 国际金融[M]. 3 版. 张成思,译注. 大连:东北财经大学出版社,2008.
[17] 刘惠好. 国际金融[M]. 北京:中国金融出版社,2007.
[18] 王雅杰. 国际金融——理论·实务·案例[M]. 北京:清华大学出版社,2006.
[19] 迟国泰. 国际金融[M]. 4 版. 大连:大连理工大学出版社,2006.
[20] 梁远辉. 国际金融[M]. 武汉:华中师范大学出版社,2007.
[21] Keith Pilbeam. International Finance[M]. 3rd editon. Beijing:People's University Publishing House,2009.
[22] Robert J. Carbaugh. International Finance [M]. 13th editon. Beijing:People's University Publishing House,2012.
[23] Levi,Maurice D. International Finance[M]. London:Routledge Publishing House,2009.
[24] Withers,Hartley. International Finance[M]. New York:Hardpress Publishing,2012.
[25] Alan C. Shapiro. Multinational Financial Management[M]. 9th edition. New York:Wiley Publishing House,2009.
[26] The IMF. International Financial Statistics,1990—2012[R].

教师服务

感谢您选用清华大学出版社的教材！为了更好地服务教学，我们为授课教师提供本书的教学辅助资源，以及本学科重点教材信息。请您扫码获取。

▶ 教辅获取

本书教辅资源，授课教师扫码获取

▶ 样书赠送

财政与金融类重点教材，教师扫码获取样书

清华大学出版社

E-mail: tupfuwu@163.com
电话：010-83470332 / 83470142
地址：北京市海淀区双清路学研大厦 B 座 509

网址：http://www.tup.com.cn/
传真：8610-83470107
邮编：100084